FRANZ KUROWSKI

STURZ IN DIE HÖLLE

Die deutschen Fallschirmjäger
1939—1945

Originalausgabe

WILHELM HEYNE VERLAG

MÜNCHEN

HEYNE ALLGEMEINE REIHE
Nr. 01/6689

INHALTSVERZEICHNIS

Fallschirmjäger in Rußland

Der Neuaufbau der Fallschirmtruppe

Das Zwischenspiel

Fallschirmjäger-Einsatz auf dem italienischen Festland

Vom Fallschirmspringer zur Fallschirmtruppe: Die Aufbauphase

Als der ehemalige Befehlshaber der amerikanischen Luftstreitkräfte während des Ersten Weltkrieges in Frankreich, Major General William Mitchell, im Jahre 1930 seine Memoiren veröffentlichte, stießen aufmerksame Leser auf einen Abschnitt, der ihr Interesse fesselte. Sie lasen von der Planung eines Großangriffs aus der Luft im Gebiet von Ypern. Major-General Mitchell hatte einen Angriff der 1. US-Division mit Fallschirmen im Herbst 1918 vorgeschlagen, als es den Alliierten nicht gelang, die deutsche Front bei Menin-Roselare zu durchbrechen.

Die Fallschirm-Infanteristen sollten im Rücken dieser Front abgesetzt werden. Die Versorgung dieser ersten Fallschirmtruppe mit Munition, Maschinengewehren und Proviant sollten riesige Lastenfallschirme leisten. Sämtliche Flugzeuge der Alliierten, insgesamt 2000 Maschinen, sollten den Großangriff aus der Luft durch Bomben- und Bordwaffenangriffe auf die deutsche Front unterstützen.

Major-General Mitchell war der festen Überzeugung, daß ein solcher Angriff, wie er niemals zuvor stattgefunden hatte, den Durchbruch bei Roselare sichern und die deutsche Front zum Einsturz bringen würde. Doch das Vorhaben wurde auf den Februar 1919 verlegt. So vereitelte der Kriegsschluß den ersten Einsatz einer Fallschirmtruppe aus der dritten Dimension.

Allenthalben erklärte man – auch jetzt, zwölf Jahre später noch – den US-General für verrückt. Nur nicht in der Sowjetunion. Dort waren bereits 1928 die ersten Fallschirmspringerverbände aufgestellt worden. Der damalige Oberbefehlshaber der Roten Armee, Marschall Tuchatschewskij, hatte diesen neuen Gedanken stark gefördert. Er wurde dabei von dem Verteidigungskommissar Woroschilow tatkräftig unterstützt.

Bei den Manövern des Jahres 1931 im Raume Woronesch wagte man dann den ersten Absprung einer Gruppe sowjetischer Fallschirmjäger. Sie bestand aus einem Leutnant und sechs Mann. Sie sprangen mit einem sMG aus einer Antonow 14, die sie ans Ziel brachte, im Rücken der feindlichen Truppen ab, drangen bis zum Gefechtsstand eines Korpskommandeurs vor und nahmen ihn gefangen.

Seit dieser Zeit war auch der Reichswehr die Idee, Fallschirmspringer als Eingreiftruppe einzusetzen, bekannt, ohne daß jedoch schon mit dem Gedanken an eine eigene Fallschirmtruppe gespielt wurde.

Dem sowjetischen Manöver folgte ein Jahr später der erste scharfe Einsatz, als es galt, in Zentralasien eine Bande von Basmach-Banditen zu überwältigen, denen es immer wieder gelang, sich dem Zugriff des Militärs zu entziehen. Ein Fallschirmzug sprang mit einigen MGs ab und riegelte hinter den Banditen das Gelände ab. Damit war ihnen der Fluchtweg versperrt, und das anrückende Militär konnte sie niedermachen.

Die »Ossawiachim« – eine Gesellschaft für Luftsport und Luftwaffenfragen – gründete Fallschirmspringerclubs in allen größeren Städten der Sowjetunion. Alle Fallschirme der Welt, derer man habhaft werden konnte, wurden in Rußland ausprobiert, die besten dann – ohne Lizenz – nachgebaut.

Im Winter 1931 befahl Marschall Tuchatschewskij, den Fallschirmabsprung in die allgemeine Fliegerausbildung aufzunehmen. Der Fallschirmgedanke, die Idee des Transportes einer Truppe durch die Luft und ihrer Landung im Rücken des Feindes an Fallschirmen, schien in der Roten Armee Fuß gefaßt zu haben. Darauf deutete auch der Besuch des Sowjetgenerals Schtscherbakow 1932 in Frankreich hin. Als der sowjetische Fliegergeneral durch die Anlagen der Maginotlinie geführt wurde und Marschall Pétain ihm voller Stolz erklärte, diese Linie sei unüberwindlich, gab er ihm zur Antwort:

»Diese Festungen und Anlagen sind in Zukunft völlig überflüssig. Wenn ein Gegner sich die Vorschläge des Generals Mitchell zu eigen macht, wenn er also mit einer Fallschirmarmee angreift, kann er diese Anlagen einfach überspringen. Im Rücken dieser gigantischen Werke werden Fallschirmjäger-Divisionen niedergehen, das Hinterland besetzen und die Festungen von ihren Versorgungswegen abschneiden.«

Dem französischen Marschall verschlug es zunächst die Sprache. Dann aber fing er sich wieder und meinte lächelnd:
»Das, mein lieber General, wird sicherlich niemals geschehen.«

Dennoch befahl Marschall Pétain in einem bald darauf herausgegebenen Erlaß den Ausbau der Luftabwehrwaffen im Bereich der Maginotlinie und den verstärkten Einsatz schwerer Flak-Batterien an allen Festungsanlagen.

In Moskau aber ging die Fallschirmspringerausbildung weiter. Im Aerohydrodynamischen Zentralinstitut in Moskau wurden die im Ausland gekauften Flugzeuge und Motoren ausgeschlachtet, und bis 1932 hatte man bereits 1500 Flugzeuge gebaut. Bis zum Jahr 1937 sollten nach dem Willen der sowjetischen Oberbefehlshaber 8000 Flugzeuge vorhanden sein. Um sie bemannen zu können, ließ der Wehrverband der Ossawiachim sämtliche Mitglieder – Jungen oder Mädchen – als Flugzeugführer, Beobachter, Funker und Fallschirmspringer ausbilden. Die Akademie der Luftfahrt, die Hochschule für Navigation, insgesamt 20 Flieger-Vorschulen und 32 Schulen für Mechaniker, Flugwarte und Meteorologen sorgten für das Personal. Im großen Moskauer Vergnügungs- und Bildungspark wurde 1932 ein Fallschirmspringerturm aufgestellt, von dem aus die Jugend mit dem Fallschirm abspringen konnte.

Während der Moskauer Flugtage 1933 und 1934 ließen sich jeweils 400 Fallschirmspringer aus rund 5000 Metern Höhe absetzen, mit geschlossenem Schirm 4000 Meter durchfallen, um dann gleichzeitig die Reißleinen zu ziehen.

Aber erst im Jahre 1935 gaben die sowjetischen Sommermanöver in der Ukraine mit dem Massenabsprung größerer Fallschirmspringerverbände, bei denen einmal nicht weniger als 1000 Fallschirmspringer gleichzeitig absprangen und einen Flugplatz für die Nachlandung von 5000 Luftlandesoldaten freikämpften, den Ausschlag zur Entwicklung einer Fallschirmtruppe in Deutschland.

Die Militärs aus aller Welt hatte dieses grandiose Schauspiel verblüfft. Oberst Archibald P. Wavell, der spätere britische Oberkommandierende in Nahost und Afrika, schrieb an seine Regierung: »Wäre ich nicht selbst Augenzeuge dieses Einsatzes gewesen, ich hätte niemals geglaubt, daß eine solche Operation möglich wäre.«

Auch der deutsche Militärattaché meldete den Massenabsprung von Fallschirmsoldaten nach Berlin. Dort hatte man bereits die Aufstellung und Ausbildung von Fallschirmtruppen ins Auge gefaßt, aber diese Meldung gab den Ausschlag. Sie war so etwas wie eine Initialzündung für den raschen Aufbau der deutschen Fallschirmtruppe.

Im Jahre 1936 sollten 1500 Fallschirmspringer der Roten Armee bei einer Übung einen Flußübergang erzwingen und einem Angriffskorps den Weg bahnen. Dieses Großmanöver gelang ebenfalls, und es sah so aus, als sollte die Sowjetunion das Land mit der ersten voll aufgebauten und ausgebildeten Fallschirmtruppe der Welt werden. Doch mit dem Sturz des Oberbefehlshabers der Roten Armee – Marschall Tuchatschewskij fiel einer Säuberungswelle Stalins zum Opfer – verschwand auch der beinahe schon in die Tat umgesetzte Gedanke, eine eigene Fallschirmtruppe aufzubauen, wieder in der Versenkung. Auch während des Zweiten Weltkrieges kam es kaum zu sowjetischen Fallschirmjägereinsätzen.

Nach den sowjetischen Sommermanövern des Jahres 1935 erhielt Oberstleutnant Jakoby, Kommandeur des erst am 1. April aus der Landespolizeigruppe »General Göring« gebildeten Luftwaffenregiments »General Göring«, Befehl, sich in Rominten beim Oberbefehlshaber der Luftwaffe zu melden. Göring eröffnete ihm: »Mein Regiment wird am 1. Oktober dieses Jahres in die Luftwaffe überführt. Sorgen Sie dafür, Jakoby, daß aus Freiwilligen des Regimentes ein Fallschirmjäger-Bataillon aufgestellt wird. Dieses Bataillon soll die Stammtruppe für die künftige deutsche Fallschirmtruppe werden.«

Das Regiment »General Göring« wurde im Oktober 1935 auf den Truppenübungsplatz Altengrabow verlegt. Sein Ausbildungsauftrag lautete: »Gliederung und Einsatzmöglichkeiten eines Fallschirmjäger-Regiments sind zu entwickeln und praktisch zu erproben.«

Auf dem Truppenübungsplatz Döberitz wurde den Soldaten des Regiments der erste Fallschirmabsprung vorgeführt. Als sie sahen, wie der Fallschirmspringer bei der Landung verletzt liegenblieb, gab es nachdenkliche Gesichter, dennoch meldeten sich aus dem Regiment 600 Freiwillige, darunter fast alle Offiziere, zum neu aufzustellenden Fallschirmjäger-Bataillon. So wurde das I. Bataillon des Regiments Fallschirmjäger-Bataillon. Es wurde von Soldaten geführt, die in den ersten Einsätzen der deutschen Fallschirmtruppe Herausragendes leisten sollten.

Bataillonskommandeur:	Major Bräuer
Adjutant:	Oberleutnant Vogel
Nachrichtenoffizier:	Leutnant Dunz
1. Kompanie:	Oberleutnant Walther
2. Kompanie:	Oberleutnant Kroh
3. Kompanie:	Oberleutnant Schulz
4. Kompanie:	Hauptmann Reinberger

Bei der Umorganisation des Regiments »General Göring« im November 1935 wurde das Fallschirmjäger-Bataillon in IV. Bataillon umbenannt. Der spätere General der Fallschirmtruppe Bräuer schrieb über diese ersten Monate:

»Als ich im September 1935 mit der Aufstellung des ersten Fallschirmjäger-Bataillons beauftragt wurde, war das eine Aufgabe, die in ihrer Schwierigkeit beinahe ungeheuerlich erschien. Ich besaß nicht das geringste sachliche und fachliche Können auf fliegerischem Gebiet, war bis dahin noch nicht einmal geflogen und hatte noch keinen Fallschirmabsprung gesehen. Wie mir, so erging es allen übrigen Angehörigen des Bataillons.

Zunächst war ich nach einer Besprechung mit dem Regimentskommandeur der Meinung, daß sich vielleicht 30 oder 40 Männer freiwillig melden würden. Um so erstaunter waren sowohl der Regimentskommandeur als auch ich, als noch am Tage des Regimentsappells zur Freiwilligenmeldung von den einzelnen Kompanien die Meldungen einliefen. Von jeder Kompanie wurden zwischen 30 und 60 Freiwillige gemeldet. Mit einem Schlage stand das gesamte Fallschirm-Bataillon in Stärke von 24 Offizieren und 800 Mann.«

Eine Episode am Rande: Der 15. Kompanie des Regiments, die von Oberleutnant Karl-Lothar Schulz als Pionier-Kompanie geführt wurde, war die Meldung nicht freigegeben worden, weil zunächst keine Pioniere benötigt wurden. Erst drei Monate später sollte ein Pionierzug in das Bataillon eingegliedert werden.

Als Major Bräuer Oberleutnant Karl-Lothar Schulz deswegen zu sich bat und ihm sagte, daß er einen schwachen Zug Fallschirmpioniere wünsche, ließ Schulz seine Kompanie am selben Tag antreten und fragte:

»Macht ihr alles nach, was ich euch vormache?«

»Jawohl!« lautete die Antwort, und Schulz erklärte:

»Dann seid ihr von heute an Fallschirmspringer.«

So erhielt das erste Fallschirm-Bataillon geschlossen eine Fallschirm-Pionier-Kompanie.

Auf der ersten Fallschirmspringerschule zu Stendal erfolgte die Erstausbildung, wurden die ersten Sprünge absolviert. Die Hauptleute der Luftwaffe Immans und Kuhno leiteten diese ersten Versuche. Sie bauten die erste Fallschirmschule für die Sprungausbildung auf. Alle technischen Fragen des Fallschirmjäger-Einsatzes wurden von dem damaligen Major Bassenge ausgearbeitet. Nach seinen Richtlinien wurde die dreimonatige Sprungausbildung der Fallschirmjäger durchgeführt. Bassenge, bald zum Oberstleutnant avanciert, war es, der die Arbeit forcierte.

Nachdem die Geburtswehen vorüber waren, erhielt die Fallschirmtruppe schließlich am 29. Januar 1936 ihren Taufschein. Er kam in Gestalt des ersten Befehls des Oberbefehlshabers der Luftwaffe, Hermann Göring, und lautete:

Der Reichsminister der Luftfahrt und Oberbefehlshaber
der Luftwaffe

Berlin, den 29. Januar 1936

L.A. Nr. 262/36g III, 1 A – Geheim

An
Luftkreiskommando II, Berlin.
Zur Vorbereitung einer Ausbildung des Regimentes »General Göring« im Fallschirmspringen wird befohlen:
Als zukünftiges Lehrpersonal sind 15 Offiziere, Unteroffiziere und Unterführer des Regiments aufgrund freiwilliger Meldungen bereitzustellen und auszubilden.
Es kommen hierfür Personen mit einem Gewicht unter 85 Kilogramm in Frage, die körperlich gut durchgebildet und ärztlich auf Fliegertauglichkeit untersucht sein müssen.
Beginn der Ausbildung: Voraussichtlich 1.3.1936. Dauer acht Wochen, davon vier Wochen zur Ausbildung als Fallschirmwart beim Luftwaffen-Geräteinspizienten, anschließend vier Wochen praktischer Lehrgang im Fallschirmabspringen aus einem Flugzeug. Als Flugplatz ist dafür Neubrandenburg in Aussicht genommen. Eine Ju 52 wird durch RLM (LC) hergerichtet werden. Geeignete Lehrer wird RLM (LA III) stellen.
Richtlinien für die Ausbildung ergehen zeitgerecht durch das RLM (LA III).
Zum 15.3. meldet LKK II:
1. Dienstgrad und Namen der Freiwilligen.
2. Die Durchführung der fliegerärztlichen Untersuchung.
3. Die Geeignetheit des vorgesehenen Flugplatzes.
Die Kommandomehrkosten sind bei Kap. A 2 Tit. 34, Unterabschnitt 4b anzufordern. Sie werden besonders zugewiesen.
Für die Dauer der vierwöchigen praktischen Ausbildung im Fallschirmabspringen wird ausnahmsweise die Fliegerzulage genehmigt.
    Im Entwurf I. V. Milch.
Neben dieser kleinen Gruppe des zukünftigen Lehrpersonals in Stendal wurde auch das Fallschirmjäger-Bataillon

Bräuer in einem rasch errichteten Barackenlager untergebracht.

Das große Problem der Fallschirmtruppe waren einmal der
geeignete Fallschirm und zum anderen genügender Trans-
portraum, um die Truppen zu ihren Sprungzielen zu fliegen.

Mit der Ju 52, die seit 1932 flog, fand man eine geeignete
Maschine. Die Deutsche Lufthansa hatte diesen Typ seit
seiner Indienststellung geflogen und beste Erfahrungen damit gemacht. Bereits 1934 wurde eine Militär-Version dieses
Flugzeuges gebaut und in Dienst gestellt. Ihr folgten bis Ende
1935 etwa 450 Ju 52 nach. Dieses Flugzeug konnte 18 Soldaten
mit ihrer Ausrüstung aufnehmen. Es hatte einen Aktionsra-
dius von 560 km und konnte von unbefestigten Startbahnen
aus starten und auf offenem Feld landen. Der Umstand, daß
dieses Flugzeug bereits in Serie hergestellt wurde, garantier-
te genügend große Stückzahlen für großangelegte Fall-
schirm- und Luftlandeunternehmen.

Schwieriger war die Entwicklung der geeigneten Fallschirme. Bereits im Jahre 1933 wurde der militärische Fallschirm
vom Technischen Amt des Generalluftzeugmeisters beim
damaligen Luftfahrt-Ministerium betreut. Diesem Technischen Amt standen für die Entwicklungs-, Erprobungs- und
Forschungsaufgaben des Fallschirmwesens eine Reihe
Dienststellen zur Verfügung, darunter die in der ganzen Welt
bekannte Deutsche Versuchsanstalt für Luftfahrt in Berlin, die
Erprobungsstelle der Luftwaffe in Rechlin und das Flugtech-
nische Institut der Technischen Hochschule Darmstadt.

Der Fallschirmerprobungsstelle des Flugtechnischen Insti-
tuts stand bereits eine Kinotheodolit-Meßstation zur Verfügung, in der alle Phasen des Fallschirm-Entfaltungsstoßes
festgehalten werden konnten.

Die üblichen Fallschirme, als »Rettungsringe der Luft«
bekannt, schieden als »Transportgerät für Fallschirmjäger«
aus. Man mußte einen Schirm entwickeln, der bei den
geplanten Absprunghöhen von nur etwa 120 Metern auch
die Sicherheit bot, daß er sich rechtzeitig öffnete. Diese
geringe Absprunghöhe mußte festgesetzt werden, damit der
Fallschirmjäger während des Sprungeinsatzes nur eine möglichst kurze Zeitspanne hilflos im Schirm hing.

In rascher Folge wurden die Fallschirm-Baumuster RZ 1, RZ 16 und RZ 20 entwickelt. Es handelte sich um Rundkappenschirme von 8,5 Metern Durchmesser mit einer zentralen Fangleinenführung, die im Haupttragetau endete. Der Schirm wurde durch eine im Flugzeug befestigte sieben Meter lange Aufziehleine zwangsausgelöst und als Rückenschirm getragen. Einen Reserveschirm, wie er heute vorgeschrieben ist, gab es nicht.

Ebenfalls schon 1936 befaßte sich auch das Oberkommando des Heeres mit der Aufstellung eines Fallschirmjäger-Bataillons. Zunächst kam es aber nur zu einer Kompanie Heeres-Fallschirmjäger, die von Oberleutnant Zahn geführt wurde. Als Kompanieoffizier kam Oberleutnant Pelz hinzu, ein bekannter Fünfkämpfer.

Beide Einheiten sollten während der Wehrmachtsmanöver 1937 in Mecklenburg zum Ersteinsatz kommen. Dabei ließ Oberstleutnant Bassenge, der die Versuchsstelle für Falschirmgeräte leitete und auch die ersten taktischen Einsatzrichtlinien erarbeitete, 14 Zerstörertrupps absetzen. Sie erhielten Weisung, »Eisenbahnanlagen und Brücken im Feindgebiet zu sprengen«.

Die Fallschirmjäger-Kompanie des Heeres wurde lediglich am Ende des Manövers zu einem Demonstrationsflug und -absprung eingesetzt. Hitler war dennoch von diesem Schauspiel beeindruckt, und Oberstleutnant Bassenge hoffte, nun größere Vollmachten zu erlangen. Er reichte eine lange Vorschlagsliste ein, in der Gliederung und Verwendung der Fallschirmjägertruppe niedergelegt waren. Aber wie auf seine vorhergehenden Vorschläge und Anfragen erhielt er auch diesmal keine Antwort.

Major Richard Heidrich, der am 1. März 1938 die Führung des Fallschirm-Infanterie-Bataillons des Heeres übernommen hatte, trieb den Aufbau seines Bataillons energisch vorwärts. Der ehemalige Taktiklehrer aus Potsdam zog mit seinem Bataillon in die neuerrichtete Kaserne nach Braunschweig-Riddagshausen um.

Damit gab es sowohl beim Heer als auch bei der Luftwaffe je ein Fallschirmjäger-Bataillon.

Während die Luftwaffe die Fallschirmjäger in der »Zerstörertaktik« ausbildete und mit kleinen Trupps in der Tiefe des feindlichen Hinterlandes operieren wollte, strebte das Heer einen taktisch-infanteristischen Einsatz an.

Alles änderte sich grundlegend, als am 1. Juli 1938 der seinerzeitige »Höhere Fliegerkommandeur 3« in Münster, Generalmajor Kurt Student, in Berlin von Göring den Befehl erhielt, »auf schnellstem Wege eine Fallschirmjäger-Division aufzustellen«.

Kurt Student übernahm damit die Führung der jungen deutschen Fallschirmtruppe, der man in der laufenden Reihenfolge der Numerierung der Flieger-Divisionen die Bezeichnung 7. Flieger-Division gab. Das geschah nicht zuletzt aus Tarnungsgründen.

Generalmajor Student brachte seine eigenen Ansichten über den bestmöglichen Einsatz einer solchen Fallschirmtruppe mit.

In seinen Memoiren schrieb er dazu:

»Mit der Zerstörertaktik konnte ich mich nicht befreunden. Trotz der erforderlichen Kühnheit sah ich darin keine voll befriedigende Aufgabe für einen Soldaten und für eine Truppe. Auch die Chancen für ein Zurückkommen erschienen mir zu gering. In den meisten Fällen blieb nach einem solchen Einsatz nur die Gefangenschaft und vielleicht sogar die Behandlung als Saboteur oder gar als Spion. Eine solche Aussicht muß die Moral der besten Truppe untergraben. Eine gute Truppe erträgt Verluste im Kampf. Sie muß sich aber eine reelle Chance für ein glückliches Zurückkommen ausrechnen können.

Auch der taktisch begrenzte Einsatz erschien mir nicht dem Wesen und der Bedeutung der Luftlandetruppen entsprechend. Meine Auffassung über diese jüngste Waffe ging von Anfang an *sehr* viel weiter. Ich sah meine Aufgabe darin, die Fallschirm- und Luftlandetruppen allmählich zu einem Instrument von operativer, ja schlachtentscheidender Bedeutung zu entwickeln.

Der Einsatz von Luftlandestreitkräften brachte für die Erdoperationen, die bisher nur in zwei Dimensionen durchführbar waren, den großen Vorteil der Ausnutzung der dritten Dimension. Er brachte damit der militärischen Führung die Möglichkeit, die feindliche Front einfach zu überspringen und den Gegner im Rücken zu packen, wo und wann sie dies wollte. Der Angriff in den Rücken des Gegners wurde bekanntlich seit jeher angestrebt, da er am meisten demoralisierend und daher am wirkungsvollsten ist. Die Luftlandewaffe gab die Möglichkeiten hierzu und war damit für die Kriegführung von unabsehbarer Bedeutung.

Hinzu kam das Überraschungsmoment bei plötzlichen Fallschirmangriffen mit ihrer lähmenden Wirkung. Die Überraschung ist um so größer, je mehr Fallschirmjäger am Gegner abgesetzt werden. Aber hierin liegt zugleich auch eine große Gefahr für die springende Truppe selbst – die Gefahr, einem abwehrbereiten Gegner zu nahe zu kommen und damit selbst eine böse Überraschung zu erleben.

Diesem wichtigen Fragenkomplex mit seinem Für und Wider habe ich von Anfang an meine besondere Aufgabe gewidmet.«

Die Aufstellung einer Fallschirmjäger-Division war jedoch nicht von ungefähr erfolgt, sondern entsprang durchaus realen Hintergründen. Hitler hatte sich entschlossen, die Sudetenfrage gewaltsam zu lösen. Bei der Besetzung des Sudetenlandes sollte die tschechische Bunkerlinie so schnell wie möglich außer Gefecht gesetzt werden. Dazu sollte die neue Fallschirmjäger-Division eingesetzt werden. Ihr wurde zu diesem Angriff das Fallschirm-Infanterie-Bataillon unter Major Heidrich unterstellt.

Student erhielt von Göring Weisungen, die Division bis zum 15. September aufzustellen und sie zu einem einsatzbereiten Kampfverband zu machen. Da ihm dazu bislang nur die beiden Fallschirmjäger-Bataillone zur Verfügung standen, kamen als Ergänzung ein Luftlande-Bataillon unter Führung von Oberstleutnant Sydow und das Infanterie-Regiment 16 unter Führung von Oberst Kreysing hinzu. Auf Wunsch von Göring wurde auch noch das SA-Regiment »Standarte Feldherrnhalle« diesem zusammengewürfelten Divisionsverband zugeordnet. An fliegenden Verbänden wurden der 7. Flieger-Division eine Aufklärungsstaffel, acht

Transportgruppen mit Ju 52 und 12 Lastensegler des Typs DFS 230, ein Schlachtgeschwader mit drei Gruppen und ein Jagdgeschwader mit ebenfalls drei Gruppen unterstellt.

Am 1. September 1938 meldete Generalmajor Student die Division einsatzbereit. Eine erste größere Luftlandeübung wurde bei Jüterbog durchgeführt, an der bereits die zwölf Lastensegler unter Führung des Leutnants Kiess teilnahmen.

Als diese kleine Gruppe, die sich auf dem Fliegerhorst Prenzlau eingerichtet hatte, von Generalmajor Student besucht wurde, kletterte auch der Kommandeur der 7. Flieger-Division in einen der Lastensegler. Er erkannte die besondere Bedeutung eines solchen lautlosen Flugzeugs und gab Kiess den Auftrag, bei der unmittelbar bevorstehenden Besetzung des Sudetenlandes die beherrschende Höhe 698 – südwärts von Freudenthal – mit einem Zug im Handstreich zu besetzen.

Durch das am 29. September 1938 geschlossene Münchener Abkommen, mit dem England den Forderungen Hitlers nachgab und die Tschechen das Sudetenland kampflos verloren, war der erste scharfe Einsatz der Fallschirm- und Luftlandetruppe indessen wieder hinfällig geworden. Das Unternehmen wurde nun als Übung durchgeführt, wenn auch der Absprung von Fallschirmjägern und der Einsatz der Lastenseglergruppe aus Gründen der Geheimhaltung unterblieb. Die 250 vollgepackten Ju 52, die am 7. Oktober 1938 auf den vorgesehenen Landeplätzen im Sudetenland niedergingen, boten ohnehin einen tollen Eindruck, und als Generalfeldmarschall Göring in Freudenthal eintraf, ließ Student, eingedenk der Werbewirksamkeit des »Vorzeigens«, ein Bataillon Fallschirmjäger luftlanden. Göring war begeistert.

»Diese Sache hat eine große Zukunft!« sagte er. Oberst Bassenge, durch Generalmajor Student überspielt, monierte denn auch bitter: »Diese vollkommen unbedeutende Vorführung hat den Oberbefehlshaber in einem Maße überzeugt, daß er Student spontan mitteilte, er wolle ein Fallschirmjägerkorps auf die Beine stellen und Student mit dessen Kommando betrauen.«

Doch Kurt Student wäre schon mit einer wirklichen Fallschirmjäger-Division zufrieden gewesen. Denn das, was er besaß, war alles andere eher als eine homogene Division. Nach ihrem »Einsatz Sudetenland« kehrten die Einheiten nämlich zu ihren Stammtruppenteilen zurück, und Student stand mit einem Fallschirmjäger-Bataillon da.

Student, inzwischen zum Inspekteur der Fallschirm- und Luftlandetruppen ernannt, versuchte nun, zusammen mit dem von ihm zum Chef des Stabes ernannten Oberst Bassenge, Görings Versprechen in die Tat umzusetzen.

Im Januar 1939 wurde die gesamte 22. Infanterie-Division in eine Luftlande-Division umgerüstet. Neuaufgestellt wurden die drei konzipierten Fallschirmjäger-Bataillone:

  I. Bataillon, Hauptmann Noster
 II. Bataillon, Hauptmann Pietzonka
III. Bataillon, Hauptmann Karl-Lothar Schulz

Das so entstandene Fallschirmjäger-Regiment 1 wurde von Oberstleutnant Bräuer geführt.

Alle Fallschirmjäger waren Freiwillige, und von diesem Prinzip wurde auch während des Zweiten Weltkrieges nicht abgewichen, bis zum Sommer 1944, als es 130000 Fallschirmjäger gab. (Bis Kriegsende wurden dann weitere 40000 Soldaten aus anderen Verbänden, vor allem aus der Luftwaffe, zur Fallschirmtruppe kommandiert.) Der Oberbefehlshaber der Fallschirmtruppe, Kurt Student, legte besonderen Wert auf die sorgfältigste Auswahl der Freiwilligen. Erziehung und Behandlung der Fallschirmjäger wurden von Kurt Student genau festgelegt. Er schrieb darüber:

»Die Behandlung muß entsprechend dem Stolz der Fallschirmjäger auf seine Zugehörigkeit zur Fallschirmtruppe ausgerichtet sein. Sie muß großzügiger, fürsorglicher und kameradschaftlicher sein als irgendwo anders. Die Erziehung muß weit mehr auf starkem gegenseitigen Vertrauen beruhen, als auf Disziplin und Gehorsam. Ich selbst bemühte mich, mit bestem Beispiel voranzugehen. Bei meinen vielen Truppenbesuchen suchte ich meine Fallschirmjäger besonders häufig auf, unterhielt mich mit ihnen über ihre Interessen, persönlichen Verhältnisse und Sorgen, befragte sie nach ihren Ansichten und freute mich, wenn ich offene und freimütige Antworten bekam. Meine Kompaniechefs, Kommandeure und ich schlossen auf diese Weise die Fallschirmtruppe zu einer immer größer werdenden Familie zusammen, und es war eine besonders schwere Strafe für einen Fallschirmjäger, wenn er aus dieser Familie ausgestoßen und zu einer anderen Truppe versetzt wurde.«

In dieser Grundhaltung, die die gesamte Fallschirmtruppe vereinigte, lag zu einem großen Teil das Erfolgsgeheimnis der Fallschirmtruppe, das im Kampfeinsatz zutage trat.

Zwischen Oberst Bassenge und Generalmajor Student herrschte ein etwas gespanntes Verhältnis. Während Bassenge Fallschirmjägereinsätze im kleinen Rahmen propagierte, war Student für großangelegte Luftlandeunternehmungen. Er wollte großrahmige Einsätze durchführen und vor allem von Heeresoperationen unabhängig sein. Taktische Beweglichkeit auf dem Gefechtsfeld war für ihn eine notwendige Voraussetzung für eine schlagkräftige Fallschirmtruppe.

In dieser Ansicht wurde er von Hitler bestärkt, der unter dem Eindruck der Manöver 1937 und des Probeeinsatzes von 1938 der Fallschirmtruppe besondere Aufmerksamkeit schenkte.

Allerdings blieb das, was der Fallschirmtruppe dann zugestanden wurde, hinter diesem Enthusiasmus merklich zurück.

Dennoch ging es mit dem weiteren Aufbau der Fallschirm- und Luftlandetruppen voran. Am 1. Januar 1939 wurde das Fallschirm-Infanterie-Bataillon des Heeres als FschJäg-Batl. II in das FJR 1 überführt und von Hauptmann Fritz Prager übernommen, während sein Kommandeur, Major Heidrich, zum Stab der 7. Flieger-Division versetzt wurde.

Die 7. Flieger-Division, unmittelbar dem Oberkommando der Luftwaffe unterstellt, wuchs. Die drei Kampf-Bataillone wurden ausgebaut, weitere Divisionstruppen aufgestellt, so im Sommer 1938 bereits die erste Luftlande-Geschütz-Batterie 7 unter Oberleutnant Schram.

Am 20. April 1939 trat die Fallschirmtruppe zum erstenmal bei einer großen Parade auf. In Berlin marschierte sie unter Führung von Oberstleutnant Bräuer an Hitler vorbei.

Den ersten großen Manöver-Coup landete die Fallschirmtruppe anläßlich der ersten Luftlandemanöver auf dem Truppenübungsplatz Bergen im Juli 1939, das von Generaloberst von Kluge geleitet wurde. Oberstleutnant Heidrich hatte die Idee gehabt, lebensgroße Puppen an Fallschirmen zur Täuschung des Feindes abzusetzen. Sie landeten im Rücken eines feindlichen Kampfverbands. Dieser machte daraufhin prompt kehrt, um die Puppen zu bekämpfen.

Zugleich aber sprangen auf der anderen Seite die echten Fallschirmjäger des II./FJR 1 unter Führung von Hauptmann Pietzonka und besetzten kampflos jenes Höhengelände, das vom Gegner verteidigt werden sollte. Generaloberst von Kluge war begeistert.

Allerdings hatte wenig vorher der Oberbefehlshaber des Heeres, Generaloberst von Brauchitsch, anläßlich einer ähnlichen Luftlandeübung in Munsterlager ein negatives Urteil über diese neue Waffe gesprochen:

»Auf dem Papier und in Planspielen sieht dies alles sehr schön aus. Aber in der Praxis eignet sich diese Sache nur für *ganz* kleine Verhältnisse.«

Als General Student sachlich begründete Einwände äußerte, ließ er ihn nicht zu Ende sprechen, sondern bemerkte abschließend:

»Die Sache steckt noch in den Kinderschuhen und ist im größeren taktischen Rahmen nicht brauchbar. Sie sind eben ein ausgesprochener Optimist, Student!«

Als der Zweite Weltkrieg begann, stand die deutsche Fallschirmtruppe mitten im Aufbau. Die 7. Flieger-Division verfügte lediglich über das Regiment 1 und das I./FJR 2; das II. Bataillon des Regimentes 2 stand noch in der Aufstellung.

Am Tage der Mobilmachung, dem 26. August 1939, standen die Fallschirmjäger-Einheiten in ihren Friedensstandorten. Der für sie ausgegebene Befehl lautete:

»Die 7. Flieger-Division – verstärkt durch das Infanterie-Regiment 16 – ist operative Reserve der Obersten Führung. Sie marschiert hierzu im Raume Liegnitz auf.«

Fallschirmjäger
im ersten Kriegseinsatz

Untätigkeit im Polenfeldzug

Den ersten September 1939 erlebte das II. Bataillon des Fallschirmjäger-Regiments 1 auf der Autobahn zwischen Berlin und Breslau beim motorisierten Marsch nach Südosten. Ziel waren die Flugplätze um Breslau, von denen die Einsätze ausgehen sollten. Generalmajor Student hatte für seine wenigen Fallschirmtruppen einige Einsätze ausgearbeitet. Da war einmal der Einsatz um die Weichselbrücke bei Pulawy. Die Fallschirmjäger sollten die Brücke im Sprungeinsatz erreichen, die Brückenwache ausschalten, die Sprengladungen entschärfen und so den Weg für die deutschen Panzerverbände offenhalten.

Die Soldaten des Bataillons saßen bereits in den Transportmaschinen, als dieser Einsatz abgeblasen wurde. Fluchend kletterten sie wieder heraus. Es stellte sich später heraus, daß die deutschen Panzer diese Weichselbrücke bereits im Handstreich überrollt hatten. Erst am 24. September hatten Teile des II. Fallschirmjäger-Regiments 1 Gefechtsberührung mit dem Gegner. Bei Wola Gulowska erlitten sie die ersten Verluste. Acht Fallschirmjäger wurden getötet.

Das III. Fallschirmjäger-Regiment 1 wurde überhaupt nicht eingesetzt, sondern zur Sicherung des Gefechtsstandes des Fliegergenerals von Richthofen herangezogen.

Dieses Herumgammeln war nicht im Sinne der Fallschirmjäger. Unlust machte sich breit, und als Mitte Oktober die Verbände in ihre Standorte zurückkehrten, meldeten sich viele Fallschirmjäger von dieser »inaktiven Truppe« weg zur Infanterie. Sie konnten ja nicht wissen, daß ein großer Einsatz der Fallschirmtruppe unmittelbar bevorstand.

Am 27. Oktober 1939 wurde Generalmajor Kurt Student zu Hitler in die Reichskanzlei befohlen. Er stand zum ersten Male Hitler gegenüber, und nun erfuhr er auch, warum dieser die Fallschirmtruppe im Polenfeldzug nicht zum Einsatz gebracht hatte:

»Die Fallschirmtruppe, Student, ist mir zu wertvoll. Ich werde sie nur dann einsetzen, wenn es sich lohnt. In Polen ist das Heer allein fertiggeworden. Ich wollte deshalb das Geheimnis der neuen Waffe nicht vorzeitig lüften.«

Anschließend gab Hitler dem Kommandierenden General des Fallschirmkorps eine Orientierung über die Aufgaben, die er im Westfeldzug den Luftlandetruppen vorbehalten hatte. Da der Westfeldzug schon am 12. November beginnen sollte, schien äußerste Eile geboten. Nach Hitlers Plan, wie ihn Student nun erfuhr, sollten eigens dazu ausgerüstete Sturmgruppen mit Hilfe von Lastenseglern die stark befestigte hochmoderne Werkgruppe Eben Emael am belgischen Albertkanal im Handstreich nehmen. Auch die drei dahinterliegenden Brücken über den Kanal sollten von Lastenseglergruppen genommen und damit ihre Sprengung durch den Gegner verhindert werden.

Kurt Student berichtete über diese erste Zusammenkunft und die anschließende Besprechung so:

»Während dieser Unterredung entwickelte Hitler mit außerordentlicher Klarheit und in der ihm eigenen suggestiven Art seine Auffassung über Sinn und Einsatzzweck der neuen Luftlandewaffe. Zu meinem nicht geringen Erstaunen zeigte er hierbei großes fachliches Wissen in dieser neuartigen Materie, sogar auf dem Gebiet der Lastensegler. Zunächst betonte er mit Nachdruck, daß man sich immer vor Augen halten müsse, daß die Fallschirm- und Luftlandewaffe ein ganz neues, vorläufig noch geheimes Kampfmittel sei.

Der erste Einsatz müsse also mit aller Kraft und Kühnheit an entscheidender Stelle durchgeführt werden.

Ich berichtete nun über die große Enttäuschung der Fallschirmjäger und die daraus resultierenden bedenklichen psychologischen Folgen. Hitler hörte mir aufmerksam zu und sagte dann:

›Sie werden jetzt bestimmt im Westen zum Einsatz kommen!‹ Lächelnd fügte er hinzu: ›Und es wird eine *große* Sache werden.‹

Anschließend orientierte er mich über die Aufgaben, die er den Luftlandetruppen bei der bevorstehenden Westoffensive stellen wolle:

›1. Die 7. Flieger-Division und die 22. Luftlande-Division unter Generalmajor Student sollen das ‚Reduit National‘ aus der Luft nehmen und diese wichtige Befestigungslinie bis zum Eintreffen des Heeres halten.

2. Eine weitere Fallschirmabteilung auf Lastenseglern soll im Handstreich das Sperrfort Eben Emael bei Lüttich und die nördlich davon liegenden Brücken über den Albertkanal sowie die Maasbrücken bei Maastricht erobern, um damit den schnellen Übergang der 6. Armee (General von Reichenau) über Maas und Albertkanal zu ermöglichen.«

Generalmajor Student, zur Möglichkeit der Durchführung der beiden Operationen befragt, erklärte, daß der erste Teil durchaus im Bereich des Möglichen läge, daß aber der zweite Teil mit der Eroberung von Eben Emael aus der Luft einfach zu fantastisch sei.

»Beschlafen Sie diese Fragen, Student. Melden Sie sich morgen wieder bei mir und teilen Sie mir Ihren Entschluß mit.«

Während der Nacht gab es für Student jedoch keinen Schlaf, er durchdachte die Möglichkeiten von allen Seiten und kam schließlich zu dem Ergebnis, daß ein Handstreich auf Eben Emael möglich sei, wenn es gelänge, alle Vorbereitungen dazu streng geheimzuhalten. Er ließ sich bei Hitler melden und unterrichtete ihn von seinem Entschluß.

Gemeinsam mit Oberst Bräuer wählte Student die Einheiten aus, die für den Handstreich gegen die drei Albertkanal-Brücken und zur Wegnahme von Eben Emael in Frage kamen.

Hauptmann Koch, Chef der 1. FJR 1, wurde mit der Bildung der Sturmabteilung Koch beauftragt, der die genannten Operationen zufielen. Hinzu kamen der Pionierzug des II. FJR 1 unter Oberleutnant Witzig und das Lastenseglerkommando unter Oberleutnant Kiess. Durch Ersatz von der Fallschirmschule wurde diese Sturmabteilung auf eine Gesamtstärke von 500 Mann gebracht.

Der Beginn des Westfeldzuges verzögerte sich wegen des schlechten Wetters von Woche zu Woche. Als er endgültig auf den 17. Januar 1940 festgelegt worden war, fiel am 10. Januar der gesamte Operationsplan für diese Offensive dem Gegner in die Hände. Ein Major der Fallschirmtruppe, der von Student als Verbindungsoffizier zur Luftflotte 2 nach Münster kommandiert war und die Abdrucke sämtlicher Einsatzbefehle in einem Aktenordner bei sich trug, verflog sich mit der Me 108, »Taifun«, die der Pilot, ein Major der Luftwaffe, zum erstenmal flog, und mußte, als auch der Motor aussetzte, notlanden. Sie gingen nahe der belgischen Stadt Mechelen-sur-Meuse nieder.

Major Reinberger, der Fallschirmjäger-Offizier, versuchte noch, die Pläne zu verbrennen, doch es gelang ihm nicht vollständig. Da man auf deutscher Seite nicht wußte, wieviel von dem Plan in die Hände des Gegners gefallen war, wurde der Beginn des Westfeldzuges auf das kommende Frühjahr verschoben.

Die abschließenden Aufträge für die Fallschirmtruppe sahen dann noch ergänzend vor:

1. Inbesitznahme der Brücken bei Moerdijk, Dordrecht und Rotterdam für die 18. Armee, die mit Schwerpunkt südlich des Stromgebietes vorgeht.

2. Gleichzeitige Besetzung der Hauptstadt Hollands, Den Haag, und damit Ausschaltung der gegnerischen Führung.

Die einheitliche Vorbereitung und Lenkung der Luftlandeunternehmen lag in den Händen von Generalmajor Student.

Überraschend für alle Beteiligten entschloß sich Hitler am 3. März 1940 dazu, das Norwegen-Unternehmen noch vor dem Westfeldzug durchzuführen. Hierfür ließ er ein Fallschirmjäger-Bataillon anfordern. Student lehnte ab, doch seine Einwände fruchteten nichts. Um die gebildete und im

Training befindliche Sturmabteilung Koch nicht auseinanderzureißen, stellte er schließlich das I. FJ-Regiment 1 unter Major Walther zur Verfügung. Es erhielt folgende Aufgaben:

1. Ein Halbbataillon unter Führung des Bataillonskommandeurs sollte den Flugplatz Oslo-Fornebu für nachfolgende Landungen besetzen und sichern.

2. Die 3. Kompanie unter Oberleutnant von Brandis sollte den Flugplatz Stavanger-Sola einnehmen.

3. Die 4. Kompanie unter Hauptmann Gericke sollte die wichtigsten Brücken und Flugplätze Dänemarks besetzen.

Die ersten Luftlande- und Sprungeinsätze in Dänemark und Norwegen

Als die 29 Ju 52 mit dem Halbbataillon unter Führung von Major Walther sich der norwegischen Küste näherten, herrschte dort so dicke »Milchsuppe«, daß man nur knapp 20 Meter weit sehen konnte. Der Flugzeugführer der Kommandeursmaschine meldete die geringe Sicht, und Walther befahl, tiefer hinunterzugehen. Doch so weit sie auch niedergingen, der Nebel schien bis auf die See hinabzureichen.

Sekunden nach dem Befehl, in niedrigster Höhe weiterzufliegen, erschütterte ein lautes Krachen die Männer in der vierten Maschine. Zwei dicht hinter ihnen fliegende Ju 52 waren miteinander kollidiert und stürzten ab.

»Hochziehen!« befahl Oberstleutnant Drewes, der Kommodore der II. Kampfgeschwader z.b.V. 1, als der Nebel über den Schären vor Oslo undurchdringlich wurde.

»Was ist los?« fragte Major Walther.

»Sicheres Absetzen der 1. und 2. Kompanie unmöglich, Walther. Wir müssen nach Aalborg umkehren.«

»Wenn wir den Flugplatz nicht nehmen, können die nachfolgenden Maschinen mit den Truppen nicht landen«, warf Walther ein.

Aber auch er mußte sich schließlich der besseren Einsicht des Transportführers beugen. Der ganze Verband drehte und flog nach Aalborg, wo er landete.

Die nachfolgende Einsatzgruppe wurde ebenfalls über

Funk zurückbeordert. Doch Hauptmann Wagner, der die Führungsgruppe befehligte, hielt den Funkspruch für ein Täuschungsmanöver des Gegners und setzte den Anflug auf Fornebu allein fort.

Dort waren inzwischen die zur Unterstützung der Fallschirmjäger angesetzten acht Me 110 der I. Zerstörergeschwader 76 unter Hauptmann Ingenhoven eingetroffen. Die Maschinen setzten zur Landung an. Sie waren der Überzeugung, daß die Fallschirmjäger bereits abgesetzt seien und der Flugplatz sich in deutscher Hand befinde.

Als sie Abwehrfeuer erhielten, wurden sie eines Besseren belehrt. Aber die Maschinen mußten hier landen. Sie hatten nicht genügend Sprit zum Rückflug.

»Angriff und Bekämpfung der Feindwaffen mit MG-Feuer!« befahl Ingenhoven.

Die Zerstörermaschinen stießen hinunter und zielten mit ihren Bordwaffen in das aufblitzende Feuer der Feindabschüsse hinein. Zwei englische »Gladiator«-Jäger wurden in Brand geschossen, noch ehe sie zur Abwehr der deutschen Zerstörer aufsteigen konnten.

In diesem Augenblick traf auch die Führungsmaschine mit Hauptmann Wagner ein. Die Ju 52 drehte zur Landung ein, erhielt plötzlich ebenfalls dichtes MG-Feuer. Die Steppnähte der MG-Salven schlugen durch die Maschine. Hauptmann Wagner, der am Knüppel der Ju 52 saß, erhielt einen tödlichen Kopfschuß. Der Kopilot fing die Maschine ab, und während die Kugeln noch immer die Maschine durchsiebten, Männer getroffen aufschrien und die Ju 52 sich in wilden Schüttelbewegungen aufrichtete, dem Druck des Knüppels aber gehorchte, jagten die Me 110 wieder über den Platz und über die hochziehende Ju 52 hinweg.

Es gelang der Ju 52, ebenfalls Aalborg zu erreichen, wohin das Gros dieser zweiten Gruppe bereits umgekehrt war. Die acht Me 110 aber blieben. Sie hatten nur die Wahl, den Flugplatz in Besitz zu nehmen oder irgendwo auf See hinuntergehen zu müssen.

Noch einmal schossen die Me 110 auf das Abwehrfeuer, dann setzten sie zur Landung an. Die erste Maschine rollte noch über das Platzende hinaus und wurde leicht beschädigt. Alle anderen aber landeten sicher, drehten und zeigten dem Gegner in den Stellungen bei den Flughafengebäuden das Heck. So boten sie dem Heckschützen die Möglichkeit, das Feindfeuer zu erwidern. Doch dieses war verstummt. Der Gegner hatte aufgegeben und den Platz verlassen.

Hauptmann Ingenhoven meldete: »Flugplatz Fornebu in eigener Hand. Platz für Nachlandungen der Fallschirmjäger frei!« Die Fallschirmjäger kehrten wieder um, besetzten den Flugplatz und hielten ihn so lange, bis das zur Besetzung vorgesehene Infanterie-Regiment 324 eingetroffen war. Als gegen Mittag des 9. April sechs Kompanien gelandet waren, trat dieser Kampfverband den Vorstoß auf Oslo an. Der Auftrag der Hauptgruppe war erfüllt.

In der Spitzenmaschine der 4. Kompanie saß Hauptmann Gericke mit dem Kompanieoffizier und wartete auf das Signal zum Absprung. Als die rote Lampe aufleuchtete, wurden die Türen der Ju 52 geöffnet, und die Spitzenspringer standen mit gegrätschten Beinen im Türrahmen, sich mit beiden Fäusten festhaltend.

»Tuuuuut!« dröhnte das Boschhorn und gab damit das Signal zum Springen. Die Spitzenmänner schnellten sich im Hechtsprung hinaus, die übrigen folgten dicht hintereinander. Sie wußten, daß nur ein schnelles Springen auch den Zusammenhalt der Kompanie sicherstellte.

Ohne Beschuß erhalten zu haben, landeten die Fallschirmjäger. Drei Minuten später waren sie beisammen. Es ging auf die Brücke zu, die die beiden Inseln Falster und Fünen miteinander verband und über welche der Weg nach Kopenhagen führte. Die völlig überraschten Dänen wurden entwaffnet und die Brücke von den Fallschirmjägern gesichert. Sie hatten nicht einmal das Aufsuchen der Behälter mit den schweren Waffen abgewartet, sondern waren mit den Handwaffen gestürmt. Der Weg nach Kopenhagen hinein war frei, und Hauptmann Gericke meldete die Brücke in deutscher Hand. Einige Stunden später marschierte das Infanterie-Regiment 305 über diese Brücke nach Kopenhagen ein und nahm die dänische Hauptstadt in Besitz.

Zur gleichen Zeit flog die 3. Kompanie unter Oberleutnant Freiherr von Brandis in Richtung Stavanger-Sola. Doch auch hier herrschte dichter Nebel. Die Maschinen gingen im Tiefflug nur knapp zehn Meter über der See durch die Nebeldecke, und als sich der Nebel plötzlich lichtete, sahen sie Sola dicht vor sich. Klares Wetter.

»Auf Absprunghöhe 140 Meter hochziehen!« befahl der Oberleutnant. Während des Hochziehens wurde bereits vom Boden aus das Feuer eröffnet. Dann schwebten Fallschirme der Erde entgegen. Die Flugplatzflak schoß nun heftiger, aber die Fallschirmjäger hatten den Boden bereits erreicht und stießen in schnellen geschlossenen Sprüngen vor. Feuer peitschte ihnen entgegen. Aber das erste Widerstandsnest wurde ausgeräumt. Der Sprung auf das zweite begann, als zwei Fernjäger BF 109 im Tiefflug über den Platz brausten und die Feindstellungen mit ihren Bordkanonen beharkten. Es waren die beiden einzigen Jäger, die infolge des schlechten Wetters ans Ziel gelangten.

Die beiden letzten Widerstandsnester am Flugplatzrand wurden nun angegriffen. Mit Handgranaten und MPi-Feuer gelang es, sie zum Schweigen zu bringen.

Genau 31 Minuten nach der Landung konnte auch Oberleutnant von Brandis melden, daß der Flugplatz fest in deutscher Hand sei.

Die Landebahn wurde geräumt, und wenig später landeten die Transportmaschinen mit den luftgelandeten Truppen. Zerstörer und Jagdflugzeuge fielen ein, um von hier aus den Kampf gegen die englische Flotte aufzunehmen.

Damit waren die drei Hauptaufgaben der Fallschirmjäger in Norwegen erfüllt. Eine weitere Aufgabe zeichnete sich mit der Landung englischer Truppen am 14. April bei Namsos und drei Tage später beiderseits Drontheim ab. Als hier die Gebirgsjäger in Bedrängnis gerieten, erhielt die 1. FJR 1 unter Oberleutnant Herbert Schmidt Befehl zum Einsatz. Sie sollte im Raume Dombas im Sprungeinsatz niedergehen und das Gudbrandsdal sperren und dadurch die Vereinigung der nördlich Oslo kämpfenden norwegischen Truppen mit den gelandeten englischen Truppen verhindern.

Am Nachmittag des 14. April startete die Kompanie Schmidt in 15 Ju 52 zum Flug nach Dombas, 150 Kilometer vor der deutschen Front. Es dunkelte bereits, als die Transportgruppe, geführt von Oberstleutnant Drewes, das tiefverschneite Einsatzgebiet in dem weiten Tal erreichte. Auch hier mußten die Ju 52 eine tief herunterreichende Nebeldecke durchstoßen. Die Feindflak eröffnete das Feuer auf die sichtbar werdenden Ju 52. Eine erhielt einen Volltreffer und barst in einer grellen Flammenrosette auseinander, noch ehe die Fallschirmjäger sie verlassen hatten. MG-Feuer jagte in grellen Leuchtspurspeeren durch die Dunkelheit. Die Fallschirmjäger sprangen aus teilweise nur siebzig bis achtzig Meter Höhe. Einige Fallschirme hatten sich wegen der geringen Höhe noch nicht geöffnet, als sie schon aufschlugen.

Ein Teil landete und sammelte sich um den Kompaniechef. Dieser befahl wenig später seinen noch 61 Männern den geschlossenen Sprung zur Straße. Im Laufen schossen sie auf erkannte Feindstellungen, aus denen ihnen das Abschußfeuer der MG entgegenschlug. Dann hatten sie die Straße erreicht.

»Drüben, Herr Oberleutnant! – Gutes Gelände für die Abwehr!« rief der Kompanietruppführer und deutete auf das Felsengewirr jenseits der Straße.

»Kompanie macht einen geschlossenen Sprung – auf maaaarsch!« Sie sprangen hoch, rannten tiefgeduckt über die Straße. Mit hämmernden Schlägen setzte MG-Feuer ein. Dazwischen krachten Karabinerschüsse.

Oberleutnant Schmidt lief mitten in eine MG-Salve hinein. Er spürte einen harten Schlag am rechten Bein und knickte ein; dann ging ein stechender Schmerz durch seinen Unterleib, und im selben Augenblick stürzte er bewußtlos zu Boden.

»Feind-MG niederkämpfen!« befahl Feldwebel Meinka, während er sich mit seinen beiden Meldern zu Boden warf und zum Chef hinkroch.

Das Feind-MG wurde zum Schweigen gebracht, und mit vier Mann trugen sie den Chef in die Deckung der Felsen. Hier wurden die Wunden verbunden, die Schmidt erhalten hatte. Neben einem Beinschuß noch ein Hüftschuß und ein Bauchschuß.

Kurt Student, Oberbefehlshaber der deutschen Fallschirmtruppe

Die erste Parade der jungen Fallschirmtruppe in Berlin

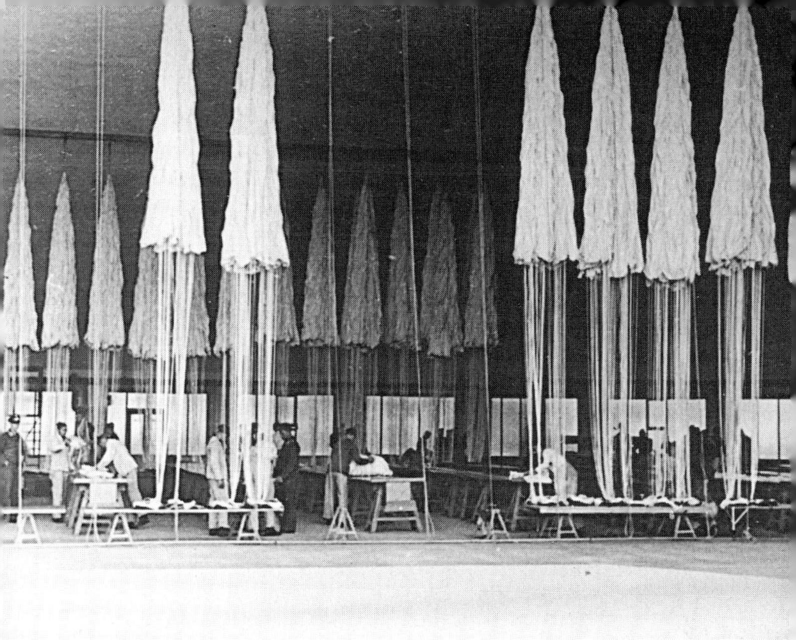

Oben: Fallschirme werden gelüftet und gewartet
Unten: Zusammengelegter Fallschirm

Oben: *Übungsspringen*
Unten: *Die Springer pendeln der Erde entgegen*

Die Fallschirmjäger richteten sich in der Kälte der Nacht zur Verteidigung ein. Von den 15 Ju 52 waren acht zu Bruch gegangen oder von der norwegischen Flak abgeschossen worden.

In den nächsten Tagen verteidigten sich die Fallschirmjäger verbissen gegen den norwegischen Gegner, der diesen Engpaß im Tal zu durchbrechen versuchte, um den Engländern entgegenzueilen.

Sprengtrupps zogen in der zweiten und dritten Nacht los und jagten eine Brücke in die Luft. Trotz seiner schweren Verwundung führte Oberleutnant Schmidt, auf einer Trage liegend, seine Kompanie weiter. Fünf Nächte und vier Tage hielten die Fallschirmjäger dem Ansturm der Gegner stand. Die letzten mußten sich den Norwegern schließlich ergeben. Sie hatten diese wichtige Straße vier Tage lang gesperrt und gaben so den deutschen Truppen die Chance, sich zu verstärken.

Am 29. Mai erhielt Oberleutnant Herbert Schmidt das Ritterkreuz. (Er fiel als Major am 16. Juni 1944 in der Bretagne durch die Kugel eines Heckenschützen, der ihn von hinten erschoß.)

Der nördlichste Kriegsschauplatz erlebte noch einen weiteren Fallschirmjäger-Einsatz. Die Lage der deutschen Gebirgstruppen im Raume Narvik war kritisch geworden. Das drohende Gespenst der Ergebung hing bereits über den Truppen. Da der Land- und Seeweg für den Truppennachschub abgeschnitten war, sprang noch einmal das I. FJ-Regiment 1 unter Major Walther im hohen Norden ab. Neben diesen Fallschirmjägern sprangen auch einige Einheiten der Gebirgstruppe, die einen Blitzlehrgang im Fallschirmspringen absolviert hatten, im Raum Narvik ab. Unter ihnen war auch der damalige Oberstleutnant Meindl, der einer der ganz besonders herausragenden Fallschirm-Kommandeure werden sollte.

Die Ju 52, bis unter die Halskrause mit Sprit vollgeladen, schafften es und setzten die Fallschirmjäger in jeweils kleineren Gruppen ab. Zu mehr war der Flugplatz in Drontheim, von wo aus diese Aktion durchgeführt wurde, nicht im

Stande. Ganze zwölf Tage dauerte das Absetzen des Bataillons. Für General Dietl und seine Gebirgsjäger wurden diese Fallschirmjäger und die »Gebirgs-Fallschirmjäger« zur entscheidenden Hilfe.

An der Spitze seines Bataillons drang Major Walther am 8. Juni 1940 in Narvik ein. Um diese Zeit rollte bereits im Bahntransport das II. FJ-Regiment 1 von Oslo in Richtung Narvik, um dort ebenfalls in den Einsatz zu gehen. Doch der Gegner hatte inzwischen aufgegeben, und das Bataillon wurde nach Deutschland zurückgeführt.

Die Aktion gegen Norwegen hatte damit die ersten scharfen Fallschirmjägereinsätze gebracht. Hier zeichneten sich bereits die großen Möglichkeiten ab; hier wurde aber auch die Gefährdung der Fallschirmtruppen deutlich erkannt. Für Generalleutnant Kurt Student, seit dem 1. Januar 1940 zu diesem Rang befördert, gaben diese kleinen Einsätze einige wichtige Hinweise für den bevorstehenden Großeinsatz der Fallschirmjäger im Westen. Doch damit waren die Gegner dieser neuen Waffe noch nicht von ihrer Durchschlagskraft überzeugt.

Während des Norwegen-Feldzuges war es gelungen, die für den geplanten Großeinsatz vorgesehenen Flugzeuge im Verband des Fliegerführers 220, Oberst Bassenge, zusammenzufassen und ihre Leitung und Einsatzlenkung zu koordinieren.

Generalleutnant Student konnte in der erzwungenen Wartezeit die vorgesetzten Dienststellen, vor allen Dingen auch Hitler, nun davon überzeugen, daß der zaghafte Plan von Generaloberst von Küchler, beim Angriff auf Holland die Grebbelinie bei Soesterberg zu durchbrechen, nicht genüge. Students Vorschlag war ein Sprung mitten in die Festung Holland. Dem Deutschen Generalstab wurde dieses Unternehmen dabei als Unterstützungsoperation für die 18. Armee schmackhaft gemacht.

Generalleutnant Student sah in dieser neuen Aufgabe – Öffnung der südlichen Zugangswege nach Rotterdam, Besetzung der Flugplätze bei Den Haag und Gefangennahme der königlichen Familie in Den Haag, der Regierung und des Oberkommandos der niederländischen Streitkräfte – *die*

Chance, den Krieg in Holland gewissermaßen im Handstreich zu beenden. Hitler und auch Generalfeldmarschall Göring waren von diesem Plan Students mehr als nur angetan.

Die 22. Luftlande-Division unter Generalmajor Graf Sponeck mit den Infanterie-Regimentern 47 und 65, mit einem unterstellten Fallschirmjäger-Bataillon, sollte die Flugplätze um Den Haag, Ockenburg, Ypenburg und Valkenburg in Besitz bringen, auf denen dann die Masse der 22. Luftlande-Division niedergehen und nach Den Haag marschieren würde.

Für seine 7. Flieger-Division sah Student Fallschirmabsprünge an den Brücken über das Hollandsche Deep bei Moerdijk, über die Oude Maas bei Dordrecht, auf den Flugplatz Waalhaven und auf die Brücken über die Nieuwe Maas vor.

An den Tagen vor dem Beginn des Westfeldzuges herrschte im Führerhauptquartier in Berlin hektische Tätigkeit. Am 2. Mai 1940 wurden Generalleutnant Student und Generalmajor Graf Sponeck ins Führerhauptquartier gerufen. Hitler verkündete ihnen, daß der Beginn des Westfeldzuges zum 6. Mai geplant sei. In dieser Besprechung ließ Hitler Generalleutnant Student wissen:

»Ich rechne bestimmt damit, daß die Königin der Niederlande, Wilhelmina, im Lande bleiben wird. Sie kann in ihrem Stadtschloß, oder auf ihrem kleinen Landsitz ›Huis ten Bosch‹, nach freier Wahl verbleiben. Sie beide, Student und Sponeck, haften mir dafür, daß der Königin und den Mitgliedern des königlichen Hauses bei den Kampfhandlungen kein Schade zugefügt wird.

Ich kann alles auf mich nehmen, nur nicht die Tatsache, daß Königin Wilhelmina etwas zustößt. Sie ist bei ihrem Volk und in der ganzen Welt beliebt.«

Doch der 6. Mai ging ebenso vorüber wie die folgenden zwei Tage, ohne daß sich das Geringste getan hätte. Erst am Vormittag des 9. Mai klingelte im Arbeitszimmer von Generalleutnant Student das Telefon. Am anderen Ende der

Leitung befand sich Major von Below, der Student in Hitlers Auftrag mitteilte:

»X-Tag ist der 10. Mai.«

Der Angriff gegen die Festung Holland, auf Eben Emael und die Albertkanal-Brücken konnte beginnen.

Die Stunde der Bewährung

Sturmabteilung Koch gegen Eben Emael

Am Abend des 9. Mai 1940 wurde die Sturmabteilung Koch alarmiert. Aus dem Raume Hilden–Düsseldorf wurden elf Offiziere und 427 Mann auf die Flugplätze Köln-Ostheim und Köln-Butzweilerhof zusammengezogen. Vier Sturmgruppen waren gebildet worden, die in vier Abteilungen mit insgesamt 42 Schleppzügen zu den Zielen gebracht werden sollten, die es in Besitz zu nehmen galt.

Die Sturmgruppe »Stahl«, geführt von Oberleutnant Altmann, hatte den Befehl, die Albertkanal-Brücke Veldwezelt im Handstreich in Besitz zu nehmen und ihre Sprengung zu verhindern.

Sturmgruppe »Beton« unter Leutnant Schacht sollte die Brücke Vroenhoven erobern und für den Übergang der 4. Panzer-Division freihalten.

Sturmgruppe »Eisen«, geführt von Leutnant Schächter, hatte die Brücke bei Canne als Ziel erhalten. Diese Brücke stand unter direkter Beobachtung aus dem belgischen Sperrfort Eben Emael. Sie war wichtig, weil über sie die aus Maastricht vorgehenden Einheiten des Infanterie-Regiments 151 vorstoßen und das Sperrfort Eben Emael in Besitz nehmen sollten, auf welches der schwierigste Angriff geführt werden mußte.

Die Sturmgruppe »Granit« unter Führung von Oberleutnant Witzig sollte schließlich die Werkgruppe Eben Emael, die den Albertkanal beherrschte, aus 64 Einzelwerken bestand und für uneinnehmbar gehalten wurde, im Sturmangriff aus der Luft nehmen.

Diese Werkgruppe hatte eine Ausdehnung von 900 mal 700 Meter. Wenn man bedenkt, daß eine Gruppe Fallschirmjäger, die aus einer Ju 52 springt, bei schnellstem Absprung in sieben Sekunden auf eine Länge von 300 Meter auseinandergezogen wird und dabei außerdem etwa 15 Sekunden wehrlos im Schirm hängt, so verbot sich für diesen Einsatz ein Fallschirmabsprung, weil das Ziel dafür zu klein war.

Aus diesem Grunde hatte die Gruppe »Granit« auch den Lastensegler-Einsatz geübt. Geübte Segelflieger – und das waren die Piloten der Lastensegler – konnten die DFS 230 bei Punktlandungen auf 15 bis 20 Meter genau hinunterbringen. Dies sicherte den geballten gleichzeitigen Angriff bei gleichzeitigem Überraschungseffekt, denn der Lastensegler kann bei einer Schlepphöhe von 2000 Meter und einem Gleitwinkel von 1:12 bereits 20 Kilometer vor dem Ziel ausgeklinkt werden und erreicht dieses dann geräuschlos im Gleitflug.

Am frühen Morgen des 10. Mai erfolgte der Start der Gruppe »Granit«. Der Bericht des damaligen Oberjägers Peter Arent über diesen ersten scharfen Einsatz im Westen ist erhalten geblieben. Er vermittelt einen genauen Eindruck vom Geschehen dieses Morgens.

»Wir wurden am 9. Mai 1940 in der Flakkaserne Hilden bei Düsseldorf alarmiert, wohin unsere gesamte Sturmgruppe verlegt hatte. Die Gruppe setzte sich aus dem Fallschirm-Pionierzug unter Oberleutnant Witzig und elf Lastenseglern DSF 230 mit ihren Piloten zusammen.

Ich trommelte meinen Trupp 3 zusammen. In schneller Fahrt ging es nach Köln-Ostheim, wo die Lastensegler – die in Möbelwagen dorthin transportiert wurden – beladen werden konnten. Um 21.00 Uhr meldeten wir Oberleutnant Witzig alles klar.

›Kameraden!‹ sagte der Oberleutnant, ›morgen früh gehen wir in den Einsatz. Wir müssen nun unter Beweis stellen, daß wir unsere Zeit nicht vertan haben und daß wir alles, was wir lernen mußten, auch wirklich gelernt haben.‹

Um 2.45 Uhr war Wecken, angetreten wurde um 3.30 Uhr mit voller Ausrüstung. Nach der Meldung gingen wir zu unserem Lastensegler, als der Befehl ›An die Maschinen!‹ von Oberleutnant Witzig gegeben wurde.

Pünktlich um 4.30 Uhr rollten die elf Schleppmaschinen an. Nacheinander hoben die elf großen Segler ab und ließen sich in den Morgenhimmel emporziehen. Als wir mit den in Köln-Butzweilerhof gestarteten Seglern und

Maschinen der Sturmgruppe ›Eisen‹ zusammentrafen, kam es zu einem unvorhergesehenen Zwischenfall. Ausgerechnet der Segler mit dem Trupp 11 und dem Sturmgruppenführer Oberleutnant Witzig an Bord mußte eine scharfe Ausweichbewegung fliegen, um nicht mit einem anderen Segler zu kollidieren. Dabei riß das Schleppseil, und der Lastensegler mit dem Sturmgruppenführer kam gerade noch über den Rhein zurück. Später fiel auch noch der Trupp 2 aus, dessen Segler bei Düren niederging.

›Merz‹, wandte ich mich an meinen Stellvertreter, ›du weißt Bescheid, wenn ich ausfallen sollte!‹

›Klar, Peter, alles begriffen!‹ antwortete der Obergefreite. Mit mir hockten sieben Fallschirmjäger in dem Segler, der von Oberjäger Sapper geführt wurde. Mit einem Blick überflog ich die Ausrüstung. Heute mußte sich erweisen, ob die Sprengladungen von 50 Kilogramm, von denen wir drei mithatten, die Kuppeln des belgischen Werkes knacken konnten. Wir hatten die Werkanlage 12 zum Ziel erhalten. Daneben führten wir noch Sprengladungen zu 12,5 Kilogramm, ein paar Sprengrohre, eine Sprengmittelkiste, eine Leuchtpistole, ein MG und MPi mit uns.

Als die Schlepp-Ju die Meldung durchgab, daß das Ziel erreicht sei, von dem aus die Segler allein weiterfliegen würden, klinkte Oberjäger Sapper das Schleppseil aus. Ein Ruck ging durch den Segler, und dann schwebte er frei weiter und stürzte wenig später in steilen Spiralen auf das Ziel herunter, das im Frühlicht des 10. Mai jetzt bereits deutlich zu erkennen war. Sapper steuerte ›unsere‹ Kasematte an. Er drückte die Maschine steiler herunter, um mitten ins Ziel zu landen. Rasendschnell kam die Erde auf uns zu. Noch im Abfangen setzte unser Segler etwa 50 Meter südlich unseres Objektes auf.«

»Raus und ran, Männer!« befahl Arent. Die sieben Fallschirmjäger stürzten ins Freie. Oberjäger Arent sah noch drei oder vier Segler zur Landung ansetzen. Weiter rechts von ihm krachte einer im Steilflug in den Boden. Am Nordzipfel der Werkanlage setzten zwei Segler auf. Dann peitschte auch schon MG-Feuer über das Plateau der Werkgruppe. Geschütze schossen.

Peter Arent rannte in langen Sätzen dem Ziel entgegen. Hinter ihm keuchte Merz mit seiner 12,5-Kilo-Ladung her. Die Ladung wurde genau dort angesetzt, wo sie es im Sandkasten geübt hatten. Als der Brennzünder gerissen wurde, warf sich alles in Deckung. Ein mächtiger harter Schlag hallte durch den Morgen. Eine Scharte wurde in die Kasematte geschlagen.

Die Flugabwehrstellung wurde im ersten Ansprung genommen. Dann griffen Männer eines anderen Trupps die Baracke 25 an, die mit geballten Ladungen vernichtet wurde.

Sieben der insgesamt hier gelandeten neun Trupps standen nun im Einsatz. Feldwebel Teddy Wenzel hatte nach dem Ausfall des Kampfgruppenführers die Führung auf dem Werkgruppendach übernommen. Die beiden übrigen Trupps waren auf die Nordspitze angesetzt worden und fanden hier nur Scheinanlagen vor.

Der Angriff auf das Werk 25 mit seiner flachen Panzerkuppel von sechs Metern Durchmesser, unter der eine 12-cm-Zwillingskanone steckte, mißlang mit der 50-Kilo-Hohlladung. Zwei Fallschirmjägern gelang es, je eine 1-Kilo-Sprengladung in die Rohre der Kanone zu werfen, deren Verschlüsse mit der Detonation dieser Ladungen verklemmten und die Kuppel unbrauchbar machten.

Das MG, das aus der Scharte des Werkes 13 feuerte, wurde nach Überwinden des Drahthindernisses mit dem mitgenommenen Flammenwerfer außer Gefecht gesetzt. Dann wurden die Sprengladungen angesetzt und auch dieses Werk zum Schweigen gebracht.

Seit 5.20 Uhr tobte auf dem Dach der uneinnehmbaren Werkgruppe Eben Emael der Kampf der 55 Fallschirmjäger, der von Feldwebel Wenzel koordiniert wurde. Wenzel dirigierte die Trupps, und um 5.40 Uhr ließ er den ersten Funkspruch an die Sturmabteilung Koch tasten:

»Sturmgruppe Granit: Objekt erreicht, alles in Ordnung.«

Oberjäger Arent erhielt nach der Ausschaltung des Werkes 12 von Wenzel die Weisung, das Werk 4, die Grabenstreiche mit den beiden Panzerabwehrkanonen, außer Gefecht zu setzen.

»Wir setzen den Beobachter in der Kuppel außer Gefecht!«

befahl Arent. »Er weist die beiden MG ein, die uns beharken.«

Die Beobachtungskuppel war drei Minuten später erreicht. Der wuchtige Detonationsschlag ließ sie auseinanderbersten. Die 50-Kilo-Hohlladungen waren imstande, 25 Zentimeter dicken Stahl glatt zu durchschlagen.

»Aufklärung bis zum Eingangswerk vortreiben!« befahl Wenzel, als die erklärten Ziele ausgeschaltet waren. Bei dieser Aufklärung kam es zu ersten Verlusten. Wenig später griffen aus dem Unterholz des Nordwesthanges belgische Soldaten an. Der Zug mußte sich verteidigen. 55 Fallschirmjäger kämpften gegen rund 1200 Belgier. Und um 8.35 Uhr ließ Feldwebel Wenzel einen weiteren Funkspruch absetzen:

»Eben Emael: Feind wird weiter zurückgeschlagen. Höhen werden besetzt!«

Fünf Minuten später erfolgte wieder ein Angriff, der allerdings nur als Aufklärungsvorstoß gedacht war, wie die belgische Seite nach dem Krieg verlautbarte.

Kurz vor dem Absetzen des Funkspruches durch Wenzel war ein einzelner Lastensegler über der Werkgruppe Eben Emael erschienen und in steilen Spiralen niedergegangen. Von Mund zu Mund pflanzte sich die Nachricht fort:

»Unser Oberleutnant ist gekommen!«

Es war Oberleutnant Witzig gelungen, nach seiner Landung auf einer Wiese eine neue Ju 52 als Schleppmaschine herbeizurufen. Als sie erschien, hatten seine Pioniere bereits die Weidenzäune niedergerissen, und im Schlepp der neuen Maschine war der Segler Nr. 11 mit dem Sturmgruppenführer gestartet und hatte Eben Emael am hellen Tag im Alleinflug erreicht, um die Führung zu übernehmen.

Der Spähtrupp, der gegen das Werk 3 angesetzt wurde und dem auch Oberjäger Arent angehörte, wurde aufgerieben. Und jetzt eröffnete die belgische Artillerie, die sich langsam auf das Werkgruppendach eingeschossen hatte, das Feuer. Dicht bei dicht gingen Granaten auf der Hochfläche nieder und zwangen die deutschen Fallschirmjäger in Deckung.

Dennoch gelang es den Fallschirmjägern am Nachmittag und nach Sonnenuntergang, die bis zu 40 Meter tiefen

Niedergänge zu den Werken 12, 13 und 19 mit geballten Ladungen, von denen eine 90 Kilogramm wog, zu sprengen. Die unten vor den Kasemattentüren aufgebauten Hindernisse aus Schienen und Sandsäcken wurden beiseite gefegt. Die Detonationswellen tosten durch die unterirdischen Gänge und riefen bei den Verteidigern den Eindruck hervor, als seien die Deutschen bereits in das Verbindungssystem eingedrungen.

Als die im Werk 12 befindliche Gruppe Arent bei Nacht die ersten vorfühlenden Belgier meldete, ließ Oberleutnant Witzig dieses Werk räumen, da ein nächtlicher Angriff befürchtet wurde. Vor dem Verlassen des Werkes wurde der Ausgang jedoch noch mit einer 50-Kilo-Ladung gesperrt.

Peter Arent sammelte seine Männer und brachte sie auf dem Gelände in guter Deckung unter. Aber der belgische Gegenangriff fand in der Nacht zum 11. Mai nicht statt. Der tödliche Ansprung einer Handvoll Fallschirmjäger, ihr dramatischer, blitzartiger Einsatz hatte die Werkgruppenbesatzung völlig gelähmt.

Am frühen Morgen des 11. Mai überwand ein Stoßtrupp des Pionier-Bataillons 51 unter Oberfeldwebel Portsteffen den Wassergraben vor Werk 4 mit einem Schlauchboot und brachte die dortige Grabenstreiche zum Schweigen. Damit öffnete Portsteffen seinem Bataillon den Weg nach Eben Emael. Neben dem Pionier-Bataillon 51 waren noch Teile der Infanterie-Regimenter 151 und des Artillerie-Regimentes 161 der 61. Infanterie-Division auf Eben Emael angesetzt.

Es war Mittag, als die Spitzengruppen des Infanterie-Regiments 151 über die Westseite der Werkgruppe heraufstürmten. Die Verteidiger gaben den Kampf auf. Die noch kämpfenden Werke 17, 23 und 35 der Werkgruppe stellten das Feuer ein. Major Jottrand, der Kommandant von Eben Emael, ging mit der gesamten Besatzung in die Gefangenschaft.

Die junge Fallschirmtruppe hatte die gestellte Aufgabe gelöst. Von den insgesamt 85 Soldaten der Sturmgruppe »Granit« waren sechs gefallen. 15 Soldaten wurden verwundet, und vier erlitten Verletzungen bei der Landung.

Wie aber sah es bei den drei Albert-Kanalbrücken aus?

Die neun Lastensegler der Sturmgruppe »Stahl« erreichten um 5.20 Uhr den Ausklinkplatz zum Sturzflug auf die Kanalbrücke bei Veldwezelt. Oberleutnant Altmann gab den Befehl zur Sturzlandung. Mit schneller Fahrt jagten die neun vollbepackten Segler der Erde entgegen.

»Festhalten!« rief der Pilot und schoß förmlich auf den Landeplatz zu. Dann zog er den Knüppel, die mit Stacheldraht umwickelten Kufen des Seglers knirschten über den Boden. Ein mächtiger Ruck warf die Männer nach vorn.

Als erster war Oberleutnant Altmann aus dem Segler geklettert. Er sah den Segler mit dem Trupp Ellersiek direkt vor dem Brückenbunker niedergehen, den der Trupp zu nehmen hatte. MG-Feuer schnatterte durch den Morgen. Feuer peitschte Oberjäger Ellersiek entgegen, als er dem Bunker entgegenstürmte, aus dessen Scharten ebenfalls Abwehrfeuer kam. Im Laufen warf Ellersiek einige Handgranaten. Die Männer stürmten durch das Feuer dem Brückenbunker entgegen. Als einer der Männer die Tür erreichte und eine geballte Ladung zündete, warfen sich alle in Deckung, um unmittelbar nach dem Detonationsschlag wieder aufzuspringen. Sie stürmten in den Bunker hinein. Und während nun das Feuergefecht von beiden Seiten in Gang gehalten wurde, kletterten einige Fallschirmjäger durch das Gestänge der Brücke hinunter und beseitigten die Zündverbindungen zu den in den Kammern bereitliegenden Sprengladungen.

Etwa 150 Meter südlich der Brücke richtete Oberleutnant Altmann den Gefechtsstand ein. Von hier aus dirigierte er die einzelnen Gruppen und ließ den Funkspruch an den Gefechtsstand der Sturmabteilung tasten, auf den alle gewartet hatten:

»Sturmgruppe ›Stahl‹: Objekt genommen!«

Aber noch war der Gegner nicht überwunden, noch versuchte er, die Brücke zurückzugewinnen, um sie doch noch in die Luft zu jagen. Wenig später tauchten Ju 52 am Himmel auf, wurden größer und größer, und dann tropften dicht bei dicht die Männer des MG-Halbzuges unter Leutnant Ringler aus den Maschinen hinaus; sie gingen nieder und riegelten die Brücke ab. Die Belgier zogen sich ins Dorf Veldwezelt zurück. Nur noch von einer Halde, etwa 500 Meter von der Brücke entfernt, schossen zwei Schnellfeuerkanonen.

Über Funk wurden diese Widerstandsnester gemeldet. Darauf wurde ein Stukaangriff angesagt, und Oberleutnant Altmann ließ Fliegersichttücher auslegen.

Als die Stukas über dem Albert-Kanal auftauchten, starrten die Fallschirmjäger zu ihnen empor. Hoffentlich sahen sie die Tücher. Schon kippte die erste Rotte, dann alle anderen über die Flügel ab und heulten mit eingeschalteten Jerichosirenen der Erde entgegen.

Die Bomben fielen genau in die Stellung der Schnellfeuergeschütze hinein. Auch das Dorf Veldwezelt wurde von Stukabomben getroffen. Einige Häuser standen dort in Flammen.

Dennoch gaben die Belgier nicht auf. Immer wieder griffen sie an, und da die weiteren Verstärkungen für die Gruppe »Stahl« nur zögernd eintrafen, hatte diese Gruppe bis gegen 21.30 Uhr die Brücke allein zu verteidigen. Dann wurde sie entsetzt und fuhr nach Maastricht zurück. Die Gruppe hatte 8 Soldaten verloren, 14 Schwer- und 16 Leichtverwundete deuten die Schwere der Kämpfe bei Veldwezelt an.

Sturmgruppe »Beton« bei Vroenhoven

Beim Angriffsverband der ebenfalls um 4.30 Uhr in Köln-Ostheim startenden Sturmgruppe »Beton« befand sich auch der gesamte Abteilungsstab. Dadurch wies diese Gruppe eine Stärke von fünf Offizieren und 129 Mann auf. Bei Hottdorf gab es den ersten Ausfall, als das Schleppseil des Lastenseglers, der den Pioniertrupp unter Oberjäger Kempa transportierte, abriß. Der Segler mußte notlanden. Alle übrigen Segler der Kampfgruppe aber, es waren noch zehn, wurden zwischen der Grenze und Maastricht ausgeklinkt und segelten über die hell erleuchteten niederländischen Ortschaften hinweg, dem Albert-Kanal entgegen.

Die Gruppe unter Führung von Leutnant Schacht erhielt bereits beim Anflug Feuer. Schon über Maastricht hämmerte

Flak- und MG-Feuer los, und die Segelfliegerpiloten »wedelten« durch das Feuer, stießen im Sturzflug durch den »Flakvorhang« und drehten dann wieder auf ihr Ziel ein.

Der Segler des Trupps Stolzewaski erhielt einen Treffer und stürzte aus 15 Meter Höhe ab. Krachend landete er auf dem Boden, und aus den Trümmern mußten drei Schwerverletzte geborgen werden. Der Segler von Oberjäger Bading, mit einem Feldwebel des Gefechtsstabes an Bord, ging nur 120 Meter nordwestlich des großen Hauptbunkers nieder. Im Brückenbunker befand sich die Zündanlage für die Sprengung der Brücke. Schüsse peitschten dem Trupp entgegen, als er auf den Brückenbunker zustürmte. Gefreiter Stenzel war als erster am Stichgraben. Als zwei Belgier auf ihn schossen, erhielt er durch Oberjäger Bading Unterstützung. Er sprang in den Graben hinein, schoß einen dort wartenden Gegner nieder und rannte die letzten vierzig Meter zum Bunker weiter. Als die Bunkertür aufgerissen wurde und ein Gewehrlauf auftauchte, warf Stenzel eine Handgranate und ging gleichzeitig in Deckung.

Unmittelbar nach der Detonation sprang er wieder auf, rannte in den Bunker und riß die Zündleitungen aus ihren Kontakten. Damit war die Brückensprengung vorerst verhindert. Die Belgier im Bunker ergaben sich, sie waren zum Teil verwundet.

Um die beiden flankierenden Kanalbunker aber kam es zu heftigen Kämpfen. Aus den belgischen Brückenstellungen hatten sich die Fallschirmjäger der immer wieder neu angreifenden Belgier zu erwehren. Der sMG-Halbzug Sprengert, der um 6.15 Uhr im Fallschirmeinsatz bei der Brücke niederging, verstärkte die Gruppe »Beton« wesentlich. Dennoch stand hier der Einsatz auf des Messers Schneide. Belgische Artillerie schoß sich auf die Verteidigungsstellungen der Fallschirmjäger ein. Die Gruppe »Beton« erlitt schwere Verluste. Sieben Tote und 24 Verwundete waren zu beklagen. Dennoch hielten sie stand und wehrten den Gegner ab. Als am Abend gegen 21.40 Uhr der Entsatz herangekommen war, konnte Leutnant Schacht dem Kommandeur des hier eingetroffenen Bataillons die unversehrte Brücke übergeben.

Die zehn Ju 52 mit ihren Lastenseglern im Schlepp, die in Köln-Butzweilerhof gestartet waren, gehörten zur Sturmgruppe »Eisen«. Ihr Ziel war die Brücke von Canne. Die Staffel überflog die richtungweisende Leuchtfeuerstraße und näherte sich der Reichsgrenze. Aber sie wurde nicht rechtzeitig genug ausgeklinkt, sondern viel zu weit auf niederländisches Gebiet geschleppt. Von den zehn ausgeklinkten Lastenseglern erreichten dennoch neun ihr Ziel, dies obgleich sie bereits dicht hinter der Reichsgrenze bei Aachen Feuer erhielten.

Als diese Gruppe zum Sturzflug auf die Brücke von Canne ansetzte, war es genau 5.35 Uhr. Spätestens seit der Landung der Sturmgruppe »Beton« um 5.15 Uhr wußte die belgische Verteidigung von dem Angriff und war vorgewarnt.

Während noch die Segler in steilen Spiralen der Brücke entgegenstürzten, stießen aus ihr bereits an vier Stellen die langen Flammenlanzen der Sprengsäulen empor, mit welchen die Brücke durch elektrische Fernzündung aus der Werkgruppe Eben Emael in die Luft gejagt wurde.

Der Auftrag mußte trotzdem ausgeführt werden, um den von der Reichsgrenze vorstoßenden Einheiten der 61. Infanterie-Division den Weg auch an dieser Stelle über den Albert-Kanal freizuschlagen.

Der Segler mit dem dritten Trupp wurde knapp 30 Meter über dem Boden durch einen Flak-Volltreffer vernichtet. Brennend stürzte er senkrecht zur Erde. Daß sich dennoch sechs Soldaten aus den brennenden Trümmern retten konnten, wenn auch größtenteils verwundet, grenzte an ein Wunder. Einige der neun Segler gingen mitten in den belgischen Stellungen nieder. Ihre Besatzungen mußten sich teilweise im Nahkampf den Weg in die Feindgräben und MG-Stände bahnen.

Leutnant Martin Schächter, der Führer dieser Stoßgruppe, setzte sich an die Spitze und stürmte durch einen Feindgraben, als ihn ein Kopfschuß niederstreckte. Ein Beinschuß kurze Zeit vorher hatte ihn nicht stoppen können. Nun übernahm Leutnant Meissner das Kommando. Die Männer drangen schießend in das Dorf Canne ein und räucherten die Widerstandsnester aus. Sie drangen bis zur Brücke vor, nahmen die Bunker im Kampf in Besitz, und um 5.50 Uhr meldete Leutnant Meissner:

»Sturmgruppe Eisen: Objekt erreicht. Brücke vom Gegner im Niedergehen gesprengt. Mit Pioniervorbereitung wieder passierbar zu machen.«

Als hier der Gegner zum Gegenangriff antrat, röhrten eben zwölf Stukas heran. Sie kippten ab, heulten der Erde entgegen und warfen ihre Bomben mitten in die Angriffsgruppen hinein, ehe sie mit aufheulenden Motoren wieder in den Himmel emporzogen.

Später, es war bereits Nachmittag geworden, griffen belgische Verbände von Westen und dann auch von Südwesten an. Doch die Sturmgruppe hatte sich in den Boden eingekrallt und verteidigte das gewonnene Gelände verbissen. Der Gegner wurde immer wieder zurückgeworfen.

Es war eine halbe Stunde vor Mitternacht, als an dieser Stelle die ersten Verstärkungen, Männer des Pionier-Bataillons 51 und des Infanterie-Regiments 151, auftauchten und die Fallschirmjäger in der Abwehr der hier am stärksten geführten belgischen Angriffe unterstützten. Erst am 11. Mai konnte die Sturmgruppe »Eisen« nach Maastricht zurückverlegen. Sie hatte die höchsten Verluste der vier Gruppen erlitten: 22 Tote und 26 Verwundete wurden gezählt.

Die Sturmabteilung Koch hatte einen durchschlagenden Erfolg errungen, und Generaloberst Student sagte nach dem Krieg über sie:

»Sie hat ihre Aufgaben in hervorragender Weise gelöst.« Über den Einsatz der Sturmgruppe »Granit« aber sagte er: »Es war eine Tat von einzigartiger Kühnheit und entscheidender Bedeutung. Eine Handvoll vorausgeschickter Fallschirmjäger erzwang mit starker Unterstützung der Luftwaffe den Durchbruch für eine Armee. Ich habe die Geschichte des letzten Krieges an allen Fronten studiert. Unter den vielen glänzenden Waffentaten bei Freund und Feind habe ich kein Beispiel finden können, das dem großen Erfolg der ›Sturmabteilung Koch‹ gleichkommen könnte.«

Wie aber sah es beim Einsatz der übrigen Fallschirmjäger-Bataillone aus? Wie war der Sprung in die Festung Holland vor sich gegangen? Hatten die Planungen nicht viel zu weit gesteckte Ziele angepeilt, wie Oberst Bassenge befürchtet hatte?

Der Angriff auf Waalhaven

Das III. Bataillon des FJR 1 unter Hauptmann Karl-Lothar Schulz hatte den Befehl zum Sprungeinsatz gegen den Flugplatz Waalhaven erhalten. Oberst Bräuer hatte dem Hauptmann am Abend vor dem Einsatz noch eingeschärft:

»Schulz, Ihr Auftrag ist der wichtigste des ganzen Regiments. Sie müssen Waalhaven in Ihre Hand bekommen, damit die Truppennachlandungen der 22. Infanterie-Division klappen.«

Das Bataillon war nach dem Signal zum »Fertigmachen« sprungbereit. In der offenen Tür der Führermaschine stand Hauptmann Schulz zum Sprung bereit. Der Fahrtwind preßte ihn in die Maschine zurück, daß er sich mit beiden Fäusten im Türrahmen halten mußte. Dann dröhnte das Signal des Boschhorns.

Mit einem weiten Satz schnellte sich Karl-Lothar Schulz ins Leere. Er spürte das Gewicht der Gerätetasche und der Waffen, die ihn in sausendem Fall hinunterrissen. Der Luftwiderstand zerrte an ihm. Dann traf ihn der harte Schlag des Entfaltungsstoßes. Die weite Seidenglocke über ihm blähte sich auf, und schwebend sackte er die restlichen 80 bis 90 Meter der Erde entgegen.

Rings um ihn pendelten die weiten hellen Schirme mit den daran hängenden Fallschirmjägern. Dicht bei dicht waren die Männer seines Bataillons gesprungen. Über dem Rotterdamer Flugplatz Waalhaven standen graue Wolken der Flakabschüsse. Dann pfiff es an Schulz vorbei. MG-Salven wurden den Fallschirmen entgegengeschickt. Doch schon hatten sie den Boden erreicht. Schulz preßte die Lederhandschuhe vor das Gesicht. Er zog die Beine an und landete mit einer Rolle vorwärts. Rauschend sackte der Fallschirm zusammen. Mit einem raschen, oft geübten Griff warf er die Gurte ab. Er war unten.

Mit langen Sätzen rannte er vorwärts, schleuderte sich in die Deckung eines flachen Grabens, als MG-Feuer auf ihn eindrehte. Er hob die Leuchtpistole und schoß das vereinbarte Signal, das »Auf den Chef sammeln!« hieß. Leutnant Schuller erreichte ihn als erster. Die MG-Gruppe folgte.

Nacheinander sammelten die Kompanien. »Da, Herr Hauptmann!« rief Schuller. Drei holländische Mannschaftswagen rollten in schneller Fahrt auf sie zu. Der Feuerstoß des ersten MG packte den vorn rollenden Wagen. Er wurde scharf herumgerissen, kippte um und landete auf dem Rücken. Die beiden folgenden Fahrzeuge fuhren dicht auf, hielten scharf bremsend, spien eine Handvoll Männer aus. Ihr Gewehrfeuer wurde vom MG-Feuerstoß der Fallschirmjäger gestoppt.

Oberleutnant Becker, Chef der 10. Kompanie, arbeitete sich sprungweise zum Kommandeur vor.

»Becker mit der Zehnten zur Flakstellung am Nordrand des Flugplatzes. Die Neunte zu den Bunkern am Südrand. Kerfin mit der Elften zu den Maasinseln rüber. Die dort stehenden Flakbatterien müssen ausgeschaltet werden. – MG-Zug Schuller zu mir. Stoßrichtung Flugplatzkommandantur!«

Die Kompanien arbeiteten sich getrennt zu ihren Zielen vor. Hauptmann Schulz stieß den Arm dreimal in die Höhe, dann rannte seine Gruppe mit ihm los. Gut zehn Meter weiter wurden sie durch einsetzendes MG-Feuer schon zur Deckung in einem Wassergraben gezwungen. Eine der Gruppen gab Feuerschutz, während die beiden übrigen im geschlossenen Sprung nach vorn die beiden verlassenen Mannschaftswagen erreichten, sich hineinschwangen und in wilder Slalomfahrt dem Flugplatzgebäude entgegenrasten.

Alle Kompanien standen im Feuer. Zwei Schnellfeuerwaffen schickten den beiden Wagen ihre Salven entgegen. Doch schon war der tote Winkel des Flughafengebäudes erreicht, und noch im Ausrollen sprangen Schulz und seine Männer ab und stürmten in das Dienstzimmer des Flugplatzkommandanten. Die MG-Gruppe hielt die dort versammelten niederländischen Offiziere in Schach.

»Meine Herren!« rief Karl-Lothar Schulz den Gegnern zu,

»der Flugplatz ist in deutscher Hand. Sie sind meine Gefangenen.«

»Sie überfallen ein neutrales Land!« rief der Flugplatzkommandant, ein Oberstleutnant, aufgebracht. Über seinem Schreibtisch hing ein silberner Kranz mit der Zahl 40 in der Mitte. Es stellte sich heraus, daß der Kommandant an diesem Tag sein vierzigjähriges Dienstjubiläum feierte.

»Ist der Platz vermint?« fragte Schulz. Der Oberstleutnant verneinte. Aber Karl-Lothar Schulz mußte sichergehen, daß die Nachlandungen ungestört abliefen. Er mußte den ganzen Platz abfahren und bat den Oberstleutnant, ihn zu begleiten. Erst als dies geschehen war, ließ Karl-Lothar Schulz einen Funkspruch an das Einsatzkommando Rotterdam absetzen:

»Flugplatz in unserer Hand. Flakbatterien genommen. Landemöglichkeit.«

Es dauerte nur knapp zehn Minuten, als die ersten deutschen Transportmaschinen, die mit entsprechender Zeitverzögerung gestartet waren, am Himmel auftauchten. Sie kamen ziemlich tief heran, und über ihnen kreisten die Begleitjäger.

Sekunden später sichteten die deutschen Fallschirmjäger die ersten feindlichen Jagdflugzeuge. Es waren Hurricanes, die von Nordwesten auf den Pulk der schwerfälligen Ju 52 niederstießen. Doch zum Angriff kamen sie nicht, weil auch die deutschen Jäger diesen Gegner genau zur rechten Zeit gesichtet hatten. Aus größerer Höhe stießen sie auf die Hurricanes hinab. Ein wilder Kampf begann. Feuerstöße blitzten auf. Dann traf es die erste Hurricane, die in einer grellroten Flammenrosette mitten in der Luft auseinanderbrach. Ein deutscher Jäger stieß steil der Erde entgegen. Er zog eine dichte Rauchfahne hinter sich her und stand nach dem Aufprall sekundenschnell in Flammen.

Die Angreifer wurden abgeschossen. Die ersten Ju 52 kamen heil hinunter und setzten auf dem eroberten Flugplatz auf. Als sie ausrollten, war Karl-Lothar Schulz bereits mit dem schnellen Transportwagen der Holländer an Ort und Stelle. Oberstleutnant von Choltitz verließ als erster die Führungsmaschine. In schnellem Lauf kam er auf den Hauptmann zu.

»Menschenskind, Schulz, daß Sie das geschafft haben!« rief er außer Atem.

In diesem Augenblick, als bereits eine Reihe Ju 52 ausgerollt waren, begann eine bisher nicht erfaßte Flak-Batterie zu feuern. Eine der einschwebenden Ju 52 erhielt einen Volltreffer und wurde in der Luft auseinandergerissen. Brennende Wrackteile flogen umher. Dann erwischte es eine zweite, die brennend herunterkam, ausrollte und die Soldaten ausspie, ehe auch sie rundum in Flammen stand.

»Becker mit der Zehnten zu mir!« rief Schulz, und als der Oberleutnant bei ihm war, wies Schulz ihn ein: »Das Feuer kommt von der vorspringenden Landzunge des Waalhavens. Wir müssen sie zum Schweigen bringen!«

»Ich werde sie zur Übergabe auffordern«, sagte der Flugplatzkommandant hastig, als der Wagen kurz an der Flugleitung hielt. Er sprang hinein, und in schneller Fahrt rollten sie der Batterie entgegen. Bis auf 200 Meter waren sie herangekommen, als die nächste Salve geschossen wurde. Der Oberstleutnant rannte armeschwenkend auf die Batterie zu.

»Feuer einstellen!« rief er und noch einmal: »Feuer einstellen!«

Sekunden später bellten MG-Salven aus der Flakstellung, und mitten im Lauf die Arme hochreißend, brach der Platzkommandant tödlich getroffen zusammen.

Nun griffen die Fallschirmjäger an. Sie drangen in die Batteriestellung ein und brachten die Geschütze zum Schweigen. Der Flugplatz von Rotterdam, auf dem weitere Ju 52 landeten, war nun sicher in deutscher Hand.

Wenig später landete Generalleutnant Kurt Student mit seinem Stab und Major i. G. Trettner als Ia der 7. Flieger-Division in Rotterdam. Karl-Lothar Schulz machte Meldung, Student reichte dem jungen Fallschirmjägeroffizier die Hand.

»Danke, Schulz! Das haben Sie gut gemacht!« lautete die Antwort.

Nach und nach landeten die Flak, Artillerie und das gesamte III. Bataillon des IR 16. Nach ihm schwebte die Gefechtsstaffel der 7. Flieger-Division ein. Generalleutnant Student konnte nun arbeiten.

Nach dem Krieg sagte Generaloberst a.D. Student zu diesem Einzeleinsatz: »Das Bataillon Schulz hat an dieser für den weiteren Verlauf des Unternehmens hochwichtigen Stelle gegen eine vorbereitete Verteidigung eine glänzende Waffentat vollbracht.«

Während dieser Ereignisse hatte die Luftflotte 2 unter Generalleutnant Kesselring immer neue Unterstützungsangriffe geflogen. Stukas stürzten sich auf belgische und niederländische Artilleriestellungen, zerschlugen herangeführte und zum Einsatz kommende Reserveverbände; sie heulten auf die erkannten Gefechtsstände herunter und bombten sie. Westlich jener Stellen, wo die Fallschirmjäger der MG-Kompanie zur Verstärkung der Brückenbesetzer sprangen, wurden Scheinangriffe geflogen und Attrappen abgeworfen. Das sollte die gegnerische Verteidigung verwirren und verzetteln.

Hauptmann Koch, der seinen Befehlsstand neben der mittleren Brücke bei Vroenhoven eingerichtet hatte, stand in ständiger Verbindung mit der 61. Infanterie-Division und vor allem dem Pionier-Bataillon 51, das am weitesten vorgestoßen war.

Seine große Sorge war ein belgischer Gegenangriff, dem die Fallschirmjäger nichts mehr hätten entgegensetzen können. Da die vorstoßende 61. Infanterie-Division wegen der (gelungenen) Brückensprengung bei Maastricht nicht so rasch vorwärtskommen konnte, wie geplant, hätte ein belgischer Gegenangriff, der genau in diesem Zeitpunkt der Schwäche hineingestoßen wäre, sicherlich sein Ziel erreicht. Aber es ging alles glatt.

Die übrigen Sprungeinsätze

Das II. Bataillon des Fallschirmjäger-Regiments 1 unter Hauptmann Prager hatte seinen Einsatz an den Moerdijk-Brücken. Prager, der an Darmkrebs erkrankt war und in einem Lazarett lag, hatte sich entgegen den Räten der Ärzte einsatzbereit gemeldet und war von Student mit der Führung seines Bataillons betraut worden, obgleich der Kommandierende General wußte, daß Prager sehr krank war. Der General hatte sich den Bitten dieses großartigen Offiziers nicht widersetzen können, und er wußte zugleich, daß dies auf alle Fälle sein letzter Einsatz sein würde.

Das Bataillon landete im Sprungeinsatz am südlichen Eckpfeiler der Festung Holland. Das Nordende dieser Brücke über die Maas wurde von einem wuchtigen Betonbunker gesperrt. Aus den Scharten dieses Bunkers peitschte den angreifenden Fallschirmjägern heftiges Feuer entgegen. Von zwei Seiten griff die 5. Kompanie/FJ-Regiment 1 unter Oberleutnant Straeler-Pohl diesen Bunker an. Es gelang dem ersten Zug, unter Feuerschutz durch die beiden anderen Züge bis an den Bunker heranzukommen. Die geballten Ladungen wurden angesetzt, nachdem Gefreiter Boehm durch eine der Scharten einen langen Feuerstoß aus seiner MPi geschossen hatte. Dann wurde gleichzeitig gezündet. Alles warf sich zu Boden, und nach den Detonationen der geballten Ladungen ergab sich der Gegner im Bunker.

Leutnant Cord Tietjen rannte nun mit seinem Zug über die Brücke ans andere Ufer. Im Laufen wurde der Widerstand der Verteidiger gebrochen. Die Männer stürmten in den jenseitigen Brückenbunker und rissen auch hier die Zündleitungen heraus, damit die Brücke nicht in die Luft gejagt werden konnte.

Auch die Eisenbahnbrücke wurde hart umkämpft. Hier mußten teilweise die Verteidiger heruntergeschossen werden, weil sie sich nicht ergaben und bis zum bitteren Ende kämpften. Auch jene fünf niederländischen Pioniere, die mit ihren Karabinern im Dorf Moerdijk standhielten, kämpften bis zum Tode dreier ihrer Kameraden. Auf deutscher Seite fiel ein Leutnant der Fallschirmtruppe, der Jahre vorher in dieser Gegend gewohnt hatte, durch einen Karabinerschuß.

Noch schwerer war der Einsatz der 3./FJ-Regiment 1 unter Oberleutnant von Brandis bei Dordrecht. Die Killbrücken sollten unversehrt in Besitz genommen werden. Aus den Graben- und Bunkerstellungen der Holländer peitschte den Angreifern MG-Feuer entgegen, von Karabinerschüssen begleitet. Die ersten Fallschirmjäger stürzten noch vor Erreichen des Ziels getroffen zu Boden. Als einen der ersten traf es

Oberleutnant von Brandis. Einer der Zugführer übernahm die Führung und riß die Kompanie weiter. Sie kämmten die Gräben aus, drangen in die Ortschaft und bis zu dem großen Bunker vor, den Feldwebel Almkerk mit Polizeieinheiten verteidigte.

Der Kampf tobte lange hin und her. Die Aufforderung zur Übergabe lehnte der niederländische Feldwebel ab. Mit dem 5-cm-Geschütz und dem schweren MG konnte er sich halten. Er wurde mit Nebelgranaten und Nebelbüchsen eingedeckt. Auch eine zweite und dritte Aufforderung zur Übergabe lehnte der Feldwebel ab. Mit Handgranaten und geballten Ladungen wurden schließlich die Bunkertür aufgesprengt und das 5-cm-Rohr beschädigt. Nun mußte sich der Feldwebel ergeben. Aufgrund seiner tapferen Haltung wurde Feldwebel Almkerk die Seitenwaffe, der Klewang, belassen.

Auf die bedrohliche Krisenlage, die an dieser Stelle entstanden war, reagierte Oberst Bräuer, der mit dem I. Bataillon bei Tweede Tool gesprungen war, mit dem sofortigen Angriff der übrigen Kompanien. Noch im Laufe des 10. Mai gelang es diesen, die Straßenbrücke über die Kill nach erbittertem Gefecht in Besitz zu nehmen. Die Eisenbahnbrücke konnte jedoch nicht erobert werden. Der Gegner verteidigte sie zäh und verbissen, und es gelang ihm, sie vor dem Nahen des Gros in die Luft zu sprengen.

Auf dem Weg dorthin hatte sich Major Walter durch eine niederländische Bunkerlinie hindurchkämpfen müssen und war daher nicht rechtzeitig zur Stelle gewesen.

In den ersten Morgenstunden des 11. Mai trat der Gegner bei Dordrecht zu einem Gegenangriff an. In der deutschen Kriegsgeschichtsschreibung wird der Sprungeinsatz gegen die Festung Holland immer als eine Art von Spaziergang dargestellt – ein Husarenstreich, bei dem der Gegner schon vor Überraschung nicht zum Kämpfen gekommen sei. Daß dem nicht so ist, soll ein Blick auf die Gegenseite beweisen.

Die 3. Kompanie des niederländischen Infanterie-Regiments 28 und zwei Züge der 2. Kompanie versuchten im Morgengrauen, die verlorengegangenen Geschützstellungen der I. und III. Abteilung des Artillerie-Regiments 17 zurückzugewinnen. Dazu wurde zum Sturmreifschießen eine noch intakte Artillerie-Batterie eingesetzt, die auch mehrere Volltreffer landete. Danach erstürmten die niederländischen Soldaten die Batteriestellung und gewannen sie zurück. Dabei wurden einige deutsche Fallschirmjäger gefangen genommen. Als wenig später neue Fallschirmjäger-Einheiten absprangen und die niederländischen Einheiten mit Werfern beschossen, zogen sie sich wieder hinter die Bahnlinie Dordrecht–Sliedrecht zurück.

Am Südende des Eilandes von Dordrecht standen zwei weitere Züge der 2. Kompanie des Infanterie-Regiments 28 unter Führung von Fähnrich Marijs. Als ein Wagen des Roten Kreuzes Verwundete bei ihm abholte, bat er die einsteigenden Verwundeten, beim Kommandanten in Dordrecht Verstärkungen anzufordern. Doch er wartete vergeblich darauf.

Am Morgen des 11. Mai traten diese beiden Züge mit den soeben wieder abgesprungenen Fallschirmjägern ins Gefecht. Nach einem stundenlangen Kampf mußten sich die deutschen Fallschirmjäger ergeben, weil ihre Munition aufgebraucht war. Der Fähnrich gab seine Zustimmung zu einem Waffenstillstand, und am Abend dieses Tages zogen beide Einheiten gemeinsam in einen leerstehenden Bauernhof und beerdigten die Toten. Die Fallschirmjäger hatten vier Männer verloren, die Niederländer einen. Beide Seiten hatten Verwundete zu beklagen. Insgesamt 33 gefangene Fallschirmjäger hockten nun mit ihren Gegnern in diesem Bauernhof. Als am Morgen des 12. Mai die deutschen Fallschirmjäger vorrückten, kapitulierte Fähnrich Marijs, weil seine Lage aussichtslos geworden war.

Die Holländer marschierten zusammen mit den Fallschirmjägern zum Gefechtsstand der Fallschirmjäger. Dort war Oberst Bräuer einigermaßen entsetzt, als er die Holländer in voller Bewaffnung erblickte. Er herrschte den Oberleutnant an, warum er die Feinde nicht entwaffnet habe. Dieser erklärte die Lage, und Bruno Bräuer, der Tapferkeit zu schätzen wußte, beließ dem Fähnrich den Klewang.

Am Morgen des 11. Mai hatte Oberst Bruno Bräuer den Kommandeur seines III. Bataillons rufen lassen. Hauptmann

Schulz hatte Waalhaven fest in der Hand, und die nachgelandeten Heerestruppen der 22. Luftlande-Division konnten
ihn sichern. In den Vororten hatten allerdings heftige Kämpfe stattgefunden. So landeten 120 Soldaten der 11./IR 16 unter
Oberleutnant Schrader in zwölf He-59-Seeflugzeugen direkt
neben den beiden Brücken über die Nieuwe Maas und
konnten die Zündleitungen zu den Sprengkammern zer-
schneiden. Dann aber geriet die Kampfgruppe ins Schleudern, als die Niederländer zum Gegenangriff übergingen.
Ein Zug Fallschirmjäger vom Bataillon III unter Oberleutnant
Horst Kerfin, der südlich der Brücken niedergegangen war,
mußte ihr zu Hilfe eilen. Kerfin ließ einen Straßenbahnzug
stoppen, die Insassen hinausscheuchen und stieß mit diesem
Zug zu den Luftlandesoldaten des Oberleutnants Schrader.
So wurde auch hier die Lage gefestigt.

Die Lage bei Moerdijk und bei Dordrecht machte Oberst
Bräuer größere Sorgen. Hier sollte der herbeigerufene
Hauptmann Schulz helfend einspringen.

»Schulz«, schärfte Bräuer dem Kampfgefährten ein, »Sie
fahren sofort mit zwei Kompanien los. Oder nehmen Sie
besser nur eine, damit wir hier genügend Reserven haben,
wenn noch irgendwo ein Loch aufreißen sollte. Sie gehen auf
die Hauptbrücke von Moerdijk zu, die noch teilweise in
niederländischer Hand ist. Hauptmann Prager liegt dort im
Gefecht. Sie haben die Brücke zwar gewonnen, können sie
aber nicht durch Brückenkopfbildung sichern.«

Mit requirierten Fahrzeugen – Motorrädern und Mann-
schaftswagen der Holländer – brauste die Kompanie los.
Vorn an der Spitze fuhr Hauptmann Schulz im Sattel eines
Motorrads. Als sie den Feuerbereich der Brücke erreichten,
erhielten sie bereits von den hinter den Stahlpfeilern in
Deckung gegangenen Holländern MG-Feuer.

»Haaalt! – Absitzen und links und rechts der Straße in den
Seitengräben vorgehen! – MG hier in Stellung gehen und das
Feuer des Gegners erwidern!« befahl Schulz. Während das
eigene MG in Stellung ging und auf das aufblitzende Mündungsfeuer hielt, das ihnen zeigte, daß der Gegner wieder
auf die Brücke gelangt war und aus überhöhten Standorten
auf sie schoß, gingen die Fallschirmjäger mit Karl-Lothar

Schulz im geschlossenen Sprung vor. Knapp fünfzig Meter vor der Brücke spürte Hauptmann Schulz einen stechenden Schmerz in der Hand. Ein Schuß war durch die geballte Faust gegangen und hatte einen Finger zerrissen. Der Bataillonskommandeur rannte weiter. Bis auf 20 Meter hatte er sich bereits der Brücke genähert, als er beim nächsten Sprung plötzlich zusammenbrach, weil sein rechter Fuß von einer Kugel durchschossen wurde.

Er blieb liegen, während seine Fallschirmjäger an ihm vorbeirannten und die Brücke endgültig in Besitz nahmen.

Hauptmann Schulz wurde mit den übrigen Verwundeten im Lufttransport in ein Heimatlazarett überführt. Er hatte sein Bataillon stets an der Spitze geführt und dies mit zwei Verwundungen bezahlt.

Aber noch war der Kampf in diesem Raum nicht beendet. Die niederländische Artillerie eröffnete am Morgen des 12. Mai dichtes Feuer auf den deutschen Brückenkopf nördlich der Moerdijkbrücke. Eine Angriffsgruppe der Niederländer, die aus einer leichten Division zusammengestellt wurde, sollte nach Südwesten auf Dordrecht vorstoßen, während die Killgruppe aus Wieldrecht nach Osten in Marsch gesetzt wurde. Auf diese Weise hoffte die niederländische Führung, die Autobahn Moerdijk–Dordrecht sperren zu können. Doch es fehlte an Unterstützungswaffen, um diesen Plan durchführen zu können. Es fehlten vor allem Flugzeuge. Nur am Grebbeberg waren sie eingesetzt.

Als Oberst van der Bijl, der Kommandeur dieser leichten Division, Nachricht erhielt, daß die ersten deutschen Panzer bereits über die Moerdijkbrücke rollten, und er von einem deutschen Parlamentär zur Übergabe aufgefordert wurde, entschloß er sich dennoch zum Angriff. Doch ein Luftbombardement, das auf die Bereitstellungsräume seiner Division niederging, verhinderte die Durchführung dieses Plans, weil die Spitzengruppe des Verbands, das 2. Regiment, schwer getroffen wurde.

Als dann plötzlich Panzer im Bereich dieser Bereitstellungen auftauchten, hoffte man zunächst, daß es die avisierten französischen Panzer seien, die zur Unterstützung anrollten. Doch es waren deutsche.

Die Reitende Artillerie schoß mit der Panzerabwehrkanone zwei deutsche Panzer ab. Die übrigen zogen sich zurück. Oberst van der Bijl gab den Befehl zum Rückzug hinter die Merwede. Die leichte Division mußte viel Material im Bereitstellungsraum zurücklassen. Auch der Angriff der Kill-Gruppe wurde abgeblasen.

Der Durchstoß der 18. Armee

Bereits am 11. Mai hatten die Spitzentruppen der deutschen 18. Armee die Peelstellung durchstoßen. Es war der 9. Panzer-Division gelungen, über die einzige nicht in die Luft gejagte Maasbrücke bei Gennep überzusetzen. Sie rollte in schneller Fahrt nach Breda, drückte die französischen Truppen zur Seite, die sich hier mit den Holländern vereinigen wollten, und erreichte am Nachmittag des 12. Mai mit der Aufklärungsabteilung die Fallschirmjäger bei Moerdijk. Am nächsten Tag rollten sie weiter, und das Panzer-Regiment der 9. PD folgte dichtauf nach. Bei Wieldrecht wurde noch am 12. Mai das 3. Grenz-Bataillon des Gegners zurückgedrängt, das bei der Abwehr der Panzer ohne schwere Waffen zwölf Tote und 40 Gefangene zurücklassen mußte.

Diese Panzer stießen am 13. Mai nach Dordrecht durch, wo im Stadtzentrum soeben ein niederländischer Angriff begonnen hatte. Das von den Niederländern erreichte Stadtviertel Krispijn wurde mit Unterstützung der Panzer von den Fallschirmjägern zurückgewonnen. Als die nahenden Panzer gemeldet wurden, zogen sich die Niederländer zurück.

Am Nachmittag rollten die Panzer nach Dordrecht hinein. Sie wurden an drei Brücken durch Pakfeuer aufgehalten. Bei der Vriesebrücke wurde einer der Panzer vernichtet. Alle übrigen aber rollten über die Brücken, schalteten die Pak aus und drangen weiter vor. Eine Pak unter Geschützführer Dekker schoß zwei Panzer ab, ehe auch sein Geschütz vernichtet wurde.

Die niederländischen Geschützstellungen, die noch immer den Fallschirmjäger-Brückenkopf und die Brücke von Moerdijk beschossen, wurden durch Luftangriffe ausgeschaltet.

Als ein niederländischer Bomber vom Typ Fokker T-5, von zwei G-1-Jagdbombern gesichert, versuchte, die Moerdijkbrücke durch Bombenwurf zu vernichten, wurde er abgeschossen. Kein Mann der Besatzung konnte sich retten. Unter den Toten befand sich auch Leutnant Swagermann, der am 10. Mai Ockenburg bombardiert hatte.

Als die deutschen Panzer auch bei Gravendeel über die Kill gegangen waren und die Barendrechter Brücke erreichten, wurden sie von den beiden hier stehenden Panzerabwehrkanonen unter dem Geschützführer van der Boom aufgehalten. Drei Panzer wurden abgeschossen. Der Angriff verpuffte. Der Befehlshaber dieses Abschnitts befahl in der kommenden Nacht den allgemeinen Rückzug über die Spui, westlich der Dordse Kill. Damit lag der Weg nach Rotterdam-Süd offen vor den Panzern der 9. Panzer-Division unter Generalmajor Hubicki.

Was aber war mit den Landungen bei den drei Flugplätzen im Großraum Den Haag, mit denen Generalleutnant Student und Generalmajor von Sponeck die Stadt im Handstreich nehmen und die niederländische Regierung ausschalten wollten?

Der Flugplatz Ypenburg

Der Flugplatz Ypenburg, der Den Haag am nächsten lag, sollte, wie die beiden übrigen, Valkenburg und Ockenburg, vom I. Bataillon des FJR 2 unter Hauptmann Noster genommen werden. Dazu waren dem Bataillon noch die 6. Kompanie des II. Bataillons und ein Pionierzug unterstellt worden.

Der Flugplatz von Ypenburg wurde von einem Grenadier-Bataillon verteidigt. Eine halbe Schwadron Husaren mit sechs leichten Panzern und eine Kompanie mit neun schweren und elf leichten MG bildeten das Rückgrat der Verteidigung.

Als das vorbereitende Bombardement einsetzte, stiegen elf Douglas-8A-Aufklärer zur Abwehr auf. Von ihnen wurden acht abgeschossen. Von den gestarteten Jägern des Typs Fokker DXXI konnten die deutschen Begleitjäger zwei abschießen. In diesem turbulenten Luftkampf wurden fünf Me 109 von niederländischen Jägern heruntergeholt.

Nach dem Bombardement schwebten die Ju-52-Transportflieger ein. Die ersten deutschen Fallschirmjäger sprangen, aber sie waren teilweise falsch abgesetzt worden und mußten sich erst an den Flugplatz heranarbeiten.

Sie wurden am Nordteil des Platzes durch Oberleutnant Warnaars abgewiesen. Die wenig später auf dem Platz landenden Ju 52 mit den Luftlandetruppen an Bord gerieten in dichtes Abwehrfeuer. Die drei ersten einschwebenden Ju 52 landeten am Südwestrand und wurden von den dort liegenden sMG in Brand geschossen. Die Soldaten konnten nur teilweise aus den Maschinen ins Freie gelangen. Die 3,7-cm-Kanonen der leichten holländischen Panzer beteiligten sich am Feuer auf die landenden Ju 52, so daß insgesamt 17 deutsche Transportmaschinen in Brand geschossen wurden.

Nördlich Delft, südwestlich des Flugplatzes, wurden die dort landenden Fallschirmjäger durch ein sMG aufgehalten. Erst als dieses MG ausgeschaltet war, drangen die deutschen Fallschirmjäger entlang der Autobahn nach Norden vor. Sie konnten das Flughafengebäude an der Nordwestecke des Platzes erreichen. Im Angriff mit Handgranaten wurde das Gebäude erstürmt, und als Oberleutnant Stiemens fiel, gab der Platzkommandant, Major Ten Haaft, den Kampf auf. Ypenburg war nun teilweise in der Hand der Fallschirmjäger. Doch Oberleutnant Warnaars kämpfte noch.

Der deutsche Vorstoß drang bis zur Hoornbrücke durch. Hauptmann Noster versuchte vergebens, sein Bataillon durchzureißen, denn er wußte, daß auch Generalmajor von Sponeck auf Ypenburg landen und mit seinen Sturm-Bataillonen nach Den Haag vorstoßen sollte.

Hier an der Hoornbrücke, dem südlichen Zugang nach Den Haag, mußte die Entscheidung fallen. Mit zwei erbeuteten Krafträdern versuchten die ersten Fallschirmjäger über die Hoornbrücke zu gelangen. Sie wurden abgeschossen. Dann folgte ein Auto, in das sich sechs Fallschirmjäger gezwängt hatten. Von dem schweren MG-Feuer durchsiebt, brach das Auto seitlich aus, stürzte um und verschwand im Kanal de Vliet. Zwei deutsche Me-109-Jäger versuchten im

Tiefangriff die Brückenbesatzung mit ihren MG und der Bordkanone hinauszuschießen. Beide wurden durch die 3,7-cm-Kanone eines aus Ypenburg hierher zurückgerollten Panzers abgeschossen.

Die Fallschirmjäger-Gruppen, die zwischen Rijswijk und Voorburg vorstießen und von Osten und Südosten aus Den Haag zu erreichen versuchten, wurden an den beiden Brücken abgewiesen. Truppen aus Den Haag, darunter sogar Rekruten, wiesen den Angriff ab.

In dieser Schwächeperiode der Fallschirmjäger schwebten die Ju 52 ein, die Generalmajor von Sponeck mit dem Stab und den ersten Kampfeinheiten nach Ypenburg brachten. An ihrer Spitze stand der Artillerieführer der 22. Luftlande-Division, Oberstleutnant De Boer. Im Niedergehen erkannten die Piloten, daß es unmöglich war, auf diesem von Ju-52-Trümmern übersäten Flugfeld zu landen. Die Maschinen erhielten Befehl, wieder hochzuziehen. Sie drehten ab und landeten in Rotterdam-Waalhaven, der ja freigekämpft worden war und wo sich inzwischen auch eine Flak-Batterie unter Oberleutnant Timm am Flugplatzrand eingerichtet hatte.

In mehreren Gegenstoßgruppen gingen seit dem Nachmittag niederländische Truppen gegen den Flugplatz von Ypenburg vor. Aus Nordholland trafen die ersten Verstärkungen ein. Nacheinander wurden die Fallschirmjäger-Stützpunkte im Vorfeld des Flugplatzes ausgehoben, und gegen 20.00 Uhr dieses ersten Angriffstages ergaben sich hier 240 deutsche Fallschirmjäger. Insgesamt wurden am Abend des 10. Mai 1940 425 deutsche Fallschirmjäger von Rijswijk nach England in die Gefangenschaft geschafft.

Der Kampf um Ockenburg

Als die zur Landung einschwebenden Maschinen des Divisionsstabes mit der zweiten Kompanie des Infanterie-Regiments 47 zur Landung auf dem Flugplatz Ypenburg ansetzten, sahen auch die Piloten dieser Maschinen, daß sie hier nicht aufsetzen konnten.

»Nach Ockenburg!« befahl Generalmajor von Sponeck. »Dort werden wir landen können.«

In Ockenburg aber war man bereits vorgewarnt worden. Gegen 4.00 Uhr des 10. Mai hatte man dort den ersten Angriff der Bomber und Jäger der deutschen Luftwaffe auf Ypenburg registriert. Auf diesem Hilfsflugplatz südwestlich von Den Haag bei Kijkduin stand die 22. Depotkompanie unter Hauptmann Boot. Um 4.45 Uhr landeten dann einige holländische Jäger, die am Luftkampf über Ypenburg teilgenommen hatten. Der Hauptmann war gewarnt. Fünf Minuten später tauchten die ersten deutschen Kampfflugzeuge auf und beschossen die Stellungen. Gegen 5.20 Uhr flogen die ersten Ju 52 an und ließen Fallschirmjäger springen.

Fähnrich Gritter eröffnete mit seinem Zug das Feuer auf die Fallschirmjäger. Ein niederländischer Stoßtrupp in Stärke von sieben Mann wurde von den Fallschirmjägern außer Gefecht gesetzt. Die Fallschirmjäger stürmten auf den Flugplatz zu, wurden aber immer wieder von entschlossenen kleinen Gruppen Verteidiger aufgehalten.

Als die Transportgruppe von 18 Ju 52 mit den Einheiten der 22. Luftlande-Division zur Landung ansetzte, befand sich der Platz jedoch noch in der Hand der Niederländer, die sofort das Feuer eröffneten und einige Ju 52 in Brand schossen. Als wenig später jene acht Ju 52 zur Landung ansetzten, die auf Befehl von Generalmajor von Sponeck hierher umdirigiert worden waren, sichteten sie auch hier bereits brennende Flugzeugtrümmer. Noch immer schoß die holländische Flak, und noch in der Luft erhielt auch von Sponecks Maschine einen Treffer. Der Pilot drehte ab und landete im flachen Gelände hinter den Dünen. Einige der abgedrehten Maschinen landeten direkt in den Dünen und dicht an der Küste und einige sogar auf der Autobahn Rotterdam–Den Haag.

Auf dem freien Feld sammelte Graf Sponeck seine verfügbaren Truppen, und da auch ein Funkgerät intakt war, nahm er mit der Luftflotte 2 Kontakt auf. Durch diese Meldungen und jene von Oberstleutnant De Boer gewarnt, befahl General Kesselring, den Angriff auf Den Haag einzustellen und ließ die übrigen noch in der Luft befindlichen Teile der 22. Luftlande-Division nach Rotterdam umdirigieren.

Die dritte Welle aber wurde von dem mit der Durchführung beauftragten Oberst Fichte, Leiter des Verbindungsstabes der 22. Infanterie-Division, noch in Deutschland angehalten. Es bestand keine Möglichkeit mehr, die Landeplätze im Raum Den Haag durch Fallschirmjägereinsätze in die Hand zu bekommen, weil alle Bataillone der springenden Truppe bereits eingesetzt waren. 5000 Soldaten der 22. Luftlande-Division mußten nun in der Heimat warten, was mit ihren Kameraden der Regimenter 16, 47 und 65 geschah.

Bei Ockenburg gelang es den Fallschirmjägern und den gelandeten Männern des Infanterie-Regiments 65, bis 7.45 Uhr den letzten Widerstand zu brechen. Von den 96 Verteidigern dieses Behelfsflugplatzes wurden 24 getötet und 14 verwundet. Der Kampfbericht des IR 65 darüber lautete:

»Nach zweistündigen harten Kämpfen konnte der Flugplatz unter schweren eigenen Verlusten genommen werden. Das Gewehrfeuer und MG-Feuer der Verteidiger war so stark, daß die gelandeten Flugzeugbesatzungen gezwungen waren, ihre MG abzumontieren und am Kampf um den Flugplatz teilzunehmen.«

Niederländische Artillerie beschoß das Flugfeld, als deutsche Ju 52 hier standen. Eine Reihe davon ging in Flammen auf. Die Flugfeldbaracke brannte dabei ebenfalls nieder.

Nach diesem Erfolg auf Ockenburg schien der Weg der Fallschirmjäger und Luftlandetruppen, allen Widernissen zum Trotz, auf Den Haag und zum königlichen Schloß frei. Es bestand die Chance, daß die in Ockenburg und Umgebung gelandeten deutschen Soldaten, darunter auch Teile der 6. Kompanie des FJ-Regiments 2 unter Hauptmann Schirmer, die 3./FJ-Regiment 2 unter Oberleutnant von Roon, der Stab der 22. Luftlande-Division unter Generalmajor von Sponeck, der Stab des I./IR 65 sowie der Stab des II./IR 65 und die 5./IR 65 und einige kleinere Kontingente des IR 47, insgesamt zwischen 700 und 900 Mann, nun den Sturmangriff auf Den Haag begannen.

Allerdings hatte Generalmajor von Sponeck die Blumen, die er für Königin Wilhelmina vorsorglich mitgenommen hatte, beim schnellen Ausstieg aus der notgelandeten Ju 52 wegwerfen müssen. Aber auf dem Weg zum Schloß hoffte der General, noch welche ergattern zu können.

Noch immer bestand also die Chance, den niederländischen Generalstab, die Regierung und die Verwaltung am ersten Tag der Luftlandungen in der Festung Holland zur Kapitulation zu zwingen. Und dies wäre für Holland und für die deutsche Fallschirmtruppe sicherlich besser gewesen; vor allen Dingen für die Stadt Rotterdam. Aber der weitere Vorstoß wurde bei Laan van Meerdervoort-Kijkduinse Straat aufgehalten, wohin alle im Haag aufgetriebenen holländischen Truppen geschickt worden waren. Als den deutschen Fallschirmjägern und Luftlandetruppen schon ein Durchbruch winkte, stieß bei Loosduinen die 13. Kompanie unter Hauptmann van der Putten vor und warf mit ihrem geballten MG-Feuer den Gegner zurück. Damit war hier die Durchbruchsgefahr beseitigt.

Generalmajor von Sponeck versuchte nunmehr, im Abschnitt an der Stationsstraat den Durchbruch zu erzwingen. Dort aber lag eine Pak-Kompanie unter Leutnant Taets van Amerongen, und als die Durchbruchsgefahr am größten war, tauchte wie aus dem Nichts eine Grenadier-Kompanie der Holländer auf, die aus Den Haag gekommen war. Damit war der Fallschirmjägersturm auf Den Haag gestoppt.

Die niederländische Artillerie, die einen Gegenstoß auf den Flugplatz Ockenburg unterstützen sollte – es war die I. Abteilung des 2. Artillerie-Regiments –, wurde durch den Beobachter aus Poeldijk eingewiesen und schoß sich auf den Flugplatz ein. Hier gingen weitere zwölf Ju 52 in Flammen auf.

Mit dem Angriff, der nun einsetzte, gewannen die Niederländer bis zum späten Nachmittag das gesamte Flugfeld zurück. 160 deutsche Fallschirmjäger wurden gefangengenommen.

Generalmajor von Sponeck gelang es, mit nur 300 Mann seiner Truppen im Wald westlich Loosduinens zu entkommen und sich dort zu verschanzen.

Damit war auch Ockenburg wieder in holländischer Hand. Was übrig blieb, war der Flugplatz von Valkenburg.

Oben: Generalleutnant Student (Mitte) und Major i. G. Trettner in Rotterdam

Unten: Kurt Student und verwundete Fallschirmjäger im Lazarett

Oben: Fallschirm-jäger gehen bei Rotterdam nieder

Unten: Der Waal-haven von Rotterdam

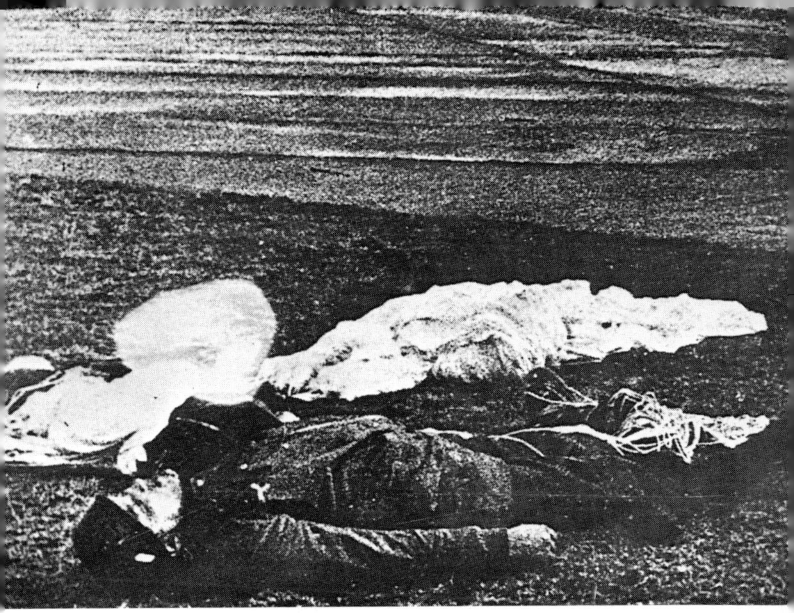

Oben: Gefallener deutscher Fallschirmjäger
Unten: Bei den Maasbrücken ergeben sich niederländische »Mariniers«

Oben: Niederländischer Bunker der Grebbelinie nach dem Beschuß
Unten: Abgeschossene Ju 52 bei Valkenburg

Zur gleichen Zeit, als die Flugplätze Ockenburg und Ypenburg angegriffen wurden, erfolgte auch der deutsche Angriff auf Valkenburg. Dieser Flugplatz war allerdings noch nicht einsatzbereit. Der Boden war noch zu weich, und aus diesem Grunde gab es dort weder niederländische Militärflugzeuge noch Flak. Allerdings waren rund um den Flugplatz 20 leichte und vier schwere MG eingebaut worden.

Dadurch hatte Luftverteidigungskommandant Generalmajor Best nach den ersten Fallschirmjäger-Einsätzen in Norwegen auch für Valkenburg die verstärkte Abwehrbereitschaft sicherstellen lassen. Unter Hauptmann van Zuilen standen hier zwei Kompanien des IR 4 und ein Zug schwerer MG des III. Bataillons dieses Regiments.

Als der Leutnant der Wache auf Valkenburg am frühen Morgen des 10. Mai gegen 3.00 Uhr Flugzeuggeräusche hörte, ließ er Alarm geben. Wenig später fielen die ersten Bomben, die die große Flughalle trafen. Dann flogen die deutschen Kampfflugzeuge über das Feld und schossen im Tiefflug aus MG und Kanonen. Der wachhabende Offizier der Holländer, Oberleutnant Möller, der bei einem der Feldposten war, wurde sofort getötet.

Südostwärts und nordwestlich des Flugplatzes sprangen kurze Zeit danach die deutschen Fallschirmjäger ab. Ein verstärkter Zug Fallschirmjäger landete hier und wurde, noch im Schirm hängend, beschossen.

Wenige Minuten später tauchten die Transport-Ju 52 auf. An Bord waren vier Kompanien des IR 47, die Stäbe der Bataillone II und III und der Nachrichtenzug des Regiments. Die schweren MG eröffneten erst jetzt das Feuer. Ihre Kugeln durchsiebten die Ju 52. Aber nur zwei gingen in Flammen auf.

Krafträder wurden aus den Ju 52 ausgeladen, bemannt und rollten schon auf die Stützpunkte zu. Das erste wurde von einer Salve erfaßt. Die anderen drehten ab, erhielten ebenfalls Treffer und blieben liegen.

Den Fallschirmjägern aber gelang es, von drei Seiten auf den Flugplatz einzudringen und Sprung um Sprung die

Widerstandsnester zu beseitigen. Es dauerte dennoch bis 7.30 Uhr, ehe der Flugplatz von Valkenburg sich in deutscher Hand befand.

Eine Reihe Ju 52 war auf dem noch nicht befestigten Flugfeld bis zu den Achsen im Dreck eingesunken und kam nicht weiter. Ein Teil der für Valkenburg bestimmten Truppen – etwa 320 Mann – wurden bei Katwijk auf Strand gesetzt.

Die südlich des Flugfelds im Sprungeinsatz gelandeten Fallschirmjäger stießen weiter nach Süden vor und sperrten die wichtige Straße Amsterdam–Den Haag. Die Brücke über den Oude Rijn wurde von ihnen bei Haagse Schouw besetzt. Eine andere Gruppe rückte bis De Deyl, ostwärts Wassenaar, vor.

Damit war die wichtigste Verkehrsader Hollands gesperrt. Die noch in Nordholland befindlichen niederländischen Truppen konnten den im Großraum Den Haag kämpfenden Einheiten nicht mehr zu Hilfe kommen.

Niederländische Stoßtrupps versuchten noch am Vormittag des 10. Mai den Flugplatz Valkenburg zurückzugewinnen. Aber sie konnten gegen die Fallschirmjäger, die den Platz fest in der Hand hatten, nichts ausrichten.

Oberleutnant Hohendorf, der die Truppen des IR 47 auf dem Flugplatz führte, rief über das noch intakte Telefon seinen Bataillonsstab in Katwijk/Zee an und verlangte, man solle die niederländische Regierung zur Kapitulation auffordern, da weiterer Widerstand nutzlos sei.

Vor allem aber ließ er die niederländische Artillerie warnen, den Flugplatz nicht weiter zu beschießen, da die gemachten Gefangenen in der großen Flughalle untergebracht seien. Doch der Kommandeur des 4. Artillerie-Regiments ließ die Artillerie nach den Weisungen des Abteilungskommandeurs der III./AR 4 auf der Düne von Katwijk die Beschießung eröffnen. Etwa 20 Flugzeuge auf dem Flugfeld wurden in Brand geschossen. Am nächsten Morgen wurde diese Beschießung noch zweimal fortgesetzt, ehe eine niederländische Kompanie unter Major Mallinckrodt den Flugplatz angriff und ihn bis 17.30 Uhr zurückgewann. Vierzehn unbeschädigte Ju 52 fielen in die Hand der Holländer.

Die Fallschirmjäger aber, die sich zu jenen Kontingenten des IR 47 durchgeschlagen hatten, die in den Dünen von Katwijk niedergegangen waren, konnten am 11. Mai das I. Bataillon des IR 1 der Holländer einkreisen. Der Kommandeur fiel, die Hälfte der niederländischen Soldaten geriet in Gefangenschaft.

Der versuchte Angriff auf das ebenfalls von deutschen Truppen besetzte Dorf Valkenburg mißlang, weil die vordringenden holländischen Truppen mitten in der Stadt von der eigenen Artillerie, einer Batterie des I./AR 6, bei Poelgeest voll getroffen wurden und sich schleunigst absetzen mußten.

Generalmajor Graf Sponeck, der Führer der Kampfgruppe gegen die drei Flugplätze um Den Haag, hatte sich in den Ockenburger Wald zurückgezogen. Hier gruben sich Fallschirmjäger und Luftlandesoldaten ein. Von einem nahegelegenen Hügel, dem Belvedere, schossen deutsche Fallschirmjäger auf die vorgehende 3. Kompanie des holländischen Hauptmannes van Eysinga. Der Hauptmann wurde beim Vorgehen mit einigen MG gegen diesen beherrschenden Hügel getötet. Der Wald und ein Landgut, in welchem sich Generalmajor von Sponeck mit seinem Stab eingerichtet hatte, wurde umzingelt. Aber am frühen Morgen des 12. Mai fanden die holländischen Einheiten, die das Landgut erreichten, alle Gebäude verlassen. Lediglich einige Fallschirmjäger, die die Nachhut bildeten, konnten gefangengenommen werden.

Generalmajor von Sponeck war bereits in Richtung Wateringen weitermarschiert, wo ein holländisches Stabsquartier lag. Doch sie drangen nicht durch, und als aus Den Haag einige Panzer angerollt kamen, zogen sich die Truppen zurück und gerieten bei T' Woud in das Feuer einer Kampfgruppe der Holländer, die aus Delft anmarschiert war, um die Gruppe um Graf Sponeck abzuschneiden. Die Truppe drang durch und igelte sich bei Pverschie ein. Bis zum 14. Mai hielt er sich hier. Ein Angriff von etwa 2500 Holländern unter Führung von Oberstleutnant Scherpenhuyzen, Kommandeur eines Jäger-Regiments, drang nicht durch. Die Fallschirmjäger und Luftlandesoldaten hielten stand.

Die Bombardierung von Rotterdam setzte auch diesem

Angriff ein Ende. Damit waren die Kämpfe um die drei Flugplätze und der großangelegte Plan, Holland in einem Tag durch die Gefangennahme der Regierung und der Königin zur Kapitulation zu zwingen, zunichte gemacht worden.

Diese Kämpfe hatten erhebliche Verluste an Menschen und Material gekostet. Sie gehörten zu den härtesten, die deutsche Fallschirmjäger durchzustehen hatten. Aber sie wurden bislang in keinem deutschen Kriegsgeschichtswerk gebührend erwähnt, weil sie nicht ins Bild der überragenden Erfolge der übrigen Fallschirmjäger-Kontingente paßten.

Das Drama von Rotterdam

Der Führungsstab von Generalleutnant Student hatte am Abend des 10. Mai bereits in Waalhaven seine Arbeit aufgenommen. Am anderen Morgen traf Oberstleutnant Triebel, der Chef der Aufklärungsstaffel, ein. Er war von General Kesselring geschickt worden, um von Student eine genaue Lagemeldung zu erhalten und sie ins Hauptquartier der Luftflotte 2 zu bringen.

Generalleutnant Student hockte gerade über dem Plan zur Bereinigung der Lage bei Dordrecht, als Triebel, dessen Hs 126 von Feindjägern bis nach Waalhaven verfolgt und gejagt worden war, Meldung machte. Generalleutnant Student gab ihm sofort handschriftlich eine genaue Schilderung des Ablaufs des ersten Tages und des Standes der Kämpfe am Morgen des 11. Mai. Er teilte Kesselring auch seine weiteren Planungen mit und schloß mit dem Satz:

»Man kann schon jetzt sagen, daß die Luftlandeoperation mit einem vollen Erfolg enden wird.«

General Kesselring nahm diese Meldung mit nach Berlin, wo er zur Berichterstattung bei Hitler nach seinem persönlichen Bericht die handschriftliche Lageschilderung Students vorlegte. Hitler und der ebenfalls anwesende Goebbels waren zufrieden, denn über die schweren Verluste auf den drei Flugplätzen und das Fehlschlagen dieses Teiles des Planes machten sie sich keine Kopfschmerzen. Die Hauptsache war geglückt.

Am 12. Mai meldete sich an der Dordrechter Brücke, wohin sich der Kommandierende General der Fallschirm- und Luftlandetruppen begeben hatte, ein Leutnant der 9. Panzer-Division bei Generalleutnant Student und berichtete, daß er mit den Panzern seiner Aufklärungs-Kompanie vorge- schickt worden sei. Damit schienen sich die geplanten Ope- rationen auch in der Wirklichkeit so zu verhalten.

Nachdem dieser Initialangriff durchgeführt war, wurden die beiden Divisionen Students dem Kommandierenden General des hier führenden Armeekorps, Generalleutnant Rudolf Schmidt, unterstellt. Es war das XXXIX. Panzerkorps. Schmidt erhielt den Auftrag, den Kampf um die Festung Holland mit der endgültigen Eroberung von Den Haag abzuschließen. Doch dies war leichter gesagt als getan.

Am Morgen des 13. Mai erkundete Generalleutnant Stu- dent, begleitet von seinem Ordonnanzoffizier, Oberleutnant Herrmann, und seiner Gefechts-Ordonnanz am Rande von Dordrecht erneut die Lage. Im Südostteil der Stadt war alles still. Als sie in die Stadt eindrangen, kamen sie ein Stück in diesen Teil hinein.

Die Kommandeure der Vorausabteilungen der 9. Panzer- Division meldeten sich wenig später bei Generalleutnant Student und teilten ihm mit, daß der Angriff mit Panzern auf den noch feindbesetzten Teil der Stadt gleich beginnen werde.

Im zügigen Vorgehen schossen die Panzer nunmehr die Widerstandsnester der Holländer zusammen. Am Nachmit- tag wurde an der Kathedrale von Dordrecht die weiße Fahne gehißt. Gegen Abend standen Generalleutnant Student die Hauptteile der 9. Panzer-Division zur Verfügung, mit der er den gegnerischen Widerstand an den Rotterdamer Brücken, die noch immer auf dem Nordufer gehalten wurden, endgül- tig vernichten konnte. Dies sollte die letzte Aufgabe der Fallschirmjäger sein, und mit Hilfe der 9. Panzer-Division mußte es gelingen, der 18. Armee den Weg zu öffnen.

Am frühen Morgen des 14. Mai erschien Generalmajor Dr. Hubicki, der Kommandeur der 9. Panzer-Division, auf dem Gefechtsstand Students in Rijsoord. Wenig später tauchte auch Generalleutnant Schmidt auf. Nunmehr übergab Student dem Kommandierenden General des XXXIX. Panzer-korps auch offiziell die Leitung aller weiteren Operationen des Heeres.

Dordrecht war nach schweren Panzerverlusten genommen worden. Unter dem Eindruck dieser Verluste kam Generalleutnant Student zu dem Entschluß, daß auch bei dem bevorstehenden Einsatz gegen den Brückenkopf der Holländer nördlich der Rotterdamer Brücke nicht auf Luftunterstützung verzichtet werden konnte, sofern der Gegner nicht kapitulierte. Dies war eine Entscheidung, die durch die Lage diktiert wurde. (Kein Truppenführer der Alliierten hat übrigens in gleicher Lage anders gehandelt, im Gegenteil: Bombardierung des für den Angriff vorgesehenen Streifens war vor allem für die US-Streitkräfte Vorausbedingung. Man denke nur an die Landung in der Normandie.)

Wie auch immer: Die Ziele für einen solchen Angriff wurden genau festgelegt. Sie lagen dort, wo der Gegner immer noch verbissen kämpfte: am Maas-Bahnhof und in einem kleinen Abschnitt am nördlichen Brückenende. Es wurden keine Brandbomben eingesetzt.

Generalleutnant Schmidt stellte dem Kommandanten von Rotterdam ein Ultimatum, nachdem vorhergehende Verhandlungen zwischen Oberstleutnant von Choltitz, dem Kommandeur der Kampftruppen an den Rotterdamer Brücken, mit einem Parlamentär von Oberst Scharroo gescheitert waren. Auch diese Verhandlungen liefen schief. Als die Frist bereits abgelaufen war, erschien ein niederländischer Hauptmann als Parlamentär des Kommandanten an der Rotterdamer Straßenbrücke und wies darauf hin, daß das Ultimatum keine Unterschrift trage. Das war ein Winkelzug des Stadtkommandanten, der auf Zeitgewinn spielte und schließlich Rotterdam dabei verspielte. Zunächst gab jedoch Generalleutnant Schmidt abermals einen Aufschub, bis zu dem Waffenruhe vereinbart wurde. Gleichzeitig ließ er einen Funkspruch absetzen, welcher die deutschen Bomber auf ihren Einsatzhäfen in Westdeutschland anhalten sollte.

Dieser wichtige Funkspruch, der über die Luftflotte 2 laufen mußte, kam nicht rechtzeitig durch. Wo er versackte, war nach dem Kriege nicht mehr zu eruieren.

Tatsache ist jedoch, daß General Kesselring vor dem Bombardement von Rotterdam ein erregtes Telefongespräch mit Feldmarschall Göring führte, in dem er, Kesselring, darauf beharrte, nur militärische Ziele zu bombardieren, während Göring ganz Rotterdam bombardiert wissen wollte.

Im Kriegstagebuch der Heeresgruppe B wird der Funkbefehl Görings an das Luftflottenkommando 2 erwähnt, in dem Göring befahl, »unter allen Umständen zu den Truppen des Generalmajors von Sponeck durchzubrechen, der in arger Bedrängnis« sei. Falls er, Göring, nicht sofort die Durchführungsmeldung erhalte, werde er zwischen 17.20 Uhr und 18.20 Uhr einen Bombenangriff eines ganzen Kampfgeschwaders auf Rotterdam durchführen lassen.

Bereits am Vortag hatte Generalleutnant Schmidt um 17.05 Uhr einen Funkbefehl des AOK 18 erhalten: »Widerstand in Rotterdam ist mit allen Mitteln zu brechen. Nötigenfalls ist die Vernichtung der Stadt anzudrohen *und* durchzuführen.«

Diese Meldungen und Ankündigungen tragen heute dazu bei, die Bombardierung Rotterdams als vorsätzliche Vernichtung einer Stadt darzustellen, auch wenn dies so nicht stimmt.

Generalleutnant Student und Generalleutnant Schmidt warteten in den frühen Nachmittagsstunden des 14. Mai auf dem runden Platz südlich der Brücken auf die Entscheidung des holländischen Kommandanten, während in den Straßen die für den Angriff bereitgestellten Kräfte in Deckung standen. Da vernahmen sie plötzlich Motorengeräusche.

Es waren die hundert deutschen Bomber, die auf den Flugplätzen Delmenhorst und Gütersloh gestartet waren, um unter Führung des Kommodore des Kampfgeschwaders 54, Oberst Lackner, das genau vermessene Dreieck nordwestlich der Rotterdamer Brücken anzugreifen. Die Bomber flogen nur 750 Meter hoch. Damit sollte eine größtmögliche Zielgenauigkeit erreicht werden.

Kurz vor dem Ziel hatte sich der aus den drei Gruppen des Kampfgeschwaders 54 zusammengesetzte Verband geteilt. Die linke Gruppe wurde nun von Oberstleutnant Höhne geführt, während die rechte Oberst Lackner unterstand. Der befohlene Angriffstermin war 15.00 Uhr. Als der von Generalleutnant Schmidt abgesetzte Funkspruch die 2. Flieger-Division erreicht hatte, waren die Bomber bereits unterwegs gewesen.

»Um Gottes willen!« rief Generalleutnant Schmidt, als sie die deutschen Bomber erkannten, »das gibt ein Unglück!«

Die beiden Generale, in der Schule der alten Armee aufgewachsen und von den Gesetzen ritterlicher Kampfesweise durchdrungen, waren entsetzt. Vor ihren Augen bahnte sich eine schwerwiegende Verletzung der vereinbarten Waffenruhe an, die sie verhindern mußten.

»Leuchtkugeln!« rief Student. Man reichte ihm eine Leuchtpistole, und er schoß persönlich rote Leuchtkugeln ab, die den Verband stoppen sollten. Auch die Begleitung von Generalleutnant Schmidt schoß rote Leuchtkugeln.

Doch es war zu spät. Um 15.05 Uhr überquerten die Bomber die Maas, das niederländische Flakfeuer hatte eingesetzt, und schon erreichte die rechte Angriffsgruppe das Ziel. Die Bomben fielen und heulten der Erde entgegen. Sie trafen genau ins Ziel. Sekunden später erreichte auch die linke Angriffsgruppe unter Oberstleutnant Höhne das Ziel. Kaum hatte Höhne den Wurfbefehl gegeben, als er zwei rote Leuchtkugeln im Geblitze der Flakabschüsse sichtete.

»Abdrehen! – Nicht werfen, abdrehen!« befahl er. Doch seine He 111 und die beiden anderen Maschinen der Führungskette warfen bereits. Alle weiteren Maschinen aber stoppten den Bombenwurf.

Inzwischen hatten von den hundert angreifenden He-111-Bombern 57 geworfen. Die anderen 43 hatten aufgrund des Funksprechbefehls von Oberstleutnant Höhne ihre Ladung noch zurückhalten können. Dennoch fielen 97 Tonnen Bomben, ausschließlich Sprengbomben; Brandbomben, wie in Zeitungen des Auslandes zu lesen war, waren nicht dabei. Daß die nahe gelegene Altstadt von Rotterdam ausbrannte, lag an den alten Fachwerkhäusern, die direkt nach einem Fehlwurf in Flammen aufgingen.

Der Bombenabwurf auf Rotterdam war eine Folge mangelhafter Nachrichtenverbindungen *und* eine Verkettung unglückseliger Umstände. Seine besondere Tragik liegt darin, daß er zu einem Zeitpunkt erfolgte, als er an und für sich nicht mehr notwendig gewesen wäre. Es ist allerdings zum Teil dem niederländischen Stadtkommandanten von Rotterdam zuzuschreiben, daß er überhaupt erfolgte. Hier wurde sinnloser Widerstand geleistet, der keinerlei Einfluß auf den Ausgang der Kämpfe in Holland mehr hatte.

Generaloberst Kurt Student wurde nach dem Krieg wegen des Angriffs auf Rotterdam vor ein holländisches Gericht gestellt und – freigesprochen. Seine Verteidigung hatte erklärt, daß Rotterdam mehrfach zur Übergabe aufgefordert worden sei, daß die deutschen Truppen an den Maasbrücken aufgehalten worden seien und daß die Holländer dort mit regulären Truppen Widerstand geleistet hätten. Damit war für Rotterdam der Artikel 25 der Haager Landkriegsordnung entfallen. Rotterdam war so nämlich zu einer verteidigten Stadt geworden und wurde niedergekämpft, wie dies später auch mit Berlin und mit vielen anderen Städten Deutschlands geschah.

Nach amtlichen niederländischen Quellen hatte dieser Angriff unter der Zivilbevölkerung etwa 850 Todesopfer gefordert.

Nach dem Bombenwurf kapitulierte die Stadt, und Oberst Scharroo, der Stadtkommandant, kam persönlich von der Wilhelmsbrücke zur Maasinsel hinüber, um die Verhandlungen zu führen. Auch für ihn war es ein tragisches Ereignis, für das er sich – ebenso wie Generaloberst Student – die Schuld gab.

Dreieinhalb Stunden später bot der niederländische Oberbefehlshaber, General Winkelmann, die Kapitulation der niederländischen Streitkräfte an.

Generalleutnant Student erhielt den Auftrag, die weiteren Verhandlungen über die Entwaffnung der niederländischen Truppen zu führen. Um dies tun zu können, fuhr er, begleitet von Hauptmann Hübner, zum Gefechtsstand des holländischen Kommandanten im Nordwesten der Stadt im Obergeschoß eines Mietshauses. Oberstleutnant von Choltitz kam hinzu. Generalleutnant Student richtete an die im Besprechungsraum versammelten niederländischen Offiziere ritterliche Worte der Anerkennung:

»In jedem Kampf wird es Sieger und Besiegte geben. In

diesem Falle sind Sie, meine Herren, unterlegen. Die holländischen Truppen haben sich tapfer geschlagen und opfermutig gekämpft.«

Als die Gespräche über die Einzelheiten der Durchführung der Kapitulation im Gange waren, fielen draußen Gewehrschüsse. Alle Anwesenden waren betroffen. Sollten die Kämpfe entgegen den Abmachungen wieder aufflammen? Generalleutnant Student, wegen der einsetzenden Abendkühle in seinen Generalsmantel mit den breiten weißen Brustaufschlägen gehüllt, trat ans Fenster, um nach der Ursache des Kampfgetöses zu sehen. Er wußte auf dem Vorplatz die Holländer zum Abgeben ihrer Waffen angetreten. Sollten etwa sie...?

Geben wir an dieser Stelle Kurt Student das Wort zu dem, was unmittelbar darauf folgte:

»Plötzlich erhielt ich einen ungeheuren Schlag gegen die Stirn, wie mit einem schweren Vorschlaghammer. Dann spürte ich in meinem Schädel ein seltsames widerwärtiges Geräusch. Es war ein Reiben, Knirschen und Splittern von Knochen, das dann in ein Vibrieren und Singen des ganzen Kopfes unterging. Ich hatte, das stellte sich heraus, einen Tangentialschuß erhalten, der mir die obere Schädeldecke handtellerweit aufspaltete.

Wenn ich dies nicht selbst erlebt hätte, würde ich so etwas niemals für möglich halten, daß man einen Kopfschuß bei vollem Bewußtsein und in dieser Weise – beinahe zeitlupenartig – empfinden kann.

Ich fühlte, daß ich lebensgefährlich verwundet war. Aber nun bäumten sich alle vorhandenen starken Lebensenergien in mir auf. Mit der letzten Kraft versuchte ich, mich an der Tischkante festzuhalten. Aber meine Knie wurden weich, und ich sank unter dem Tisch zusammen. Dann umfing mich tiefe Nacht.«

Was war geschehen?

Eine Vorhut des SS-Regiments »Der Führer«, das in Holland eingesetzt war, hatte soeben den Vorplatz der Kommandantur erreicht. Als man die noch unter Waffen stehenden Holländer erblickte, eröffnete man sofort das Feuer, und es ist fast sicher, daß Generalleutnant Kurt Student von einer

74

deutschen Kugel niedergestreckt wurde. Die Holländer hätten nämlich in die andere Richtung schießen müssen, wenn sie überhaupt das Feuer der SS-Truppe erwidert hätten.

Oberstleutnant von Choltitz rannte ins Freie und stoppte dieses wilde Geschieße, dem der Kommandierende General der Fallschirmtruppe nach Waffenstillstand zum Opfer gefallen war.

Generalleutnant Richard Putzier, Chef der Lufttransportverbände der Luftwaffe, übernahm den Befehl über die Fallschirm- und Luftlandeverbände.

Kurt Student wurde ins Rotterdamer Krankenhaus eingeliefert und von einem holländischen Chirurgen in vorbildlicher Weise operiert. Diese rasche Operation rettete ihm wahrscheinlich das Leben. Er wurde auch der Sprache wieder mächtig, die er zeitweise verloren hatte.

Wenige Tage später kam der berühmte deutsche Gehirnchirurg, Professor Tönnis, nach Rotterdam. Seiner Kunst ist es zu verdanken, daß Student nach neun langen Monaten wieder völlig hergestellt wurde.

Am 29. Mai wurde Kurt Student bevorzugt zum General der Flieger befördert. Wegen seiner vorbildlichen Führungsleistungen hatte er schon am 12. Mai das Ritterkreuz erhalten. Eine Reihe weiterer Fallschirmjäger wurde mit dem Ritterkreuz zum Eisernen Kreuz ausgezeichnet.

An dieser Stelle der abschließende Bericht über die erste großangelegte Fallschirm- und Luftlandeoperation der Geschichte aus der Feder von Generaloberst a. D. Kurt Student:

»Für die deutschen Stellen bedeuteten die Luftlandeoperationen gegen die Festung Holland und das Unternehmen Albert-Kanalbrücken-Eben Emael den endgültigen Durchbruch der Luftlandeidee gegen alle Widerstände. Nicht nur die ganze Welt horchte auf, sondern auch die Deutsche Wehrmacht.

Auch die Fallschirmjäger, die nach dem Polenfeldzug ihren Glauben verloren hatten, kehrten wieder in unsere Reihen zurück. Die Deutsche Fallschirmtruppe schloß sich auf das Engste zusammen.«

Die größten Verluste in diesem Einsatz erlitt die 22. Luftlande-Division. Von den nur 2000 eingesetzten Soldaten dieser

Division sind 40 Prozent der Offiziere und 28 Prozent der Soldaten in Holland gefallen. 170 Ju 52 wurden abgeschossen und vernichtet. Etwa ebenso viele erlitten schwere Beschuß-schäden. Das Ziel dieser Einsatztruppen aber war nicht erreicht worden. Den Haag wurde nicht im Handstreich genommen. Dennoch übten die Landungen bei den drei Flugplätzen eine starke demoralisierende Wirkung auf die niederländische Führung aus.

Der lähmende Effekt des Unerwarteten, der das Urteilsver-mögen und die Kampfentschlossenheit der Verteidiger zu beeinträchtigen pflegt, war durch die Operationen der 22. Luftlande-Division gegeben.

Die Einsätze der 7. Flieger-Division waren insgesamt vom Erfolg gekrönt, wenn auch einige nur im Nachfassen gemei-stert werden konnten. Bei Dordrecht wäre um ein Haar der Angriff verblutet. Dennoch war der erste massierte Einsatz der Fallschirmjäger-Truppe ein voller Erfolg, und er rechtfer-tigte das Vertrauen, das seine Befürworter, allen voran Kurt Student, in diese neue Waffe setzten.

Die Fallschirmjäger- und Luftlandetruppen zogen in ihre Heimatstandorte zurück, um sich zu regenerieren und für weitere Aufgaben vorzubereiten. Eine davon war das Unter-nehmen »Seelöwe«.

Zwischen Westfeldzug
und Kreta

Das Unternehmen »Seelöwe«

Nach einer kurzen Erholungszeit begann der Ausbau der 7. Flieger-Division zu einer vollen Fallschirmjäger-Division. Das Fallschirmjäger-Regiment 3 wurde aufgestellt. Daneben entstand aus der Kernzelle der Sturmabteilung Koch zusätzlich das Fallschirmjäger-Sturmregiment. Kommandeur dieses neuen Regiments wurde Oberst Eugen Meindl, der als Kommandeur des Gebirgs-Artillerie-Regiments 112 im Mai 1940 ohne jede Springerausbildung bei Narvik zum Entsatz der deutschen Gebirgsjäger mit einigen Gruppen seiner Gebirgsjäger gesprungen war.

Diese neue Art des Kampfes aus der dritten Dimension der Erde begeisterte den Offizier derart, daß er im August 1940 zur Fallschirmtruppe übertrat, seine Fallschirmjäger-Ausbildung absolvierte und mit seinen Leistungen derart überzeugte, daß ihm wenige Wochen später von General Student die Führung des neuen Sturmregiments übertragen wurde.

Der Einsatz im Westfeldzug hatte das Problem der Mitführung von Waffen am Mann deutlich gemacht. Selbst die Karabiner waren ja noch in Waffenbehältern abgeworfen worden und wurden oftmals nicht gefunden, so daß die Fallschirmjäger häufig nur mit Pistole und Handgranaten bewaffnet waren und dabei einem mit schweren Waffen ausgerüsteten Gegner gegenüberstanden.

Ferner fehlte es an schweren Unterstützungswaffen, und ohne solche Waffen war ein Angreifer jeder in festen Stellungen liegenden schwerbewaffneten Truppe unterlegen.

Diesen Nachteil galt es auszumerzen. Es mußten Unterstützungswaffen für die Fallschirmtruppe bereitgestellt werden. Als erstes wurde unmittelbar nach dem Einsatz im Westfeldzug ein »Fünfling-Fallschirm« entwickelt, mit dem auch Geschütze abgesetzt werden konnten.

Die Panzerjäger-Abteilung wurde aufgestellt und in die 7. Flieger-Division eingegliedert. Aber all dies brauchte seine Zeit, und gerade an Zeit mangelte es, weil ja das Unternehmen »Seelöwe« vor der Tür stand, von dem in allen Fallschirmjäger-Quartieren gemunkelt wurde. Immer neue Gerüchte verbreiteten stets kühnere Fallschirmjäger-Pläne. Wie sah die Wirklichkeit aus?

General Student hatte bereits vor dem Westfeldzug einen Plan ausgearbeitet, nach welchem eine Invasion Englands mit einer großen Luftlandeoperation als Initialschlag stattfinden sollte. Er würde mit allen vorhandenen und den noch in der Aufstellung befindlichen Fallschirmjäger-Verbänden in den Gegner hineinspringen und einen starken Brückenkopf in England bilden. Dazu wollte er binnen dreier Wochen nach Ende des Westfeldzugs seine Truppe bereitstellen. Hinzu sollten gut ausgebildete Friedens-Regimenter der Infanterie für den Luftlandeeinsatz kommen. Sie würden auf den von den Fallschirmjägern freigekämpften südenglischen Flugplätzen landen und angreifen.

Wichtigste Voraussetzung war ihm aber, daß der Angriff aus der Luft noch in der Schwächeperiode des Gegners zu erfolgen hätte. Das wären jene Tage gewesen, an denen sich das englische Expeditionsheer aus Dünkirchen in wilder Flucht nach England zu retten versuchte.

»Zu dieser Zeit«, äußerte sich Generaloberst Student nach dem Krieg gegenüber dem Autor, »hätte ein Sprung in die Häfen und deren Lahmlegung für England eine Katastrophe bedeutet. Es gab keine nennenswerten Truppen, die uns hätten aufhalten können. Aber zu dieser Zeit lag ich völlig ausgeschaltet zu Hause.«

Auch der britische Kriegshistoriker, Sir Basil Liddel Hart, sagte, daß »in den sechs Wochen nach Dünkirchen die verfügbaren Landstreitkräfte Englands so schwach waren, daß selbst ein paar Divisionen genügt hätten, um sie wegzufegen«.

Als aber Hitler, der noch immer glaubte, mit England zu einem Frieden zu kommen, Ende Juli – für die englische Schwächeperiode sechs Wochen zu spät und nach Rückkehr von fast 400000 englischen Soldaten vom europäischen Festland auf die Insel – die Invasion Englands plante, hatte sich dieser Gegner bereits wieder erholt.

Auch Hitlers Plan sah den Einsatz der 22. Luftlande-Division, die der Luftwaffe unterstellt blieb, und der 7. Flieger-Division vor. Beide Divisionen sollten bei Folkestone niedergehen und den auch von General Student geplanten Brückenkopf bilden. Durch diese Maßnahme würde der Gegner an zwei Fronten gebunden sein und seine Kräfte aufsplittern müssen.

Für diese Landungen waren auch »Gigant«-Lastensegler entwickelt worden, die bis zu 21 Tonnen Tragfähigkeit besaßen und imstande waren, deutsche Panzer III oder eine 8,8-cm-Flak aufzunehmen und ans Ziel zu bringen.

In seinen Aufzeichnungen sagte Kurt Student über diesen Punkt:

»Wenn ich im Dienst gewesen wäre, hätte ich Hitler vorgeschlagen, sofort mit den Luftlandetruppen nach England zu fliegen, um dort die Ausschiffungshäfen des britischen Expeditionskorps in Besitz zu nehmen. Und dies mit jenem Tage beginnend, an dem die Briten vom Festland verschwanden. Damit wäre das Schicksal Englands besiegelt gewesen, denn dieser Gegner, der aus Dünkirchen entkommen war, befand sich nicht nur am Ende seiner Kraft, sondern auch noch in der Mehrzahl ohne Waffen. Im Lande selbst standen nicht genügend Soldaten zur Verfügung, die uns hätten niederschlagen können.«

Dennoch liefen die Vorbereitungen zur Operation »Seelöwe« an. Das Fallschirmjäger-Regiment 3 wurde aufgestellt. Und zwar hatte man Oberstleutnant Richard Heidrich, der nach dem Polenfeldzug wegen sachlicher Meinungsverschiedenheiten zum Heer zurückgekehrt war, mitten im Vormarsch nach Frankreich durch ein Fernschreiben nach Berlin befohlen. Dort erhielt er den Auftrag, aus dem II. Bataillon des FJR 1 (übrigens sein altes Fallschirm-Infanterie-Bataillon, das am 1. Januar 1939 in die Luftwaffe übernommen worden war) und aus weiteren Absolventen der Schulen das Fallschirmjäger-Regiment 3 aufzustellen.

Heidrich baute dieses Regiment in der bei ihm gewohnten harten Manier auf, jedoch ohne jeden sturen Kasernenhofdrill. Die Gefechtsausbildung im scharfen Schuß, Tarnung und Handhabung aller Fremdwaffen waren sein Steckenpferd. Er sagte dazu:

> »Fünfundsiebzig Prozent des Erfolges werden auf dem Truppenübungsplatz errungen. Deshalb muß eine Elitetruppe mit unerbittlicher Härte ausgebildet werden. Mein Ziel ist der raffiniert fechtende unabhängig denkende Einzelkämpfer *und* der wie ein Uhrwerk aufeinander eingespielte Kampfverband.«

Dies sollte ihm gelingen, allerdings erst später, auf Kreta. Für »Seelöwe« kam die Aufstellung zu spät.

Görings vor dem Krieg aufgestellte Forderung nach vier Fallschirmjäger-Divisionen drang gegenüber dem Heer nicht durch. Das rächte sich vor allem im Falle der Operation »Seelöwe«, wie Göring selbst in Nürnberg sagte, als man ihn zu diesem Plan befragte:

> »Hätte ich diese vier Fallschirmjäger-Divisionen nach Ende des Frankreich-Feldzuges zur Verfügung gehabt, dann wäre ich zur Zeit von Dünkirchen sofort nach England hinübergegangen. Mit nur einer Division, die zudem immer noch ohne schwere Waffen war, erschien dies aussichtslos.«

Auch das Fallschirmjäger-Sturmregiment war erst am 17. Juli 1940 aufgestellt worden. Oberst Meindl teilte die Kerntruppe des Regiments auf die vier zu bildenden Bataillone auf, so daß jedes dieser Bataillone eine schwache Kompanie der alten Sturmabteilung Koch in ihren Reihen hatte. Das I. Bataillon führte Walther Koch, der nach dem Sieg in Belgien zum Major befördert worden war.

Gleichzeitig mit dem Sturm-Regiment wurde auch ein Lastensegler-Geschwader aufgestellt, denn das Absetzen von Fallschirmjägern mittels Lastensegler – zur Überraschung des Gegners durch lautlose Annäherung und zur Punktlandung in schwierigsten Objekten – war auch in Zukunft geplant. Oberstleutnant Wilke wurde Kommandeur des Geschwaders.

Ab Mitte Juni 1940 wurde in Dessau-Kochstedt das Fallschirm-Pionier-Bataillon aufgestellt. Der erste Kommandeur war Hauptmann Jäckel, der jedoch nur wenige Wochen Dienst tat und dann von Hauptmann Morawetz abgelöst wurde. Ihm folgte nach ebenfalls nur kurzem Zwischenspiel mit Major Liebach der Kommandeur, der die Geschicke dieses Bataillons lange Zeit lenken sollte. Sein Adjutant wurde Oberleutnant Matheus. Die vier Kompanien führten Oberleutnant Adolff, Oberleutnant Tiedjen, Oberleutnant Steiner und Oberleutnant Gerstner.

Schließlich wurden noch eine Artillerie-Abteilung und die Sanitätsabteilung aufgestellt, die Kader des Fallschirmjäger-Regiments 2 verstärkt und das Regiment selbst um ein weiteres Bataillon aufgestockt.

»Seelöwe« aber brüllte nur und setzte niemals zum Sprung an. Als General der Flieger Kurt Student am 2. September 1940 zum erstenmal nach seiner Verwundung offiziell wieder auftrat und sich in Karinhall bei Reichsmarschall Göring meldete, empfing ihn dieser mit den Worten:

»Nun werden Sie ja endlich die Nase voll haben, Student!«

Nach einer gemütlichen Teestunde zog sich Frau Göring zurück, und Göring zündete sich eine seiner bekannten Zigarren an. Das Gespräch drehte sich nun um das Unternehmen »Seelöwe«. Als Student gegen die beabsichtigte Verwendung seiner Fallschirm- und Luftlandetruppen Bedenken erhob, überraschte ihn Göring mit der Bemerkung:

»Der Führer will gar nicht nach England, Student!«

»Und warum nicht?« fragte der General überrascht und ungläubig zugleich. Göring zuckte mit den Achseln. Auch er wußte es nicht, wenn er auch erleichtert war, daß ihnen dieses Risiko erspart blieb, denn die von ihm zugesicherte Luftherrschaft über der Insel – als eine der Voraussetzungen zum Gelingen einer Invasion – war nicht erreicht worden.

Göring überreichte General Student nun das Goldene Fliegerabzeichen mit Brillanten und verabschiedete ihn mit den Worten: »Sie sollten sich lieber nicht soviel Gedanken machen, sondern viel mehr Ihrer Gesundheit leben.«

Ende September 1940, als Student abermals vor Reichsmarschall Göring stand, sagte dieser zu dem Kommandierenden General des nun stehenden XI. Fliegerkorps:

»Hitler hofft noch immer, mit England ins Gespräch zu kommen. Vielleicht liegt darin auch der Grund seines Zögerns, ›Seelöwe‹ zu starten, beschlossen.« Und nach einer langen, drückenden Pause fügte er hinzu: »Wenn wir diesen Krieg verlieren, Student, dann gnade uns Gott.«

Am 1. Januar 1941 übernahm General der Flieger Student – inzwischen voll genesen – wieder die Führung und den weiteren Ausbau des XI. Fliegerkorps. Sein Chef des Generalstabes wurde Generalmajor Schlemm. Der Ia des Korps war der seinerzeitige Ia der 7. Flieger-Division, Oberstleutnant Trettner. Für den 25. Januar 1941 hatte Hitler auf dem Berghof eine Aussprache mit der Luftwaffenführung anberaumt. Göring nahm auch Student mit nach Berchtesgaden, weil dieser sich bei Hitler gesundmelden wollte.

Die Gespräche, die Hitler begann, drehten sich ohne Ausnahme um England, und Kurt Student hörte genau heraus, daß Görings intime Äußerung, daß Hitler vor einem Angriff gegen England zurückschrecke, durchaus stimmte. Die Invasionsdrohung erwies sich für ihn als aufmerksamen Beobachter als ein reines Täuschungsmanöver. Hitler, das spürte er ganz deutlich, hatte niemals die ernstliche Absicht gehabt, nach England überzusetzen.

Im weiteren Verlauf der Gespräche erhielt Kurt Student von Hitler den Auftrag, die Möglichkeiten eines Luftlandeunternehmens gegen Gibraltar zu erkunden und genau zu untersuchen. Auf der Rückfahrt im Sonderzug des Reichsmarschalls entwickelte Göring vor Student die Möglichkeiten, wie der Kampf gegen England aktiviert werden könnte. Vor allem wandte er sich dem Mittelmeerraum zu.

»Irgend etwas hält den Führer immer wieder von einer direkten Landung in England zurück. Der Zeitpunkt einer solchen Landung ist allerdings auch bereits verpaßt. Jetzt, Student, kommt es einzig darauf an, das britische Weltreich von außen her zum Einsturz zu bringen. Das Mittelmeer und der Mittlere Osten sind für das Britische Empire lebenswichtig. Italien allein aber kann die Aufgabe nicht lösen, die Engländer aus dem Mittelmeer zu vertreiben. Es braucht ja jetzt schon Hilfe, um sich über Wasser zu halten.«

»Dann sollten wir auch alle anderen Möglichkeiten eines Eingreifens im Mittelmeer in Betracht ziehen, Herr Reichsmarschall«, erwiderte Student und wies auf den Suezkanal, auf Kreta, Zypern und die britische Flottenbasis Malta hin.

»Gut, Student! Bitte, prüfen Sie also nicht nur den vom Führer befohlenen Fall Gibraltar, sondern auch sämtliche übrigen Luftlandemöglichkeiten im Mittelmeerraum. Prüfen Sie nach, ob diese genannten Ziele und deren Eroberung im Bereich des Möglichen liegen.«

General Student sagte die rasche und genaue Überprüfung zu.

In seiner Dienststelle in Berlin-Tempelhof koordinierte in den folgenden Wochen General der Flieger Student den Aufbau des Fallschirmkorps. Er beobachtete naturgemäß den jugoslawischen Staatsstreich auf dem Balkan besonders aufmerksam, weil hier angesetzt werden konnte.

Am 20. April 1941, während der Feldzug gegen Jugoslawien im Blitztempo durchgezogen wurde und der Kampf gegen die griechischen Truppen auf dem Balkan sich dem Ende näherte, flogen General Student und sein Ia, Oberstleutnant i.E. Trettner, ins Führerhauptquartier auf dem Semmering.

Bereits Anfang März war das verstärkte Fallschirmjäger-Regiment 2 unter Führung von Oberst Alfred Sturm in den Raum Plovdiv nach Bulgarien verlegt worden. Von hier aus sollte die Kampfgruppe Süßmann – Generalleutnant Süßmann war Kommandeur der 7. Flieger-Division geworden – am 1. April die Insel Lemnos besetzen. Man befürchtete auf deutscher Seite, daß General Wilson, der Oberbefehlshaber der britischen Expeditionsstreitmacht in Griechenland, diese Insel als Stützpunkt verwenden würde, wie das auch im Ersten Weltkrieg geschehen war.

Die Insel wurde jedoch im Verlauf der ersten Kämpfe des 6. April von den deutschen Heerestruppen in Besitz genommen, so daß ein Sprungeinsatz auf sie entfiel.

Der Angriff der deutschen Truppen auf dem Balkan führte weiter nach Süden, während sich auf dem Semmering der

Planungsstab mit der Frage der Weiterführung des Kampfes gegen England nach der Eroberung des Balkans befaßte.

Hier vertrat General Student die Auffassung, daß nach erfolgreichem Abschluß des Griechenland-Feldzuges eine so entscheidende Bastion des Gegners, wie es Kreta sei, nicht in englischem Besitz bleiben dürfe. Er machte den Vorschlag, Kreta aus der Luft zu erobern und ganz in Besitz zu nehmen. Während seiner Besprechung mit Hitler erläuterte Student diesen Plan, den er bereits bis in alle Einzelheiten ausgearbeitet hatte. Er war überzeugt, daß eine Eroberung der Insel aus der Luft möglich sei. Dabei dachte er bereits weiter. Seine Besprechung mit Göring auf der Rückreise vom Berghof, Ende Januar, hatte bereits Früchte getragen. Kreta war für ihn nur die Voraussetzung, die den zweiten größeren Sprung, den zum Suezkanal, sichern sollte. Dann wollte er Zypern erobern, und auch Malta würde an die Reihe kommen. Dem britischen Empire sollte eine Bastion nach der anderen herausgebrochen werden, bis es am Boden lag.

Der Kreta-Einsatz wurde beschlossen. Doch während dieser Gespräche hatte sich bereits ein anderer Sprungeinsatz herauskristallisiert, der durch die entstandene Situation notwendig wurde: der Sprungeinsatz am Kanal von Korinth.

Fallschirmjäger am Kanal von Korinth

Nachdem der Einsatz gegen Lemnos und möglicherweise gegen weitere Inseln der Kykladen zu den Akten gelegt worden war, stand das Fallschirmjäger-Regiment 2 in Plovdiv Gewehr bei Fuß. Die britische Expeditionsstreitmacht befand sich in Griechenland auf der Flucht. Alle Streitkräfte strebten in schnellster Fahrt zu den südgriechischen Häfen und zu den Häfen auf dem Peloponnes.

Um zum Peloponnes zu gelangen, mußte jene Brücke überquert werden, die den Isthmus von Korinth an der schmalsten Stelle überquert und den Peloponnes mit dem griechischen Festland verbindet. Der Kanal hatte eine Breite von nur etwa 25 Metern. Hier allein konnte man den Fluchtweg der englischen Truppen abschneiden. Das mußte im

Sinne der deutschen Führung liegen, denn es war offensichtlich, daß die vom griechischen Festland entkommenen Engländer nicht nur in Richtung Ägypten, sondern auch nach Kreta fliehen würden. Und Kreta stand ja als nächstes Ziel der deutschen Fallschirmtruppe auf der Liste.

Die deutsche Luftaufklärung stellte am 24. und 25. April 1941 fest, daß zwei vollständige australische Brigaden und eine größere Zahl Unterstützungseinheiten den Kanal über die besagte Brücke überquerten. Dies hätte ohne weiteres unterbunden werden können.

Aber erst am 25. April starteten in Plovdiv die Fallschirmjäger des FJ-Regiments 2 mit der unterstellten Fallschirm-Lehr-Batterie, Fallschirmpionieren, Nachrichtenzügen und Sanitätseinheiten zum Flug nach Larissa. Oberst Sturm war der Angriff auf die Brücke am Kanal von Korinth befohlen worden. Dazu standen ihm das I. und II. Bataillon seines Regiments und die schon genannten Einheiten zur Verfügung.

In Larissa begannen die Vorbereitungen zum Angriff am anderen Morgen. Bomber sollten zuerst angreifen und das Feuer der nahe der Brücke stehenden Flak-Batterien des Gegners auf sich ziehen, während unmittelbar danach deutsche Stukas, geschützt von Me-109-Jägern, die nunmehr enttarnten Flakstellungen angreifen und zum Schweigen bringen würden, um den Lastenseglergruppen und den darauf folgenden Fallschirmjägern die Einsätze zu erleichtern.

Dem Gros der Angriffsgruppe sollten ein Zug der 6./FJ-Regiment 2 unter Leutnant Teusen und eine Pioniergruppe in Lastenseglern vorausfliegen. Sie sollten die Brücke über den Kanal im Handstreich nehmen und die Sprengladungen entfernen oder die Zündleitungen herausreißen. Das folgende II./FJ-Regiment 2 sollte südlich des Kanals niedergehen, während das I. Bataillon auf der Nordseite im Sprungeinsatz landen würde. Der Zug Teusen erhielt Weisung, bei den Flakbatterien im Süden niederzugehen, während die Pioniere, die in letzter Sekunde auf einen Zug verstärkt wurden, am Nordende der Brücke landen sollten.

Der Start erfolgte am frühen Morgen des 26. April 1941 um

5.00 Uhr. Die Schlepp-Jus zogen die beiden Züge in die Höhe und flogen voraus. Die zurückbleibenden Fallschirmjäger konnten ihren Start verfolgen, ehe auch sie in ihre Maschinen kletterten und starteten.

Inzwischen hatten die Horizontalbomber bereits den Angriff eröffnet. Daran war nichts Auffälliges, weil seit einer Woche etwa Bomber am Kanal aufgetaucht waren. Die Flak eröffnete das Feuer, und ihre Abschüsse wurden für die nachfolgenden Stukas zum Zielpunkt. Sie stürzten durch das Getöse des Feuervorhangs nieder und warfen ihre Bomben auf die Flakstellungen. Einige Rohre wurden so zum Schweigen gebracht.

Noch bevor dieser Angriff beendet war, näherten sich bereits die Lastensegler der Pioniere und des Zuges Teusen der Brücke.

Die Pioniere landeten auf der Nordseite, wo keine Feindflak feuerte. Sie stürmten von Norden auf die Brücke und überwältigten die Brückenbesatzung. Dann rissen sie die Zündkabel heraus oder kappten sie, wenn sie festsaßen. Die Fallschirmpioniere umgingen die Hauptverteidigungsnester und die 4-cm-Flak in der Höhe des eigentlichen Übergangs, um sie aus ihren Stellungen zu drücken, bevor die Fallschirmjäger auftauchten. Doch da erschienen bereits die Transport-Ju 52, aus denen zuerst das I. Bataillon an der Nordseite der Brücke sprang. Dann folgte auch das II. Bataillon südlich der Brücke nach.

Der Zug Teusen aber ging mit seinen Lastenseglern dicht bei den Flak-Batterien am Südende der Brücke nieder. Einer der Segler wurde von einem Volltreffer auseinandergerissen. Die Besatzung stürzte aus 14 Metern Höhe ab. Mit den ersten Männern seines Zuges stürmte Leutnant Teusen vorwärts. Seine MPi jagte Feuerstöße hinaus. Handgranaten krachten. Kugeln pfiffen den Männern des Zuges um die Ohren. Dann war Teusen mit seinen Männern mitten in der Batterie und brach den letzten Widerstand. Und schon stürmten sie der zweiten Batterie entgegen. Oberjäger Helms, der hinter dem Leutnant lief, sah einen Engländer, der sich eben aufrichtete, um eine Handgranate zu werfen. Sein Feuerstoß streckte ihn nieder, und dann detonierte die Handgranate im Deckungsloch der Engländer. Drei blutverschmierte Gestalten tauchten mit erhobenen Armen auf.

»Feuer einstellen!« befahl Leutnant Teusen, als der Gegner bei der zweiten Batterie den Kampf aufgab. Die erste Gruppe rannte nun über die Brücke, auf der soeben die Fallschirmpioniere dabei waren, die Sprengsätze herauszureißen und auf der Brücke aufzustapeln.

Die gelandeten Fallschirmjäger standen bereits auf beiden Seiten der Brücke im Gefecht. Als erneut Beschuß einsetzte, verschwanden Pioniere und Fallschirmjäger von der Brücke, und Leutnant Teusen mußte hinter einem Steinhaufen nahe dem Südhang in Deckung gehen. Vom jenseitigen Ufer feuerte die 4-cm-Flak noch einmal. Ihre Granaten schossen bedenklich tief über die Brücke nach Süden, wo die Fallschirmjäger harten Kämpfen ausgesetzt waren.

Hans Teusen schrieb eben eine Meldung für den Kommandeur, als er auf der Brücke den Propaganda-Kompanie-Mann, Sonderführer Ernst von der Heyden, erkannte, der mit seiner schußbereiten Kamera herüberlief und eben eine Aufnahme machte.

In dem Augenblick aber, als Teusen den Zettel vom Meldeblock abriß, hörte er vom Nordende her wieder den Abschuß einer Flak. Er war noch beim Abreißen, als vor ihm auf der Brücke eine dumpfe Detonation erfolgte, der ein ohrenbetäubender Donnerschlag folgte. Er sah mit starrem Blick, wie die Brücke über den Kanal von Korinth in der Mitte durchbrach und die wenigen Männer seines Zuges und einige Pioniere mit in den Tod riß. Auch der Mann der Propagandakompanie fand hierbei den Tod. Seine Kamera wurde auf das Ufer geschleudert, und man fand auf dem belichteten Film auch jene Aufnahme, die er nur Sekunden vor seinem Tod geschossen hatte.

Damit waren die im Norden springenden Männer des I. Bataillons von jenen Truppen getrennt, die südlich der Brücke gesprungen waren.

Es galt nun für den Zug Teusen, befehlsgemäß die Stadt Korinth im Handstreich zu nehmen. Er schloß sich dabei seiner Kompanie an. Von Hauptmann Gerhard Schirmer, dem Chef der Sechsten, erhielt er den Auftrag, mit den zwei englischen Flak, die er auf dem Weg nach Korinth erobert und mit eigenen Soldaten bemannt hatte, durch die Stadt vorzustoßen und auf ihn, Schirmer, zu warten.

Die 6. Kompanie war südlich der Brücke in einer Talsenke, unmittelbar am Gegner, niedergegangen. Im Nahkampf hatte sie sich durch die englischen Stellungen durchgeboxt und sammelte gerade wieder, als die Brücke hinter ihnen mit ohrenbetäubendem Getöse in die Luft flog.

»Wir sind abgeschnitten, Herr Hauptmann!« rief einer der Kompaniemelder. Schirmer nickte.

»Wir greifen nach Süden an!«

Sie stürmten weiter, wurden ein paarmal von Feind-MG beschossen, kämpften die MG-Nester nieder und erreichten bis zum Mittag den Flugplatz von Korinth. In diesem Augenblick tauchte ein Melder des Regiments bei ihm auf.

»Herr Hauptmann, sofort zum Regimentskommandeur!«

Schirmer, der nach der Verwundung des Bataillonskommandeurs das II. Bataillon übernommen hatte, fuhr mit einem der Beutewagen zum Gefechtsstand von Oberst Sturm. Dieser gab ihm den Befehl, auf den der junge Kompaniechef schon gewartet hatte:

»Schirmer, Sie verfolgen den Gegner weiter nach Süden und schlagen ihn zurück, damit kein Gegenstoß mehr auf die Brückenstelle möglich ist. Allgemeine Richtung ist Argos und Nauplia.«

Mit diesem Befehl begann der »Argonautenzug« der Kampfgruppe Schirmer. Immer dicht am weichenden Gegner, oftmals im Nahkampf um Häuser und Ölbaumhaine, stießen die Fallschirmjäger vor. Im ersten Ansturm wurde Argos genommen, doch bei Nauplia setzte sich der Gegner noch einmal fest. Eine Halbkompanie reichte, um ihn auch von dort wieder zu vertreiben. Die Kampfgruppe Schirmer jagte den Gegner schließlich in immer schnellerem Tempo, denn nach und nach hatten auch die letzten Gruppen sich mit Beutefahrzeugen motorisiert gemacht.

Als Vorausgruppe fuhr die kleine Gruppe unter Leutnant Teusen in Richtung Nauplia. Der Leutnant wußte, daß sich der Gegner in dem dortigen Hafen einschiffen würde.

»Männer, wir müssen den Feind schnappen und durch einen Handstreich überlisten!« spornte der junge Leutnant seinen Zug an.

Es ging in schneller Fahrt über Chilimodion und Argos auf Nauplia zu. Als die vorausrollenden Spitzenkrafträder feststellten, daß Nauplia feindfrei war, kehrten sie um und meldeten.

»Wir stoßen in Richtung Tolon weiter vor. Der Gegner hat sich offenbar dorthin zurückgezogen«, erklärte Teusen.

Unmittelbar vor Tolon stieß der Zug Teusen dann auch auf die Nachhuten des Gegners. Es waren über hundert Mann, die hinter Felsbändern und in Ölhainen versteckt das Feuer eröffneten.

Die Flammenschnüre englischer Doppellauf-MG peitschten durch den hellen Tag, leichte Flak fiel in das Feuer ein, und einer der Kraftwagen erhielt einen Treffer. Sekunden später stand er in Flammen. Brennende Gestalten sprangen ab und wälzten sich im Straßenstaub, um die brennende Kleidung zu löschen.

»Gruppe Bose zu mir!« rief Teusen.

Die acht Männer mit Oberjäger Bose an der Spitze rannten zum Leutnant hinüber, der sich in einem Wassergraben in Deckung geworfen hatte, an dessen Rändern hohes Unkraut wucherte.

Sie krochen durch den trockenen Graben und erreichten die Wegebiegung, von der aus sie das Doppellauf-MG unter Feuer nehmen konnten. Oberjäger Bose eröffnete das Feuer mit einem erbeuteten MG. Nach drei Salven verstummte das Gebelfer des Doppellauf-MG. Der Gegner zeigte einen weißen Lappen. »Feuer stoppen!« befahl Teusen.

Sie stürmten weiter. Von drei Seiten kamen die einzelnen Gruppen an die Flakstellung heran. Auch sie wurde im Handgranatenduell genommen. Der Gegner zog sich fluchtartig zurück. Vierzig Gefangene blieben auf dem Gefechtsfeld liegen.

»Weiter Männer! – Stoßrichtung Tolon!« feuerte Teusen die erschöpften Fallschirmjäger an. »Je dichter wir ihnen auf den Pelz rücken, desto weniger Zeit haben sie, sich noch einmal festzusetzen.«

Der Zug Teusen rollte weiter vor. Doch bald wurde er in einem unübersichtlichen Geländestreifen abermals aufgehalten. Von den Höhen im Halbkreis um Tolon peitschte Abwehrfeuer auf sie herunter.

»Die Höhe halbrechts durch den Ölhain angreifen!«

Die Männer stürmten weiter, erreichten die Deckung des Ölhaines und arbeiteten sich in kleinen Sprüngen von Deckung zu Deckung vorwärts. Als sie den halben Weg zum Gipfel dieser Höhe zurückgelegt hatten, wurde das Feindfeuer so dicht, daß sie nicht mehr weiterkamen. Jeder Meter Bodengewinn würde nur noch hohe Verluste kosten. Beim nächsten Sprung, den der Leutnant mit der Gruppe Bose versuchte, um von einer beherrschenden Stelle das Feindfeuer niederzuhalten, wurde er verwundet. Stöhnend blieb er liegen. Bose und Oberfeldwebel Hencke, der stellvertretende Zugführer, versorgten die Wunde und baten den Leutnant, den Angriff einzustellen. Vor allem er selbst sollte zurückgehen. Einer der Leichtverwundeten sollte ihn begleiten.

Doch Hans Teusen war nicht bereit, dies zu tun. Er wollte seinen Zug in dieser schwierigen Situation nicht im Stich lassen. Er führte weiter.

Nach einer kurzen Lagebeurteilung schickte er Feldwebel Müller II, der Englisch sprach, als Parlamentär zu den Engländern. Er hatte Auftrag, dem Gegner mitzuteilen, daß sich eine deutsche Division nähere und daß bereits Stukas zum Bekämpfen der feindbesetzten Höhenstellungen um Tolon angefordert seien.

Die Männer ergaben sich. Sie verließen ihre Stellungen und kamen waffenlos, mit erhobenen Händen herunter. Es wurden immer mehr, und Teusen erklärte ihnen, daß er über Funk den Stukaangriff gestoppt habe. Die Engländer formierten sich an der Straße, und als die Vorausgruppen des übrigen II. Bataillons eintrafen, standen 1400 Gefangene abmarschbereit am Straßenrand. Der Trick mit den Stukas hatte seine Wirkung nicht verfehlt. Hauptmann Schirmer nahm schmunzelnd die Meldung des Führers seiner Vorausabteilung entgegen.

Der Kanal von Korinth und damit der Rückzugsweg für die

englischen Truppen war gesperrt. Leider war diese Aktion um mindestens 24 Stunden zu spät erfolgt, so daß es einem Großteil der in Südgriechenland befindlichen englischen Truppen gelang, nach Alexandria und Kreta zu entkommen. Dies wiederum sollte sich als äußerst gefährlich für den nächsten Fallschirmjägereinsatz erweisen.

Es ging diesmal um die Insel Kreta, die aus der Luft erobert werden sollte.

Die Hölle hieß Kreta

Die Vorbereitungen – Bombenangriffe auf die Insel

Als am 21. April 1941 General Papagos, der Oberbefehlshaber der griechischen Streitkräfte, um 12.00 Uhr in Larissa die offizielle Kapitulationsurkunde Griechenlands unterzeichnete und 16 griechische Divisionen in Mazedonien und im Epirus die Waffen streckten, fand auf dem Semmering, im vorgeschobenen Führerhauptquartier, eine Besprechung statt. An ihr nahmen General der Flieger Student, sein Ia, Oberstleutnant i. G. Trettner, General der Flieger Jeschonnek, General Jodl und Generalfeldmarschall Keitel teil. Zunächst verhandelten die genannten Offiziere allein. Es ging darum, den nächsten Einsatzort für die deutsche Fallschirmtruppe auszuwählen. Als wichtigste Ziele standen Kreta und Malta zur Debatte.

Die 7. Flieger-Division war inzwischen zum XI. Fliegerkorps ausgebaut worden. Kommandierender General war Kurt Student. Er trug während dieser denkwürdigen Besprechung, die das Schicksal der Fallschirmtruppe entscheidend beeinflussen sollte, vor, daß Kreta auf keinen Fall in der Hand des Gegners bleiben dürfe. Er schlug vor, die Insel aus der Luft zu erobern und diesen wichtigen Stützpunkt, »das Sprungbrett für den Angriff zum Suezkanal«, in Besitz zu nehmen. Danach würde Zypern an die Reihe kommen und dann der Gegner von diesen Flugzeugstützpunkten aus aus Kairo und Alexandria hinausgebombt werden.

Nun, als man sich für Kreta entschieden hatte, wurde Hitler hinzugebeten. Wieder trug General Student vor. Er erklärte, daß es ihm möglich sei, Kreta im Sprungeinsatz zu nehmen, mit luftgelandeten Kräften einer Division zu halten und vom Feind zu säubern. Hitler stimmte Student zu, der Angriff auf Kreta war beschlossene Sache.

Während Student und sein Ia, Trettner, nach Berlin-Tempelhof in das Hauptquartier des XI. Fliegerkorps zurückflogen und alles vorbereiteten, verlegte das Generalkommando mit den Gruppen bereits nach Griechenland. Erst am 15. Mai 1941 flogen auch Student und sein engster Stab nach Athen, und am nächsten Tag ließ Student im Athener Hotel Grande Bretagne alle Einheitsführer zusammenkommen. Sie sollten noch einmal memorieren, welche Aufträge sie erhalten hatten und wie sie sie durchzuführen gedachten. Dabei gab ihnen General Student immer wieder wichtige Fingerzeige aus neuen Erkenntnissen, die sich unter anderem aus dem gelungenen Probeangriff auf den Kanal von Korinth ergeben hatten.

Bereits Ende April war das neuaufgestellte Fallschirmjäger-Sturmregiment unter Führung von Generalmajor Eugen Meindl im Bahntransport an die Südspitze des griechischen Festlandes geschafft worden. In der Angriffsplanung, die von General Student und Oberstleutnant Trettner ausgearbeitet worden war, fiel dem Sturmregiment der Westabschnitt der Insel zu. Zentrum der Landungen war der Flugplatz Malemes. Der Plan für die einzelnen Bataillone sah folgendermaßen aus:

In der *ersten Welle* nimmt das I. Bataillon unter Major Koch im Lastensegler-Einsatz die Flakstellungen der Höhen nordwestlich Chania, den Flugplatz Malemes und seine Flakstellungen. Dadurch werden die Landungsmanöver und Absprünge der nachfolgenden Springerverbände erleichtert. Bataillon Koch hat vor allem den Auftrag, mit der Inbesitznahme des Flugfeldes von Malemes einen Einfallhafen für die Luftlandeverbände sicherzustellen.

Das II. Bataillon unter Hauptmann Stentzler bildet die *zweite Welle*; es geht im Sprungeinsatz westlich Malemes nieder und erobert den Flugplatz. Anschließend unterstützt es das Bataillon Koch.

Das III. Bataillon unter Hauptmann Scherber greift ebenfalls in der zweiten Welle im Sprungeinsatz an, es geht ostwärts Malemes nieder und riegelt nach Osten ab, damit der Gegner bei Malemes keine Verstärkungen erhält. Vordringlichste Aufgabe nach der Landung: Verbindungsaufnahme zu den beiden anderen Bataillonen. Gewinnen einer Ausgangsstellung zum Sturm auf Chania.

Das IV. Bataillon unter Hauptmann Gericke geht westlich Malemes im Sprungeinsatz nieder und riegelt nach Westen ab. Es kämpft das Gelände um die Kastellibucht frei.

Nacheinander landeten die Verbände und trafen die Transportzüge in Südgriechenland ein. Alles wartete in fieberhafter Spannung auf die Stunde »X«, die bald kommen mußte.

Leider stand die 22. Luftlande-Division für Kreta nicht zur Verfügung. Sie war bereits im März 1941 zum Schutz der für Deutschland so wichtigen Ölfelder nach Ploesti in Rumänien verlegt worden. An ihrer Stelle wurde die 5. Gebirgs-Division unter Generalmajor Ringel zum Einsatz auf Kreta vorbereitet. Die Division hatte in Griechenland gekämpft. Seit sechs Wochen stand sie auf dem Balkan, war in einem Marsch von über 1500 Kilometern über die Balkanhalbinsel gestürmt und hatte Athen erreicht und den Balkanfeldzug mitentschieden. In Athen hatte Julius Ringel jenen Gkados-Befehl erhalten, dem eine Karte von Kreta beigegeben war. Darüber stand in Druckbuchstaben: »Unternehmen Merkur«. General Ringel erinnerte sich später so:

»Es kroch uns kalt über den Rücken. Denn die wenigen Sätze, die hier zu lesen waren, umrissen in unsäglicher Nüchternheit das flammendste Abenteuer, das Menschen jemals zu bestehen hatten.«

Mit seinem Divisionsstab übersiedelte Generalmajor Ringel von Chalkis nach Athen. Hier arbeitete er zusammen mit seinen Offizieren den Plan der Eroberung Kretas durch seine Gebirgsjäger aus. Sein Ia, Major Haidlen, und der Ib, Hauptmann Ferchl, schufteten täglich zwölf Stunden in dem berühmten Hochhaus am Omoniaplatz, von dessen Dach sie in den Nächten den Überblick über ganz Athen hatten.

Die Gebirgsjäger aber ahnten immer noch nicht, wohin es gehen würde. Afrika oder Rhodos, das waren für sie die möglichen Ziele. Ihr Kommandeur hätte es ihnen besser sagen können. Er wußte, daß sie den gleichen Weg nehmen würden, den auch der griechische König auf seiner Flucht aus Athen genommen hatte. In einem Landhaus bei Chania residierte er im Augenblick mit seinem Ministerpräsidenten Tsouderos und sollte später die kretische Bevölkerung zum Mord an den deutschen Fallschirmjägern auffordern.

Kreta war zum Zufluchtsort der britischen Festlandtruppen geworden. Hierher hatten sich Engländer, Australier und Neuseeländer zurückgezogen und ihre griechischen Verbündeten geopfert, die auf dem Festland zurückgeblieben waren. In den Küstenstädten auf Kreta, in den Feldstellungen und Flaklinien hatte die britische Expeditionsstreitmacht einen Schild errichtet, der vor Ägypten lag und zugleich auch den Suezkanal schützte. Die Insel war darüber hinaus auch als Stützpunkt für das britische Alexandria-Geschwader der Royal Navy wichtig. Die Briten hatten sogar geplant, von Kreta aus zu einer Invasion auf dem Balkan zu starten. Der deutsche Angriff auf Jugoslawien und Griechenland war diesem Vorhaben aber zuvorgekommen.

Die britische Seite

Am 30. April 1941 übernahm der englische General Bernard Freyberg den Oberbefehl über alle auf Kreta stehenden Truppen. Mit dem Oberbefehlshaber Nahost in Kairo, General Wavell – der übrigens am 30. April noch einmal auf Kreta war –, kam Freyberg zu der Überzeugung, daß für einen bevorstehenden deutschen Luftlande-Angriff bei gleichzeitigem Landungsversuch über See auf Kreta nur vier Landezonen auf der Insel in Frage kommen würden. Diesen vier Zonen sollte die größte Aufmerksamkeit gewidmet werden. Ihre Bereiche sollten mit schweren Waffen bestückt und in höchsten Verteidigungszustand versetzt werden.

Der erste Landeabschnitt war der Westteil der Insel mit dem Flugplatz Malemes. Der Raum der Sudabucht würde mit Sicherheit als zweiter möglicher Landeabschnitt in Frage kommen. Der Flugplatz von Rethymnon und der Ostteil der Insel galten als dritter, Heraklion und sein Flugplatz als vierter Landeabschnitt.

Nach diesem Besprechungsergebnis erließ der britische Operationsstab für Kreta, »Creforce«, am 3. Mai 1941 den Operationsbefehl Nr. 10. »Abschnitt Heraklion:

Einsatz der 14. britischen Infanterie-Brigade mit dem 7. Mittelmeer-Regiment. Dazu das australische Bataillon 2/4, die britische 156. und die Hälfte der 7. leichten australischen Flak-Batterie. Für den Küstenschutz wird die B-Batterie des 15. Küstenartillerie-Regiments eingesetzt. Zwei griechische Infanterie-Bataillone werden als Verstärkung unterstellt. Die Führung dieser Abschnitts-Streitkräfte hat Brigadier Chappel.

Abschnitt Rethymnon:

Einsatz der australischen 19. Brigade mit den Bataillonen 2/2, 2/7, 2/22 sowie einer MG-Kompanie. Zwei griechische Infanterie-Bataillone werden als Verstärkung unterstellt. Führung der Abschnitts-Streitkräfte: Brigadier Vasey.

Abschnitt Sudabucht:

Kräfte zum Schutz des Versorgungszentrums der Insel und der Halbinsel Akrotiri mit der britischen 151. und 234. schweren und der 129. leichten Flak-Batterie. Hinzu kommt die halbe 7. leichte australische Flak-Batterie. An Infanterieschutz werden das australische Bataillon 2/8, die Northumberland Hussars, eine Panzerjäger-Abteilung und die Masse des 15. Küstenartillerie-Regiments eingesetzt. Verstärkung durch ein griechisches Infanterie-Bataillon. Führung der Abschnittskräfte: Generalmajor Western.

Abschnitt Malemes – Raum westlich Chania.

Einsatz der gesamten 2. neuseeländischen Division mit der 4. und 5. Brigade und der Kampfgruppe unter Major Oakes. Ferner eine Kampfgruppe der britischen 156. und ein Kampftrupp der 7. leichten australischen Flak-Batterie. Als Verstärkung drei griechische Infanterie-Bataillone. Führung der Abschnittskräfte: Generalmajor Puttick.«

Die Gesamtstärke der Inselbesatzung betrug 30000 Mann Empiretruppen und 11000 griechische Soldaten. Um die vier Abschnittsgruppen zu verstärken, wurden in Kairo in den ersten Maitagen umfangreiche Überführungskonvois zusammengestellt, die bis unmittelbar vor Kampfbeginn immer neue Einheiten auf die Felseninsel brachten.

So wurden aus dem Nahen Osten die 2. Leicesters und die 1. Argyll and Sutherland Highlanders überführt. Am 13. Mai befahl General Freyberg die Aufstellung der 10. australischen Brigade. Ihre Führung übernahm Colonel Kippenberger.

Kommandeur der 4. Brigade war Brigadier Inglis. Die 5. Brigade führte Brigadier Hargest.

Um die Position der Inselverteidiger von Anfang an so zu stärken, daß sie ihren Platz behaupten konnten, drängte Winston Churchill, der britische Kriegspremier, darauf, daß möglichst viele schwere Waffen nach Kreta geschafft wurden. Sein besonderes Augenmerk lag auf der Versorgung mit Panzern. Über den Wert von Panzern auf Kreta schrieb er:

»Sollten die Deutschen die Flugplätze auf Kreta erobern, sollten sie sie auch benutzen können, dann werden sie in der Lage sein, Verstärkungen in unbegrenztem Ausmaß heranzuschaffen. Ein Dutzend Infanterietanks könnten in einer solchen Situation für uns eine entscheidende Rolle spielen, dies zu verhindern. Deshalb bat ich die Stabschefs, zu bedenken, ob man nicht ein Schiff mit Panzern, das sich gerade auf dem Weg nach Ägypten befand, abdrehen lassen sollte, um ein paar Panzer davon auf Kreta zu landen. Meine Kollegen hielten es, obgleich sie mit mir über den Wert von Panzern auf Kreta einer Meinung waren, nicht für ratsam, den Rest der Schiffsladung durch einen solchen Abstecher zu gefährden.«

Aber Churchill gab sich nicht so leicht geschlagen. Am 12. Mai telegrafierte er an General Wavell nach Kairo:

»Wollen Sie nicht in Betracht ziehen, daß ein weiteres Dutzend Infanteriepanzer mit ausgebildetem Personal gegen ›Schorcher‹ eingesetzt werden sollte?«

(»Schorcher« = britischer Deckname für die erwartete deutsche Kreta-Operation).

Am 15. Mai telegrafierte Wavell zurück:

»Habe mein Bestes getan, um ›Colorado‹ (britischer Deckname für die Verteidigung von Kreta) gegen die Käferpest auszurüsten. Die kürzlich vorgenommenen Verstärkungen umfassen sechs Infanterie- und 16 leichte Panzer.«

Das war eine Irreführung des britischen Kriegspremiers, der nach diesem Telegramm annehmen mußte, daß es sich um zusätzlich auf die Insel geschaffte Panzer handelte. In Wahrheit waren diese 22 Panzer die einzigen, die überhaupt auf Kreta standen. Und sie waren nicht »kürzlich« dorthin geschafft worden, sondern standen seit langem auf der Insel.

Diese Nichterfüllung der Bitte des britischen Kriegspremiers war ein Geschenk für die beiden Divisionen des XI. Fliegerkorps und wahrscheinlich auch für das Überleben der deutschen Truppen auf der Insel, mehr noch: für den deutschen Sieg auf Kreta verantwortlich.

Admiral Cunningham, der britische Marineoberbefehlshaber im Mittelmeerraum, erhielt Weisung, die britischen Seeoperationen zur Verteidigung Kretas durchzuführen. Zweck der Operationen war die Verhinderung deutscher Seenachlandungen an den kretischen Küsten. Darüber hinaus führte die Mittelmeerflotte auch Überführungskonvois durch. So wurden in der Nacht zum 16. Mai von der »Gloucester« und der »Fiji« das II. Bataillon des Leicester-Regiments mit voller Ausrüstung von Alexandria nach Heraklion übergeführt. In der Nacht zum 19. Mai wurden durch die »Glengyle« 700 Mann der Sutherland Highlanders von Alexandria nach Timbaki transportiert. Vier Schiffs-Kampfgruppen mit Kreuzern und Zerstörern und eine Reservegruppe mit den Schlachtschiffen »Warspite« und »Valiant« und einer Reihe Kreuzer und Zerstörer standen Admiral Cunningham zur Verfügung. In der Sudabucht wurde eine britische Schnellboot-Flottille stationiert.

Noch in der Nacht zum 20. Mai brachte das Panzerlandungsschiff Nr. A-2 drei Panzer nach Timbaki. Diese Panzer rollten nach Heraklion weiter, wo sie den Schutz des Flugplatzes übernehmen sollten.

Die britische Luftwaffe auf der Insel lag seit dem 13. Mai unter den vorbereitenden Bombenangriffen des VIII. Fliegerkorps. Das Korps hatte Auftrag erhalten, die feindlichen Flak-Batterien, insbesondere die auf dem in der Sudabucht liegenden britischen Kreuzer »York«, auszuschalten und den feindlichen Schiffsverkehr zu unterbinden.

Am 18. und 19. wurden auch die Hallen der Flugplätze Heraklion und Malemes bombardiert, und die Luftaufklärung meldete nur noch wenige Flugzeuge auf diesen beiden Horsten. In der Sudabucht aber lagen einige gebombte und ausgebrannte Fahrzeuge. Der Kreuzer »York« aber feuerte noch, ebenso die Flak-Batterien am Nord- und Südufer der Sudabucht.

Am 19. Mai ließ General Wavell die letzten sieben britischen Flugzeuge nach Ägypten zurückführen. Am Abend dieses Tages wurde das griechische 1. Infanterie-Regiment, das bei Kastelli lag und einen Sicherungsauftrag hatte, der von Brigadier Hargest befehligten 5. neuseeländischen Brigade unterstellt.

General Freyberg hatte damit seine Vorbereitungen zum Empfang der deutschen Fallschirmjäger getroffen. Er hoffte auf die starke Hilfe der britischen Mittelmeerflotte.

Wenige Stunden vor Beginn des deutschen Unternehmens »Merkur« war der britische Nachrichtendienst über die deutschen Absichten, über die Kräfte der dafür eingesetzten Land-, See- und Luftstreitkräfte, über die Angriffszeit, die Landeräume und das geplante Kampfverfahren der deutschen Truppen bemerkenswert gut unterrichtet. Am 17. Mai erwartete »Creforce« den Einsatz von 25 000 bis 35 000 deutschen Soldaten, die aus der Luft gelandet werden würden. Außerdem rechnete man im britischen Hauptquartier Mittelmeer in Kairo mit weiteren 10 000 Mann, die auf dem Seeweg, im Schutz der italienischen Flotte, nach Kreta geschafft werden würden.

Wie ernst es Großbritannien mit der Verteidigung von Kreta war, wurde bereits am 7. Mai bekannt, als Winston Churchill vor dem englischen Parlament sagte:

»Wir verteidigen Kreta, unseren offensiven Vorposten im Mittelmeer, bis zum Tode und ohne einen einzigen Gedanken an Rückzug!«

Die 5. Gebirgs-Division und die drei Einsatzgruppen

Die 5. deutsche Gebirgs-Division lag auf den südgriechischen Flugplätzen verteilt, auf Euböa, in Attika und Böotien. Zwei Schiffsstaffeln waren beschafft worden, in denen vom Motorsegler bis zum kleinsten Frachter alles vertreten war, was die griechischen Häfen hergaben. Leichte Geschütze, Flak, Munition, Geräte, Fahrzeuge und Treibstoff wurden eingeladen. Schließlich gingen auch die Gebirgsjäger an Bord. Die beiden Leichten Schiffsstaffeln waren auslaufbereit, die Weichen zu einer grausigen Odyssee waren gestellt.

Der Angriff auf Kreta, der an sich für Mitte Mai vorgesehen war, mußte indessen wegen Betriebsstoff-Mangels auf den 18. Mai und schließlich auf den 20. Mai verschoben werden.

Am 19. Mai abends waren alle Vorbereitungen für den Angriff auf Kreta abgeschlossen. Führer und Truppe waren sorgfältig in ihre Aufgaben eingewiesen worden und standen auf den Flugplätzen bereit. Das Generalkommando unter General der Flieger Student rechnete mit einem schnellen, durchschlagenden Erfolg. Mit dem VIII. Fliegerkorps unter General von Richthofen war die Unterstützung des Angriffs nach einem detaillierten Zeitplan bis in alle Einzelheiten genau festgelegt worden. Jäger-, Zerstörer- und Sturzkampfverbände warteten auf den Befehl zum Angriff.

Da der vorhandene Lufttransportraum für einen gleichzeitigen Transport aller drei Einsatzgruppen – von denen die Gruppe Mitte zwei Aufträge erhielt – nicht ausreichte, mußte der geplante Angriff in zwei Wellen durchgeführt werden. Während die erste Welle in den frühen Morgenstunden des 20. Mai gegen den Flugplatz Malemes, Chania und die Sudabucht gerichtet war, sollten in der zweiten Welle, deren geplanter Start um 13.00 Uhr erfolgen sollte und bei dem man auf die zurückkehrenden Maschinen der ersten Welle warten mußte, die Flugplätze Rethymnon und Heraklion angegriffen werden.

Die drei Einsatzgruppen waren:

1. Welle:

Fallschirmjäger-Sturmregiment (Generalmajor Meindl):

I. Bataillon, Major Koch: Landung mit Lastenseglern gegen Flakstellungen bei Chania, Sudabucht und Flugplatz Malemes. Erringung der Höhe 107 bei Malemes.

II. Bataillon, Major Stentzler: Sprungeinsatz ostwärts Flugplatz Malemes, westlich von Spilia.

III. Bataillon, Major Scherber: Sprungeinsatz ostwärts Flugplatz Malemes.

IV. Bataillon, Hauptmann Gericke: Sprungeinsatz westlich der Straßenbrücke über den Tavronitis.

Fallschirmjäger-Regiment 3 (Oberst Heidrich).

I. Bataillon, Hauptmann Freiherr von der Heydte: Sprungeinsatz auf der Ebene am Zuchthaus Agya. Raum Straße Chania–Suda.

II. Bataillon, Major Derpa: Sprungeinsatz ostwärts des Zuchthauses Agya. Wegnahme der Höhen von Galatas.

III. Bataillon, Major Heilmann: Sprungeinsatz als Vorhut des Regimentes im Raume Galatas–Daratsos–Straße Alikianou–Chania.

Fallschirm-Pionier-Bataillon, Major Liebach: (ohne 3. Kompanie) Sprungeinsatz nördlich des Raumes Alikianou.

2. Welle:

Fallschirmjäger-Regiment 2 (Oberst Sturm).

I. (verstärktes) Bataillon, Major Kroh: Sprungeinsatz Flugplatz Rethymnon.

II. Bataillon (hier nicht eingesetzt).

III. (verstärktes) Bataillon, Hauptmann Wiedemann: Sprungeinsatz zwischen Flugplatz und Stadt Rethymnon.

Fallschirmjäger-Regiment 1 (Oberst Bräuer):

I. Bataillon, Major Walther: Sprungeinsatz bei Gournes, ostwärts Stadt und Flugplatz Heraklion.

II. Bataillon, Hauptmann Burckhardt: Sprungeinsatz ostwärts Stadt Heraklion.

III. Bataillon, Major Schulz: Sprungeinsatz Stadt Heraklion.

II. Bataillon/Fallschirmjäger-Regiment 2, Major Schirmer: Sprungeinsatz Heraklion, als Eingreifreserve.

Alles war bereit. Der Angriff auf Kreta konnte beginnen.

Sturmangriff aus der Luft – Die Hölle von Malemes

»Kameraden«, begrüßte Oberleutnant von Plessen, Chef der 3. Kompanie des Fallschirmjäger-Sturmregiments, am Abend dieses entscheidenden 19. Mai 1941 die um ihn versammelten Zug- und Gruppenführer seiner Kompanie, »wir gehen jetzt noch einmal den Auftrag durch: Unsere Einsatzstärke beträgt drei Offiziere, 27 Unteroffiziere und 77 Mann. Der Rest unseres Haufens ist Oberleutnant Osius für die Reserve-Kompanie zugeteilt worden. Uns stehen zwölf Lastensegler zur Verfügung, für jeden Zug also drei. Nun der Auftrag.

Ich selber nehme mit dem Kompaniezug das Wäldchen am Westrand des Flugplatzes Malemes. Der Gegner hat sich darin eingegraben, wie durch Luftaufnahmen festgestellt werden konnte.

Leutnant Musyal geht mit seinem ersten Zug die schwere Flak 800 Meter westlich vom Flugplatz-Westrand an und setzt sie außer Gefecht.

Der zweite Zug, also Sie, Arpke, schaltet die beiden leichten Flak am Nordwest- und Nordrand des Flugplatzes aus. Oberfeldwebel Scheel, sie landen mit Ihrem dritten Zug hart südlich der Südwestecke des Platzes und kämpfen den dort stehenden Feind nieder. Es kommt darauf an, daß wir Flak und Fla-MG schnellstens ausschalten, damit die nachfolgenden Fallschirmeinheiten ungehindert absetzen können.

Nach Durchführung ihres Auftrags setzt sich die Kompanie auf dem Westufer des Flußtales mit Front nach Westen fest und verteidigt gegen angreifenden Gegner. Rechts haben wir Anschluß am Meer, links wird bis einschließlich Ost-West-Straße gehalten. Aufklärung und Verbindungsaufnahme mit dem IV. Bataillon. Die auf dem Westteil des Flugplatzes festgestellten Hindernisse sind von uns zu räumen. – Das wäre alles.«

Am frühen Morgen, die Sonne war noch nicht aufgegangen, verließ Oberjäger Erich Schuster mit seiner Gruppe das Zelt, das am Flugplatzrand von Eleusis aufgestellt war. Aus den anderen Zelten traten die übrigen Gruppen des Zuges Musyal an. Leutnant Musyal meldete Oberleutnant von Plessen. Die übrigen Zugführer taten es ihm nach. Dann kam der Befehl: »An die Maschinen!«

Hintereinander marschierten die Gruppen zu ihren Seglern. Diese zwölf Segler bildeten innerhalb des Bataillonsverbandes die dritte bis siebte Kette.

Die Ju 52 starteten, und hinter ihnen holperten die Segler über den Platz, hoben ab, warfen die Räder ab und stiegen schräg in den Morgenhimmel empor. Die Maschinen gingen auf Südkurs, das I. Bataillon des Fallschirmjäger-Sturmregiments war unterwegs nach Kreta. Links tasteten sich die ersten Strahlen der Sonne durch die winzigen Fenster. Der Verband stieg weiter, um die richtige Ausklinkhöhe zu erreichen. Rotes Licht flutete mit einem Male durch die Gleiterfenster, und dann stimmte einer, möglicherweise davon inspiriert, *ihr* Lied an:

»Rot scheint die Sonne, fertiggemacht!
Wer weiß, ob sie morgen für uns auch noch lacht.
Werft an die Motoren, schiebt Vollgas hinein!
Startet los, flieget an! Heute geht es zum Feind!

An die Maschinen! – An die Maschinen!
Kamerad, da gibt es kein Zurück.
Fern im Osten stehen dunkle Wolken,
Komm mit und zage nicht – komm mit!«

Unter ihnen war die See, links und rechts neben ihnen die Ketten der übrigen Schleppzüge. Es wurde nicht viel gesprochen. Man hätte auch schreien müssen, um sich verständlich zu machen. Staub tanzte im Sonnenlicht. Unter ihnen warf das Meer blitzende Lichtreflexe zurück.

Allmählich wurde es Oberjäger Erich Schuster zu heiß. Seine Gruppe und er steckten in den dicken Springer-Kombinationen. Die Fuß- und Kniebandagen waren festgeschnürt. Schon schnarchte einer. Tatsächlich, dort vor ihm verschlief einer den Anflug nach Kreta. War es Höhn, oder Kellermann? Oder der phlegmatische Schulz?

»Kreta in Sicht!« rief der Lastenseglerführer, ein bekannter Segelflieger.

»Stahlhelme festziehen, alles nachsehen!« befahl Schuster seiner Gruppe. Ein Blick auf die Uhr zeigte dem Gruppenführer, daß es 6.40 Uhr war. Die Schlepp-Ju sackte einmal hart durch. Geschickt ging der Führer des Lastenseglers mit, damit das Schleppseil nicht riß.

»Wie hoch?« signalisierte Schuster dem Piloten.

»2600 Meter!« gab dieser zurück.

»Verdammt, viel zu hoch!«

Ein deutscher Jäger schoß förmlich an ihnen vorbei. Die

Druckwelle warf den Lastensegler wie ein Spielzeug zur Seite. Und dann standen plötzlich graue Wattebäusche neben und vor den anfliegenden Schleppzügen. Die führende und schleppende Ju 52 schüttelte sich. Der Segler machte ihre Bewegungen mit. Durch das Getöse der Ju-52-Motoren hörten die Männer die dünnen Knalle der Geschoßdetonationen.

In diesem Augenblick drehte die eigene Schleppmaschine nach links weg, und gleichzeitig wurde damit das Schleppseil ausgeklinkt. Ein harter Ruck ging durch den Segler, der die Männer nach vorn warf. Dann segelten sie frei in der Luft. Der Lärm verebbte, und nur noch das Rauschen des Windes war zu hören und dazwischen die krachenden Detonationen berstender Flakgranaten.

Vor ihnen sprang ein greller Flammenpilz aus einer der Ju 52 heraus. Sekunden später schmierte auch ein Segler brennend ab, dem im Stürzen beide Flächen wegmontierten. Wie ein Stein fiel er mit seiner Besatzung der kretischen Erde entgegen.

Dann sahen sie bereits die grellen Detonationsblitze der Stukabomben. Unmittelbar vor ihnen hatten die Stukas die Feindstellungen erreicht, bombten sie und zwangen den Gegner dadurch in volle Deckung.

Eine Me 110 flitzte an dem niedergehenden Segler vorbei. Feuerströme stoben aus ihren Bordwaffen, als sie steil herunterdrückte und mit hämmernden MG und Bordkanonen auf die Feindstellungen schoß, aus denen ihnen MG- und Flak-Feuer antworteten.

Drei, vier klatschende Schläge in die Flanke des Seglers zeigten Schuster, daß der Gegner auch bei ihnen Wirkung erzielte. Ein weiterer Lastensegler stürzte steil an ihnen vorbei dem Erdboden entgegen.

Steiler wurde auch der Sturzflug ihres Gleiters. Schnell kam die Erde näher. Felsen hoben sich in die Höhe. Das mußte die Höhe 107 sein, ging es Schuster durch den Kopf. Dann erkannte er schemenhaft im Sturzflug eine Brücke. Das war die Brücke über den Tavronitis. Daneben mußte der Flugplatz sein.

Sie glitten mit zwei anderen Seglern über die Brücke

hinweg. Bäume kamen rasend schnell näher. Dann setzten die mit Stacheldraht umwickelten Kufen des Gleiters auf, griffen hart in Gestein und Bewuchs. Es krachte und knirschte, ein letzter schwerer Stoß, und sie standen.

»Kanzel ab!«

Die Verkleidungen fielen, und hintereinander quollen die Männer der Gruppe Schuster aus dem Segler heraus, der sie sicher nach Kreta hinuntergebracht hatte.

Noch im Laufen hörte Oberjäger Schuster schon die schnatternden Feuerschläge eines englischen Doppellauf-MG und die brüllenden Flakabschüsse rings um den Flugplatz. Dazwischen hämmerten die Feuerstöße der deutschen angreifenden Zerstörer und Jäger. Ein weiterer Segler heulte keine zehn Meter über ihre Köpfe hinweg und setzte knapp dreißig Meter vor ihnen auf. Eine der dünnen Sperrholzkisten platzte wie eine reife Frucht auseinander, als sie gegen Felsen stieß.

Erich Schuster rannte zu dem Segler hinüber, aus dem soeben Oberfeldwebel Arpke gehoben wurde. Sie sahen, daß er nur bewußtlos war. Einer der Männer dieses gegen den Felsen gestoßenen Seglers hielt sich den gebrochenen Arm.

»Ich übernehme den Zug!« rief Erich Schuster. »Sie bleiben bei Oberfeldwebel Arpke!« schärfte er dem Mann mit dem gebrochenen Arm ein, um den sich ein Sanitäter bemühte.

Die Feindflak feuerte wie besessen. Soeben gingen weiter rechts noch zwei Segler der eigenen Kompanie nieder, und auch linkerhand schwebten einige Gleiter der kretischen Erde entgegen.

»Erste Gruppe rechts! – Zweite links, dritte in der Mitte! – Alles mir nach zum Flugplatzrand. Auf die Flakstellungen!«

Mit seiner Gruppe arbeitete sich Erich Schuster an den Nordwestrand des Flugplatzes von Malemes heran. Der Gegner eröffnete das Feuer auf sie. Hinter Schuster stürzte Gefreiter Penzberger tödlich getroffen zu Boden.

Aus ihren Stellungen und Gräben schossen die Engländer auf die sprungweise vorgehenden Fallschirmjäger. Als ein Doppellauf-MG auf die Gruppe Schuster einschwenkte, gingen sie in Deckung. Schuster kroch allein am Rande des

Olivenhains weiter, bis er freies Schußfeld auf die Flak-batterie hatte.

»MG – hierher vorziehen!« rief er, und sein Befehl wurde von Mund zu Mund weitergegeben.

Sie eröffneten das Feuer und gaben den beiden anderen Gruppen Gelegenheit zum geschlossenen Sprung nach vorn. Alle sechs Flak an dieser Stelle des Flugplatzrandes schossen immer noch.

»Oberfeldwebel Arpke kommt, Oberjäger!« rief einer der Männer neben Schuster, der zurückgespäht hatte. Auch Schuster drehte sich um und sah Arpke mit grotesken Sprüngen näherkommen. Er kroch ihm ein Stück entgegen, als Arpke in Deckung gezwungen wurde.

»Westrand des Flugplatzes stark feindbesetzt, Herr Ober-feld!« meldete Schuster dem Zugführer. »Der Gegner hat sich in Gräben und Feldstellungen rings um die Batterie verschanzt.«

»Wir müssen bis zum Flußbett zurückgehen, Schuster. Von dort aus haben wir Möglichkeiten, mit Stoßtrupps von beiden Seiten auf die Flakstellungen anzutreten.«

Ächzend griff sich Arpke ans Knie. Er hatte eine Prellung mit Bluterguß erlitten. Dennoch traf er persönlich alle Vorbe-reitungen und ließ den Zug eine Verteidigungsstellung bil-den und mit Front nach Süden und Osten in Stellung gehen.

»MG und Granatwerfer auf die Feldstellungen der Gegner vor der Flakstellung richten. Stoßgruppe Schuster und Will-rich greifen von links und rechts die Flakstellungen an und räuchern dabei auch die Feldstellungen aus. Alles andere gibt den beiden Stoßtrupps Feuerschutz.«

Oberjäger Schuster führte seine Gruppe, die nun nur noch sechs Mann stark war, an und holte nach Norden aus, ehe er gegen das Geschütz an der rechten Flanke vorging. Sie erreichten ein Steineichengebüsch, krochen hindurch, robb-ten in der Deckung einer Felsenrippe weiter.

»Rabamm! – Rabamm! – Rabamm!«

Unmittelbar vor ihnen hämmerten schwere Granaten in den Grund. Der Gegner schoß offenbar vom Westrand des Flugplatzes Sperrfeuer, weil er erkannt hatte, daß sich hier etwas tat.

Sie krochen weiter und lagen schließlich etwa 30 Meter vor dem ersten Graben der vorgeschobenen Feldstellung.

»Handgranaten!« befahl Schuster und deutete auf das Grabenstück.

Sie schraubten die Kappen ab, rissen die Zünder heraus und schleuderten gleichzeitig ihre Handgranaten in den Graben hinein. Nach dem sechsfachen Detonationsschlag sprangen sie auf und rasten die dreißig Schritte zur Feldstellung des Gegners hinüber. Sie sprangen hinein. Schuster landete auf einem zu Boden gesunkenen Gegner. Er lief geduckt zum Grabenknick und schoß aus seiner MPi auf den hier sichtbar werdenden Gegner. Dann rannten sie weiter, erreichten das erste Geschütz und nahmen es in Besitz. Eihandgranaten des Gegners flogen zu ihnen herüber.

»Feuerschutz geben!« rief Schuster und kroch durch einen schmalen Verbindungsgraben weiter. Als er auf einige Gegner stieß, waren sie zu überrascht, um zu schießen. Sie hoben die Hände und ergaben sich.

Als Sekunden später die ersten eigenen Werfergranaten in die Hauptstellung des Gegners fielen und dort krepierten, riß Schuster seine Gruppe erneut vorwärts. Sie schossen im Laufen. Eine Kugel riß Schuster den Ärmel der Kombination auf. Sie überwanden eine Zwischenstellung und erreichten die 4-cm-Bofors-Flak. Handgranaten beendeten hier den Widerstand. Die Flak verstummte. Die beiden restlichen Flak wurden vom Stoßtrupp Willrich außer Gefecht gesetzt.

Der zweite Zug unter Führung von Oberfeldwebel Arpke und dessen Stellvertreter, Oberjäger Schuster, hatten ihre Aufgabe erfüllt. Sie hielten den Westrand des Flugplatzes besetzt und warteten auf das Auftauchen der Ju 52, die die im Sprungeinsatz landenden Kameraden bringen mußten.

»Da, Oberjäger!« brüllte Kühlkens und deutete zum Himmel empor. Es waren die Ju 52 mit den Kameraden des Sturmregiments. In kurzen Abständen tauchten die Pulks der Ju 52 auf. Sie kamen sehr tief über die Küstenberge hinweg, stießen dann wieder hart herunter, flogen durch das Feuer einer anderen Batterie, und dann stand die Luft plötzlich voller weißer Glocken. Die Fallschirmjäger fielen vom Himmel in eine feuerspeiende Hölle hinunter.

So weit sie sehen konnten, war der Himmel mit diesen Tupfen weiß übersät. Es war ein atemberaubendes, einmaliges Bild, das sich den vorher gelandeten Fallschirmjägern nun bot. Wenig später ging der Befehl von Oberleutnant von Plessen ein, der dem zweiten Zug befahl, sich zusammen mit dem ersten und dem Kompaniezug nach Süden hin auf die Brücke zurückzuziehen.

Da jedoch die Kompanie dann keine Flankendeckung mehr gehabt hätte und außerdem noch vom Nordrand des Flugplatzes her vom Gegner erfaßt worden wäre, blieb der zweite Zug in der befohlenen Stellung. Lediglich Schuster erhielt durch einen vorkommenden Melder einen anderen Auftrag:

»Herr Oberjäger, Sie sollen mit Ihrer Gruppe nach Süden hinuntergehen und versuchen, mit dem ersten Zug und dem Kompaniezug Verbindung aufzunehmen und so den Zusammenhalt innerhalb der Kompanie sicherstellen.«

»Gut, Mesters, sagen Sie Oberfeldwebel Arpke, daß ich sofort losgehe.«

Wieder arbeiteten sich die Männer der Gruppe Schuster im Feuer des Gegners nach Süden vor. Sie benutzten alle natürlichen Deckungen und erreichten nach einer Stunde Feldwebel Ellersiek, der ihnen berichtete, daß Leutnant Musyal unmittelbar nach der Landung knapp zehn Meter vom Segler entfernt einen Unterschenkelschuß erhalten hatte.

»Ich habe die Führung des Zuges übernommen, Erich«, bemerkte Ellersiek. »Oberjäger Schulz führt meine Gruppe.«

»Und was ist mit eurer Flakstellung?«

»War nur eine Scheinstellung der Tommys.«

»Wie sieht es bei den übrigen beiden Zügen unserer Kompanie aus?« forschte Schuster weiter.

Folgendes war mit den übrigen Zügen geschehen: Der Kompaniezug, der unmittelbar hinter dem Zug unter Oberfeldwebel Arpke Kreta erreicht hatte, landete unbeschossen. Die Maschine von Oberleutnant von Plessen ging in der Nähe der Küste zu Bruch, aber die Gruppe unter Feldwebel Galla war hundertprozentig einsatzbereit gelandet. Oberleutnant von Plessen forderte Galla auf, mit ihm und der

Gruppe, die sich um ihn geschart hatte, nach Süden vorzustoßen und die Flakstellung am Südwestende des Flugplatzes in Besitz zu nehmen.

Feldwebel Galla ging sofort los. Die Männer der drei Segler, die hier niedergegangen waren, wurden gesammelt, und als sie alle beisammen waren, erhielten sie schweres Feuer. Oberleutnant von Plessen stürmte mit dem Oberjäger des zweiten Trupps auf die Flakstellung los, die sie unter Feuer genommen hatte. Aber der junge Offizier erreichte sie nicht mehr. Ein Feuerstoß schwenkte schnell auf die Gruppe ein, und im Sprung in die sichere Deckung wurde Oberleutnant von Plessen tödlich getroffen. Als seine Kameraden zu ihm krochen, sahen sie, daß er bereits tot war.

Feldwebel Galla führte weiter. Er erreichte den Südwestrand des Platzes und sah nunmehr die aufblitzenden Abschußflammen der Flak direkt vor sich.

Sie gingen zu Boden, krochen in der Deckung der Büsche auf die feuerspeienden Rohre zu, wurden von den ohrenbetäubenden Abschüssen beinahe taub. Als sie bis auf etwa 150 Meter an das Eckgeschütz herangekommen waren, eröffnete der Gegner auf sie das Feuer. Der Schütze II seines MG wurde getötet. Galla übernahm den Platz selber. Sie schossen sich mit dem Feind-MG herum, brachten es schließlich zum Schweigen und arbeiteten sich weiter vorwärts.

Fünfzig Meter vor der Geschützstellung aber war ihr Weg zu Ende. Wer von hier aus weiterkroch, wurde von einem Schweige-MG, das aus einer überhöhten Stellung nun das Feuer eröffnete, abgeschossen. Der Schütze I des MG wurde als nächster getötet. Galla rollte zur Seite. Er warf sich hinter die Waffe, visierte den Gegner an und jagte einen Feuerstoß in die Richtung, aus der ihm im selben Moment ebenfalls ein Feuerstoß entgegenpeitschte. Galla spürte einen harten Schlag gegen die linke Schulter, der ihn zurückwarf. Er wollte sich gerade wieder hinter seine Waffe rollen, als eine zweite Salve ihn voll traf und zurückschleuderte.

Vom Stoßtrupp Galla blieb an dieser Stelle kein einziger Mann übrig. Alle wurden sie hier vom Gegner erfaßt und niedergeschossen.

Die drei Segler des dritten Zuges kamen nicht geschlossen an. Bereits gegen 6.55 Uhr riß das Schleppseil des Seglers, in dem Oberfeldwebel Scheel hockte. Es gelang dem erfahrenen Gleiterpiloten, auf der Insel Antikreta zu landen. Die DFS 230 ging jedoch auf dem felsigen Boden zu Bruch, die Besatzung erlitt leichte Prellungen, blieb aber einsatzbereit. Unter Führung von Oberfeldwebel Scheel schlug sie sich nach Kreta durch. Sie erreichte am 24. Mai die Kompanie und kämpfte mit ihr bis zum Abschluß weiter.

Die beiden übrigen Segler landeten bei dem Dorf Tavronitis. Das Dorf wurde von ihnen gesäubert. Sie machten 30 Gefangene und stießen anschließend zum Westrand des Flugplatzes vor, wo sie Anschluß an die Kompanie fanden. Eine Gruppe konnte sogar eine der eroberten Flak feuerbereit machen. Sie schossen unmehr damit auf die feindlichen Flakstellungen am Nordwestrand des Flugplatzes Malemes.

Oberarzt Dr. Weizel, der Kompaniearzt, hatte seine Sanitätsdienstgrade auf die einzelnen Segler verteilt, damit beim Ausfall eines Seglers immer noch genügend Sanitätspersonal zur Verfügung stand.

Hinter dem zweiten Zug ging der Oberarzt mit seinen »Sanis« gegen Malemes vor. Lewis-MG und britische MPi forderten den ersten Blutzoll. Zwei Verwundete wurden sofort versorgt. Hinter einer Hecke rief einer der Kameraden nach dem Sanitäter. Dr. Weizel und Obergefreiter Müller waren sofort zur Stelle, sie bargen den Verwundeten im Feuer und versorgten den durch Brustschuß verwundeten Kameraden.

Einer der Sanitätsfeldwebel hatte ein englisches Zelt gefunden und stellte es nun, nachdem der Vorwärtsschwung zum Stehen gekommen war, auf. Die Verwundeten wurden hineingetragen, um sie vor den heißer werdenden Sonnenstrahlen zu schützen.

»Herr Oberarzt, drei Verwundete liegen noch auf dem Flugplatz!« Mit zwei Sanitätssoldaten arbeiteten sich Weizel vor und barg diese drei Männer. Als Dr. Weizel hörte, daß Leutnant Musyal verwundet und Oberleutnant von Plessen gefallen war, übernahm er die Führung der 3. Kompanie. Er ließ sie wieder geschlossen am Westrand des Flugplatzes

Malemes Stellungen beziehen. Durch Stoßtrupps wurde die Stellung nach Norden und Süden erweitert. Der befohlene Anschluß an die Ost-West-Straße wurde kurz darauf ebenfalls hergestellt.

Als sich Erich Schuster mit seiner Gruppe um 10.00 Uhr in diese Stellung einfügte, hielt die 3. Kompanie des Sturmregiments einen Abschnitt vom Südrand des Flugplatzes bis zum Westrand und von dort nach Norden einbiegend, bis hinauf zur Küste.

Eine Stunde darauf unternahm Oberleutnant Trebes mit Teilen der 13. Kompanie und dem Rest des ersten Zuges der Dritten einen Angriff auf ein britisches Zeltlager, das südlich der Straße in einem Olivenhain lag. Dort war der Zug Kahleyß vom Gegner eingeschlossen worden. Das Lager wurde genommen, der Kameradenzug befreit, dreißig Gefangene gemacht.

Als gegen 12.15 Uhr Oberleutnant Dobke vom IV. Bataillon mit 15 Mann Verstärkungen zur Dritten kam und den Nordabschnitt des westlichen Flugplatzrandes übernahm, war die Lage etwas gefestigter. Dobke wollte versuchen, zum Nordrand durchzustoßen und die dort noch immer schießende Feind-Flak zum Schweigen zu bringen.

In dieser Phase des Kampfes, als noch keiner wußte, wie die Landungen und Sprungeinsätze der übrigen Bataillone verlaufen waren, ging eine Nachricht vom IV. Bataillon ein, laut derer ein Stuka-Angriff auf den Nordrand des Flugplatzes und die dort postierte Feind-Batterie erfolgen würde. Daraufhin befahl Dr. Weizel seinem Kameraden Dobke, den geplanten Angriff einzustellen. Aber Oberleutnant Dobke hielt es nicht in seiner Stellung. Gegen 13.00 Uhr ging er mit einigen Männern und acht Gefangenen zum Nordrand des Flugplatzes vor. Hier wurde er offensichtlich von seinen Gefangenen, die er als Parlamentäre mitgenommen und frei hatte laufen lassen, in einen Hinterhalt gelockt und fand dabei den Tod.

Bis um 14.00 Uhr waren die letzten Verwundeten der 3. Kompanie geborgen und versorgt. Die Kompanie grub sich am Westrand des Flugplatzes Malemes ein. Weizel ging anschließend zu Hauptmann Gericke, um sich beim Kommandeur des IV. Bataillons zu melden und neue Weisungen zu erhalten.

Gericke befahl ihm, die erreichten Stellungen zu halten und diese zu sichern. Ein Gegenangriff des Gegners stehe unmittelbar bevor. Weizel deutete auf die prekäre Lage der Kompanie hin und erhielt die Zusicherung, daß er wahrscheinlich 50 Mann der Reserve-Kompanie Osius erhalten werde.

Dr. Weizel war gerade zu den Stellungen der Dritten zurückgekehrt, als der Gegner von der den Flugplatz überragenden Höhe und weiter aus Osten starkes Artilleriefeuer eröffnete. Was war bei den anderen Einsatzgruppen geschehen? Was hatte Oberleutnant Genz erreicht, der in einer ähnlichen Aufgabe hart südlich der kretischen Hauptstadt Chania gesprungen war?

Kampfgruppe Genz greift an

Die Kampfgruppe unter Oberleutnant Genz, die mit einer Einsatzstärke von 90 Mann in neun Lastenseglern am frühen Morgen des 20. Mai auf dem Flugplatz Tanagra, dem Startplatz der 1. Kompanie des Sturmregiments, gestartet war, gehörte mit zur Vorausabteilung, die in Lastenseglern niedergehen und die Flak des Gegners ausschalten sollte. Nach Erfüllung seines Auftrages sollte Genz sich entweder so lange halten, bis das auf Chania angesetzte Fallschirmjäger-Regiment 3 herangekommen war, oder versuchen, sich zur 2. Kompanie des Sturmregiments durchzuschlagen, die im Raum Akrotiri eingesetzt war. Seine Zugführer waren Leutnant Toschka und Leutnant Mahrenbach. Den Kompaniezug führte Oberfeldwebel Kempke.

Noch waren die Schleppzüge dieser Kompanie nicht an die Küste Kretas gelangt, als schon die Feindflak das Feuer eröffnete. Es war geplant, nach dem Anflug über den Westteil der Insel zu fliegen und aus Südosten – überraschend und teilweise aus der Sonne niederstoßend – die Ziele anzusteuern.

Doch anstatt so zu fliegen, steuerten die Schleppflugzeuge

Oben: Der Kanal von Korinth. Unten links: Oberst Sturm, dessen Regiment beim Kanal von Korinth sprang. Unten rechts: Das Fallschirmjäger-Sturmabzeichen

Oben: Lastensegler vor dem Start nach Kreta
Unten: Am 20. 5. 1941 bei Malemes niedergegangener Lastensegler

Oben: Die erste Welle springt über Kreta
Unten: Der Platzrand des Flugplatzes Malemes wird zum Ju 52-Friedhof

Oben: Generalleutnant Student (rechts) auf Kreta mit Generalmajor Ringel, Kommandeur der 5. Gebirgs-Division im Gespräch. Unten: Mit dem Divisionsstab der 5. Gebirgs-Division; links Ringel, 4. von links Student

das hart westlich von Chania gelegene Kap Spatha an. Die Schleppmaschinen flogen nun, durch das Flakfeuer irritiert, immer unruhiger. Einmal explodierte eine Granate dicht beim Segler des Oberleutnants. Genz blickte durch das schmale Fenster und sah, wie die linke Nachbarmaschine abriß, und dann riß sich auch der rechts von ihm fliegende Segler von der Schlepp-Ju 52 los. Die beiden anderen Gruppen mit dem ersten und zweiten Zug waren nicht in Sicht. Dann bemerkte Genz, daß die Schlepp-Jus des Kompanie-Zuges bereits abdrehten und die Segler ausklinkten.

Noch 2200 Meter hoch über Kreta segelte der Kompanie-Zug über die Insel, und die Feindflak schoß sich auf die Gleiter ein. Dazwischen waren die Feuerpfeile der MG-Salven zu erkennen.

Oberleutnant Werner, der den Segler steuerte, in dem Oberleutnant Genz mit seinem Kompanietrupp und den Meldern hockte, blickte sich fragend nach Genz um. Voraus, schräg unter ihnen, gab es wuchtige Detonationen. Das mußten die Stukas sein, die unmittelbar vor ihrem Niedergehen die Insel sturmreif bomben sollten.

Dann erkannte Genz dort, wo eine wuchtige Bombendetonation hochging, die Feind-Batterie. Er tippte den Kameraden auf die Schulter.

»Dort ist es, Werner!« rief er, »runter mit der Kiste!«

Der Oberleutnant faßte sein Ziel auf. Er drückte den Segler in steilen Spiralen hinunter. Sie übersprangen noch einen Olivenhain. Die rechte Fläche des Seglers streifte einen Ast, und schon setzte der Segler auf, schrappte ein paar Meter über den Boden und stand. »Raus, Männer, raus und sammeln!«

Genz sprang ins Freie, nachdem er die Haube des Seglers abgeworfen hatte. Zwei »Tommys« schoben sich heran. Ihre Waffen flogen empor. Der Feuerstoß aus der MPi des Kompanietruppführers streckte sie nieder.

»Mir nach!« rief Genz, und die Gruppe rannte der nächsten Deckung entgegen. Voraus tauchten Gesichter unter flachen Stahlhelmen auf. Die Fallschirmjäger schossen im Laufen, sie schleuderten Handgranaten. Keine hundert Meter weiter seitlich erklang plötzlich das charakteristische MPi-Feuer einer deutschen Waffe.

»Das ist Doktor Stehfen mit der Werfergruppe«, rief einer der Männer.

»Los, weiter, angreifen!«

Sie stürmten vor, vereinigten sich mit der Gruppe Stehfen und erreichten eine günstige Stellung, wo sie in Deckung gingen, um das Herankommen der übrigen Gruppen abzuwarten und sie hier zu sichern.

Die Maschine mit Oberjäger Hahn als Gruppenführer erhielt in der Luft einen Flaktreffer. Im Steilflug steuerte der Pilot den Segler genau auf die Flakbatterie zu. Mitten durch den Feuervorhang stieß die Maschine herunter und landete krachend an einem Rohr des nordwestlichen Geschützes.

»Raus, raus!« brüllte der Oberjäger. Er sprang aus der Maschine. Gewehrschüsse krachten, dann auch Pistolenschüsse. Mitten im Sprung nach vorn wurde Oberjäger Hahn tödlich getroffen. Obergefreiter Holzmann hörte den Todesschrei seines Kameraden. Er schwenkte seitlich aus, entging dem Feuerstoß einer MPi und schleuderte die ersten Handgranaten über die Sandsackumwallung dieser Geschützstellung. Schrittweise arbeitete er sich weiter vor und kämpfte allein die gesamte Geschützbedienung nieder.

Der Zug Toschka aber flog über das vereinbarte Ziel hinaus. Er landete in Chania, mitten in einer Feindansammlung. Der Gegner versuchte, den Zug aufzuhalten, der beinahe geschlossen niedergegangen war. Aber Toschka gelang es, die auf zwei Lkw herangeführten Engländer niederzukämpfen.

An der Spitze seiner Männer erreichte er die Batterie Chania. Sie drangen in die Gräben ein und rangen den Gegner im Nahkampf nieder. Hier erhielt Leutnant Toschka seine schwere Verwundung. Er stürzte zu Boden und fiel auf einige Gegner, die er vorher im Gefecht ausgeschaltet hatte. Gegenseitig verbanden sie sich die Wunden.

Oberleutnant Genz war es inzwischen mit den beiden zusammengerafften Gruppen gelungen, die Batteriestellung zu erreichen. Leutnant Toschka sah, wie sein Kompaniechef, aufrecht stehend, die Vorstöße seiner beiden Gruppen leitete. Er schrie eine Warnung hinüber, obgleich ihm jeder Laut besondere Schmerzen bereitete. Endlich begriff Genz und ließ sich in Deckung fallen. Gerade früh genug, um dem einschwenkenden MG-Feuerstoß zu entgehen. Der Engländer, der keine 50 Meter weit entfernt aus einem Schweige-MG das Feuer eröffnet hatte, wurde mit Handgranaten kampfunfähig gemacht.

»Wir haben die Batterie! – Rundumverteidigung!« befahl Alfred Genz. Und in eben diesem Moment tauchten einige Männer des Zuges Mahrenbach auf und meldeten sich bei Genz.

»Was ist passiert? Wo ist Leutnant Mahrenbach!« forschte der Kompaniechef.

Ja, was war beim Zug Mahrenbach geschehen?

»Dort vorn ist die Kreuzung! – Landen – landen!« rief Leutnant Mahrenbach, als er den Zielpunkt erkannte.

In diesem Augenblick explodierten Granaten rings um die niedergehenden Lastensegler. Ein Splitterregen prasselte in die Segler hinein. Einer dieser Splitter tötete Leutnant Mahrenbach im Bruchteil einer Sekunde. Der stellvertretende Zugführer, Fahnenjunker-Feldwebel Bühl, wurde gleichzeitig schwer am Kopf verwundet. Er erblindete, noch ehe der Segler aufgesetzt hatte. Dann krachte der DFS 230 auf den Boden. Fast alle waren verwundet. Dennoch rannten die Männer zu der vereinbarten Kreuzung. Einander schleppend und stützend versuchten sie, hier ihren Auftrag auszuführen. In einem Haus an der Kreuzung brachten sich die Schwerverwundeten in Sicherheit. Ein einziger Mann der Gruppe war unverwundet geblieben. Er legte sich an der Kreuzung auf die Lauer, um seinen Auftrag auszuführen und den Gegner, der über diese Straße kommen würde, aufzuhalten. Es war der Gefreite Adolf Pfriemberger.

Wenig später sah Pfriemberger vier Lastwagen, dicht bei dicht mit Engländern besetzt, näherkommen. Sie kamen aus Chania und waren als Entsatzgruppe für die Batterie eingesetzt worden. Er wollte abhauen, sich irgendwo verkriechen. Doch dann blieb er und nahm den Kampf einer gegen alle auf.

Mit seiner MPi schoß Pfriemberger in das Führerhaus des an der Spitze fahrenden Lkw hinein und sah, wie der Wagen zur Seite rollte und mit quietschenden Bremsen zum Stehen kam. Die übrigen Wagen kamen nicht mehr vorbei, weil sich der Lkw auch noch quergestellt hatte.

Beiderseits der Straße vorgehend, griffen die Engländer das Haus an, in dem sich Pfriemberger verschanzt hatte. Aber der Gefreite gab nicht auf. Er jagte schnelle Feuerstöße in die Angreifergruppen und zwang sie in Deckung. Dann umrundete er das Haus und tauchte an der anderen Seite auf, auch hier das Feuer eröffnend. Auch die hier vorgehende Gruppe Engländer wurde in volle Deckung gezwungen. Der Gegner, der eine ganze Gruppe Fallschirmjäger bei dem Haus vermutete, zog sich zurück. Ein einziger Mann hatte hier den Auftrag eines ganzen Zuges erfüllt. In unbändigem Vertrauen auf sich und die Kameraden, die ihn sicher nicht im Stich lassen würden, hatte Pfriemberger das unmöglich Erscheinende geschafft. Dadurch rettete er seine Kameraden in der Geschützstellung von Chania.

»Da, Herr Oberleutnant, unsere Jäger!«

Eine knappe Stunde nach der Landung der Vorausgruppen des Sturmregiments tauchten abermals Lastensegler im Schlepp von Ju 52 auf. Sie schwebten ein, wurden ausgeklinkt und stießen auf die Halbinsel Akrotiri herunter.

»Das ist Hauptmann Altmann mit der 2. Kompanie. Das zeigt uns, daß alles nach Plan verläuft, Männer«, munterte Genz seine Fallschirmjäger auf.

Minuten vorher hatten sie bereits die im Sprungeinsatz niedergehenden Einheiten des Fallschirmjäger-Regiments 3 gesehen.

Die Männer um Alfred Genz versuchten, die englischen Flak zu bemannen und klarzumachen. In diesem Augenblick flitzten zwei Me 110 im Tiefflug heran und eröffneten aus ihren Bordwaffen das Feuer auf die Batterie. Als sie eben abgedreht hatten, meldeten die vorgezogenen Sicherungen den Abmarsch von Feindpanzern.

Alfred Genz hatte insgesamt jetzt 34 einsatzbereite Soldaten zur Verfügung. Ein Blick auf die Uhr zeigte ihm, daß es erst 9.00 Uhr war. Sollte er sich zur 2. Kompanie durchschlagen? Das würde aber bedeuten, daß sie durch offenes Berggelände mußten. In diesem Augenblick meldete der Oberjäger hinter dem Funkgerät:

»Herr Oberleutnant, Funkspruch vom Regiment 3: ›Wir kommen nicht durch nach Chania. Schlagt euch zu uns durch!‹«

Dies war der einzige Funkspruch, der aufgefangen wurde. Sekunden später wurde das Tornistergerät von einer Gewehrkugel durchschlagen. Noch immer feuerte der Gegner aus seinen Stellungen auf die Batterie.

»Die Panzer, Herr Oberleutnant! – Sie kommen direkt auf uns zu!« meldete einer der Posten. Nun hieß es handeln.

»Wir schlagen uns durch den Olivenhain in südwestlicher Richtung durch!« befahl Genz. Die Überlebenden bemühten sich um die Verwundeten. Und während das sMG Feuerschutz gab, liefen die übrigen in die angegebene Richtung. Sie erreichten ein Weinfeld und waren vorerst in Sicherheit. Als sie den jenseitigen Rand des Weinfeldes erreichten, rief Genz den Kompanietrupp heran. Als der Oberleutnant ihn einweisen wollte, kam gerade ein Lastwagen aus Richtung Chania angerollt. Genz erkannte das MG auf dem Führerhaus und sah die in Khaki gekleideten Engländer, die dicht bei dicht auf der Ladefläche standen.

»Feuer frei!« befahl er.

Das MG begann in langen Feuerstößen zu schnattern. Karabiner und MPi fielen in das Feuer ein. Der Lkw hielt schlingernd, und die Engländer sprangen hinunter, um in Deckung zu rennen.

»Weiter, ehe sie sich von dem Schock erholt haben!« befahl der Kompaniechef. »Wenn wir genau nach Südwesten gehen, müssen wir das Regiment 3 erreichen.«

Alle Deckungen geschickt ausnutzend, schlichen sich die Männer der Kampfgruppe Genz zurück. Als sie einen lichten Olivenhain erreichten, der knapp 150 Meter hinter der Straße lag, empfing sie Gewehr- und MG-Feuer.

Die Fallschirmjäger verschwanden in den Bewässerungsgräben, welche die Pflanzungen markierten. Genz wurde von einem Jäger darauf aufmerksam gemacht, daß sich das sMG ungedeckt gegenüber dem Gegner befinde. Er sah, wie der Oberjäger mit seinem Schützen II dabei war, sich in diesem deckungslosen Gelände einzugraben.

»Deckung, volle Deckung!« brüllte er ihnen zu und rannte los, als er sah, daß sie ihn nicht verstanden und weitermachten. Aber noch hatte er nicht die Hälfte der Strecke zurückgelegt, als eine MG-Salve die beiden niederstreckte. Als Genz sie erreichte, sah er, daß die beiden Männer tot waren. Er griff nach dem MG und raste, vom Feuer des Feind-MG verfolgt, in Zickzacksprüngen zurück.

Gegnerische Späh- und Stoßtrupps, die in den Hain einzudringen versuchten, wurden abgewiesen. Die hochstehende Sonne brannte erbarmungslos vom kretischen Himmel. Und niemand hatte mehr Tee oder Wasser. Auch die Brotbeutel waren größtenteils verlorengegangen.

»Ein Spähtrupp! Wir müssen Wasser haben, Herr Oberleutnant«, meinte Oberarzt Dr. Stehfen, als es bereits Nachmittag geworden war. »Vor allem unsere Verwundeten müssen Wasser haben.«

»Zwei Freiwillige!« rief Genz.

»Ich, Herr Oberleutnant!« meldete sich Kempke.

»Und ich begleite ihn!« rief Dr. Stehfen sofort.

Die beiden Männer verschwanden. Auf dem Weg zum nächsten Anwesen wurden sie von griechischen Soldaten angefallen, die im Gebüsch gelauert hatten. Kempke tötete einen der Angreifer durch einen Schuß aus der Nullacht. Der zweite wurde von Dr. Stehfen im Handgemenge überwältigt. Aus einem der Häuser der Gehöftgruppe begann ein MG zu schießen. Mit weitem Hechtsprung landeten Kempke und Dr. Stehfen in einem Graben. Sie robbten zur Kompanie zurück.

»Nichts zu machen, Herr Oberleutnant! Hier wimmelt es von Griechen.«

»Wir warten bis Einfall der Dunkelheit, dann werden wir weitersehen!« meinte Genz.

Wie verliefen die Landungen der übrigen Gruppen des Luftlande-Sturmregiments?

Generalmajor Meindl hatte die 1. und 2. Kompanie des Sturmregiments an die Gruppe Mitte abgeben müssen. Das I. Bataillon hatte er mit dem Stab und der 3. und 4. Kompanie gegen die Flakstellungen von Malemes und zur Eroberung des Flugplatzes eingesetzt. Das III. Bataillon, verstärkt durch ein Drittel der 14. Kompanie und die Hälfte der 3. Kompanie des FlaMG-Bataillons unter Oberleutnant Theuerling, bekam den Auftrag zum Sprungeinsatz, der auf 15 Minuten nach dem Einsatz der Lastenseglergruppen terminiert war. Daher sollte die 9. Kompanie unter Hauptmann Witzig hart ostwärts des Flugplatzes zwischen Dorf Malemes und dem Kirchhof am Ostrand des Flugplatzes niedergehen und das I. Bataillon im Kampf um den Flugplatz von Osten her unterstützen.

Die Masse des III. Bataillons hingegen sollte nördlich und ostwärts Malemes abgesetzt werden, mit der Weisung, Malemes selbst zu säubern und den Kampf um den Flugplatz nach Osten hin zu sichern. Danach sollte auf Befehl des Regimentskommandeurs weiter nach Osten vorgestoßen und Verbindung mit der Gruppe Mitte aufgenommen werden.

Die Kampfgruppe des Regimentsstabes mit Teilen des III. Bataillons wiederum sollte unter Führung von Major Braun mit Oberleutnant Schächter und Oberleutnant Trebes mit neun weiteren Lastenseglern mit der gleichen Verzögerung von 15 Minuten (Y-Zeit plus 15) an der großen Brücke hart westlich des Flugplatzes landen und diese Brücke über den Tavronitis in Besitz nehmen, ihre Sprengung verhindern und das I. Bataillon im Angriff gegen die westlich des Flugplatzes stehenden Flakstellungen unterstützen.

Der Regimentsstab und das IV. Bataillon, ohne zwei Drittel der 14. und 16. Kompanie, verstärkt durch einen Sanitätszug und ein Drittel der 3./FlaMG-Bataillon sollten westlich der Brücke im Sprungeinsatz niedergehen und den Regimentsgefechtsstand im Nordzipfel des dortigen Olivenhains einrichten und verteidigen.

Das IV. Bataillon sollte zur Unterstützung des I. Bataillons und der Kampfgruppe Braun gegen den Westrand des Flugplatzes vorgehen.

Die 16. Kompanie unter Oberleutnant Hoefeld sollte 600 Meter südwestlich des Flugplatzes im Flußbett des Tavronitis abspringen und das I. Bataillon im Angriff gegen das britische Zeltlager unterstützen.

Der Absprung des II. Bataillons, das durch ein Drittel der 14. Kompanie verstärkt wurde, sollte fünf Minuten nach der Y-Zeit auf den Höhen ostwärts von Spilia erfolgen. Es sollte die Sicherung nach Westen und die Sicherung der Straße nach Süden übernehmen, sich als Regimentsreserve bereithalten und gegebenenfalls den Angriff gegen den Flugplatz Malemes unterstützen. Danach sollte es nach Osten in Richtung Chania vorprellen, nachdem das Gebiet um Kastelli als feindfrei erkannt worden war.

Ein verstärkter Zug des II. Bataillons unter Führung von Leutnant Mürbe sollte ostwärts Kastelli springen und den dort gemeldeten schwächeren Feind bekämpfen und binden. Bei zu starkem Gegner sollte er sich durch das Gebirge zum Bataillon zurückschlagen.

Wie wurden diese Vorhaben nun in die Tat umgesetzt?

Die 4. Kompanie des Sturmregiments und der mit ihr springende Bataillonsstab landeten an den Hängen der Höhe 107 und erlitten hier hohe Verluste, weil sie in nicht vorher erkannte Stellungen hineinsprangen. Der Gegner auf dem Flugplatz Malemes war bedeutend stärker, als dies durch die Luftaufklärung vorher festgestellt worden war. Er lag nicht in den erkannten Stellungen am Zeltlager, sondern in außerordentlich gut getarnten, mit schweren Drahthindernissen errichteten Stellungen, die in dem schwierigen Gelände erst dann zu erkennen waren, wenn aus ihnen geschossen wurde. Die Waffen des Gegners hatten die entsprechende Wirkung. Das I. Bataillon hatte bereits unmittelbar nach der Landung hohe Verluste. Auch der Bataillonskommandeur, Major Koch, wurde durch Kopfschuß verwundet. Der Auftrag des Bataillons konnte nicht erfüllt werden.

Lediglich die 3. Kompanie konnte – wie vorher dargestellt – am Westrand des Platzes einige Stellungen und Zeltlager freikämpfen. Die Höhe 107 aber, das erklärte Ziel, das von

Oberleutnant Trebes mit Teilen der 13. Kompanie genommen werden sollte, blieb in englischer Hand. Als um 15.00 Uhr bei diesen Teilen des Sturmregiments starkes feindliches Artilleriefeuer einsetzte, mußten sich die 3. Kompanie und die zu ihr durchgeschlagenen Gruppen in den Boden eingraben.

Der hier um 16.45 Uhr erfolgende Angriff der Engländer aus Osten, der von einem mittleren Panzer mit nachfolgender Infanterie geführt wurde, stellte größte Anforderungen an die Kompanie, die von Dr. Weizel geführt wurde. Werfer- und MG-Feuer hielt den Gegner. Der im Flußbett vorrollende Panzer wurde von einer 3,7-cm-Pak zum Stehen gebracht, die Begleitinfanterie durch Werferfeuer abgewiesen. Der Angriff wurde abgeschlagen. Es steht aber fest, daß ein energisch mit vier oder fünf Panzern geführter Gegenangriff die deutschen Stellungen an dieser Stelle zum Einsturz gebracht hätte.

Von 20.00 Uhr bis 24.00 Uhr dieses ersten Angriffstages wurden 21 Verwundete, darunter 15 Schwerverwundete, zum Hauptverbandsplatz nach Tavronitis zurückgebracht. Die Kompanie richtete sich zur Nachtverteidigung ein. An Toten waren 17 Soldaten zu beklagen, darunter Oberleutnant von Plessen.

Während der Nacht griff der Feind nicht an. Die vom IV. Bataillon versprochenen 50 Mann Verstärkung kamen nicht heran, weil Hauptmann Gericke sie nicht verfügbar hatte.

Das III. Bataillon des Sturmregiments wurde mit allen Teilen weit verzettelt. Es landete auseinandergezogen im Raume Malemes–Pyrgos, westlich Platanias, bis hinunter nach Marina (weit südlich Malemes). Dadurch fielen der Bataillonskommandeur mit seinem Stab und der Chef der 10. und 12. Kompanie mit der Masse aller Kompanien sofort aus, da das Bataillon ebenfalls mitten in stark ausgebaute Feindstellungen hineinsprang und sofort schweren Beschuß erhielt.

Lediglich der 9. Kompanie gelang es, sich nach Verwundung ihres Chefs, Hauptmann Witzig, im Verlauf des Tages teilweise zum Regiment durchzuschlagen. Durch dieses falsche Absetzen waren so große Verluste entstanden, daß der Auftrag nicht erfüllt werden konnte.

Die Kampfgruppe Braun erreichte zeitgerecht mit allen neun Lastenseglern die Brücke westlich des Flugplatzes, kämpfte sie von den MG-Nestern frei und nahm mit Teilen der 3. Kompanie Verbindung auf. Danach mußte sie sich wegen des zu starken Beschusses von der Höhe 107 aus am Flußbett und in dem dort befindlichen Olivenhain einigeln. Das gezielte Infanteriefeuer und die Flak auf der Höhe 107 verursachten auch hier starke Verluste. So wurde Major Braun durch Kopfschuß schwer verwundet. Oberleutnant Schächter wurde durch die Bruchlandung seines Lastenseglers schwer verletzt, so daß schließlich Oberleutnant Trebes die Führung der Reste der Kampfgruppe übernahm.

Der Regimentsstab und das IV. Bataillon wurden richtig abgesetzt. Unmittelbar nach Errichtung des Regimentsgefechtsstandes am befohlenen Platz ging diese Gruppe gegen die Brücke und den Westteil des Flugplatzes vor. Von der Höhe 107 aus wurden sie heftig beschossen.

Als er mit rasch zusammengefaßten Teilen des Stabes und des IV. Bataillons die Verbindung zur Kampfgruppe Braun und zum I. Bataillon herstellen wollte, wurde Generalmajor Meindl schwer verwundet. Auf Befehl des Kommandeurs übernahm nun Hauptmann Gericke die Kampfführung in diesem Abschnitt.

Die 16. Kompanie sammelte bei geringem Feindbeschuß auf den befohlenen Höhen und übernahm die Sicherung nach Süden.

Das II. Bataillon wurde ungefähr richtig abgesetzt. Seine 6. Kompanie übernahm die Sicherung nach Westen und Süden am Paß in der Gegend Spilia.

Der Zug Mürbe aber, der viel zu nahe am Dorf Kastelli abgesetzt wurde, erhielt bereits im Niederschweben starkes Feuer von Insurgententruppen und Zivilisten. Er erlitt ein schreckliches Schicksal, denn in pausenlosen Gefechten und durch Schüsse aus dem Hinterhalt wurde er nahezu aufgerieben. Von den 73 Soldaten, die Leutnant Mürbe unterstellt waren, wurden später nur 20, und auch diese fast alle verwundet, aus der Gefangenschaft befreit.

Die Lage beim Regiment stellte sich nun folgendermaßen dar: Hauptmann Gericke leitete den Angriff gegen den Nordteil des Flugplatzes mit Teilen seines IV. Bataillons und dem Rest der 3. Kompanie.

Zur Eroberung der Höhe 107, die mit ihrer Flak den Flugplatz beherrschte, wurden vom Regimentskommandeur, der wieder zu sich gekommen war, Major Stentzler und Hauptmann Gericke persönlich eingewiesen. Eugen Meindl, der als einer der härtesten Fallschirmjäger in die Geschichte dieses Truppenteils eingegangen ist, erklärte ihnen:

»Stentzler, Sie greifen mit Ihrem II. Bataillon rechts vom Bataillon Gericke weit ausholend den Gegner flankierend an. Das IV. Bataillon greift weiterhin frontal beiderseits der Asphaltstraße von Westen her den Flugplatz in Richtung Malemes an.«

Die schweren Waffen des II. Bataillons, die im Verlauf des Nachmittags westlich des Flugplatzes eintrafen, wurden dem IV. Bataillon zur Unterstützung des Angriffs gegen den Nordhang der Höhe 107 unterstellt.

Oberstabsarzt Dr. Neumann, der nach Verwundung von Major Koch das I. Bataillon übernommen hatte, stürmte mit diesem nach Sonnenuntergang den Nordhang der Höhe empor, nachdem die schweren Waffen des IV. Bataillons den Gegner zum Schweigen gebracht hatten. Es gelang Oberstabsarzt Dr. Neumann, die dort stehende Flak-Batterie im Nahkampf in Besitz zu nehmen.

Zur gleichen Zeit war es Major Stentzler mit dem Gros des II. Bataillons gelungen, den Südhang der Höhe 107 zu erstürmen, die dort stehende Flak-Batterie-Besatzung im Handgranatenduell niederzuringen und die Flak ebenfalls in Besitz zu nehmen. Hier ergaben sich vier Offiziere und hundert Soldaten des Gegners. Damit hatten die beiden Bataillone auf den einander gegenüberliegenden Rändern der Höhe Fuß gefaßt, dessen Mittelteil aber immer noch in der Hand des Gegners blieb. In der Mitte verteidigten sich die Engländer verbissen, und auch ihre Flak schoß noch von dort.

In den späten Abendstunden übernahm Major Stentzler

den Kampfauftrag des Regiments in vorderster Linie, während Generalmajor Meindl die Gesamtoperationen leitete.

Auf dem Isthmus bei Megara sah Hauptmann Gericke am frühen Morgen des 20. Mai 1941, als er das große gelbe Beutezelt der Engländer verließ, daß Generalmajor Meindl bereits auf ihn wartete. Mit einem Blick auf die Fliegeruhr vergewisserte er sich, daß es noch Zeit war. Sicher hatte die Unruhe den drahtigen General vorzeitig aus dem Zelt getrieben.

»Ich fliege in Ihrer Maschine, Gericke!« empfing Meindl seinen Bataillonskommandeur. »Sie springen als erster, und ich hüpfe hinterher.«

»An die Maschinen!«

Hauptmann Gericke kletterte in die Ju 52, dicht gefolgt von Generalmajor Meindl und Oberstabsarzt Dr. Neumann, dem Chef der Sanitäts-Abteilung 7. Er sollte in Tavronitis den Truppenverbandsplatz einrichten.

Mit aufbrüllenden Motoren jagten die Ju 52 über den Startplatz. Dichte Staubwolken waberten hinter ihnen empor, so daß die später startenden Maschinen beinahe im Nebel flogen. Die Kampfgruppe war in der Luft. Teil einer Fallschirmjäger-Division, die zum erstenmal in der Kriegsgeschichte eine Insel aus der Luft erobern sollte, erreichte das IV. Bataillon den Absprungraum. Der Absetzer kam endlich zu Wort: »Fertigmachen! – Fertig zum Absprung!«

Dann dröhnte der langgezogene Ton des Boschhorns.

Aus allen Ju 52 sprangen die Fallschirmjäger. Binnen Sekunden war der Himmel an dieser Stelle von Hunderten von Fallschirmen übersät.

Hauptmann Gericke schwebte einem Gerstenfeld entgegen. Über ihm schlug ein Flaktreffer in eine erst halb entladene Ju 52 und ließ sie als brennenden Feuerball in die Tiefe stürzen. Etwas schlug knatternd durch Gerickes Schirm, schneller wurde der Fall, und schon hatte er die Erde erreicht, rollte über die Schulter, wobei er sich den Arm prellte, und sprang auf. Dicht hinter ihm landete Generalmajor Meindl. Sie horchten auf das MG-Feuer. Waren das deutsche MG?

Im Vorgehen stießen sie auf zwei Fallschirmjäger, von denen einer eine Leuchtpistole trug.

»Geben Sie her!« befahl Meindl und schoß damit das vereinbarte Signal. Das MG-Feuer verstummte jedoch nicht.

»Das ist der Tommy. Er hat einige unserer Waffenbehälter erwischt und schießt mit unseren eigenen MG auf uns!« rief einer der Männer. Der Bataillons-Adjutant kam angerannt:

»Bataillon richtig abgesetzt. MG-Kompanie stößt gegen den Westrand des Flugplatzes vor. Die übrigen Teile des Bataillons sind weiter rückwärts niedergegangen.«

»In Richtung auf das Dorf Tavronitis sammeln. Neumann, Sie richten dort Ihr Lazarett ein!« befahl Meindl.

Von der Höhe 107 schossen leichte, mittlere und schwere Feindflak. Von dort oben, das sah Meindl mit einem Blick, beherrschte der Gegner auch die Straße, den Flugplatz und das Flußbett des Tavronitis.

»Wir müssen unter der Brücke durch, dort haben wir wenigstens notdürftigen Schutz.«

Die ersten Fallschirmjäger, die dies versuchten, blieben mit Kopfschüssen liegen. Neuseeländische Scharfschützen hatten ihr Feuer auf die Brücke konzentriert. Aber sie mußten durch, und so sprang Eugen Meindl nun auf, um die Männer durch sein eigenes Beispiel vorzureißen. Er rannte unter die Brücke. Auf einmal ratterte jenseits der Brücke, schräg auf der Höhe, ein MG los. Von einem Brustquerschuß getroffen, stürzte Generalmajor Meindl zu Boden.

»Sanitätstrupp nach vorn. Der Regimentskommandeur ist verwundet! – Alles gibt Feuerschutz!«

Sie schossen in wildem Stakkato auf den Gegner, der in Deckung gehen mußte, während die Sanitäter den Kommandeur bargen, in Deckung brachten und sofort verbanden.

Sie brachten Generalmajor Meindl nach Tavronitis, wo eben die 3. Sanitätskompanie einen Verbandsplatz errichtet hatte. Weitere Verwundete trafen ein. Die Ärzte gingen an die Arbeit. Wenn Eugen Meindl durchkommen sollte, mußte er schnellstens ans Festland geschafft werden. Aber noch befand sich kein einziger Flugplatz in deutscher Hand.

Das IV. Bataillon stellte sich zum Angriff auf den Flugplatz und die Höhe 107 bereit.

Durch den Start der vorhergehenden Gruppe konnte das III. Bataillon des Sturmregiments erst um 7.15 Uhr starten, weil der Flugplatz Megara von dicken Staubwolken überdeckt wurde und keine zehn Meter Bodensicht bestand. Die Platzfeuerwehr versuchte vergebens, den Platz klarzuspritzen.

Aus diesem Grunde konnte das IV. Bataillon nicht in der Luft warten, bis alle Flugzeuge gestartet waren, da dann die Ju 52 für den Rückflug nicht mehr genügend Sprit haben würden.

Mit zwei Stunden Verspätung erreichte diese Kampfgruppe Kreta, und dort wurde sie dazu noch falsch abgesetzt; und zwar in den Raum ostwärts des Flugplatzes und von dort weiter nach Süden bis Mariana und nach Osten bis in den Raum Pyrgos, mitten in ein stark ausgebautes feindliches Stellungssystem hinein.

Das III. Bataillon wurde sofort in heftige Kämpfe verwikkelt. Es gab viele Tote und Verwundete, und Oberleutnant Trebes entschied sich in dieser hoffnungslosen Lage für den Durchbruch zum IV. Bataillon. Das Gros seines Bataillons aber wurde aufgerieben. Fast alle Offiziere, darunter auch der Bataillonskommandeur, fielen.

Im Lande- und Absprungraum der Gruppen Malemes, Chania, Rethymnon und Heraklion griffen alle verfügbaren Verbände des VIII. Fliegerkorps bereits im vorbereitenden Bombenangriff und als Zerstörer- und Jagdschutz in den Kampf ein.

Während die erste Welle des XI. Fliegerkorps planmäßig anflog, wurden von den Fliegerkräften zur unmittelbaren Unterstützung des Absetzens die bekannten Flakstellungen und Truppenlager angegriffen, um die feindliche Abwehr so weit wie möglich auszuschalten und die Widerstandskraft des Gegners in dieser Periode bereits entscheidend zu schwächen.

Das Absetzen selbst wurde durch Jagd- und Zerstörerverbände, die die feindliche Erdabwehr während des Absetzens bekämpften, und durch Angriffe der Kampfverbände wirksam unterstützt.

Wie gut diese Unterstützung war, wie sicher der Schutz durch die Jagd- und Zerstörerverbände, das geht aus der Tatsache hervor, daß von den 502 eingesetzten Ju 52 nur insgesamt sieben Flugzeuge abgeschossen wurden.

Dem XI. Fliegerkorps waren vom VIII. Fliegerkorps folgende Verbände zur Verfügung gestellt worden:

Stab und I. und II./Kampfgeschwader zbV 1
I./Luftlandegeschwader 1 (dem XI. Fliegerkorps zugehörig)
Kampfgruppen zbV 101, 102 und 105
Stab der Kampfgruppe zbV 3
Kampfgruppen zbV 40, 60 und 106
I./Kampfgruppe zbV 172.

Im Einsatzraum Mitte:
Oberst Heidrich springt mit dem II. Bataillon

»Das Regiment hat folgende Einsatzräume erhalten:
I. Bataillon unter Hauptmann von der Heydte: Sprungeinsatz auf der Ebene am Zuchthaus Agya. Raum Straße Chania–Suda.
II. Bataillon unter Hauptmann Derpa: Sprungeinsatz ostwärts des Zuchthauses und Wegnahme der Höhen von Galatas.
III. Bataillon unter Major Heilmann: Sprungeinsatz als Vorhut des Regiments im Raum Galatas–Daratsos–Straße Alikianou–Chania.
Unterstelltes Fallschirm-Pionier-Bataillon unter Major Liebach ohne seine 3. Kompanie: Sprungeinsatz nördlich Alikianou.«
Oberst Richard Heidrich, klein, gedrungen, mit hellen blauen Augen, aus denen eine unbändige Vitalität strahlte, hatte den Kampfauftrag für das Regiment bekanntgegeben. Wenig später, als die Einzelanweisungen durchgegeben worden waren, sagte er:

»Kameraden, ich werde mit dem II. Bataillon springen. Ihnen allen viel Soldatenglück!«

Ludwig Heilmann, soeben zum Major befördert, hatte den

Befehl erhalten, sein Bataillon als Vorhut zu führen und am 20. Mai um 7.00 Uhr im Raum Galatas–Daratsos–Straße Alikianou–Chania zu springen, den Absetzplatz freizukämpfen und später im Rahmen des Regiments den Angriff auf die Sudabucht und die Hauptstadt von Kreta vorzutragen. Hier sein Bericht zu diesem Angriff:

»Kurz vor Morgengrauen startete die 9. Kompanie vom Flugplatz Tanagra und übernahm die Spitze beim Luftmarsch über das Mittelmeer. Dabei befand sich der Bataillonskommandeur. Als sich die erste Staffel der Insel näherte, konnten wir aus den Maschinen deutlich britische Flotteneinheiten erkennen, die vor der Küste lagen. In der Gegend der Absetzplätze stiegen Rauchpilze auf; ein sicheres Zeichen, daß die Stukas den Angriff vorbereiteten. Von Westen erfolgte unser Einflug über die Insel. Die Springer, die in der offenen Tür standen, hörten trotz des Motorengeräusches bereits Gewehrfeuer von unten. Die Höhen bei Galatas kamen in Sicht, und von dorther bellten nun auch die Maschinengewehre. Im nächsten Augenblick sprangen wir.

Gleich mit Betreten kretischen Bodens auf diese neue Art begann der Kampf auf Leben und Tod. Manche Springer fielen den gegnerischen Schützen direkt vor die Gewehrmündungen und die MG-Läufe. Andere blieben in den Olivenbäumen hängen, und einer stürzte durch das Dach eines stehenden Autobusses. Wieder ein anderer verfing sich zwischen Leitungsmasten in den Telefondrähten. Zwischen Weinreben, Agaven und Oliven spielten sich die ersten dramatischen Kämpfe ab. Es knallte und krachte von allen Seiten.

Griechische Soldaten, die dicht an der Straße lagen und ihre Stellungen mit Stacheldraht umzäunt hatten, ergaben sich. Von den Höhen jedoch peitschten gutgezielte Schüsse der Neuseeländer über den Absetzplatz. Einzeln, nur mit Pistole und Handgranaten bewaffnet, arbeiteten sich meine Fallschirmjäger die Hänge empor. Nach einem harten Nahkampf bewegte ich mich sprungweise über das Gefechtsfeld. An einem Hohlweg saß der verwundete Führer des 1. Zuges der 9. Kompanie mit einem ebenfalls verwundeten Neuseeländer. Beide halfen sich beim Verbinden ihrer Wunden.

Dann ereignete sich etwas Unerwartetes. Am ansteigenden Hang standen die Neuseeländer hinter den Bäumen, mit Gewehr bei Fuß. Mit einem Oberjäger schritt ich durch die Linien. Es sah so aus, als wollte sich der Gegner ergeben. Da jedoch außer uns beiden niemand mehr folgte, ergriffen die Neuseeländer die Gelegenheit und eröffneten das Feuer. Wir jagten die Höhe empor, und gerade als die ersten Häuser von Galatas vor uns auftauchten, stürzte der hinter mir laufende Oberjäger getroffen zusammen. Von Galatas her bewegten sich etwa zwanzig Neuseeländer auf mich zu.

Ohne daß einer vom anderen wußte, war auch mein Adjutant rechterhand am Hang emporgestürmt und brachte ein MG durch Handgranatenwurf zum Schweigen. Linkerhand kämpfte sich der Chef der 9. Kompanie an der Spitze seiner Männer vor und blieb schwerverwundet unter einem Olivenbaum liegen.

Eine halbe Stunde war erst seit der Landung vergangen. Der Feindwiderstand schien sich zu versteifen. Da keuchte plötzlich ein Trupp hinter mir den Hohlweg empor. Er hatte ein MG mit, und damit konnten wir in letzter Sekunde das Feuer auf die 20 Neuseeländer eröffnen.

Auf Sprungweite hatte sich diese Gruppe der Stelle genähert, an der ich mit meinem schwerverwundeten Feldwebel lag. Als der erste Gurt durchgeschossen war, waren auch die flachen Stahlhelme der Neuseeländer verschwunden. Jetzt folgten mehr Fallschirmjäger, und planmäßig konnte ich die vorderste Stellung abschirmen. Hundert Meter hinter uns errichtete unser Arzt das erste Verwundetennest.

Der Bataillonsadjutant traf mit 80 Gefangenen bei uns ein. Er meldete sich. Hinter einer Friedhofsmauer blieben die Gefangenen zurück. Noch immer lag der Chef der 9. Kompanie im Feindfeuer und konnte nicht geborgen werden. Beim Versuch, weiter auf Galatas vorzustoßen, erhielten wir auch aus dem Rücken Gewehrfeuer. Einer nach dem anderen wurden meine Männer verwundet.

Zwei Stunden härtesten Kampfes waren vergangen. Unbarmherzig brannte die südliche Sonne auf die Fallschirmjäger herunter, die sich in den Boden eingekrallt hatten. Die Höhe war zwar genommen, aber das Schicksal meiner übrigen Kompanien lag noch im Dunkeln. Es gelang mir, persönlich Verbindung zum Regiment aufzunehmen und die Lage zu melden. Der weitere Angriff auf Galatas wurde besprochen. Ich nahm beim Rückweg einige Verstärkungen mit auf unsere Höhe.

Am Nachmittag begann der Gegner mit Gegenstößen. Mit jeder Stunde wurde die Lage bedrohlicher, und noch immer hatte ich keine Verbindung zu meinen Kompanien 10, 11 und 12. Starke Angriffe brandeten gegen unsere Stellung an. Wir gaben keinen Meter Boden preis. Aber mit der untergehenden Sonne kam die Erschöpfung, und die Lage sah verzweifelt aus. Die Munition wurde bereits knapp. In der vordersten Linie starb der Chef der 9. Kompanie an mehreren schweren Verwundungen. Dann kam die Nacht, und keiner von uns erhoffte sich etwas vom zweiten Tag. Oberst Heidrich befahl uns, die Höhe zu räumen. Er wollte sein Regiment enger beisammen haben. Nur eine Gruppe blieb auf der Höhe zurück und sicherte. Sie wehrte mehrere nächtliche Vorstöße ab und behauptete sich bis zum anderen Morgen.

Der erwartete Feindangriff blieb aus. Dagegen kamen um 10.00 Uhr deutsche Schlachtflieger und griffen die Kastellhöhe mit Bordwaffen an. Nachschub wurde abgeworfen, die Zuversicht stieg.«

Soweit der erste Teil des Berichts von Generalmajor a. D. Heilmann. Hier nun eine Übersicht über den Einsatz und Verbleib seiner übrigen Kompanien.

Die 11. Kompanie war mitten im Gebirge abgesetzt worden, zum I. Bataillon des Regiments vorgestoßen und dort aufgenommen worden. Die 12. Kompanie hingegen erlitt schwere Verluste. Die Springer fielen zum Teil in einen großen Stausee und ertranken. Die 10. Kompanie war bei Daratsos in die feindlichen Stellungen und in ein Truppenlager hineingesprungen. Sie kämpfte aussichtslos. Dennoch gelang es einem Zug dieser Kompanie, in ein umzäuntes

Lager einzudringen und einige Hundert Gefangene zu machen. Als der Zug mit seinen Gefangenen durch die feindlichen Linien zog, wurde er von den Höhen beiderseits seines Marschweges zusammengeschossen.

Eine weitere Tragödie spielte sich kurz nach der Landung an der Straße nach Galatas ab, wo der Chef der 11. Kompanie richtig abgesetzt worden war. Doch wo seine Kompanie abgeblieben war, das erfuhr er nie mehr. Später fand man ihn und die Männer seines Kompanietrupps, die mit ihm gesprungen waren, tot am Straßenrand. Es sah so aus, als seien sie gefangengenommen und dann einfach erschossen worden.

Der Chef der 10. Kompanie wurde bei Daratsos schwer verwundet. Als er wieder aufstehen wollte, erhielt er den zweiten, tödlichen Schuß.

Das war ein schwerer Schlag für das Vorauskommando, das in Gestalt des III. Bataillons den Absprungraum hätte sichern sollen.

Das Bataillon von der Heydte

Das I. Bataillon des Fallschirmjäger-Regiments 3 unter Hauptmann von der Heydte flog im zweiten Pulk der Ju 52 des Transportgeschwaders Heyking. Oberstleutnant a. D. von der Heydte hat die Phase des Absprungs in seinem Werk »Daedalus returned« niedergeschrieben:

»Wir flogen über See. Blau leuchtete das Meer zu uns herauf. Die kretischen Berge ragten vor mir empor. Gleich gigantischen Vögeln schwebten unsere Maschinen direkt auf die Berge zu. Dann schwangen wir uns darüber hinweg, und in diesem Augenblick erklang die Stimme des Piloten:

›Fertigmachen zum Sprung!‹

Mit zwei Schritten war ich an der Tür. Die Luftströmung packte mich. Unter mir erkannte ich das Dorf Alikianou. Ich konnte Menschen in den Straßen erkennen. Die Schatten unserer Maschinen schwebten wie Geisterhände über die sonnenberieselten weißen Häuser hinweg. Im Tal unter mir erglomm ein großer dunkler Spiegel: das Wasserreservoir. Die Maschine wurde langsamer. Der Augenblick war gekommen.

›Springen!‹

Ich stieß mich mit Händen und Füßen ab und warf die Arme weit nach vorn. Der Fallwind packte mich, die Luft röhrte in meinen Ohren, und als ich emporblickte, sah ich, so weit mein Auge reichte, die weißen Schirme meiner Fallschirmjäger. Nur ein Mensch, der schon einmal mit einem Fallschirm abgesprungen ist, kann dieses Gefühl ermessen, das mich bewegte.

Als ich mich umblickte, gab es mir einen Schock. Ich wurde mit zunehmender Geschwindigkeit vom Wind auf das Wasserreservoir zugetrieben. Ich hatte schon vorher an den Tod gedacht, aber an den Tod auf dem Schlachtfeld. Sollte es mein Schicksal sein, hier zu ertrinken? Ich landete schließlich unmittelbar am Rande des Wasserbeckens in einem Feigenbaum.«

Der Kampf um Kreta begann nun auch für das Bataillon von der Heydte. Es stürmte im schnellen Ansprung die Höhen bei Chania. Es waren vor allem die 2. und 3. Kompanie unter ihren bewährten Chefs Oberleutnant Straehler-Pohl und Oberleutnant Knoche, die die sogenannten Burgberge mit beispiellosem Elan erstürmten. Hinzu kam noch der sMG-Zug Ackermann.

Aber bis dahin waren eine Reihe starker Hindernisse zu überwinden. Vor dem riesigen Zuchthauskomplex war ein sMG aufgebaut. Es feuerte und zwang die Männer der schweren Kompanie in Deckung. Unter den beiden Feldwebeln Gabbey und Ackermann wurde gesammelt. Der Bataillonsstab war versammelt, Melder aller vier Kompanien des Bataillons trafen ein. Die Funkverbindung wurde wenig später hergestellt. Hauptmann von der Heydte schrieb gerade einen Angriffsbefehl nieder, als drei Jäger ihm einen gefangengenommenen Griechen brachten, der seine Dienste als Dolmetscher anbot. Er sprach perfekt Deutsch.

Aus der Richtung der Galatashöhen hörten die Männer MG-Feuer, und auch aus der Richtung Chania krachten Salven aus MG und Gewehrschüsse.

»Wir gehen weiter vor!« befahl von der Heydte. Aber bereits nach etwa hundert Metern wurden sie durch MG-Feuer aufgehalten. Durch einen Olivenhain gedeckt, ging es weiter. Die 2. Kompanie voraus wurde der Cladiso überwunden, und dann ging es in wilden Sprüngen durch das Cladisotal aufwärts.

Oberleutnant Knoche kämpfte mit seiner Kompanie noch den Landeraum frei. Dicht neben ihm befand sich die 3. Kompanie. Zwei britische MG wurden auf dem Weg zu einem alleinstehenden Anwesen ausgeschaltet. Als die 1. Kompanie im dichten Feindfeuer festlag, übergab der Bataillonskommandeur die Führung an seinen Adjutanten und arbeitete sich kriechend und springend zur Ersten vor. Er entdeckte zwei MG, welche die 1. Kompanie zwischen der links entlangführenden Straße und dem tiefen Tal des Cladiso festhielten. Der Bataillonskommandeur schickte sofort einen Melder zur Vierten mit dem Befehl, eine Werfergruppe vorzubringen und diese MG-Nester auszuschalten.

Mit dem Chef der schweren Kompanie kroch von der Heydte vor, um die Ziele auszumachen; als sie sich aber zeigten, wurden sie aus dem vor ihnen liegenden Olivenhain beschossen.

Die Verluste mehrten sich. Dann eröffneten beide Werfer das Feuer. Als Antwort darauf schoß die englische Artillerie auf die Fallschirmjäger-Stellungen. Die Artilleriesperre war so dicht, daß das Bataillon von nun an keinen Schritt mehr vorankam.

Um das Feuer der Werfer besser beobachten und die Korrekturwerte geben zu können, stand der Oberjäger am Werfer auf und spähte zu dem Haus hinüber, in dem der Gegner sich eingerichtet hatte.

»Deckung!« schrie von der Heydte ihm zu.

»Aber Herr Hauptmann, so kann ich doch viel besser beobachten«, entgegnete der Oberjäger.

Dicht beim Gegner schlugen die ersten Werfergranaten ein, und nach der vierten Salve war dort niemand mehr zu sehen. In dieser Phase des Kampfes wurde eine Meldung von Mund zu Mund weitergegeben und erreichte auch den Bataillonskommandeur:

»Der Chef der Vierten ist schwer verwundet!«

Wenig später kam eine neue Hiobsmeldung durch. Diesmal galt sie dem Chef der Zweiten, der ebenfalls verwundet worden war. Der Oberjäger meldete Volltreffer auf das feindbesetzte Haus, und dann schlug der Ordonnanzoffizier vor, mit dem III. Bataillon Fühlung aufzunehmen. Hauptmann von der Heydte hatte bereits seit einiger Zeit daran gedacht. Aber ein dichter Wald trennte sie von Galatas und dem dort gesprungenen Kameraden-Bataillon. Wenn er die 1. Kompanie darauf ansetzte, würde sie unter Umständen in einen Hinterhalt geraten und aufgerieben werden. Er wandte sich seinem Melder zu.

»Ich werde hinübergehen!« sagte er.

»Sind Sie verrückt geworden, Herr Hauptmann?« rief Oberleutnant Knoche entsetzt. Zuerst wollte der Bataillonskommandeur auffahren und Knoche zusammenstauchen. Dann aber spürte er, daß der Oberleutnant recht hatte, und bezwang sich. Er blieb, und dieser Einspruch von Wilhelm Knoche rettete ihm wahrscheinlich das Leben.

Plötzlich aber dröhnte und röhrte es vor ihnen. »Panzer von vorn!« rief einer der Männer. Sekunden später rollte ein kleiner Panzer um die Wegebiegung in ihr Gesichtsfeld. Alles Feuer konzentrierte sich auf den Stahlwagen. Bis auf 50 Meter kam er an die vordersten Fallschirmjäger heran, ehe er von einer Panzerbüchse gestoppt wurde, deren Geschoß seine Flanke durchschlug. Eine Explosion dröhnte aus dem Innern des Kampfwagens. Der Panzer ruckte herum, rammte einen Telefonmast und blieb liegen. Erst später, als die Kämpfe hier abflauten, konnten die beiden toten Engländer aus dem Panzer geborgen werden.

Inzwischen war Oberleutnant Hagl mit seinem Zug der 2. Kompanie beim Bataillonskommandeur eingetroffen. Er hatte sich mitten durch die Engländer zum Bataillon durchgeschlagen. Der wuchtige, aus dem Mannschaftsstand hervorgegangene Bayer übernahm nun diesen Verteidigungsabschnitt des Bataillons. Von der Heydte wußte den Abschnitt bei ihm in den besten Händen. Er selbst ging mit dem Ordonnanzoffizier und einem Melder in Richtung Bataillonsgefechtsstand zurück.

Als sie den Gefechtsstand in einer Seitenschlucht des Cladiso erreichten, kam ihnen der Adjutant entgegen. Er meldete, daß der Gefechtsstand einen Volltreffer erhalten habe und daß zwei Mann gefallen seien. Das Funkgerät war bei diesem Treffer ebenfalls beschädigt worden. Oberleutnant Mäckh sei bereits unterwegs, um persönlich Verbindung mit der 1. Kompanie aufzunehmen.

Wenig später meldete der Fernmeldezugführer das Funkgerät wieder einsatzbereit, und von der Heydte erfuhr, daß Oberleutnant Mäckh bereits wieder von der 1. Kompanie auf dem Rückweg zum Bataillonsgefechtsstand sei. Sofort schickte von der Heydte ihm zwei Männer entgegen. Die beiden fanden den Oberleutnant, der als Nachrichtenoffizier des Bataillons fungierte, mit einem Halsschuß bewußtlos unter einem Busch am Rande der Schlucht. Als sie ihn aufheben wollten, sagte Mäckh:

»Laßt mich hier liegen. In meiner Tasche findet ihr eine Meldung für das Bataillon.«

Sie brachten die Meldung zum Gefechtsstand, und Oberleutnant Mäckh wurde zum Verbandsplatz geschafft. Am 25. Mai erlag dieser tapfere Offizier seiner Verwundung. Oberfeldwebel Jeier übernahm die Führung des Funkzuges.

Die eintreffenden Meldungen von den Kompanien zeigten nun an, daß alle an Boden gewonnen hatten. Während ein Stoßtrupp der 1. Kompanie bis ins Dorf Peribolia vorgedrungen war und starke Feindstellungen südwestlich des Ortes meldete, hatte die Dritte eine Höhe mit einer mittelalterlichen Ruine genommen und sich dort festgesetzt. Griechische Truppen, die dieses Hügelland verteidigt hatten, wurden gefangengenommen.

Nur hundert Meter hinter dem Bataillonsgefechtsstand hatte Oberarzt Dr. Petrisch den Verbandsplatz eingerichtet. Der zweite Arzt war mit nach vorn gegangen, um auf dem Gefechtsfeld erste lebensrettende Hilfe leisten zu können.

Als Friedrich-August von der Heydte gegen Mittag dort eintraf, operierte Dr. Petrisch bereits. Zwölf Schwerverwundete warteten auf seine Behandlung. Die leichteren Fälle wurden sofort in das eingerichtete Feldlazarett beim Zuchthaus Agya zurückgeschafft. Der Bataillonskommandeur ging von einem zum anderen und sagte ein paar Worte. Er kam auch zu einem englischen Schwerverwundeten. Als der erfuhr, daß er den Kommandeur der Deutschen vor sich hatte, sagte er: »Sir, der Krieg ist für mich zu Ende. Ich hoffe sehr, daß er dies bald auch für Sie und Ihre Männer ist.«

Am Nachmittag gegen 15.00 Uhr lag der Gegner in tiefgestaffelter Front vor dem Bataillon und verwehrte ihm den Durchbruch in die Ebene von Chania. Aber der Gegner unternahm keinen Gegenangriff mehr. Er verstärkte lediglich das Artilleriefeuer, und dann fielen sogar die Schiffsgeschütze der in der Sudabucht liegenden britischen Kampfgruppe in dieses Feuer ein.

Plötzlich stiegen vor der 2. und 3. Kompanie Leuchtkugeln in die Höhe. Dort griff der Gegner wieder an. Er versuchte, an der Ersten vorbei über den Hang vorzuprellen, an dem sich die Zweite und Dritte eingegraben hatten. Er kam auf Nahkampfweite heran. Im Kampf Mann gegen Mann kam es zu blutigen Zweikämpfen, und die Verluste des Bataillons wuchsen. Aber der Angreifer wurde zurückgeworfen, und am Nachmittag gelang es, mit dem III. Bataillon Verbindung aufzunehmen.

Der Regimentsbefehl für den weiteren Angriff sah vor, daß das III. Bataillon beide Flanken des Weges Alikianou–Chania decken sollte. Das II. Bataillon blieb als bewegliche Reserve beim Regimentsgefechtsstand, der in der Nähe des Zuchthauses eingerichtet war. Dem I. Bataillon wurde befohlen, auf der Höhe rechts vom Cladiso Verteidigungsstellungen vorzubereiten.

Mit Einfall der Dunkelheit hörte im Bereich des I. Bataillons das Feindfeuer auf. Das I. Bataillon des Fallschirmjäger-Regiments 3 hatte den ersten Tag auf Kreta überstanden.

Mit dem II. Bataillon unter Major Derpa war auch Richard Heidrich, der Regimentskommandeur, in der Nähe von Chania gesprungen und landete sicher. Das Bataillon hatte den Auftrag, die Kastellhöhe von Galatas zu nehmen.

Unmittelbar nach der Landung setzte Oberst Heidrich den Angriff an. Er führte ihn zusammen mit Major Derpa. Im Sturm auf die Höhe fiel der Major neben dem Regimentskommandeur im Gewehrfeuer der Verteidiger. Dennoch gelang es den Fallschirmjägern, die Höhe in Besitz zu nehmen. Oberst Heidrich richtete hier seinen Regimentsgefechtsstand ein.

Im Rücken des Regiments 3 sprangen Teile des Fallschirm-Pionier-Bataillons unter Major Liebach im Raum Alikianou, zwischen der von Alikianou nach Chania führenden Straße und dem Flußbett des Jaroanos ab. Das Bataillon – ohne die an die übrigen Gruppen abgegebenen Einheiten – hatte Befehl erhalten, den Rücken des Fallschirmjäger-Regiments 3 zu decken, gegen Alikianou aufzuklären und den Gegner zu binden.

Unmittelbar nach dem Absprung und der Landung stürmte Leutnant Schoemperlen gegen die Brücke bei Alikianou. Er sollte sie nehmen und die Straße sperren. Die Spähtrupps der 1. und 4. Kompanie, der Zug unter Führung von Leutnant Hardt und die Gruppe unter Feldwebel Maluche sicherten den Zug Schoemperlen. Außerdem sicherten sie auch den gesamten Absprungraum der Kompanie gegen Alikianou hin.

In zehn Ju 52 gelangte die 2. Kompanie vom Flugplatz Topolia aus, wo sie erst in der zweiten Staffel gegen 6.20 Uhr starten konnte, gegen 9.00 Uhr ans Ziel und setzte unter starkem Artilleriefeuer ab.

Im Vorgehen auf die Brücke wurde ein Gehöft am Rande angegriffen und in Besitz genommen. Etwa 60 griechische Soldaten und Zivilisten ergaben sich. Mitten in den feindlichen Stellungen an der Straße fiel der an der Spitze seines Zuges vorstürmende Leutnant Schoemperlen durch Kopfschuß, noch ehe die Brücke erreicht war. Auch Oberjäger Schwab, der sich bis auf 50 Meter an die Brücke herangekämpft hatte, wurde durch Schützenfeuer in Deckung gezwungen.

Major Liebach setzte einen Spähtrupp auf Alikianou an. Leutnant Fiedler führte ihn. Er durchstieß Kufos und kam bis auf 200 Meter an Alikianou heran, wo er auf britische Vorposten stieß, die im Handgranatenkampf vertrieben wurden. Das danach einsetzende starke Artilleriefeuer zwang den Spähtrupp zum Ausweichen und zum Rückzug auf den

Bataillonsgefechtsstand. Unterwegs nahmen sie noch Leutnant Heiduschke auf, der mit vier Soldaten der 1. Kompanie falsch abgesetzt worden war und sich freute, nun Anschluß gefunden zu haben.

Major Liebach verstärkte den gegen Mittag zurückkommenden Spähtrupp durch einen MG-Trupp und setzte ihn noch einmal auf Alikianou an. Außerdem ließ er vier Gruppen mit sechs MG auf die Brücke ansetzen. Aber auch dieser Angriff auf die Brücke von Alikianou blieb etwa 150 Meter vor dem Ziel liegen.

Um 12.45 Uhr bat Oberleutnant Tiedjen, der Chef der 2. Kompanie, der vor der Brücke festlag, um einen Stukaangriff auf die Brücke und die feindbesetzten Höhen südlich der Brücke. Major Liebach forderte diesen Angriff an und ließ die beiden Spähtrupps unter Leutnant Bültmann und Leutnant Hardt zurückziehen.

Leutnant Fiedler war inzwischen zum zweiten Spähtrupp in Richtung Kufos–Alikianou aufgebrochen. Bereits vor Kufos bekam er Feindberührung. Sein Vorstoß wurde abgewehrt, aber Fiedler gab nicht auf, er nahm vier Mann und einen Unteroffizier mit einem Flammenwerfer auf, die nordostwärts Kufos lagen, und griff das Dorf abermals an. Diesmal gelang der Einbruch, und in schnellem Lauf stürmten die wenigen Fallschirmjäger noch etwa 300 Meter hinter dem Leutnant her in Richtung Alikianou. Hier wurden sie durch das Feuer versteckter Baumschützen empfangen. Gefreiter Herrmann erhielt einen Kopfschuß. Die Sicherung in Kufos wurde zur gleichen Zeit von Zivilisten, darunter auch Frauen, angegriffen und Unteroffizier Rhode durch einen Schrotschuß verwundet.

Der Spähtrupp mußte nach Norden ausweichen und erreichte gegen 18.30 Uhr wieder den Bataillonsgefechtsstand, wo Fiedler Major Liebach Meldung machte.

Während dieser Zeit waren die 1. und 4. Kompanie des Fallschirm-Pionier-Bataillons in nordostwärtiger Richtung vorgestoßen. Da die Brücke nicht genommen werden konnte, ließ Major Liebach die 2. Kompanie und den unterstellten Panzerjägerzug für die Nacht um den Bataillonsgefechtsstand herum nach Westen, Süden und Osten einigeln. Damit wurde der Auftrag des Bataillons – Sicherung des Regiments-gefechtsstandes – ebenfalls erfüllt.

Noch in der Nacht zum 21. Mai erhielt Major Liebach Weisung, mit seinem Bataillon die Sicherung des Divisions-gefechtsstandes zu übernehmen. Dort herrschte Trauer, denn Generalleutnant Süßmann war gefallen. Am frühen Morgen dieses 20. Mai 1941, der so vielen deutschen Fall-schirmjägern das Leben kostete, war er mit seinem Gefechts-stab in fünf Lastenseglern in Eleusis gestartet, um auf Kreta zu führen. Seine beiden Adjutanten und die zwei Ordon-nanzoffiziere der Division befanden sich bei ihm im Segler.

Nach etwa 20 Minuten Flug – der Verband hatte eben die Insel Ägina erreicht – wurde er von einer einzeln fliegenden He 111 überholt. In dem Augenblick, als die He 111 vor der Kettenführermaschine war, montierten plötzlich (anschei-nend infolge des entstandenen Luftwirbels) die Flächen des von ihr geschleppten Lastenseglers ab. Der Rumpf des Seglers stürzte steil hinunter, das Schleppseil riß, und beim Aufschlag auf die Felsen der Insel Ägina fanden sämtliche Insassen dieses abgestürzten Seglers den Tod. Mit General-leutnant Süßmann fiel auch der Ordonnanzoffizier, Leutnant von Liliencron. Die übrigen Flugzeuge des Divisionsstabes landeten planmäßig im befohlenen Gebiet etwa 600 Meter ostwärts des Stausees. Die Divisionsführung übernahm – unter Beibehaltung der Führung seines Regiments – Oberst Heidrich.

Zwischenbilanz beim XI. Fliegerkorps

Auf dem Korpsgefechtsstand des XI. Fliegerkorps warteten gegen Mittag des 20. Mai alle Soldaten auf die erlösenden Meldungen von der Insel. General der Flieger Student hatte Oberstleutnant Snowadzki noch am Vormittag mit einer Ju 52 nach Malemes geschickt. Snowadzki hatte Auftrag, dort zu landen und das Flugplatzkommando zu bilden, das Start und Landung jener Maschinen koordinieren sollte, mit denen die 5. Gebirgs-Division im Luftlandeeinsatz nach Kreta übergeführt werden sollte.

Generalmajor Schlemm, Chef des Generalstabes des Korps, war ebensowenig über die Lage auf Kreta unterrichtet wie Oberstleutnant Trettner, der Ia Hauptmann Mors, Ic des Fallschirmkorps, hatte keine entscheidenden Feindnachrichten auffangen können. Alles schwebte in bedrückender Ungewißheit, bis endlich Oberstleutnant Snowadzki aus Kreta zurückkehrte. Die Nachrichten, die er von der Insel mitbrachte, waren niederschmetternd. Der Flugplatz von Malemes war nach wie vor in der Hand des Gegners und die flankierende Höhe 107 auch. An die übrigen Flugplätze war nicht zu denken. Keine Maschine konnte ungeschoren in Kreta landen.

Es war Snowadzki gelungen, seine Ju 52 auf dem Rollfeld von Malemes herunterzubringen, aber im Ausrollen hatte er bemerkt, daß der Platz noch feindbesetzt war; er hatte die vom Beschuß beschädigte Ju 52 wieder durchgestartet und war entkommen. Auch seiner Begleitmaschine, mit dem ersten Flugplatzpersonal an Bord, gelang das Durchstarten, und wohlbehalten landeten beide Maschinen wieder in Athen.

Obgleich von den 502 gestarteten Ju 52 nur sieben über Kreta abgeschossen worden waren und die übrigen mit Hochdruck auf den Flugplätzen aufgetankt wurden, um die zweite Welle der Fallschirmjäger so rasch wie möglich auf der Insel zu landen, stand die Sache schlimm. Weder mit der Westgruppe noch mit der Gruppe Mitte konnte der Korpsnachrichtenführer, Oberstleutnant Dr. Weyland, Verbindung erhalten. Die Funker der Stabsfunkstelle riefen alle zwei Minuten, vergeblich.

Dann aber kam die verheerende Nachricht: Die zwischen 9.00 und 10.00 Uhr zurückkehrenden Ju 52 konnten auf den Flugplätzen nur von Hand betankt werden, und das verzögerte den Einsatz der nächsten Welle um Stunden. Aus Fässern mußte der Brennstoff in die Maschinen gepumpt werden. Und die Flugplätze lagen seit Sonnenaufgang in der unbarmherzigen Glut der südlichen Sonne.

Die auf 13.00 Uhr festgesetzte Startzeit der zweiten Welle konnte einfach nicht eingehalten werden. Zudem waren die Fernsprechverbindungen innerhalb der Transportverbände zum Korpsgefechtsstand durch Sabotageakte unbrauchbar gemacht worden.

Die für die zweite Welle vorbereiteten Bombenangriffe jedoch wurden zur vorgegebenen Zeit durchgeführt. Das VIII. Fliegerkorps setzte genau um 15.15 Uhr zum Stukaangriff gegen die erkannten Feindstellungen der dritten und vierten Gruppe an. Auf Rethymnon heulten die Ju 87 mit eingeschalteten Jerichosirenen der Erde entgegen. Gigantische Bombendetonationen sprangen gen Himmel und schienen nach den steil wieder emporziehenden Stukas greifen zu wollen. Dann fielen die Bomben auch in Heraklion, dem vierten Zielgebiet. Der Gegner stand unter dem fürchterlichen Schock dieses Bombardementes, doch die Fallschirmjäger, die unter Ausnutzung dieses Schocks springen sollten, um diese Kampfräume zu nehmen und die beiden Flugplätze in die Hand zu bekommen, waren nicht zur Stelle. Die Schockwirkung verpuffte wirkungslos.

Unmittelbar vor dem Angriff der Stukas und Kampfflieger war der erste Funkspruch aus Kreta im Korps-Hauptquartier eingegangen. Er kam vom Regiment 3. Oberst Heidrich meldete, daß er die Kastellhöhe erobert habe, aber nicht stark genug sei, den befohlenen Sturm auf Chania durchzuführen. Er forderte das Regiment 2 unter Oberst Sturm als Verstärkung an, um so die Hauptstadt, die gleichzeitig die Kommandozentrale des Gegners war, in Besitz nehmen zu können. Doch das Fallschirmjäger-Regiment 2 konnte nicht mehr umdirigiert werden. Es hatte keinerlei Unterlagen über den neuen Einsatzort, und die Flugzeugführer hatten ebenfalls keine Hilfsmittel für die Navigation.

So startete das Regiment 2 am Nachmittag um 15.15 Uhr zum Flug nach Rethymnon. Für diesen Einsatz hatte es nur zwei Bataillone zur Verfügung, da das II. Bataillon, Hauptmann Schirmer, für die Ostgruppe – Heraklion – abgezweigt worden war.

Ziel des Fallschirmjäger-Regiments 2 waren Stadt und Flugplatz Rethymnon. Und zwar sollte das I. Bataillon unter Major Kroh mit unterstellter 2./Fallschirm-MG-Bataillon 7, einem Zug der 2./FlaMG-Bataillon 7 und jeweils einem Zug der 13. und 14. Kompanie des Regiments mit schweren Waffen beiderseits des Flugplatzes Rethymnon springen, den Platz in Besitz nehmen und für die nachfolgenden Truppenlandungen der 5. Gebirgs-Division instand setzen und offenhalten.

Als erste in der Reihenfolge startete die Gruppe Kroh ab 13.30 Uhr vom Flugplatz Megara. Die 4. Kompanie unter Hauptmann Morawetz bildete die Spitze der Kampfgruppe. Ihr folgten die 3. und 1. Kompanie. Den Schluß machte die 2. MG-Kompanie.

»Wir sind an der Spitze, Männer«, sagte Hauptmann Morawetz zu seinen Soldaten, als sie in die Maschinen kletterten. »Wir springen direkt mit dem Bataillonsstab.«

Wenig später waren sie in der Luft und flogen ihrem zweiten Fallschirmjäger-Einsatz in Griechenland entgegen – denn sie waren schon am Kanal von Korinth dabeigewesen.

Dicke Staubwolken wurden von den Propellerwirbeln und den schneller und schneller werdenden Rädern aufgewirbelt, und diese dicken rötlichen Wolken verzögerten den Start der nachfolgenden Kompanien. Doch davon wußten die Männer der Vierten nichts.

Als das Zielgebiet unter ihnen auftauchte und das Boschhorn den Befehl zum Sprung gab, schnellten sie sich aus den Türöffnungen ins Freie, spürten den Schlag des Entfaltungsstoßes und sahen im Niederschweben auch schon die Flammen und Rauchfäden der MG-Salven und die dicken Wattebäusche der Flakgranaten-Detonationen. Bereits in der Luft erlitt die Kompanie die ersten Verluste. Unter denen, die der Tod noch im Sprung ereilte, waren auch Hauptmann Morawetz und sein Adjutant. Der Chef der 4. Kompanie fiel mit sämtlichen Offizieren dieser Einheit, noch ehe sie selbst ins Gefecht hätten treten können.

Feldwebel Brenninger übernahm den Befehl über die

4. Kompanie. »Wir greifen den Flugplatz an!« rief er. Sie sprangen auf, rannten ein paar Dutzend Meter weiter und wurden vom massierten Feuer der Verteidiger in Deckung gezwungen. Weitere Fallschirmjäger schlossen sich dem Angriff an. In kurzen Sprüngen arbeiteten sie sich vor. Unter ihnen auch der Gefreite Erich Lepkowski, der das Geschehen so schilderte:

»Wieder stemmten wir uns hoch und rannten vorwärts. Wir erzielten vielleicht 50 Meter Bodengewinn, ehe uns das erneut einsetzende Feindfeuer wieder in volle Dek-kung zwang. Als wir den Feldwebel wieder aufspringen sahen, rannten wir hinterher. Ein MG schoß, das wir vorher nicht bemerkt hatten. Ich sah den flammenden Speer der Leuchtspur und wollte einen Haken schlagen. Doch bevor ich aus dem Gefahrenbereich herausgekommen war, spürte ich einen harten Schlag gegen den linken Unterschenkel und stürzte zu Boden. Ich versuchte, das Bein zu belasten. Wider Erwarten ging es. Schreie erklangen links und rechts von mir:

›Sanitäter! – Sanitäter!‹

Und auf einmal hörte ich noch andere Laute: ›Hands up!‹ Ich sah Tellerstahlhelme. Es waren Australier, die hier auftauchten. Zwei von ihnen hatten mich erreicht und hielten mir ihre MPi unter die Nase. ›Aufstehen!‹ sagte der eine, ich zuckte die Schulter und deutete auf mein Bein. Da faßten mich die beiden unter und brachten mich zurück auf die Weinberghöhe, auf der sie ihren Gefechtsstand hatten. Hier fand ich auch Feldwebel Brenninger wieder. Auch er war verwundet. Der Sanitäter, der sich um ihn gekümmert hatte, kam kurz darauf zu mir herüber.

Helfen Sie erst dem Feldwebel, sagte ich ihm. Der Sani zuckte bedauernd die Schulter.

›Sorry!‹ sagte er. ›Der Feldwebel ist tot.‹

Er sah sich mein Bein an und erklärte mir, daß ich einen Steckschuß erwischt hätte. ›Wir schneiden das Ding her-aus, und du nimmst es als Souvenir mit!‹ radebrechte er. ›In die Gefangenschaft geht ihr!‹ erwiderte ich, auch wenn ich nicht davon überzeugt war. Der Sani blickte mich einige Sekunden fragend an.

›Ihr Sauhunde!‹ sagte er, und in seiner Stimme lag so etwas wie widerwillige Anerkennung. ›Ihr macht die tollsten Sachen, aber wir werden euch allesamt ins Meer schmeißen!‹

›Abwarten‹, entgegnete ich, ›vielleicht geht ihr baden. Ich hoffe, du kannst schwimmen.‹

Der Sani lachte und sagte es seinen Kameraden, und auch sie grinsten amüsiert.«

Was war weiter in diesem Bereich geschehen?

Die der 4. Kompanie folgende Dritte wurde etwa sieben Kilometer ostwärts ihres Zielgebietes abgesetzt. Sie ging westlich der Höhe 217 im Felsgebiet nieder und hatte viele Sprungverletzte.

Die 1. Kompanie sprang dicht bei der Vierten in der Nähe des Flugplatzes. Als sie mit dem Rest der Vierten zum Flugplatz durchstoßen wollte, erhielt auch sie starkes Feindfeuer und hatte schwere Verluste. Noch ehe die Erste ihre abgeworfenen Waffenbehälter erreichte, war sie schon angeschlagen. Dennoch griff sie weiter an. Vor dem Weinberg, der auch den Teilen der Vierten zum Verhängnis geworden war, nur 600 Meter vor dem Flugplatz, blieb sie liegen.

Mit der 3. Kompanie waren der Stab und mit ihm auch Major Kroh gesprungen. Die Kompanie ging weit ostwärts des Absprunggebietes nieder. Sofort sammelte Major Kroh die 3. Kompanie unter Oberleutnant von Roon und die im Raum der Ölfabrik gelandete 2./FschMG-Bataillon 7 und ging damit in Richtung Flugplatz vor. Bis 17.30 Uhr erreichte diese Gruppe die Straße, die 400 Meter ostwärts am Weinberg vorbeiführte. Die glühende Hitze setzte den Männern hart zu. Aber Oberleutnant von Roon trieb seine Männer immer wieder zur Eile an. Er wollte das gesteckte Tagesziel unter allen Umständen erreichen, und das war der Flugplatz, der für die Nachlandungen der Gebirgsjäger benötigt wurde.

Mit Unterstützung einiger Granatwerfer gelang es von Roon gegen 18.00 Uhr, den Nordhang des Weinbergs zu erstürmen und sich dort festzusetzen. Eine halbe Stunde vorher hatte Major Kroh dem Chef der 2./FschMG-Bataillon 7 den Befehl gegeben, im gemeinsamen Angriff mit den in

Oben: General Student bereit zur Fahrt im Seitenwagenkrad
Unten: Die Gebirgsjäger auf dem Vormarsch

Oben: Zeltlager in den kretischen Bergen
Unten: Waffenbehälter sind geborgen worden

Oben: Chania nach der Erstürmung
Unten: Oberst Ramcke zeichnet in Chania Fallschirmjäger aus

*Links: Bei Dr. Lange-
meyer in Heraklion,
Medikamentenbehälter
geborgen*

*Unten: Chania am
26. Mai 1941: ein
Trümmerhaufen*

einem Olivenhain südlich der Weinberghöhe festliegenden Teilen der 1. und 4. Kompanie diesen Berg zu nehmen.

Genau 90 Minuten später wurde der Angriff gestartet. Oberleutnant von Roon erreichte als erster die Höhe, und der Gegner wurde im gemeinsamen Angriff zurückgeworfen. Um 19.30 Uhr war die gesamte Weinberghöhe in deutscher Hand. Die Gefangenen der Neuseeländer, unter ihnen auch Gefreiter Lepkowski, wurden wieder befreit. Sie konnten ihnen sagen, daß hier auf der Höhe Teile der 19. australischen Brigade unter Colonel-Lieutenant Campbell verteidigt hatten.

Mit einfallender Dunkelheit griff die Kampfgruppe von Roon, unterstützt vom Feuer einer erbeuteten leichten Flak, noch einmal in Richtung Flugplatz an. Die Kampfgruppe erreichte den Flugplatzrand und stieß im verbissenen Gefecht bis zur Platzmitte vor, bevor das Feuer der am südlichen Platzrand in gutgetarnten Höhenstellungen liegenden Gegner sie in volle Deckung zwang.

Bis zu diesem Zeitpunkt, da Major Kroh seine Kampfgruppe sammelte, hatte sie bereits 400 Männer an Toten, Verwundeten und Vermißten verloren. Dabei hatte sie nicht einmal einen vollen Erfolg errungen, denn der Flugplatz war noch in gegnerischer Hand. Ob sie es schaffen würden, ihn zu besetzen und für die Nachlandungen zu sichern, würde der kommende Tag zeigen.

Die Gruppe Wiedemann, das III. Bataillon des FJR 2 mit den unterstellten Einheiten der 1./FschMG-Bataillon 7, 2./FschArt-Abteilung 7 und 2./FschFla-Bataillon 77 als Verstärkung konnte erst ab 14.00 Uhr vom Flugplatz Megara starten. Sie erhielt bereits in der Luft über Kreta starkes Feuer. Der alarmierte Gegner schoß aus allen Rohren und Läufen, als gegen 16.10 Uhr auch hier das Boschhorn ertönte und bis 16.30 Uhr die Fallschirmjäger dieser Gruppe beiderseits der Plataniasbrücke sprangen.

In dem unübersichtlichen Absprunggelände konnte nur ein Teil der abgeworfenen Waffenbehälter gefunden werden. Drei vom Flakfeuer schwergetroffene Ju 52 setzten zur Notlandung an und kamen auch hinunter.

Unmittelbar nach dem Sammeln der Einheiten stieß Hauptmann Wiedemann an der Spitze der 9. Kompanie, die durch Teile der 11. Kompanie und Pak- und Flakzüge nebst einem 10,5-cm-Geschütz der 2./FschArt-Abteilung verstärkt war, nach Rethymnon vor. Es gelang ihr, die griechischen Verteidigungsstellungen ostwärts der Stadt zu durchstoßen und bis zum östlichen Stadtrand vorzudringen. Dort blieb sie im starken Abwehrfeuer liegen. Aus den flankierenden britischen Stellungen, von den südlichen Höhen, die den Raum bis zur Küste beherrschten, schlug Artilleriefeuer in die Kampfgruppe hinein und hielt sie in den Felsendeckungen fest.

Hier trat der Gegner gegen 18.00 Uhr zum Gegenstoß an. Er traf die südliche Flanke des Angriffskeils. Eine Stunde hielt die Kampfgruppe stand, dann mußte Hauptmann Wiedemann den Befehl zum Absetzen geben. Bis 20.00 Uhr erreichte die Kampfgruppe mit allen Verwundeten wieder die Ausgangsstellung und bildete um das Dorf Peribolia herum einen starken Igel zur Abwehr des nachdrängenden Gegners. Als die Nacht einfiel, brandeten die ersten Angriffe gegen den Igel an. Sie wurden abgeschlagen.

Die Gruppe Schulz, die sich aus dem Stab des FschMG-Bataillons 7, dem Regiments-Nachrichtenzug, der 2./FJR 2 und je einem Zug der schweren 13. und 14. Kompanie des Regiments zusammensetzte, war um 13.30 Uhr vom Flugplatz Tanagra aus gestartet. Als die Spitzenmaschinen den Luftraum über Rethymnon erreichten, erhielten sie schweres Flakfeuer. Eine Ju 52 mit Männern der 13. Kompanie stürzte brennend ab. Der Rest sprang um 15.50 Uhr an der richtigen Absetzstelle, dicht westlich des Flugplatzes Rethymnon. Nur die 2. Kompanie wurde durch starkes Feuer am rechtzeitigen Absprung gehindert und war weiter abgesetzt niedergegangen.

Gegen 22.30 Uhr erreichte Major Schulz mit dem Großteil des Bataillonsstabes den Platz des vorgesehenen Regimentsgefechtsstandes. Hier stieß er auf den Adjutanten, der ihm meldete, daß der Regimentsstab falsch und weit auseinandergezogen abgesetzt worden sei. Ein Teil davon war – das stellte sich später heraus – mitten in feindbesetztes Gebiet hineingesprungen und hatte im Schirm hängend schwere Verluste erlitten. Oberst Sturm, der 52jährige Senior der Fallschirmtruppe, wurde vermißt. Als er nach zehntägiger Gefangenschaft befreit wurde, stellte sich heraus, daß er mit nur zehn Mann völlig isoliert von den anderen abgesetzt worden war. Aber erst am Abend des zweiten Tages hatte sich diese kleine Gruppe nach einem mehrstündigen Feuergefecht und nachdem alle Munition verschossen war, dem Gegner ergeben müssen.

Major Schulz übernahm die Regimentsführung. Er ging mit seiner schwachen Kampfgruppe in Richtung Westen vor und erreichte in der Nacht zum 21. Mai die an der Plataniasbrücke kämpfende Gruppe Wiedemann.

Angriff auf Heraklion

Das Fallschirmjäger-Regiment 1 unter Oberst Bruno Bräuer, mit unterstelltem II./FJR 2, 1./FschFlaMG-Bataillon und 2./FschSan-Abteilung 7, hatte den Auftrag, in der zweiten Welle um 15.15 Uhr absetzend, Stadt und Flugplatz Heraklion in Besitz zu nehmen und den Flugplatz für die nachfolgenden Landungen offenzuhalten. Dazu hatte Oberst Bräuer seine Einheiten so eingesetzt:

II. Bataillon, Hauptmann Burckhardt springt mit zugeteilten schweren Waffen über dem Flugplatz Heraklion und nimmt ihn unter Zerstörerschutz in Besitz.

I. Bataillon unter Major Walther nimmt im Sprungeinsatz die feindliche Funkstation bei Gournes, 8 km ostwärts Heraklion, in Besitz und sichert nach Osten.

II. Bataillon (FJR 2) unter Hauptmann Pietzonka wird westlich des III. Bataillons abgesetzt, übernimmt die Sicherung nach Westen und steht als Regimentsreserve in Krisenfällen zur Verfügung.

III. Bataillon unter Major Schulz (nicht zu verwechseln mit Major Schulz vom FJR 2, Rethymnon) springt nahe Heraklion und nimmt die Stadt in Besitz.

Der Erfolg dieses Angriffs hatte das geschlossene Absetzen

aller Verbände über den Zielräumen um 15.15 Uhr unmittelbar nach dem vorbereitenden Bombenangriff *und* den Zerstörerschutz durch das VIII. Fliegerkorps zur Voraussetzung. Diese Voraussetzung wurde nicht erfüllt. Es gelang nicht, die zwischen 9.00 Uhr und 10.00 Uhr zurückkehrenden Ju 52 zur befohlenen Startzeit um 13.00 Uhr wieder einsatzbereit zu machen und pünktlich und geschlossen zu starten. Die Schwierigkeit der Betankung, die Beseitigung von Jus, die mit Brüchen auf der Startbahn liegengeblieben waren, und die ungeheure Staubentwicklung auf den Bahnen verzögerten den Start der einzelnen Gruppen bis zu dreieinhalb Stunden. Da außerdem die Fernsprechverbindungen zwischen den Plätzen unterbrochen waren, war eine umfassende, sofortige Verständigung der Führer über die eingetretenen Verzögerungen und die Festsetzung der neuen Startzeiten nicht möglich. So starteten die Verbände in falscher taktischer Reihenfolge und trafen nicht geschlossen, sondern in Ketten-, höchstens Staffelverbänden zwischen 15.00 Uhr und 18.00 Uhr über den Zielräumen ein. Da aber die Zerstörer aus Reichweitengründen nur bis 16.15 Uhr über den Zielräumen kreisen konnten, mußte die Masse der Kräfte ohne Zerstörerschutz absetzen.

Die Bombenangriffe des VIII. Fliegerkorps hatten den Gegner nicht vernichtet, sondern ihn nur vorübergehend in Deckung gehalten. Darüber hinaus war infolge des Ausfalls von Maschinen beim ersten Einsatz und beim Rückflug die Einsatzstärke des Fallschirmjäger-Regiments 1 um 600 Mann schwächer als vorgesehen.

Der Feind aber war auf die Abwehr eines Fallschirmeinsatzes auch auf Heraklion gut vorbereitet. Unter Ausnutzung des verkarsteten höhlenreichen Geländes hatte er die Umgebung des Flugplatzes und der Stadt Heraklion mit einem tiefgegliederten Stellungssystem umgeben. Er beherrschte die Mulden, die allein für das Absetzen von Fallschirmjägern in Frage kamen, mit frontalem und flankierendem Feuer.

Das II./Fallschirmjäger-Regiment 1, das den Flugplatz im Angriff von zwei Seiten gleichzeitig nehmen sollte, geriet beim Anflug und Absetzen in stärkstes Flak- und MG-Feuer. Mehrere Maschinen stürzten brennend ab. Bei der durch das

Gelände bedingten hohen Absetzhöhe von 200 Metern wurden viele Fallschirmjäger bereits im Niederschweben verwundet oder getötet.

Die Ostgruppe dieses Bataillons, geführt von Hauptmann Burckhardt, kam zu keinem geschlossenen Angriff. Die Führer der 5. und 8. Kompanie, Oberleutnant Herrmann und Oberleutnant Platow, und die übrigen Offiziere rafften alle greifbaren Soldaten zusammen und stürmten gegen die zum Flugplatz hin ansteigende Höhe. Oberleutnant Platow und mehrere andere Offiziere wurden später tot auf der Höhe gefunden.

Oberleutnant Herrmann hatte – noch im Schirm hängend – einen Kopfschuß erhalten, der ihn zeitweise erblinden ließ. Dennoch führte er seine Kompanie weiter. Auf einen Hauptfeldwebel gestützt und von einem Gefreiten an der anderen Seite gehalten, ging er mit vor, bis er zusammenbrach.

Bis zum Einfall der Dunkelheit gelang es Hauptmann Burckhardt, 60 bis 70 Mann seiner Kampfgruppe am Fuß der Höhe 182 zu sammeln.

Die unter Führung von Hauptmann Dunz stehende westliche Kampfgruppe des II. Bataillons, bestehend aus der 6. und 7. Kompanie und der 1./FlaMG-Bataillon 7, sprang am Westrand des Flugplatzes ab und wurde binnen 20 Minuten aufgerieben. Soweit die Soldaten nicht bereits in der Luft durch Flak- und MG-Feuer getötet oder verwundet wurden, erlagen sie einem kurz nach ihrer Landung gegen sie erfolgenden Angriff des Gegners mit mehreren leichten und mittleren Panzern, die in die Stellungen der Fallschirmjäger rollten und alles zerschossen, was Widerstand leistete. Von der 6. Kompanie kamen nur drei Soldaten, von der MG-Kompanie zwei Soldaten zum Regiment durch und brachten die Nachricht von diesem Desaster mit. Von diesem Bataillon fielen zwölf Offiziere und 300 Mann, acht Offiziere und 100 Mann wurden verwundet.

Vom I. Bataillon des FJR 1 wurde lediglich die Dritte im Raum Gournes zeitgerecht abgesetzt. Bataillonsstab, 1. und 2. Kompanie folgten mit dreistündiger Verspätung. Die 4. Kompanie erhielt wegen der fortgeschrittenen Tageszeit auf dem Festland keine Starterlaubnis mehr und wurde später an

anderer Stelle eingesetzt. Das Absetzen erfolgte glücklicherweise ohne Feindberührung. Allerdings wurde die 2. Kompanie, die die Funkstelle Gournes in Besitz nehmen und zu
dem Zweck zwei Kilometer westlich Gournes abgesetzt
werden sollte, fünf Kilometer zu weit nach Osten gelandet.
Sie traf mit großer Verspätung beim Bataillon ein. Das
Bataillon sicherte nach Süden und Osten und nahm die
Funkstelle in Besitz.

Oberst Bräuer, der mit seinem Regimentsstab um 18.40
Uhr im Raum ostwärts Gournes eintraf, entschloß sich sofort,
mit einer Sicherung des I. Bataillons unter Führung von
Oberleutnant Graf Blücher auf den Flugplatz vorzugehen,
den er schon im Besitz des II. Bataillons wähnte. Er erreichte
gegen 23.40 Uhr den Osthang der Flugplatzhöhe und stieß
hier zu seiner eigenen Überraschung auf starken Feind.
Oberleutnant Graf Blücher erreichte in der Nacht mit seinem
Zug der 2. Kompanie kämpfend die Höhe am Ostrand dieses
Platzes. Der Regiments-Gefechtsstand wurde auf der Höhe
nördlich der Straße, zwei Kilometer ostwärts des Flugplatzes, eingerichtet.

Planmäßig setzte das an das FJR 1 abgegebene II. Bataillon
des FJR 2 unter Hauptmann Pietzonka über dem Absprungplatz ab und übernahm, ohne Feindberührung zu bekommen, die Sicherung nach Westen und Süden. Allerdings
waren die 5. und 6. Kompanie dieses Bataillons wegen
Ausfalls von Ju 52 auf dem Festland zurückgeblieben.

In der Nacht versuchte Oberst Bräuer, die weit verspreng-
ten Teile seiner Gesamtgruppe, soweit sie erreichbar waren,
zusammenzufassen, um damit am nächsten Tag den Flugplatz anzugreifen. Folgen wir nun dem Weg des III. Bataillons des Regiments Bräuer unter Major Karl-Lothar Schulz in
den Einsatz.

Der Weg nach Heraklion

»Fertigmachen!« befahl Major Schulz nach einem Blick auf
die Uhr, die ihm zeigte, daß es bereits 16.00 Uhr war. Er stand
in der offenen Tür der Ju 52, und der Fahrtwind beutelte ihn.

Da erklang auch schon das Tuten des Boschhorns. Mit einem weiten Satz schleuderte sich der Major hinaus. Er spürte, wie die Gerätetasche und die Waffen ihn pfeilschnell nach unten zogen. Dann kam der Entfaltungsstoß, und nun schwebte er, gleich den übrigen Soldaten seines Bataillons.

Das zuerst vereinzelt einsetzende Feuer steigerte sich bald zu einem wilden Crescendo. Die Flak schoß im Salventakt. Hinter sich hörte Schulz eine grelle Detonation, mit der eine voll getroffene Ju 52 auseinanderbrach. Er sah eine andere Maschine über sich vorbeifliegen. Sie zog einen langen Feuerschweif hinter sich her.

Zu Hunderten aber standen die weißen Glocken der Fallschirme westlich der Stadt Heraklion am Himmel, schwebten der Erde entgegen und bildeten Ziele, auf die sich die Verteidiger einschießen konnten.

Major Schulz erreichte den Boden, rollte über die Schulter ab, löste sich aus dem Schirm und kroch in ein Maisfeld hinein, das ihm und den anderen hier niedergegangenen Fallschirmjägern Deckung bot. Sie waren keine 100 Meter vor der Stadtmauer niedergegangen, von deren Rändern der Gegner mit Gewehren und MG auf sie schoß.

Kriechend arbeitete sich Major Schulz zurück. Als er ein Weinfeld erreichte, stieß er auf eine englische Kampfgruppe. Ein Feuerstoß aus seiner MPi ließ sie sofort untertauchen. Weiter links fielen zwei deutsche MPi in das Feuer ein. Handgranaten krachten.

Wenige Minuten später hatte Karl-Lothar Schulz seine Männer gesammelt, und nun wußte er auch aus den Meldungen der einzelnen Gruppen, daß sie mitten in eine vor der Stadt liegende große Feindstellung hineingesprungen waren. Oberleutnant von der Schulenburg, der »Graf«, tauchte auf. Hinter ihm eine Gruppe Fallschirmjäger.

»Wie sieht es aus, Schulenburg?«

»Das Bataillon sammelt 400 Meter weiter rückwärts zum Angriff durch die Straßensiedlung, Herr Major.«

»Und die Ausfälle? Sind sie groß?«

»Viele Ausfälle, Herr Major, aber Oberarzt Dr. Langemeyer operiert bereits.«

Sie erreichten die Sammelstelle. Oberleutnant Kerfin wies

hier die noch immer eintreffenden Gruppen ein. Die ersten Waffenbehälter stapelten sich bereits. Auch der Medikamentenbehälter wurde gefunden.

»Wir greifen die Straßensiedlung an. Sie ist Ausgangspunkt zum Angriff auf die Stadt!« befahl Schulz.

Der Angriff ging zügig vorwärts. Im Häuserkampf zeigten sich die Fallschirmjäger dem Gegner überlegen. Englische und griechische Truppen, teilweise auch Zivilisten, schossen aus der Stadt. Die Sanitäter versorgten die Verwundeten und schafften sie zurück. Die schottischen Scharfschützen auf der Mauer schossen nur zu gut. Viele Fallschirmjäger starben, durch Kopfschüsse niedergestreckt. Um Heraklion hatte ein erbitterter Kampf begonnen. Als einer der mitgesprungenen Assistenzärzte eine Straße überqueren wollte, wurde er ebenfalls durch Kopfschuß getötet.

Die Straßensiedlung war fest in der Hand der Fallschirmjäger, aber der weiterführende Angriff auf die Stadt blieb liegen. Als die Hilferufe der Verwundeten durch den Abend gellten, ließ Oberarzt Dr. Langemeyer sich nicht mehr halten. Begleitet von einigen Fallschirmjägern und zwei Sanitätern rannte er nach vorn. Er wurde in Deckung gezwungen, entdeckte aber die Fallschirmjäger-Gruppe, die Verwundete hatte, hinter einer niedrigen Mauer.

»Ihr gebt Feuerschutz!« wandte er sich an seine drei Begleiter.

Als das Feuer einsetzte, raste der Oberarzt tiefgeduckt weiter. Vorn von der Mauer blitzten Abschüsse. Das dort stehende MG wurde von den Feuerschutz gebenden Waffen eingedeckt und verstummte. Gewehrfeuer ertönte. Noch zehn Meter! Er schlug einen Haken, warf sich mit letzter Kraft in einem mächtigen Hechtsprung nach vorn und hatte die niedrige Mauer erreicht.

Es sah hier nicht gut aus, das stellte Dr. Langemeyer sofort fest. Ein Bauchschuß, ein Brustschuß und ein Oberschenkelschuß. Carl Langemeyer spritzte Morphium, um wenigstens die rasenden Schmerzen der Schwerverwundeten zu lindern. Dann verband er die Kameraden mit Hilfe der beiden Sanitäter, die nach ihm durch das Feuer gelaufen waren.

Als die Abenddämmerung einfiel, tauchte Major Schulz

bei dem provisorischen Verbandsplatz auf. »Wie können wir die Schwerverwundeten retten, Langemeyer?« fragte er den Arzt.

»Wir können nur helfen, wenn wir das Hospital in Besitz nehmen und richtig operieren können«, erwiderte der Bataillonsarzt.

»Also in die Stadt hinein. – Ich brauche drei Männer für einen Spähtrupp!«

Drei Sanitätsdienstgrade meldeten sich. Sie drangen bis zum Stadttor vor, das auf der Westseite der Mauer lag und mit Barrikaden gesichert war. Als sie zurückkamen, meldeten sie dem Kommandeur.

Oberarzt Dr. Langemeyer aber war in das Zelt zurückgetreten, in dem auch Oberarzt Dr. Kirsch untergebracht war. Kirsch war durch einen Brustschuß rechts schwer verwundet worden und hatte viel Blut verloren. Aber er würde durchkommen, wenn keine Komplikationen eintraten. Doch wer sollte operieren, wenn Soldaten mit Kieferverwundungen eingeliefert wurden? Kirsch war der Kieferspezialist.

Inzwischen versammelte Major Schulz die Kompaniechefs um sich. »Wir werden durch das Westtor in die Stadt eindringen«, eröffnete er die Besprechung. »Über die Mauer kommen wir nicht hinweg. Wenn wir aber an dieser Stelle« – er zeigte auf seine Karte und deutete dann mit einer Handbewegung die Richtung an – »über die Felsen bis oberhalb des Westtores gelangen, haben wir die Möglichkeit, die in den Wachttürmen steckenden Posten auszuschalten.«

»Dann sollten wir uns teilen, Herr Major. Am Stadttor würden wir uns nur behindern!« schlug von der Schulenburg vor.

»Gut, Schulenburg! Sie übernehmen mit Oberleutnant Becker zusammen die Strandgruppe, umgehen die Stadt und dringen von der Seeseite aus ein. Die Westtorgruppe übernehme ich mit Oberleutnant Kerfin. Die Strandgruppe tritt um 2.30 Uhr an. Die Gruppe am Westtor um 2.45 Uhr. Lassen Sie alles vorbereiten. Es kommt darauf an, schnell und entschlossen zuzuschlagen.«

Es war Nacht geworden in dem verzweifelten blutigen Ringen auf Kreta. Die Lage der Angreifer war mehr als kritisch. Auf seinem Athener Gefechtsstand hatte General der Flieger Student bislang nur Hiobsbotschaften erhalten. Entgegen seinen Vorstellungen und Plänen war es an noch keiner Stelle gelungen, einen der drei vorgesehenen Landungsplätze für die Gebirgsjäger in die Hand zu bekommen.

Die Schlacht um Kreta stand damit auf Messers Schneide. General Student erwog ernsthaft, die Operation abzubrechen. Doch das hätte den Verlust der bereits auf Kreta stehenden 7000 Fallschirmjäger bedeutet. In einer Abendbesprechung rang sich der Kommandierende General des XI. Fallschirmkorps zu einer Entscheidung durch:

»Wir müssen alle noch vorhandenen Reserven zum Angriff auf den Flugplatz Malemes zusammenfassen, um wenigstens einen Platz für die Landungen der Gebirgsjäger in die Hand zu bekommen.«

Die Männer, die ihn im Stabszimmer umstanden, wußten, daß dies die einzige Möglichkeit blieb, sonst würde General Student sie nicht ergriffen haben. Kurt Student aber sagte später zu diesem Entschluß:

»Dieser Entschluß ist mir wahrhaftig nicht leicht geworden. Der wie ein Tennisplatz rot schimmernde Flugplatz von Malemes war klein und von den Engländern nur als Jägerhorst benutzt worden. Das war bekannt. Auf diesem Platz allein ein Luftlandeunternehmen mit 500 schweren Transportmaschinen zu basieren, mit allen nicht vorhersehbaren Zwischenfällen, bedeutete nun, alles auf eine Karte setzen. Aber es blieb mir kein anderer Ausweg. Der eindeutige Schwerpunkt wurde auf Malemes gelegt.«

Die erste Nacht auf kretischem Boden zerrte an den Nerven der Männer. Den 7000 gelandeten Fallschirmjägern, von denen ein Großteil verwundet, vermißt oder tot war, standen 43 000 Gegner gegenüber. Wenn dieser Gegner, der zudem in stark ausgebauten Stellungen saß, in der Nacht unter Einsatz aller verfügbaren Panzer zum Gegenstoß startete, würde er die kleine Schar Fallschirmjäger unweigerlich ins Meer werfen.

Obgleich dem Oberbefehlshaber auf Kreta, General Freyberg, noch am ersten Angriffstag der Angriffsbefehl des Fallschirmjäger-Regiments 3 in die Hände gefallen war, in welchem nicht nur die Aufgaben des Regiments, sondern auch die Operationen der übrigen Wellen und Kampfgruppen in großen Zügen enthalten waren, zog er daraus nicht die notwendigen Konsequenzen.

Das hatte mehrere Gründe. Einer davon war, daß die Drahtverbindungen von seinem Hauptquartier zu den einzelnen Kampfgruppen durch die Bombenangriffe ausgefallen waren und daß zu wenig Funkgeräte als Ersatz zur Verfügung standen. So war sein Hauptquartier über die Lageentwicklung an den entscheidenden Punkten der Insel nicht oder nur notdürftig orientiert. Das führte letztlich auch zum Verlust des für die späteren Landungen so unendlich wichtigen Flugplatzes Malemes.

Sofortige Gegenangriffe – das war die einzige Möglichkeit, den gelandeten Feind, wie stark er auch sein mochte, im Zustand der Schwäche zu treffen und ihn zu werfen. Darüber war sich die britische Führung einig gewesen, und darum waren vorher auch solche Gegenangriffe gegen einen von See und aus der Luft gelandeten Feind geübt worden.

Bei diesen Gegenangriffen sollten die auf der Insel stehenden Panzer eine entscheidende Rolle spielen. Doch als die Fallschirmjäger gelandet waren, schienen diese elementaren Einsichten allesamt vergessen. Zwar kam es zu schnellen Gegenangriffen einiger kleiner und kleinster Einheiten, aber im großen blieben die Verteidiger der Insel dort stehen, wo sie gerade standen. Das geschah natürlich nicht ohne besonderen Grund. Die Feindnachrichtenabteilung hatte erkannt, daß noch längst nicht alle Kräfte auf der Insel standen und daß jederzeit an einer anderen, jetzt noch ruhigen Stelle Fallschirmjäger landen konnten.

Als beispielsweise gegen 10.00 Uhr des 20. Mai der Chef der C/22-Kompanie, die am Flugplatzrand von Malemes in Stellung lag, den Vorstoß der Bataillonsreserve mit allen

Panzern zum Gegenangriff verlangte, wurde dies vom Bataillonskommandeur abgelehnt.

Erst gegen 17.00 Uhr, als sich die Lage der deutschen Fallschirmjäger gefestigt hatte, wurde der Gegenangriff mit zwei Infanteriepanzern und einem zusätzlichen Zug Füsiliere durchgeführt. Die kleine britische Kampfgruppe wurde von den Fallschirmjägern prompt vernichtet.

Dieser Mißerfolg, den er selbst durch das verzettelte Einsetzen seiner Truppe verursacht hatte, veranlaßte den britischen Bataillonskommandeur dazu, sich zurückzuziehen. Damit war es nur noch eine Frage der Zeit, wann Malemes fallen würde.

Auch in der Nacht wurden an allen Stellen auf Kreta nur wenige, örtlich begrenzte Gegenangriffe mit schwachen Kräften geführt. Damit verschenkte die gegnerische Führung die einmalige Chance, die Fallschirmjäger von der Insel wieder zu verjagen.

Starke englische Kräfte aber lagen an der Küste östlich von Malemes, um den erwarteten deutschen Angriff über See zu empfangen und aufzuhalten. Der war an dieser Stelle allerdings gar nicht vorgesehen.

In diesen späten Stunden des 20. Mai 1941 war die Entscheidung auf Kreta bereits gefallen, auch wenn es zunächst gar nicht so aussah und es vielmehr schien, als würde das ganze Unternehmen mit einem gewaltigen Fiasko für die Deutschen enden.

Das Generalkommando des XI. Fliegerkorps hatte am späten Abend des 20. Mai den Eindruck gewonnen, daß der Widerstand des Feindes bedeutend stärker ausgefallen war als erwartet. Da es zu General Students Vorschlag, den Platz von Malemes zu gewinnen, keine Alternative gab, wurde von nun an in Athen alles auf die Unterstützung des Sturmregiments im Raum Malemes abgestellt, damit der Flugplatz freigekämpft werden konnte.

Die Funkverbindung mit den Gruppen Malemes, Chania und Heraklion war jetzt gut. Lediglich mit der Gruppe Rethymnon konnte keine Funkverbindung aufgenommen werden. Die Funkstelle dieser Gruppe war bereits beim

Sprung schwer beschädigt worden, und die zweimaligen Versuche, Ersatzgeräte abzuwerfen, scheiterten. Daraufhin schickte General Student einen Fieseler Storch nach Rethymnon. Es gelang der Maschine, das feindliche Flakfeuer zu durchstoßen und nahe Rethymnon zu landen. Doch die Besatzung geriet bei dem Versuch, sich zur Gruppe Kroh durchzuschlagen, in Gefangenschaft.

Noch in der Nacht ließ Kurt Student Hauptmann Kleye zu sich kommen, einen berühmten Draufgänger seines Stabes. Er beauftragte ihn, in der Morgendämmerung des 21. Mai bei Malemes zu landen, dort persönlich zu erkunden und mit dem Fallschirmjäger-Sturmregiment Fühlung aufzunehmen.

Hauptmann Kleye stimmte sofort begeistert zu. Er bereitete alles auf seinen Alleinflug nach Kreta vor, während im Stabszimmer des XI. Fliegerkorps an den neuen Plänen gearbeitet wurde, die dem Korps die Möglichkeit geben würden, endlich mit den Nachlandungen der 5. Gebirgs-Division auf Kreta beginnen zu können.

Wie aber sah es in dieser Nacht und am 21. Mai 1941 an den übrigen Punkten der Insel aus? Was war mit der Kampfgruppe Genz geschehen? Was erreichte das Sturmregiment an der Höhe 107 und am Flugplatz Malemes? Und wie hatte sich die Situation bei den Regimentern 2 und 3 und nicht zuletzt beim FJR 1 um Heraklion entwickelt?

Dem Sieg entgegen

Einsätze beim Sturmregiment

Die Nacht zum 21. Mai 1941 war eingefallen, als die Überlebenden der Kampfgruppe Genz im Raum Chania durch einen Straßengraben nach Süden krochen. Nach 90 Minuten erreichten sie einen tunnelartig mit Büschen überwucherten Graben, in dem sie wenigstens gebückt gehen konnten. Oberarzt Dr. Stehfen und Oberjäger Kempke gingen als Spähtrupp voran. Sie kamen nach einer Stunde zurück und meldeten, daß im Tal eine größere Ortschaft liege, die aber von Engländern wimmle. Doch diese Ortschaft konnten sie nicht umgehen, weil sich hier das Gebirge zu beiden Seiten dicht aufeinander zuschob.

Noch während sie berieten, wurden sie von einer Gruppe von etwa 30 Zivilisten beschossen. Mit MPi-Salven und Handgranaten wurden die Zivilisten, die heranstürmten, aufgehalten und in die Flucht gejagt.

»Stahlhelme ab!« befahl Genz, und dann marschierten sie hintereinander los. Am Ortseingang stießen sie auf ein Haus, das vom Gegner als Nachrichtenzentrale ausgebaut war. Hier wurden sie angerufen, und als man fragte, wer sie seien, erwiderte Alfred Genz, daß er Captain Miller von der Yorkshire Antiaircraft sei. Während Genz den Mann hinhielt, gingen seine Männer weiter und verschwanden in einem Kornfeld. Dann jagte Genz, von dem Anrufer beschossen, hinterher.

Durch einen schmalen Fluß tasteten sie sich weiter. Als der Fluß eine Biegung beschrieb, verließen sie ihn und stiegen einen Hügel empor, von dessen Spitze die Fallschirmjäger plötzlich Feuer erhielten.

»Stop your fire!« brüllte Genz durch das Krachen der Schüsse und Handgranaten. »We are english troups.«

Das Feuer stockte, und diese kurze Galgenfrist nutzten die Fallschirmjäger, um hügelabwärts zu rennen. Sie erreichten einen Gegenhang, aber auch von dort schlug ihnen MG-

Feuer entgegen. Wieder rief Alfred Genz seine Gegenüber im besten Englisch an, daß hinter ihnen die Deutschen kämen und daß sie selber sie aus der Flanke packen würden.

Sie wichen seitwärts aus, und wenig später lagen die sie verfolgenden Engländer mit ihren eigenen Leuten auf der Höhe im Gefecht. Ein abenteuerlicher, die letzten Kraftreserven kostender Nachtmarsch begann. Es ging durch feindbesetzte Ortschaften, an Zeltlagern vorbei und durch tiefe steinige Schluchten. Als die ersten Männer erschöpft zu Boden sanken, ließ Genz eine zweistündige Rast einlegen.

Am frühen Morgen des 21. Mai, es war bereits hell geworden, wurde Alfred Genz von einem Posten geweckt. Er fuhr auf, und der Posten meldete aufgeregt:

»Herr Oberleutnant, dort drüben sitzen Deutsche!«

Elektrisiert fuhr Alfred Genz hoch. Er spähte durch sein Fernglas in die angegebene Richtung. Tatsächlich, etwa drei Kilometer entfernt auf dem Gegenhang gingen deutsche Fallschirmjäger in Stellung.

»Erkennungssignal schießen!« befahl Genz dem Feldwebel des Kompanietrupps. Wenig später schoß auch auf der anderen Seite das Signal in den Morgenhimmel.

Sie marschierten durch das Tal und kletterten den Gegenhang hinauf. Als sie bei den Männern des hier mit einer Kompanie liegenden Verbandes von der Heydte eintrafen, peitschte aus der Richtung, aus der sie gekommen waren, MG-Feuer. Der Gegner hatte jetzt auch diesen Raum erreicht. Sie waren ihm in letzter Sekunde entkommen. Alfred Genz unterstellte die Reste seiner Kampfgruppe dem I. Bataillon des FJR 3.

Das I. Bataillon des Sturmregiments, das nach der Verwundung von Major Koch von Oberstabsarzt Dr. Neumann geführt wurde, machte sich am frühen Morgen des 21. Mai in seiner Stellung am Nordhang der Höhe 107 zum Angriff auf das Zentrum der Höhe bereit. Danach sollte es den Flugplatz Malemes in Besitz nehmen.

Kurz zuvor war es Hauptmann Kleye im Morgengrauen gelungen, drei Kilometer westlich Malemes am flachen Strand von Spilia zu landen. Er erkundete die Lage, fand sie unverändert und erhielt die Nachricht, daß beim Sturmregiment die Munition knapp zu werden beginne. Er startete erneut und gab in der Luft den Funkspruch durch, daß Munition benötigt werde und daß man auf dem Strandstück von Spilia sicher landen könne.

Wenig später hoben sechs weitere Ju 52 ab, um ebenfalls auf dem Strand zu landen und Munition zu bringen. Sie wurden ohne Feindbeschuß entladen, starteten wieder und kamen heil ans Festland zurück.

Das Bataillon unter Führung von Oberstabsarzt Dr. Neumann stieß mit seinem ersten Angriff mitten in die Absetzbewegungen des Gegners hinein, der auf der Höhe abbaute. Die Männer drängten heftig nach, und es gelang ihnen, die Höhe zu besetzen. Nur noch am Rand in Richtung zum Flugplatz hielt sich der Gegner, und dort stand auch noch eine Flak.

Etwa um die gleiche Zeit, als die Höhe in Besitz genommen wurde, erhielt Hauptmann Gericke folgenden Korpsbefehl:

»Am 21. Mai muß der Flugplatz Malemes unter allen Umständen genommen werden. Angriffsbeginn 15.00 Uhr. Zur Unterstützung dieses Angriffs werden erneut Fallschirmjäger im Rücken des Feindes bei Malemes und Pyrgos abspringen und in den Kampf um den Flugplatz eingreifen. Dem Sturmregiment werden noch zwei Kompanien Fallschirmjäger im Sprung zugeführt. Starke Kampffliegerverbände werden ab 14.00 Uhr den Angriff vorbereiten.«

Wenig später vernahmen die Fallschirmjäger von See her das Feuer schwerer Schiffsgeschütze, das sich binnen weniger Sekunden gewaltig steigerte. Aber dieses Feuer galt nicht den Fallschirmjägern, sondern einer der Leichten Schiffsstaffeln, die von britischen Flottenverbänden beschossen wurde.

Zwei englische Flak auf der Höhe 107 waren noch intakt. Sie wurden von den Fallschirmjägern auf einen der Nebenhügel gerichtet, auf dem der Gegner sich noch hielt und von wo er mit einer Flak-Batterie auf den Flugplatz feuerte, an dessen Rand sich die Männer des IV. Bataillons bereits festgesetzt hatten.

Diese Männer nahmen die Bunker am Platzrand im Nahkampf. Auf einmal, es war bereits gegen Mittag, vernahmen sie alle das Dröhnen von Flugzeugmotoren. Es war eine Ju 52, die aus der Helligkeit auftauchte, über die Berge sprang und dann herunterkam. Über die Kronen der Olivenbäume hinweg flog sie den Platz von Malemes an. Aber noch war der Platz nicht feindfrei. Es wurde geschossen, und englische MG hämmerten los.

Mit einer Korrektur schwenkte die Ju 52 aus dem Feuerbereich heraus, setzte zur Landung an und rollte über den heißen Sand. Fallschirmjäger rannten auf die Maschine zu. Die Luken wurden geöffnet. Munition wurde herausgewuchtet.

»Holt die Schwerverwundeten, wir nehmen sie mit zurück!« befahl Leutnant von Koenitz, der Pilot der Ju 52, der seine Maschine verlassen hatte und zu Hauptmann Gericke hinüberging.

Die Schwerverwundeten, unter ihnen auch Major Koch und Generalmajor Eugen Meindl, wurden eingeladen. Die Maschine startete, sie kam gut frei, stieg höher und höher in den Mittagshimmel hinauf und entschwand den Blicken der Hinterherschauenden.

Auf der Westseite des Flugplatzes von Malemes, wohin die Feind-Flak nicht mehr kam, landeten gegen 14.00 Uhr drei Me 110, die im Tiefflug herankamen. Sie wurden eingewiesen, um die englische Batterie, die immer noch feuerte, aus ihrer Stellung hinauszuschießen.

Die drei Me 110 starteten wieder und flogen die feindbesetzte Höhe an. Aus MG und Bordkanonen eröffneten sie das Feuer, flitzten vorbei, drehten und stoben abermals, mit allen Waffen schießend, über die Stellungen hinweg. Nach dem dritten Angriff war das Feindfeuer verstummt, und wakkelnd flogen die Me 110 zum Festland zurück.

Für die 3. Kompanie des Sturmregiments verging die Nacht in quälender Langsamkeit. Ein englischer Spähtrupp wurde erkannt und beschossen. Würde der Feind angreifen? Das war auch hier die bange Frage. Daß sie in einer kritischen Situation steckten, war allen klargeworden. Gegen 5.00 Uhr kam ein Melder vom Bataillon und brachte den Bereitstellungsbefehl für die Dritte zu 5.30 Uhr. Oberarzt Dr.

Weizel erhielt Weisung, die am Nachmittag landenden Gebirgsjäger einzuweisen.

Die Männer zogen in ihre Stellungen. Gegen 9.00 Uhr
setzte starkes feindliches Artilleriefeuer ein. Die Kompanie
war gruppenweise in Stellung gegangen. Sie erlebte die
einzelnen Landungen der Ju 52 und der Me 110, und als die
Sonne mittags ihren höchsten Punkt erreicht hatte, brannte
sie mit verheerender Wucht auf sie herunter. Es wurde 16.00
Uhr, bevor die ersten Ju 52 über den Bergen auftauchten. Die
britische Flak eröffnete das Sperrfeuer. Aber die Ju 52 stießen
sehr tief fliegend hindurch und schwebten auf dem Platz ein.
Als die beiden von den Fallschirmjägern besetzten Flak das
Feuer einstellten, eröffnete der Gegner sofort sein Feuer auf
den Flugplatz. Dann schossen auch englische Doppellauf-
MG, und die landenden Maschinen wurden von Geschossen
durchsiebt.

Die Männer der Dritten wiesen die aus den Flugzeugen
quellenden Gebirgsjäger ein. Weiter rechts sah Erich Schuster, daß eine Ju 52 in Flammen aufging. Als nächste rollte
eine mit greller Flammenschleppe hinter sich über den Platz.
Als sie ausgerollt hatte, öffneten sich die Türen, und die
Gebirgsjäger, deren Uniformen bereits teilweise brannten,
stürzten hinaus und wälzten sich auf dem Boden, um die
Flammen zu ersticken.

Erich Schuster rannte mit seiner Gruppe zu einigen liegenbleibenden Gebirgsjägern hinüber. Sie erreichten die Verwundeten und schleppten sie zum Platzrand zurück.

Die zweite Kette Ju 52 setzte soeben auf; eine riesige
Staubfahne waberte empor. Ein gerade ausgeladenes Seitenwagen-Kraftrad rollte zwischen den landenden Ju 52 hindurch und erreichte die Stelle, wo eben Gebirgsjäger ihren
verwundeten Bataillonskommandeur bargen. Er wurde in
den Seitenwagen gebettet, und schon hielt die Maschine mit
scharfem Tempo auf den rettenden Platzrand zu.

Erich Schuster eilte mit dem Gefreiten Kellermann zu
einem der zusammenbrechenden Gebirgsjäger. Eine Granate heulte auf sie herunter. Sie warfen sich in Deckung. Der
harte Detonationsschlag schien ihre Trommelfelle sprengen
zu wollen. Sekunden später waren sie schon wieder auf den

Beinen, hasteten weiter und wurden durch einen MG-Feuer-stoß abermals in Deckung gezwungen.

Diesmal war das eigene sMG am Platzrand schneller. Sein Feuerstoß löschte das Leben jener Männer aus, die hinter dem englischen MG versuchten, ihrerseits Leben auszu-löschen, um selbst überleben zu können.

Hinter ihnen explodierte eine Ju 52, und ein riesiger Feuerball wälzte sich förmlich in die Höhe. Dann hatten sie den Bewußtlosen erreicht. Er hatte einen Oberschenkelschuß erhalten. Blut spritzte aus der Wunde. Erich Schuster band die Wunde etwas oberhalb ab. Dann schleppten sie ihn durch das nun doch nachlassende Feuer zum Platzrand zurück.

Wie sie kämpften alle anderen Männer der Dritten um jeden einzelnen Verwundeten. Sie wiesen die Gebirgsjäger in die Deckungen ein, halfen, wo immer sie konnten.

Landende und bereits wieder startende Ju 52 wirbelten einen gelbroten Schleier aus Sand und Staub über diese Stätte der Vernichtung. Bei der Landung sehr weit außen am Platzrand stellte sich plötzlich eine der letzten einschweben-den Ju 52 auf den Kopf und begann zu brennen.

Mit Eisenstangen und Äxten rannten die Fallschirmjäger dem fauchenden und sengenden Atem des Feuers entgegen, hieben die Türen auf, die verklemmt waren, und halfen den Gebirgsjägern heraus. Sie rannten in Deckung. Eben noch zeitig genug, denn Sekunden später barst diese Ju 52 in einer grellroten Flammenrosette auseinander.

Vom Platzrand her tuckerten zwei erbeutete Bulldozer heran. Sie schleppten die in der Start- und Landebahn liegenden Flugzeugwracks zur Seite.

Malemes wurde für die deutschen Gebirgsjäger der ersten Welle zu einem feuerdurchtosten Inferno. Aus dem Himmel wurden sie mitten in die Hölle der Schlacht geworfen. Aber sie waren gekommen, und wie ein Lauffeuer pflanzte sich der Ruf fort:

»Die Gebirgsjäger sind da!«

Wenden wir uns nunmehr noch einmal dem Festland zu, denn dort bahnte sich etwas an, das für die Fallschirmjäger im Westabschnitt der Insel von besonderer Bedeutung war.

Bereits am 19. Mai traf Oberst Ramcke mit seinem Adjutanten Hauptmann Vogel auf dem Flugplatz Topolia ein, der 40 Kilometer nördlich von Athen lag. Bernhard Hermann Ramcke, wie Oberst Sturm 52 Jahre alt und damit einer der Senioren der Fallschirmtruppe, hatte erst wenige Tage zuvor in Berlin-Tempelhof von General Student Erlaubnis erhalten, im Falle eines Falles mit einer Kampfgruppe springen zu dürfen. Zunächst aber sollte er nach dem Wunsch von Kurt Student mit dem Korpsstab nach Griechenland reisen und dort der zum Einsatz gegen Kreta vorgesehenen 5. Gebirgs-Division im Luftlandedienst behilflich sein.

Als in der Frühe des 20. Mai der Kampf um Kreta begann, bereiteten Ramcke und Hauptmann Vogel gerade die »Verlastung« der Gebirgsjäger vor. In der Nacht zum 21. Mai beluden die Gebirgsjäger unter Anleitung von Oberst Ramcke die Ju 52 mit ihren schweren Waffen, mit Munition und allem, was sie zum ersten Einsatz benötigten. Hauptmann Vogel stellte sich aber mit der Meldung von der Funkstelle ein, daß noch immer kein Flugplatz zur Landung der Gebirgsjäger frei sei.

»Verdammt, wenn wir die Gebirgsjäger nicht morgen früh hinüberkarren, sitzen unsere Jäger in der Scheiße. Es muß einfach ein Flugplatz frei werden. Und wenn es...«

Oberst Ramcke drehte sich um, als sich hinter ihm jemand räusperte.

»Oberleutnant Voßhage, Herr Oberst!« meldete sich der hinter ihm stehende Fallschirmjägeroffizier.

»Nanu, Voßhage! Ich dachte, Sie wären schon längst drüben!« rief Ramcke überrascht.

»Meine Kompanie ist nicht mehr mitgekommen, Herr Oberst. Wir möchten Herrn Oberst bitten, dafür zu sorgen, daß wir noch rüberkommen!«

»Und was ist mit Ihnen, Kiebitz?« fragte Ramcke den Hauptmann, der neben Voßhage auftauchte.

»Mir erging es ebenso. Leutnant Klein sammelt die übrigen Männer auf, Herr Oberst.«

Ein Gedanke durchzuckte Ramcke, wie er General Student

ein Schnippchen schlagen könnte. »Sausen Sie alle durch das Gelände und sammeln Sie jeden Fallschirmjäger auf, den Sie finden können. Meldung in einer Stunde bei mir!« befahl er den Männern.

»Vogel«, sagte Ramcke eine Minute später, »machen Sie sich fertig, wir fliegen nach Kreta!«

»Wie das, Herr Oberst? Ohne Transportmaschinen?«

»Lassen Sie mich nur machen«, meinte Ramcke und lächelte.

Oberst Ramcke eilte, gefolgt von seinem Adjutanten, zur Funkstelle und ließ sich mit dem Generalkommando verbinden. Als sich wenig später General Student meldete, sagte Ramcke:

»Alles klar, Herr General! – Ich melde Ihnen das Reserve-Bataillon in Stärke von 500 Mann zum Einsatz bereit und bitte um Befehle!«

»Woher wollen Sie die Männer haben, Ramcke? Wir haben doch alles in Marsch gesetzt.«

In knappen Worten berichtete der Oberst. Als er geendet hatte, blieb es zunächst eine halbe Minute still. Dann meldete sich General Student:

»Schön, Ramcke, Sie haben gewonnen! Sie springen mit der ersten Welle des zweiten Tages zum Entsatz der am Flugplatz Malemes gesprungenen Fallschirmjäger. Der Flugplatz ist schnellstens zu nehmen, damit die Gebirgsjäger landen können. Lassen Sie die Maschinen sofort wieder entladen. Hals- und Beinbruch, Ramcke!«

Wie ein Blitz war Oberst Ramcke wieder draußen. »Los, Vogel, rüber zu den Maschinen. Befehl an alle: Sofort entladen! Fallschirmjäger sammeln, Verpflegungskontrolle. Bereithalten zum Start!«

Oberst Ramcke raste mit dem Seitenwagen-Motorrad von Gruppe zu Gruppe. Fluchend luden die Gebirgsjäger ihre schweren Waffen wieder aus. Hauptmann Kiebitz und Oberleutnant Voßhage meldeten schließlich 550 Fallschirmjäger zum Einsatz angetreten.

Allerdings konnte diese neue Kampfgruppe noch nicht als erste starten, denn Hauptmann Schmitz mit zwei Kompanien der Panzerjäger-Abteilung war eher fertig.

Gegen 14.00 Uhr heulten die ersten Stukas über den britischen Stellungen bei Malemes herunter und warfen ihre Bomben. Gegen 15.00 Uhr erreichte der Pulk der Ju 52 mit den Panzerjägern den Absprungplatz. Sie wurden abgesetzt. Hauptmann Schmitz griff mit seinen Soldaten sofort in den Kampf ein. Dann landeten die Gebirgsjäger, die von anderen Plätzen gestartet waren, und danach erst kam die ad hoc gebildete Kampfgruppe Ramcke an die Reihe.

In dem Augenblick, als Oberst Ramcke in seine Führermaschine kletterte, um nach Kreta zu fliegen und dort mit seinem Verband zu springen, wurde er am Waffenrock festgehalten. Es war einer der Ordonnanzoffiziere, die bei den Gebirgsjägern zurückblieben.

»Herr Oberst haben ja keine Sprungausrüstung und keinen Fallschirm!« sagte der Leutnant entsetzt.

»Los, Berger, holen Sie schnellstens einen Schirm!« befahl Ramcke. Der Schirm wurde gebracht, Ramcke schnallte ihn an und kletterte in die Maschine.

»Sie wissen Bescheid!« wandte er sich an den Flugzeugführer. »Wir fliegen von Westen an und setzen am Nordufer des Tavronitis zwischen Malemes und Spilia ab.«

Als vor den Maschinen die zerklüfteten Ufer Kretas auftauchten, wandte sich Ramcke an seinen Adjutanten. »Dicht hintereinander springen. Hals und Beinbruch, Jungens! – Wir werden es schon schaffen.«

»Fertigmachen zum Absprung! – Ich werde als erster springen!«

Bernhard Hermann Ramcke, in der offenen Tür der Ju stehend, sah schräg unter sich silbriggrüne Olivenhaine auftauchen. Dann erkannte er die grüne Fläche eines Weinfeldes. Durchdringend gellte das Signal des Boschhorns.

Mit einem langen Hechtsprung schnellte sich die kleine Gestalt Ramckes ins Ungewisse. Dicht hintereinander sprangen 550 in Topolia »aufgesammelte« Fallschirmjäger und pendelten an ihren Schirmen der Insel entgegen. Sie wurden nicht beschossen.

Keine zwei Meter hinter einer übermannshohen Agave mit stachelbewehrten Schwertblättern ging Ramcke nieder, machte die vorgeschriebene Rolle nach vorn über die linke Schulter und öffnete das Schloß des Fallschirms. Dann zog er die Pistole und rannte ein paar Dutzend Schritte nach vorn, um bessere Sicht zu haben. Er blickte empor, sah die weißgeblähten Fallschirme über sich und eine letzte Ju, die noch immer nicht abgesetzt hatte.

»Springen! – Sofort springen!« schrie er hinauf, doch das hörte natürlich niemand. Dann sprangen auch aus dieser Maschine die Fallschirmjäger, aber es war zu spät. Die Schirme trieben auf das Meer hinaus, wo die Männer mit ihren schweren Ausrüstungen der Tod erwartete. Sie mußten ertrinken.

»Herr Oberst, Herr Oberst!« Fallschirmjäger rannten auf Ramcke zu. Unter ihnen auch Oberleutnant Reil, sein Adjutant.

»Reil, sammeln Sie die Kampfgruppe dort vor dem Haus an dem Brunnen!« befahl Ramcke nach einem weiteren Rundblick.

Von dem Haus her winkten deutsche Fallschirmjäger. Oberst Ramcke eilte ihnen entgegen. Ein Offizier löste sich aus der Gruppe und kam auf ihn zu. Es war Oberleutnant Göttsche, der Nachrichtenoffizier des Sturmregiments.

»Gut, daß Sie da sind, Herr Oberst«, rief er keuchend vom schnellen Lauf. »Das Regiment bedarf dringend der Führung. Generalmajor Meindl ist schwer verwundet, Major Braun vom Stab gefallen, viele Offiziere sind tot. Wir haben schwere Verluste. Aber ein Großteil des Flugplatzes ist in unserer Hand. Die ersten Fallschirmjäger sind bereits gelandet. Auch sie hatten Verluste. Generalmajor Meindl und Major Koch, der ebenfalls verwundet wurde, sind bereits ausgeflogen worden.«

»Danke, Göttsche. Schildern Sie mir kurz die Lage!«

Der Nachrichtenoffizier griff in die Knietasche und zog eine Karte heraus. »Hauptmann Gericke steht mit seinem Bataillon östlich des Platzes und beiderseits der Küstenstraße in hartem Abwehrkampf gegen den Feind. Major Stentzler, der stellvertretend die Regimentsführung übernommen hat, steht mit seinem Bataillon am Südostrand der Höhe 107. Seit einer halben Stunde landen die von Tattoi aus gestarteten

Gebirgsjäger. Aber der Flugplatz liegt noch immer unter Beschuß. Von einem Teil der Höhe 107 schießt der Gegner noch.«

»Danke, Göttsche. Wir müssen sofort die Höhe 107 restlos säubern. Der Gefechtsstand wird hier im Olivenhain eingerichtet. Reil zu mir. Sie, Göttsche, führen uns vor!«

Oberst Ramcke, sein Gefechtsmelder Engler, der Adjutant und Oberleutnant Göttsche eilten in Richtung Gefechtsfeld, und je näher sie dem Flugplatz kamen, desto härter klangen die Kampfgeräusche. Die Häuser am Westrand des Flugplatzes, die sie bald erreichten, waren mit Verwundeten – Deutschen und Engländern gleicherweise – belegt. Davor lagen Tote auf der Erde. Und hier, auf dem Gefechtsfeld, entwickelte Bernhard Hermann Ramcke seinen Angriffsplan.

Als er zum Gefechtsstand zurückkehrte, mußte er die Meldung entgegennehmen, daß wieder nur zwei Kompanien seiner vier Kompanien starken Kampfgruppe hatte starten können. Er wandte sich seinen Gefechtsmeldern zu.

»Kompanie Kiebitz mit unterstellter Pak sofort nach vorn zu Hauptmann Gericke. Befehl für Gericke und seine Kampfgruppe: Rücksichtsloser Angriff – auch nach Einfall der Dunkelheit – beiderseits der Uferstraße. Den Gegner so weit wie möglich zurückdrücken und ihn so weit abdrängen, daß er den Flugplatz mit seiner Artillerie nicht mehr erreichen kann. Kompanie stößt zum Einsatzraum des Bataillons Stentzler durch und verstärkt diese Kampfgruppe.«

Ein Melder kam in den Gefechtsstand hereingestürmt. »Herr Oberst, Hauptmann Schmitz ist mit den Panzerjägern zu uns gestoßen. Seine Kampfgruppe hat Kompaniestärke.« Unmittelbar darauf traf auch Hauptmann Schmitz ein und meldete dem Oberst, daß seine Männer nahe dem neuen Gefechtsstand sammelten.

»Danke, Schmitz! Sie bleiben zu meiner Verfügung, bis ich genau sehe, wo Sie am nötigsten gebraucht werden.«

Eine Minute darauf trat Oberst Utz, der Kommandeur des Gebirgsjäger-Regiments 100, in den Gefechtsstand.

»Gut, daß Sie hier sind, Utz«, empfing ihn Ramcke. »Hören Sie, wie ich mir Ihren ersten Angriff gedacht habe.

Sie gehen mit Ihren Gebirgsjägern in den ersten Morgenstunden zur Umfassung des Südflügels des Gegners durch das Gebirge. Sobald Sie die Umfasung durchgeführt haben, geben Sie das vereinbarte Zeichen: Buntstern-Doppelschuß. Danach treten die Kampfgruppen Gericke und Stentzler nach schlagartigem Feuerüberfall zum Angriff an. Erstes Ziel: Ausschalten der Feindartillerie. Danach tragen wir unseren Angriff nach Osten vor, bis die Verbindung zur Kampfgruppe Heidrich bei Chania hergestellt ist.«

»Guter Plan, Ramcke! Wir werden den Marsch sofort antreten. Sie können sich auf die Jäger verlassen«, meinte Utz.

Bis zum Abend dieses 21. Mai 1941 war der gesamte Flugplatz Malemes in deutscher Hand.

Um diese Zeit etwa ging Oberst Ramcke zur Kampfgruppe Gericke hinüber und ließ sich die Situation melden. Alles war zuversichtlich, daß es nun mit den gelandeten und im Sprungeinsatz abgesetzten Verstärkungen klappen mußte.

Bei Major Stentzler, den Ramcke wenig später erreichte, herrschte die gleiche gute Stimmung. Auch ihm wurde der Angriff in der Frühe des kommenden Tages avisiert. Auf dem Rückweg zum Flugplatz stieß Oberst Ramcke auf die Gebirgsjäger vom GJR 100. Voll ausgerüstet zogen sie gerade in Marschordnung an ihm vorbei in die Berge.

Ununterbrochen starteten und landeten nun die Ju 52 auf dem Flugplatz von Malemes. Geordnet sprangen Fallschirmjäger und nachgelandete Gebirgsjäger aus den Maschinen und gingen in den Einsatz.

Wenige Minuten, nachdem Oberst Ramcke zum Flugplatz zurückgekehrt war, landete das Gros der Fallschirm-Artillerie-Abteilung unter Major Bode. Gleichzeitig mit ihm traf der Chef des Generalstabs des XI. Fliegerkorps, Generalmajor Schlemm, auf Kreta ein, um alles für das Eintreffen von General Student vorzubereiten.

Die Lage im Raum West–Malemes hatte sich konsolidiert. Das As, das General der Flieger Student aus dem Ärmel gezogen hatte, stach. Der Flugplatz war in eigener Hand, und nun landeten die Verstärkungen für die einzelnen Gruppen.

Im Sprungbereich des III. Bataillons des Sturmregiments sah es im Licht des zweiten Tages auf Kreta verheerend aus. Dort, wo das Bataillon niedergegangen war, breiteten sich die Fallschirme über den Olivenbäumen und Agavenstauden aus. Tote Fallschirmjäger hingen noch im Geäst der Bäume, und überall, wohin man auch blickte, lagen Tote. Hunderte deutscher Fallschirmjäger waren an dieser Stelle des Einsatzraumes der Gruppe West zum Opfer gefallen.

Mit 580 Fallschirmjägern war hier das III. Bataillon des Sturmregiments abgesprungen. 250 von ihnen waren sofort tot. 115 Soldaten wurden verwundet, und 135 blieben vermißt. Nur 80 konnten sich zu den übrigen Einheiten des Regiments durchschlagen.

Als die ersten Stukas gegen 14.00 Uhr angriffen, stürmten in diesem Abschnitt die Fallschirmjäger gegen das Dorf Malemes an. Haus um Haus wurde freigekämpft. Doch der Gegner hielt sich mit letztem Einsatz in einem Rest der Häuser. Erst als die Panzerjäger unter Hauptmann Schmitz eintrafen, war die Gefahr endgültig gebannt.

Am Abend des 21. Mai hatte Oberst Ramcke an der Küste auch Strandposten aufstellen lassen, um das Eintreffen der für Malemes bestimmten beiden Leichten Schiffsstaffeln abzuwarten und die mit ihnen landenden Gebirgsjäger einzuweisen. Bei diesen Posten befand sich Kapitänleutnant Bartels, der als einer der ersten mit einer Ju 52 auf Malemes gelandet war, um die Staffeln hier zu erwarten.

Die Odyssee der Gruppe Oberarzt Dr. Hartmann

Bereits am Abend des 20. Mai hatte Oberstabsarzt Dr. Neumann über Funk beim Korps in Athen Nachschub an Sanitätsdienstgraden, Sanitätsgerät und Ärzten angefordert. General Student ließ sofort Teile einer Sanitätskompanie, die noch auf dem Festland standen, alarmieren und zum Sprungeinsatz am folgenden Mittag bereithalten. Diese Gruppe stand unter dem Befehl von Oberarzt Dr. Hartmann.

Um 13.00 Uhr des 21. Mai startete diese Gruppe zum Feindflug nach Kreta. Es war die letzte größere Einheit, die

Oberstabsarzt Dr. von Berg, der energiegeladene Chef der Fallschirm-Sanitäts-Abteilung 7, noch zur Verfügung hatte. Sie gehörten zur 2. Kompanie dieser Abteilung, deren übrige Teile bereits am Nachmittag des 20. Mai im Verband der Gruppe Ost, Fallschirmjäger-Regiment 1, bei Heraklion gesprungen waren.

Es waren zwei schwache Züge in Stärke von etwa 60 Mann, die zu den Maschinen gingen, einstiegen und nach Kreta starteten. Sie waren als Verstärkung für die Sanitätskompanie Dietzel vorgesehen und sollten am Hauptverbandsplatz beim Ostausgang von Tavronitis in dem Gelände vor der Brücke über den Fluß springen.

Oberarzt Dr. Hartmann wußte, daß der Verbandsplatz in freies Gelände, etwa zwei Kilometer westlich von Tavronitis, hatte verlegt werden müssen. Dort waren aus Fallschirmen provisorische Zelte entstanden. Er wußte auch, daß hart ostwärts, im Westen und südlich dieses Verbandsplatzes der Gegner lag.

Um 14.30 Uhr kam Kreta in Sicht. Knapp fünf Minuten später erreichte die Sanitätsgruppe den Absprungplatz der 5. und 6. Kompanie des Sturmregiments.

»Fertigmachen zum Sprung!«

Oberjäger Sieber sah, in der offenen Tür stehend, daß die Flugzeuge des zweiten Zuges etwas zurückhingen. Dann dröhnte das Boschhorn, und er warf sich nach vorn. Er schwebte der Erde entgegen, und plötzlich blitzte es unter ihm auf. Rauchende Geschoßgarben zischten an ihm vorbei. Keine zehn Meter voraus ging ein anderer Fallschirm nieder. In seinen Gurten hing ein Toter. Die Transport-Jus drehten, und rings um die Männer der Sanitäts-Gruppe ging das Feuer der feindlichen Infanteriewaffen los.

Sie waren viel zu weit nach Osten abgesetzt worden und gingen mitten in den englischen Feldstellungen nieder. Oberarzt Dr. Hartmann landete als einer der ersten, dicht gefolgt von Oberjäger Sieber und einigen anderen. Oberjäger Geisberger, der vielleicht 200 Meter weiter rückwärts abgesetzt worden war, kam gerannt. Hinter ihm einige Gestalten.

Oberjäger Schrumpf drückte aus, was alle dachten: »Viel

zu weit in Richtung Platanias abgesetzt, Herr Oberarzt!« keuchte er und ließ sich in eine Deckung fallen.

»Wir müssen an unsere Waffenbehälter herankommen!« rief Sieber. »Ich werde mit meinen Männern bis zu den Agaven dort vorrobben und Feuerschutz geben!« erklärte er. Der Oberarzt nickte, und er kroch los.

Als er so etwa 20 Meter zurückgelegt hatte, erreichte er ein Agavendickicht mit ungefähr vier Meter hohen Blütenstengeln. Überall hämmerten nun die abgehackten Feuerstöße der MG, vor allem aus der Richtung, wo Unterarzt Geißler mit seiner Gruppe niedergegangen war. Dann sah Sieber rechterhand eine Bewegung. Er deutete hin, und Schuth, der MG-Schütze, nickte, legte den Lauf der Waffe auf die Deckung, und als er den Gegner erkannte, zog er den Abzug.

Der ratternde Feuerstoß ließ den Gegner verschwinden. Sieber schoß mit seiner MPi hinterher. Aber wie sie es auch versuchten, der Weg zu den abgeworfenen Waffenbehältern blieb verlegt. Von drei Seiten griffen die Engländer an. Oberjäger Geisberger, der es auf der rechten Flanke versuchte, wurde durch Brust- und Kopfschuß getötet.

Als die kleine Gruppe weiterstürmte, um einen schmalen Wassergraben zu erreichen, in dem sie gute Deckung finden würden, liefen sie in das geballte Feindfeuer hinein. Nur noch sieben Fallschirmjäger erreichten den Graben und richteten sich darin zur Verteidigung ein. Neben Oberjäger Sieber sackte der Gefreite Kurostin zusammen. Er hatte ein kleines Loch in der Stirn, das von einer Scharfschützenkugel herrührte.

Lassen wir an dieser Stelle den Oberjäger Sieber berichten, wie er diese letzte Phase des Kampfes seiner Einheit auf Kreta erlebte.

»Mit sieben Männern erreichten wir schließlich den Wassergraben. Wir hatten nur Pistolen und Handgranaten. Zweieinhalb Stunden kämpften wir hier um unser Leben. Immer wieder wurde der aus drei Richtungen angreifende Gegner abgewiesen. Doch auch wir wurden zusehends weniger. Immer mehr Kameraden fielen tot oder verwundet aus. Dann wurde auch unsere Munition knapp. Oberarzt Doktor Hartmann hatte nur noch zwei Schuß in seiner Pistole. Wir beide waren allein übriggeblieben, und er sagte zu mir:

›Sieber, dies sind die letzten beiden Kugeln, dann ist es aus mit uns!‹

Er schoß beide Kugeln ab, und als er sich vorbeugte und dann aufrichtete, erhielt er einen Kopfschuß und brach tot neben mir zusammen.

Ich hatte nur noch zwei Handgranaten, die ich abzog und in die Richtung warf, aus der ich das Gebelfer englischer Waffen hörte. Die Engländer erwiderten diese Würfe, indem sie ebenfalls Handgranaten schleuderten. Dann stürmten sie von drei Seiten auf mich zu. Ich geriet in Gefangenschaft.«

Der Kampf der Sanitätseinheit Dr. Hartmann war vorüber. Einer der Engländer schob Sieber eine Zigarette zwischen die Lippen. Ein anderer reichte ihm die Feldflasche, aus der er in durstigen Zügen trank. Sie bargen die sechs Toten aus dem Wassergraben. Als sie den Oberarzt herausholten, nahm Sieber den Stahlhelm ab und hielt eine Hand vor die Augen, damit der Gegner nicht sah, daß er weinte.

Einer Gruppe von 25 Soldaten der Gruppe unter Führung von Unterarzt Geißler, die weiter zurück abgesetzt worden war, gelang es jedoch in der kommenden Nacht, immer nach Westen marschierend, den Tavronitis zu erreichen. Dann wurden sie beim Dorf Tavronitis plötzlich durch deutsche Stimmen angehalten:

»Halt, wer da? Parole!«

»Reichsmarschall!« krächzte Geißler. Dies war die Parole der vergangenen Nacht gewesen, die neue kannte er nicht. Aber das genügte. Sie wurden aufgefordert, mit erhobenen Armen näherzukommen. Die beiden Posten empfingen sie mit schußbereiten Waffen. Dann kam Oberleutnant Nagele, der Chef der Sechsten des Luftlande-Sturmregiments, und wandte sich an den Unterarzt.

»Wo sind die anderen? War nicht Oberarzt Dr. Hartmann bei euch?« Er machte eine Pause, und als der Unterarzt noch immer schwieg, fuhr er fort: »Ihr wart doch zwei Züge. Wo stecken die anderen, können wir ihnen helfen?«

»Nein«, antwortete der Unterarzt schwerfällig, »ihr könnt ihnen nicht mehr helfen, sie sind tot!«

»Mein Gott!« stammelte Oberleutnant Nagele und noch einmal erschüttert: »Mein Gott!«

Die entscheidenden Kämpfe beim Fallschirmjäger-Regiment 3

Am frühen Morgen des 21. Mai wurde der Gegenangriff der Engländer beim III./FJR 3 unter Major Heilmann erwartet. Der Gegner saß auf der Kastellhöhe, und sein Angriff hätte in dieser Phase des Kampfes noch die schwachen deutschen Kräfte weggefegt. Doch er erfolgte nicht. Als gegen 11.00 Uhr deutsche Schlachtflugzeuge die Kastellhöhe angriffen, ließ Heilmann Fliegersichttücher auslegen.

Nach den Schlachtfliegern tauchten Ju 52 auf, die Versorgungsgüter abwarfen. Nun war das Regiment Heidrich wieder einsatzbereit und bereitete sich auf den Sturm in Richtung Galatas vor. Zwar war das Bataillon Heilmann noch immer zersplittert, doch die vermißte 11. Kompanie hatte sich zum I. Bataillon durchschlagen können. Allerdings waren die Nachrichten, die über die 12. Kompanie eingingen, erschütternd. Sie war größtenteils über einem Stausee abgesetzt worden. Eine Anzahl Fallschirmjäger ertrank. Die bei Daratsos mitten in die Feindstellungen gesprungene 10. Kompanie war inzwischen von der Übermacht des Feindes überwältigt worden.

Das III. Bataillon bestand ebenfalls nicht mehr. Falsches Absetzen wurde ihm zum Verhängnis, und Oberst Heidrich befahl den hundert Überlebenden um Major Heilmann, die sich durchgeschlagen hatten, in Richtung Malemes vorzugehen und mit den dort gelandeten Fallschirmjägern Verbindung aufzunehmen.

Zur gleichen Zeit griff das Regiment die Kastellhöhe an. Es wurde vom Gegner abgewiesen. Oberst Heidrich mußte sich auf die Verteidigung und die Bindung möglichst starker Feindkräfte beschränken.

Währenddessen marschierte Major Heilmann mit seinen hundert Soldaten durch das wildzerrissene Felsengebirge in

Richtung Malemes. Mitten in der Nacht zum 22. Mai hörten sie von See her ein wuchtiges Kampfgetöse mit Schiffsartilleriesalven stärkster Kaliber. Dort tobte eine einseitige blutige Schlacht, in der die britische Mittelmeerflotte den beiden Leichten Schiffsstaffeln ein Ende bereitete.

Hauptmann von der Heydte, Chef des I./Fallschirmjäger-Regiment 3 wurde am frühen Morgen des 21. Mai durch MG-Feuer geweckt. Er sprang auf und lief zum Cladiso hinunter, um sich im Fluß zu waschen. Das MG-Feuer war bereits wieder verstummt. Die Stellungen seines Bataillons waren gut gewählt. Unmittelbar vor ihnen lagen die beiden Dörfer Peribolia und Pyrgos. Im Hintergrund war die Sudabucht zu erkennen. Links erhoben sich die dunklen Höhenzüge von Akrotiri, an deren Hängen helle Häuser und Villen sichtbar waren.

Am Fuße des Vorgebirges erstreckte sich Chania, von dem ein Gewirr aus Dächern und Schornsteinen zu sehen war, die von einem wuchtigen mittelalterlichen Steinwall umgeben waren. In der Mitte der Stadt stieg der Turm eines Minaretts in die Höhe.

Mit Leutnant Riese eilte der Kommandeur von Stellung zu Stellung. Als es auch hier gegen 11.00 Uhr einigen Ju 52 gelang, Versorgungsbomben abzuwerfen, war die angespannte Munitionslage beseitigt.

An dieser Stelle der Kretafront beschränkten sich die Engländer am 21. Mai nur auf Spähtrupptätigkeit. Aus Richtung Malemes jedoch war den ganzen Tag über Kampflärm zu hören. Dort standen das Sturmregiment und mit ihm die soeben gelandeten Gebirgsjäger im Einsatz.

Erst als die Dunkelheit einfiel, verstummte das Feuer. Die Nacht zog herauf, klar und warm und voller Sterne. Aber für die Männer um Hauptmann von der Heydte hieß es, wachsam zu sein und den Gegner zu empfangen, wenn er in dieser Nacht kommen sollte.

Die Kampfgruppe Kroh des FJ-Regiments 2 stellte sich am Morgen des 21. Mai zur Erstürmung des Flugplatzes Rethymnon bereit. Doch noch bevor Major Kroh den Angriffsbefehl geben konnte, griff der Gegner gegen 4.00 Uhr die deutschen Stellungen an. Dieser Angriff gegen den Westrand des Flugplatzes konnte abgeschlagen werden. Er vereitelte aber auch die Durchführung des eigenen Angriffs.

Der zweite Angriff erfolgte gegen 9.00 Uhr. Der Südflügel der Kampfgruppe Kroh wurde umgangen und war nicht mehr zu halten. Die am Vorabend eroberte Weinberghöhe ging wieder verloren. Die angeschlagene Kampfgruppe zog sich – dicht vom Feind verfolgt – auf die Ölfabrik zurück, die etwa 1800 Meter östlich des Flugplatzes, hart ostwärts des Dorfes Stavromanos, direkt am Meer lag.

In der Fabrik und den umliegenden Häusern richtete sich die Kampfgruppe zur Verteidigung ein. Eine Flak wurde mit Schußrichtung Westen und eine zweite mit Schußrichtung Südosten in Stellung gebracht. In den nächsten Stunden griffen hier Verbände der 19. australischen Brigade an. Sie wurden zurückgeworfen.

Als ein Fallschirmjäger bei Major Kroh eintraf und ihm meldete, daß weitere 56 Fallschirmjäger am Strand liegengeblieben und vom Gegner gefangengenommen worden seien, ließ Major Kroh einen kampfstarken Stoßtrupp vorgehen. Dem gelang es, im Handstreich in die Feindstellungen einzudringen und die 56 Kameraden zu befreien.

Oberleutnant von Roon erhielt den Auftrag, sieben Kilometer östlich der Ölfabrik einen Nachschubplatz einzurichten, auf dem die Nachschubbomben gelandet und geborgen werden konnten. Es galt, diesen Abwurfplatz vor den griechischen Truppen und vor Freischärlern zu sichern.

Auch an dieser Stelle – wo sich eine Wegnahme des Flugplatzes mit den vorhandenen Kräften als unmöglich erwiesen hatte – kam es nun einzig und allein darauf an, so viele Kräfte wie möglich zu binden und den Gegner daran zu hindern, Verstärkungen in den Raum Malemes zu werfen.

Major Schulz, der die Führung des Fallschirmjäger-Regiments 2 nach der Vermißtenmeldung über Oberst Sturm übernommen hatte, stieß mit seiner Stabsgruppe am Morgen des 21. Mai zur Kampfgruppe Wiedemann durch, die östlich von Peribolia liegengeblieben war und sich vieler Nachtangriffe der Gegner hatte erwehren müssen. Hier übernahm nun Schulz die Gesamtführung der beiden Gruppen, während die Kampfgruppe Kroh von Major Kroh selbständig geführt wurde.

Die Kampfgruppe Schulz richtete sich um Peribolia ein. Die Abwehrfront nach Westen – sie reichte vom Meer bis zur Straße nach Rethymnon–Flugplatz – wurde von der 9. Kompanie verteidigt. Ein Zug dieser Kompanie besetzte außerdem die Kapellenhöhe, etwa 500 Meter südlich Peribolia. Von der Straße bis zu dieser Höhe lag die 11. Kompanie, während die 14. Kompanie nach Süden verteidigte. Auf dem Ostriegel hielten Teile der 1./MG-Bataillon 7 und der 2./FschFla-Bataillon 7. Den ganzen Tag über lag die Kampfgruppe unter britischem Artilleriebeschuß. Australische Scharfschützen und Partisanen schossen auf jeden Fallschirmjäger, der sich aus seiner Deckung hervorwagte.

Um 7.30 Uhr tauchten über diesem Kampfabschnitt Kampfflugzeuge Do 17 auf und warfen in einer Kette von Angriffen bis 14.00 Uhr Bomben auf die Feindstellungen. Etwa die Hälfte der Bomben fiel jedoch auf die Stellungen der Fallschirmjäger und forderte Verluste.

Gegen 16.00 Uhr griffen die Australier im Süden und Südosten an. Vierhundert Meter vor den deutschen Stellungen blieben sie im Abwehrfeuer der 9. und 11. Kompanie liegen.

Sechs Ju 52 waren kurz zuvor erschienen und hatten Nachschubbehälter abgeworfen, von denen ein Teil im Niemandsland herunterkam. Freiwillige bargen auch diese Behälter.

Kurz vor Mitternacht erfolgte ein weiterer Angriff der Australier, der diesmal der Kapellenhöhe galt. Aber auch hier wurde der Gegner blutig abgewiesen.

Damit war der zweite Tag auf Kreta für das FJ-Regiment 2 zu Ende gegangen.

Vor dem Westtor von Heraklion eröffneten die beiden Werfer des III./FJ-Regiment 3 um 2.30 Uhr das Feuer. Werfergranaten schmetterten in das Stadttor hinein und trafen auch die mit Wachen besetzten alten Wehrtürme der Stadtmauer.

Karl-Lothar Schulz hatte das Tor unter Feuer nehmen lassen, um sicherzugehen, daß es nicht vermint war. Als sich herausstellte, daß dies nicht der Fall war, ließ er Zielwechsel auf die Wachttürme vornehmen. Treffer schlugen in die Türme hinein. Das erste Feind-MG verstummte. Dann fiel das zweite ebenfalls durch Volltreffer aus.

»Nebelgranaten schießen!« befahl Schulz nach einem Blick auf die Uhr.

Die Nebelgranaten legten einen dichten Dunstschleier über die Stelle, die zum Angriff nach Heraklion vorgesehen war. Dann gab Major Schulz den Befehl zum Angriff und stürmte mit den Fallschirmjägern vor. Sie nahmen die Barrikaden im Handgranatenkampf und drangen zum Tor vor, das mit zwei Tellerminen in die Luft gejagt wurde.

In dieser Zeit erscholl auch vom Hafen her das Gehämmer der eigenen Schnellfeuerwaffen und zeigte dem Kommandeur, daß die Kompanien Schulenburg und Becker ins Gefecht eingegriffen hatten.

Durch das zerstörte Stadttor drangen die Fallschirmjäger nach Heraklion ein. Als es hell wurde, hatten sie sich bis zum Marktplatz durchgekämpft und die britischen Truppen zurückgedrängt. Stoßtrupps drangen weiter in der Tiefe vor, um bis zur Hafengruppe durchzustoßen. Sie säuberten die Häuser, aus denen geschossen wurde, im Nahkampf, schleuderten Handgranaten und kämpften sich neun Stunden lang Meter um Meter vorwärts. Dann war es geschafft. Beide Kampfgruppen reichten einander die Hand. Sie saßen nun mitten in Heraklion. Aber auch der Gegner saß noch in der Stadt.

Im Zentrum am Marktplatz richtete Karl-Lothar Schulz seinen Gefechtsstand ein. Auch hier war bereits am Morgen die Munition knapp.

Wenig später erschienen der griechische Stadtkommandant und der Bürgermeister bei Major Schulz. Sie übergaben die Stadt. Das Übergabe-Dokument wurde von beiden Seiten unterzeichnet. In vier Kampfgruppen schwärmten die Fallschirmjäger durch die Stadt. Plötzlich flackerte erneut Feindtätigkeit auf. Mit dem Reservezug stürmte Schulz in die Richtung des Kampfgetöses. Er erreichte die Gruppe Becker, die sich vor dem Gegner schrittweise zurückziehen mußte.

»Was ist los, Becker?« fragte der Kommandeur den Kompaniechef.

»Wir sind von starken englischen Feindkräften angegriffen worden, Herr Major. Die Engländer erkennen die Verbindlichkeit der Stadtübergabe nicht an, weil sie nicht unterzeichnet haben.«

»Zur Zitadelle!«

Sie stürmten in Richtung Zitadelle, wo das Feuer mehr und mehr anschwoll. Noch eben rechtzeitig stießen sie in die Flanke der gegnerischen Kampfgruppe hinein, welche die Gruppe von der Schulenburg in die Zange genommen hatte.

Der Nahkampf begann. Haus um Haus mußte dem Gegner einzeln entrissen werden. Dann lösten sich die zäh kämpfenden Gegner von der Gruppe Schulz, durchstießen die Gruppe von der Schulenburg und stürmten in die Zitadelle zurück.

»Wir setzen uns zum Gefechtsstand hin ab. Melder zum Ost- und Südtor. Beide Gruppen dort sollen sich ebenfalls auf den Gefechtsstand zurückziehen!«

Auf dem Bataillonsgefechtsstand wurde sehr bald klar, daß die Stunden des Bataillons Schulz in Heraklion gezählt waren. Die Munitionslage war verzweifelt. Es gab nur einen Ausweg aus dieser verfahrenen Situation: Rückzug und Preisgabe der Stadt, die unter Opfern erobert worden war.

Unter Zurücklassen von Nachhuten, die das Absetzen sicherten, ging Major Schulz mit seinem Bataillon zurück. Vorher warnte er jedoch noch einmal den Bürgermeister der Stadt:

»Es werden Stukas kommen und die Zitadelle und alle jene Stellen angreifen, an denen sich der Gegner verschanzt hat. Fordern Sie die Zivilisten dazu auf, diese Plätze zu verlassen, damit ihnen Verluste erspart bleiben.«

Am späten Nachmittag des 21. Mai flogen Stukagruppen Heraklion an. Zehn Minuten lang war die Luft vom Geheul der Jerichosirenen erfüllt, zehn Minuten lang krachten Bombendetonationen, wurden Feindstellungen auseinandergerissen. Zwei Ju 87 stürzten in Feuer gehüllt ab. Die Zitadelle wankte unter dem Bombenhagel. So endete der zweite Tag für das Bataillon Schulz in und um Heraklion.

Gegen 23.30 Uhr des 20. Mai erhielt Major Walther von Oberst Bräuer Befehl, sein Bataillon (es war das I./FJR 1) zusammenzuziehen und in Richtung Flugplatz Heraklion zu marschieren. Er sollte den Flugplatz freikämpfen. Die Befehlsübermittlung an die zur Sicherung nach Norden und vor allem nach Osten und Süden auseinandergezogenen Kompanien nahm einen größeren Teil der Nacht in Anspruch. Ein Zug der 1. Kompanie unter Leutnant Lindenberg war nicht mehr aufzufinden. Der Leutnant war mit ihm in das Gebirge südlich Gournes vorgestoßen und wurde dort, wie später bekannt wurde, von griechischen Abteilungen überfallen und bis auf den letzten Mann niedergemacht.

Infolge dieser Verzögerungen kam das Bataillon Walther nicht geschlossen, sondern nur zugweise und in Kompaniestärke auf dem Gefechtsfeld an. Oberst Bräuer ließ die einzeln eintreffenden Einheiten sofort zum Angriff antreten. Nur so erschien es möglich, die Verbindung mit dem am Ostrand des Flugplatzes schwer ringenden Zug des Oberleutnants Graf Blücher aufzunehmen und ihm zur Hilfe zu kommen.

Mit Tagesanbruch des 21. Mai setzte hier schwerstes feindliches Gewehrfeuer ein. Der Gegner verfügte über neun Geschütze, eine Reihe schwerer Granatwerfer und zahlreiche leichte und schwere MG, deren gutgetarnte Stellungen nicht zu erkennen waren. Demgegenüber verfügte das I./FJ-Regiment 1 zunächst nur über fünf sMG. Auch die Reste des Bataillons Burckhardt, des II./FJ-Regiment 1, die sich dem Angriff anschlossen, hatten keine schweren Waffen.

Der Angriff blieb im vernichtenden Abwehrfeuer der Engländer liegen. Bis zum Mittag hielt sich der Zug unter Oberleutnant Graf Blücher. Dann aber brandete ein Angriff mit Panzerunterstützung gegen diese Stellungen an, und der gesamte Zug wurde vom Gegner überwältigt. Oberleutnant Graf Blücher fiel.

Nach Einfall der Dunkelheit wurde das I./FJ-Regiment 1 auf den Westhang der Höhen, zwei Kilometer südöstlich des Flugplatzes, zurückgenommen und richtete sich hier zur Verteidigung ein.

Ein schwerer Tag war für das Fallschirmjäger-Regiment 1 zu Ende gegangen. Es band nun bei Heraklion den Gegner, wenn auch der Flugplatz nicht in Besitz genommen werden konnte. Feindliche Gegenstöße wurden abgewiesen, und Oberst Bruno Bräuer erwies sich hier als der große Steher, der nicht aufgab. Er wußte, daß er den Gegner in voller Stärke binden mußte, um an anderen Stellen den Angriff, Durchbruch und die Nachlandungen der Gebirgsjäger zu ermöglichen.

Am Abend dieses 21. Mai 1941 sah das Generalkommando des XI. Fliegerkorps trotz der vielen Fehlschläge die Krise auf Kreta als überwunden an. General der Flieger Student befahl für den 22. Mai die Einleitung des Angriffs auf Chania unter besonderer Sicherung des Flugplatzes Malemes. Auch das Generalkommando schickte sich an, seinen Gefechtsstand nach Kreta zu verlegen. Als Vorausstab wurde am frühen Morgen des 22. Mai Generalmajor Schlemm mit ersten Gruppen des Stabes nach Malemes geflogen. Was aber war mit der Ersten und Zweiten Leichten Schiffsstaffel geschehen?

Die Tragödie der Leichten Schiffsstaffeln

Als am 20. Mai 1941, es war der Himmelfahrtstag, die Erste Leichte Schiffsstaffel aus dem Hafen Piräus auslief, begann eine Tragödie, wie sie schmerzlicher nicht hätte enden können. An Bord der Kähne und Segler und anderer Nußschalen befand sich das III. Bataillon des Gebirgsjäger-Regiments 100 unter Oberstleutnant Ehal. Es waren mit den zugeführten Verstärkungen etwa 800 Mann.

Ungefähr um die gleiche Zeit gingen die Kähne und Schiffe der Zweiten Leichten Schiffsstaffel mit dem verstärkten II. Bataillon des Gebirgsjäger-Regiments 85, geführt von Major Dr. Treck, in Chalkis auf Euböa ankerauf.

Sechzig Segler und Motorboote waren es, die in Richtung Kreta aufbrachen. Eine Argonautenfahrt nahm ihren Anfang, die in einem grausigen Fiasko enden sollte, denn diese Flotte kaum seefähiger Schiffe war nicht allein unterwegs. Im Einsatz standen auch Admiral Cunninghams Streitkräfte, und zwar in vier Kampfgruppen gegliedert. Der Verband A-1 stand 100 Seemeilen westlich von Kreta. Der Verband des Geschwaderchefs 15, Konteradmiral King, stand südwestlich der Enge von Kaso. Der Verband D unter Konteradmiral Glennie hatte in der Nacht zum 20. Mai die Enge von Kithera erreicht und wollte sich nun mit dem Verband A-1 vereinigen.

Der Verband B, es waren die Kreuzer »Gloucester« und »Fiji«, die in Alexandria aufgetankt hatten und ebenfalls dem Verband A-1 zustrebten, sollten diesen im Laufe des Abends des 21. Mai erreichen.

Die Maschinen mit den Fallschirmjägern an Bord, die über Kreta springen sollten, überflogen die Schiffe der Leichten Schiffsstaffeln, und die Gebirgsjäger winkten zu ihnen herauf.

In Höhe Kap Sunion, der Südspitze des griechischen Festlands, lief der italienische Torpedoboots-Zerstörer »Lupo« auf die Erste Leichte Schiffsstaffel zu, während die »Sagittario« zur Zweiten Leichten Schiffsstaffel lief. Beide Boote übernahmen von hier aus den »Geleitschutz«.

Eine dritte, die Schwere Schiffsstaffel, lag noch in Piräus als Reservestaffel auslaufbereit. In ihr waren einige größere Schiffe zusammengeschlossen, die auch einige Panzer an Bord genommen hatten.

Während die »Lupo« den Pulk der ersten Schiffsstaffel umkreiste, erreichte man nach einem sengendheißen Tag auf See die Insel Milos. Hier ging die Staffel vor Anker und lief am nächsten Morgen, dem 21. Mai, wieder aus. Sie kehrte aber wieder in den Hafen zurück, um auf die Zweite Schiffsstaffel zu warten, die noch nicht herangekommen war.

Um 15.00 Uhr kam die Zweite Leichte Schiffsstaffel in Sicht, und damit ging die Erste ankerauf und lief in Richtung Kreta aus. Als die Insel mit beginnender Nacht in greifbare Nähe gerückt war, atmeten die Gebirgsjäger erleichtert auf. Noch zwei Stunden, dann waren sie am Ziel. In der Bucht von Kap Spatha sollte Korvettenkapitän Bartels sie in Empfang nehmen.

Inzwischen war der Verband D unter Konteradmiral Glennie auf dem Kreuzer »Dido« mit den weiteren Kreuzern »Orion« und »Ajax« und den Zerstörern »Janus«, »Kimberley«, »Hasty« und »Hereward« in Zickzacksuchfahrt bis vor die Nordwestküste von Kreta gelangt und schwenkte nun nach Norden ein. Als das Radargerät des Führerschiffs Feindboote meldete, wurde Gefechtsbereitschaft befohlen, und als sie nahe genug herangekommen waren, ließ Konteradmiral Glennie die Scheinwerfer einschalten.

Die Schiffe waren gefechtsbereit. Die Drillingstürme der schweren Artillerie der Kreuzer und die Doppeltürme der Zerstörer richteten sich auf die erkannten Ziele. Dann war es soweit:

»Feuer frei!«

Aus ein paar Dutzend Rohren schossen die Mündungsflammen. Weit legten sich die Schiffe bei jeder Salve nach Feuerlee über. Drüben, bei dem dichten Pulk der kleinen Schiffe, die nun deutlich aus der mondhellen Nacht heraustraten, blitzten Einschläge, gab es die ersten Detonationen, sprangen Flammengeysire empor und verwandelten die Nacht in gespenstisch flackernde Helle.

»Alarm! – Alarm!«

Die Gebirgsjäger wurden aus dem Erschöpfungsschlaf hochgerissen. Sie sprangen empor, taumelten die wenigen Schritte an Deck und starrten nach Süden, wo ein schlimmes Gewitter tobte und Flammen über Flammen aus der Nacht zuckten und schräg emporgriffen, als wollten sie den Himmel aufspießen.

Die Gebirgsjäger Sepp Gnadler und Xaver Atternberger halfen einander beim Anlegen der Schwimmwesten, als Oberstleutnant Ehal deren Anlegen befahl. Rechterhand, keine 600 Meter entfernt, schoß der Torpedobootszerstörer

»Lupo« aus allen Rohren, zuletzt einen Torpedofächer. Doch dann wurde er von der Artillerie der vier Zerstörer eingedeckt. Granaten schlugen ein, Flammen schlugen aus dem Boot. In wilden Rudermanövern entkam der schnelle Zerstörer dem Feuer, um sofort wieder in den Kampf einzugreifen.

»Achtung, sie kommen hierher!« rief Atternberger, als er sah, daß sich der Steven eines Zerstörers ihnen zuwandte. Und während er angriff, folgte ein zweiter nach. Granaten schmetterten links und rechts von ihnen in die See. Dort, wo Oberstleutnant Ehal am Bug stand, schlug eine Granate ein. Menschen, Geräte, Bretter wurden emporgeschleudert.

»Hilfe, Hilfe!« rief einer der Griechen der Besatzung. Dann traf eine Granate voll in das Boot und riß eine Gruppe Gebirgsjäger von den Beinen.

»Alle Mann aus dem Boot!« rief der Obersteuermann der Marine, der hier den Kommandanten machte. Kurz nach Atternberger sprang auch Sepp Gnadler ins Wasser. Sie schwammen um ihr Leben, denn einer der Zerstörer drehte auf sie zu, erreichte einen Pulk im Wasser schwimmender Kameraden und rauschte über ihn hinweg, daß nichts mehr von ihnen zu sehen war. Dann bohrte sich sein hoher scharfer Steven in das Boot, das sie bis hierher getragen hatte, und schnitt es in der Mitte durch.

Scheinwerfer blitzten von den Brücken der angreifenden Schiffe. Hatten diese Lichtfinger eines der Boote erfaßt, leuchteten sie es aus, und ihre Artillerie gab ihm den Rest. Die Turmsalven der Kreuzer schlugen rings um die »Lupo« ins Wasser, die in wilder Slalomfahrt, von neunzehn Treffern gezeichnet, dennoch nicht sank und den Kampf fortsetzte. Ein Zweimaster brannte wie eine Fackel, ehe er auf ebenem Kiel reitend sank. Drei, vier weitere Schiffe brannten.

»Haltet's zamm, Buam!« rief Leutnant Stadelmayr durch die Nacht. Und mit entsetzten Blicken sahen die im Wasser schwimmenden Schiffbrüchigen, wie der übermächtige Gegner zweieinhalb Stunden lang auf jedes Boot schoß. Erst um 3.30 Uhr drehte der Verband nach Osten ab, denn Konteradmiral Glennie hatte nach der Versenkung des Gros dieser Staffel die Versammlung seines Verbandes zu 6.00 Uhr 30 Seemeilen westlich Kreta befohlen.

Die wenigen Boote, denen die Flucht nach Norden gelungen war, stießen einige Zeit später auf die Schiffe der Zweiten Leichten Schiffsstaffel und schlossen sich dieser an.

Aber der britische Schiffsverband hatte sich zu lange mit der »Hasenjagd« aufgehalten. Die Frühaufklärung der deutschen Luftwaffe hatte 33 feindliche Schiffseinheiten aller vier Kampfgruppen in See stehend gesichtet und gemeldet.

Auf dem griechischen Festland machten sich die I. Gruppe des Lehrgeschwaders 1 unter Hauptmann Hoffmann und die III. Gruppe des Kampfgeschwaders 30 sowie mehrere Do 17 des Kampfgeschwaders 2 unter Oberst Rieckhoff zum Einsatz bereit. Es galt, jene englische Kampfgruppe abzufangen, die sich der Zweiten Leichten Schiffsstaffel näherte.

Gegen 8.30 Uhr wurden die Reste der Ersten und das Gros der Zweiten Leichten Schiffsstaffel von den Spitzenfahrzeugen des Verbandes C unter Konteradmiral King gesichtet. Das Torpedoboot »Sagittario« unter Fregattenkapitän Cigala, eröffnete das Feuer auf die Spitzenschiffe und begann mit der Einnebelung des Verbandes. Der Kreuzer »Perth« versenkte mit seiner Artillerie das erste vollbesetzte Boot dieser Staffel, während der Kreuzer »Naiad« die ersten auftauchenden Flugzeuge abzuwehren versuchte. Die Stukas und Kampfflieger konnten die »Naiad« mit mehreren Bomben treffen, und wenig später wurde auch der Kreuzer »Carlisle«, der sich an der Abwehr der deutschen Flugzeuge beteiligte, schwer getroffen. Sein Kommandant, Captain Hampton, fand auf der Brücke des Kreuzers den Tod.

Von den Booten der Schiffsstaffeln aus beobachteten die Gebirgsjäger den Angriff der eigenen Kampfflugzeuge. Sie sahen die haushohen Wasserwände der Einschläge und die daraus emporzüngelnden Flammen. Eine Ju 88 stürzte ab. Beim Aufschlag auf dem Wasser platzte sie in einer Flammenkaskade auseinander.

»Lupo« und »Sagittario« aber nebelten die eigenen leichten Boote ein, um sie zu schützen.

Die abdrehende »Force C«, die durch einen Zerstörer zu einem zweiten Versenkungserfolg kam, hatte Befehl erhalten, sich mit der schweren Deckungsgruppe unter Konteradmiral Rawlings zu vereinigen. Rawlings selbst gab einem

Kreuzer und einem Zerstörer Befehl, zur schwergetroffenen »Naiad« zu laufen und Hilfe zu leisten.

Als die Schiffe in Richtung »Naiad« liefen, griffen Ju 87 des Stukageschwaders 2 unter Oberstleutnant Dinort, Ju 88 der I. und II./Lehrgeschwader 1 unter Hauptmann Kollewe und dazu einige Me-109-Jagdbomber an.

Erstes Ziel der Angreifer war das britische Schlachtschiff »Warspite«. Das Schlachtschiff erhielt mehrere Treffer, die meisten von der Jabo-Rotte unter Oberleutnant Huy, die zur III./Jagdgeschwader 77 gehörten.

Ju 87 stürzten sich auf den Zerstörer »Greyhound«, der zwischen Pori und Antikithera gestellt wurde. Von zwei Bomben voll getroffen, ging dieser Zerstörer binnen 15 Minuten auf Tiefe.

Der Kreuzer »Glouchester« erhielt um 15.30 Uhr schwere Treffer und brannte bald darauf lichterloh. Der Kreuzer »Fiji«, der abzulaufen versuchte, erhielt einen Treffer von einer Me 110 und blieb getroffen liegen. Eine halbe Stunde später wurde er von zwei Me-109-Jagdbombern der I./Lehrgeschwader 2 unter Hauptmann Ihlefeld so schwer getroffen, daß der Kommandant, Captain William Powlett, sein Schiff aufgeben mußte. Die »Kingston« und »Kandahar« retteten 523 Überlebende. Bei den rollenden Luftangriffen wurden die »Naiad« und die »Carlisle« abermals getroffen, und auch das Schlachtschiff »Valiant« unter Captain Morgan erhielt einen leichten Treffer.

Es war den englischen Großkampfschiffen gelungen, die beiden leichten Schiffsstaffeln auseinanderzusprengen und einige Einheiten zu versenken. Die Gebirgsjäger, die bereits durch die Hölle von Malemes hatten gehen müssen, mußten noch einmal durch das Fegefeuer dieser Kämpfe, die sie wieder schwere Verluste kosteten.

Die britische Seite aber hatte diesen Erfolg auch mit schweren eigenen Verlusten an Menschen und Schiffen bezahlt. Zwei Kreuzer und zwei Zerstörer gingen verloren, zwei Schlachtschiffe wurden leicht, zwei Kreuzer schwer beschädigt.

Am Abend dieses Tages kommandierte Konteradmiral Rawlings die beiden Zerstörer »Decoy« und »Hero« ab. Sie liefen zur Südküste von Kreta, um den griechischen König beim Dorf Roumeli aufzunehmen.

König Georg II. von Griechenland hatte sich bis dahin im Landhaus des griechischen Ministerpräsidenten Tsouderos nahe der Straße nach Alikianou verborgen gehalten. Deutsche Fallschirmjäger waren am 21. Mai nahe daran, ihn gefangenzunehmen. Aber er entwischte ihnen und erließ von hier aus seinen Aufruf an die Bewohner Kretas, einen heimtückischen Heckenschützenkrieg zu eröffnen. Das widersprach den Regeln der Haager Landkriegsordnung, die sein Land mitunterzeichnet hatte. Viele Kreter folgten diesem Aufruf. Sie erschossen deutsche Soldaten aus dem Hinterhalt und wurden selbst erschossen.

In der kommenden Nacht zum 23. Mai wollten es die kleinen Schiffe noch einmal wissen. Sie nahmen wieder Kurs nach Süden und kamen bis auf vier Kilometer an Kap Spatha heran. Abermals wurden sie hier von britischen Kriegsschiffen aufgefaßt, zusammengeschossen, in Brand gesetzt, gerammt und von den Zerstörersteven in der Mitte durchgeschnitten.

Eine Bootsbesatzung unternahm den Versuch, die vier Kilometer an Land zu schwimmen. In einem geretteten Schlauchboot, das sie mitzogen, lagen 15 verwundete Gebirgsjäger. Weitere 15 leichtverwundete Kameraden hielten sich an den Leinen des Schlauchbootes oder wurden von ihren nichtverwundeten Kameraden mitgezogen. In ihren Schwimmwesten konnten sie glücklicherweise nicht sinken.

Es waren insgesamt etwa hundert Gebirgsjäger. Als sie schließlich nach unsäglichen Strapazen das rettende Ufer erreichten, gelang es ihnen nicht, die steilen Klippen zu erklettern. Sie trieben wieder ab. So schwammen sie am Morgen des 23. Mai auf dem Wasser, als deutsche Seenotmaschinen auftauchten, wasserten und die Männer bargen. Diese Maschinen retteten 178 Gebirgsjäger vor dem Tode des Ertrinkens, während 84 Gebirgsjäger durch italienische Schnellboote gerettet wurden.

Von dem Bataillon unter Oberstleutnant Ehal blieben über 300 Jäger in See, weitere hundert wurden verwundet.

Neben jenen 15 Gebirgsjägern, die noch in der Nacht zum

23. Mai auf Kreta landeten, gelang es noch einem Leutnant mit 35 Mann, die Halbinsel Kap Spatha zu erreichen. Halbnackt, total entkräftet und am Ende ihres Widerstandes kletterten sie die Felsklippen empor.

Das unselige Kapitel der Leichten Schiffsstaffeln, mit Blut geschrieben und von Grauen erfüllt, war zu Ende. Unter den hohen Opfern, die Kreta kostete, waren sie die tragischsten. Sie sahen den Tod kommen und konnten sich nicht einmal wehren. Sie gingen im Inferno des Trommelfeuers der britischen Seestreitkräfte unter.

Der dritte Tag beim Sturmregiment im Großraum Chania

Unmittelbar nach der Vernichtung der beiden Leichten Schiffsstaffeln griff der Gegner bei Malemes im Abschnitt des IV. Bataillons des Sturmregiments an. Zwischen Straße und Küste versuchte er mit Lastwagen und Panzern durchzubrechen. Im Abschnitt der Kompanie Kiebitz rollten Panzer vor. Oberst Ramcke hatte die Kompanie Kiebitz mit unterstellten Panzerjägern in diesen bedrohten Abschnitt geschickt. Das sollte sich nun als weise Entscheidung herausstellen.

Zwei Panzer wurden abgeschossen. Mit blutigen Verlusten für den Gegner wurde der Angriff abgewiesen. An diesem Tag sammelte die Westgruppe zum entscheidenden Angriff nach Osten. Dieser sollte erfolgen, sobald die Gebirgsjäger unter Oberst Utz die befohlene Umfassung durchgeführt hatten. Als gegen Mittag dieses 22. Mai Generalmajor Schlemm auf Kreta eintraf, leitete er die Zuführung und Einweisung der Verstärkungen in enger Verbindung mit dem Korpsgefechtsstand in Athen.

Während das Oberkommando der Wehrmacht noch immer mit keiner Zeile auf diesen neuen Kriegsschauplatz hingewiesen hatte, ließ Winston Churchill im britischen Unterhaus die Katze aus dem Sack, indem er verkündete:

»Im Abschnitt von Chania und in der Sudabucht erfolgten am Mittwochmorgen (21. 5. 1941) starke feindliche Luftangriffe. Sie wurden den ganzen Tag über fortgesetzt und waren vom Niedergehen neuer Fallschirmtruppen im

Südwesten von Chania begleitet. Es scheint, daß der Feind den Flugplatz von Malemes, zehn Meilen von Chania, und den Raum westlich von Ceres besetzt hat; doch befindet sich dieser Flugplatz unter dem Feuer der britischen Reichstruppen...

Es ist eine äußerst heftige Schlacht. Ich werde den Männern, die sie auskämpfen, ermutigende Botschaften zukommen lassen. Sie müssen wissen, daß es sich um eine der wichtigsten Schlachten handelt, die entscheidend für das Mittelmeer werden kann.«

Angriff der Gebirgsjäger

Seit dem frühen Morgen des 22. Mai erkundete Oberst Utz mit einem kleinen Gefechtsstab die Lage bei der englischen Batterie vor Modion und in Malemes-Dorf. Aus beiden Stützpunkten mußte der Gegner geworfen werden.

Es gelang ihm, festzustellen, daß die englische Riegelstellung nur etwa 2,5 Kilometer weit nach Süden bis zu einer englischen Funkstelle auf der Höhe 295 reichte. Daraufhin setzte er Teile seines Regiments zu einem umfassenden Vorstoß nach Süden an. Seiner 7. Kompanie, die von Leutnant Bachmaier geführt wurde, befahl er, mit allen unterstellten schweren Waffen den Kampf der Fallschirmjäger um das Dorf Malemes zu stützen.

Die auf die Höhe 107 hinaufgeschafften Infanteriegeschütze der Fallschirmjäger eröffneten das Feuer auf die bei Modion stehende schwere englische Batterie, die ausgeschaltet werden mußte, wenn die Nachlandungen reibungslos vonstatten gehen sollten.

Die 4. neuseeländische Brigade, die hier den Gebirgsjägern und Fallschirmjägern gegenüberlag, zähe Farmerssöhne aus der unendlichen Weite eines harten Landes und ebenso hart wie ihr Land, kämpfte Schulter an Schulter mit den Maoris.

Mit Beginn des Angriffs schossen alle MG der Kampfgruppe Bachmaier, um die MG in den Feindstellungen niederzuhalten. Gebirgsjäger und Fallschirmjäger stürmten vor. Aus den Trümmern des Dorfes, aus Fensterhöhlen, von Dachböden und Bäumen peitschte den Angreifern das Abwehrfeuer entgegen.

Während hier die Gebirgsjäger der Gamsdivision angriffen, kämpften ihre Infanteriegeschütze die schwere englische Batterie bei Modion nieder.

In dem Augenblick, als Leutnant Bachmaier in Malemes-Dorf eindrang, gingen zwei frische Kompanien Neuseeländer zum Gegenstoß vor. Sie rannten mit lautem Geschrei mitten in die Formation der Angreifer hinein. Hinter Agavenstauden und Steineichengebüschen tauchten die khakigelben Uniformen, die flachen Stahlhelme der Neuseeländer immer wieder auf; sie schossen auf die Angreifer, rannten weiter, blieben aber im MG-Feuer der Gebirgsjäger liegen. Es gelang den angreifenden Neuseeländern nicht, zum Westrand des Dorfes durchzubrechen.

Zur gleichen Zeit traf die 8. Kompanie des GBJ-Regiments 100, die bereits am Abend des Vortages bis zum Dorf Mulete, nur fünf Kilometer südlich des Flugplatzes Malemes, vorgegangen war und beiderseits der Straße eine Riegelstellung bezogen hatte, auf die von Paläochora vorprellenden Feind-Vorhuten. Hier zog sich der Gegner nach kurzem Feuerkampf zurück und wurde von den Gebirgsjägern verfolgt. Das Gefecht aus der Bewegung heraus dauerte bis zum Mittag dieses 22. Mai an. Es zog sich den Hang der Straßenserpentinen von Anoskeli hinauf und blieb am frühen Nachmittag beim Dorf Anoskeli liegen. Hier gruben sich die Gebirgsjäger ein, denn nun näherte sich das durch Spähtrupps erkannte Gros zweier britischer Bataillone. Als diese auf die deutschen Stellungen trafen, zogen sie sich nach einem kurzen Feuergefecht zurück. Sie wurde von der 8./GBJ-Regiment 100 unter Oberleutnant Zwickenpflug in Richtung Kandanos verfolgt.

Am Morgen des 24. Mai erreichte diese kleine Kampfgruppe aus Gebirgsjägern die Küste, fand hier aber keinen der Gegner mehr vor. Offenbar waren die Engländer von einem dort liegenden Geleitzug aufgenommen worden.

Es war genau 10.00 Uhr am 22. Mai, als die ersten Ketten Ju 52 über dem Flugplatz Malemes einschwebten, um das I. Bataillon des GBJ-Regiments 85 zu landen. Auch heute noch feuerten englische Batterien im Salventakt auf den Flugplatz. Dicke rote Staubwolken waberten empor und behinderten die Sicht. Abermals wurden Maschinen getroffen, wieder gab es Tote und Verwundete. Oft mußten die Piloten der Ju 52 fünfzehn Minuten und länger über der Insel kreisen, bevor sie landen konnten. Mit völlig überlasteten Maschinen stürzten sie sich mitten in den Höllenschlund der berstenden Granaten hinein, durch hochaufwirbelnde Staubwolken in der Sicht behindert.

Immer mehr Ju 52 fielen aus. Waren es am ersten Tag der Nachlandungen nur 20 Maschinen, so erhöhte sich ihre Zahl am zweiten Tag auf 123 Flugzeuge, so daß am Abend des 22. Mai 143 Ju 52 am Rande des Flugfeldes von Malemes lagen. Was diese Transportflieger leisteten, hat General der Gebirgstruppen Julius Ringel dem Autor so geschildert:

»In den zwölf Tagen ihres Gesamteinsatzes vom Festland nach Kreta wurden etwa 200 Ju 52 vernichtet, beschädigt oder blieben verschollen. Die Maschinen legten insgesamt 2 400 000 Kilometer zurück. Sie beförderten 23 463 Menschen, 539 Geschütze und Granatwerfer, 5358 Waffenbehälter, 711 Kräder und 1 090 130 Kilogramm Nachschubgüter.«

Von der Insel brachten sie 3173 Verwundete ans Festland zurück. Noch niemals zuvor hatte eine ähnliche Bewegung durch die Luft stattgefunden. Noch nie war ein Feldzug in dieser Art geführt worden.

»Wir Gebirgsjäger von der 5. Gebirgsdivision«, sagte General Ringel, »werden uns stets bewußt bleiben, daß wir das größte Abenteuer unseres Daseins und seinen glücklichen Ausgang nicht zuletzt jenen Männern verdanken, die uns über Hunderte Kilometer hinweg nach Kreta flogen und die Verwundeten zurückholten. Manche mögen sich glücklich schätzen, keine Erinnerungen solcher Art mit sich herumzuschleppen, wir schätzen uns glücklich, dabeigewesen zu sein.«

Gegen Mittag des 22. Mai war das I./Gebirgsjäger-Regiment 85 gelandet. Es wurde Oberst Utz unterstellt. Er erhielt Weisung, im Vorgehen nach Süden die beherrschende Höhe 259 zu nehmen, in einer weiteren Umfassungsbewegung nach Osten auszuholen und dem Feind im Malemes-Dorf in den Rücken zu fallen. Gelang dieser Einsatz, dann war auch die noch immer auf den Flugplatz von Malemes feuernde schwere britische Batterie von Modion ausgeschaltet.

Zwischen 12.00 und 14.00 Uhr landete das I. Bataillon des GBJ-Regiments 100, das ebenfalls sofort nach Süden eingesetzt wurde. Mit diesem Bataillon ging eine motorisierte Batterie der Fallschirm-Artillerie-Abteilung vor.

Gegen Abend landeten dann noch das Gebirgs-Pionier-Bataillon 95 unter Major Schätte und die Fallschirm-Artillerie-Abteilung unter Major Bode sowie Teile der Gebirgs-Artillerie der 5. Gebirgs-Division.

In der entscheidenden Phase dieses ereignisreichen Tages, als die Neuseeländer ein letztesmal versuchten, Malemes zurückzugewinnen, landete eine weitere Kette Ju 52. An Bord hatte sie den Stab der 5. Gebirgs-Division mit dem Divisionskommandeur, Generalmajor Ringel.

Kurz vor ihm war Hauptmann von Richthofen vom Stab des VIII. Fliegerkorps auf Kreta gelandet, um die Wünsche der Fallschirmjäger für die Ziele der Bomber und Stukas entgegenzunehmen und die Zusammenarbeit aller eingesetzter Fliegerverbände zu koordinieren.

Unmittelbar nach der Landung übernahm Generalmajor Ringel die Gesamtführung über die Kreta-Westgruppe. Er wurde von Generalmajor Schlemm in die große Lage und von Oberst Ramcke in die Lage der Front um Malemes eingewiesen. Auch Oberst Utz erstattete seinem Divisionskommandeur Bericht.

Die Feindbatterie bei Modion war bereits am Nachmittag von einigen Stukas angegriffen und durch Volltreffer zum Schweigen gebracht worden.

Als die Dunkelheit einfiel, war alles Notwendige zum Angriff für den nächsten Tag, den 23. Mai, getan.

Das Fallschirmjäger-Regiment 3 hatte seine erreichten Räume gehalten. Das Bataillon Heilmann war um 17.00 Uhr

Oben: Die Sudabucht nach den deutschen Luftangriffen

Unten: Fallschirmjäger bei einer Rast

Oben: Major Schulz mit seinem Bataillon in Heraklion
Unten: Verhandlungen mit dem Bürgermeister der Stadt; rechts von diesem
Major Schulz, links Oberleutnant Kerfin

Links oben: Major Schulz warnt den OB von Heraklion vor einem Stuka-angriff. Rechts oben: Major Schulz (links) und sein Regimentskommandeur, Oberst Bräuer. Unten: Bei Rethymnon verwundete Fallschirmjäger

Rudolf Witzig

Alfred Schwarzmann

Martin Schächter

Fritz Prager

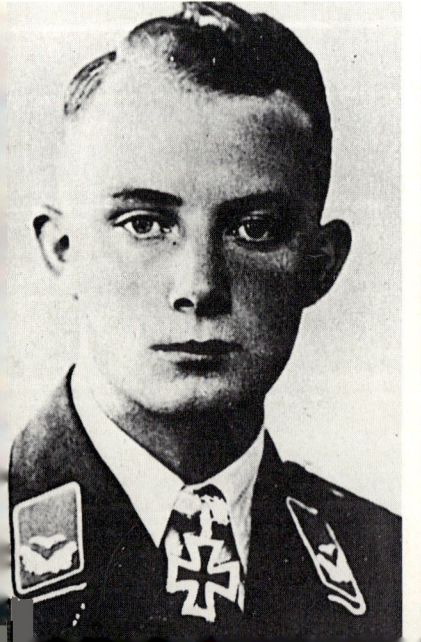

von Gebirgsjägern erreicht und entsetzt worden. Bei Stalos reichten sich Fallschirmjäger und Gebirgsjäger die Hand.

Kampfraum Rethymnon

Im Abschnitt der Kampfgruppe Kroh im Verteidigungsraum der Ölfabrik setzte am Morgen des 22. Mai bereits wieder das Feuer des Gegners ein. Das 1. australische Bataillon griff um 7.00 Uhr in Richtung Ölfabrik an. Es wurde dabei von der 4. griechischen Brigade unterstützt, die zwei Panzer zur Verfügung hatte. Die Angreifer kamen bis auf Handgranatenwurfweite heran. Die beiden Panzer wurden jedoch abgeschossen, und der Angriff kam zum Erliegen.

Um die im Niemandsland liegenden Verwundeten und Toten bergen zu können, überbrachte der Gegner um 10.11 Uhr ein Waffenstillstandsangebot, das von Major Kroh angenommen wurde. Die Waffen schwiegen, und deutscherseits wurden 50 Verwundete geborgen. 70 verwundete deutsche Fallschirmjäger wurden von englischen Sanitätern geborgen und versorgt.

Um 14.23 Uhr setzte das gegenerische Artilleriefeuer abermals ein. Einige eigene Pak und Flak erwiderten es. Ein am Strand mit Munition gefundener englischer Granatwerfer wurde bemannt und bekämpfte die feindlichen Artilleriestellungen erfolgreich.

Während des ganzen Tages hielt das Gewehrfeuer der Baum- und Heckenschützen an, die sich südwestlich der Ölfabrik bei der Höhe 254 und aus dem Raum Kamiri anschlichen. Die Kampfgruppe Kroh hielt jedoch ihre Stellungen.

Bei der Kampfgruppe Schulz und Wiedemann begann der Morgen des 22. Mai ebenfalls mit feindlichem Artilleriefeuer. In die gegnerischen Angriffsvorbereitungen hinein platzte ein deutscher Stukaangriff, der durch Richtungspfeile und Sichtzeichen gelenkt wurde und eine durchschlagende Wirkung erzielte. Ein Feindangriff gegen die Kapellenhöhe südlich Peribolia wurde von der 11. Kompanie abgewiesen.

Eine Stunde darauf griff der Gegner abermals in Bataillonsstärke von Südosten im Verlaufe des Flußtales her und von der Straße aus Süden und Südosten auf Peribolia an. Dieser Kampf tobte am längsten. Er flaute erst um 18.42 Uhr ab, als der Angreifer bereits hohe Verluste erlitten hatte.

Genau 20 Minuten später griffen die Australier ein drittes Mal an. Diesmal brachten sie die Verteidiger durch das Abschießen deutscher Leuchtkugeln in Verwirrung, und es gelang ihnen, in die Stellungen der Fallschirmjäger einzubrechen. Diese mußten sich bis Peribolia und schließlich sogar bis zur Straße zurückziehen, die durch den Nordteil von Peribolia entlang der Küstenlinie von Westen nach Osten verläuft. Hier aber setzten sich die Fallschirmjäger wieder fest. Im Häuserkampf wurden die Australier schließlich von einzelnen Stoßtrupps zurückgeworfen. Bis 21.40 Uhr war Peribolia wieder freigekämpft.

Die Lage bei der 9. Kompanie entwickelte sich derweilen kritisch. Auf der Kapellenhöhe, wo die Kompanie verteidigte, kamen die Engländer gefährlich nah an die Stellungen heran. Dann gelang es ihnen sogar, in die Stellungen der Neunten einzubrechen. Die Kompanie mußte sich auf den zentral gelegenen Friedhof zurückziehen. Hier richtete sie sich zur Rundumverteidigung ein.

Um die gleiche Zeit erreichte Oberleutnant Begemann, aus Peribolia kommend, die Kapellenhöhe und berichtete, daß das gesamte Bataillon zerschlagen sei und er versuchen wolle, nach Westen zur Kampfgruppe Kroh durchzubrechen. Leutnant Kühl, Führer der Neunten, aber beschloß, weiterhin den Friedhof zu verteidigen.

Als Oberleutnant Begemann mit seinen Männern zum Aus- und Durchbruch antrat, gerieten sie aus Versehen in das Feuer der eigenen 11. Kompanie, die einen Feindangriff vermuteten. Beide Seiten erlitten Verluste, ehe sich herausstellte, daß hier Deutsche auf Deutsche schossen.

Dann griffen die Briten den Friedhof mit starken Kräften an. Sie gelangten auf Handgranaten-Wurfweite an die Friedhofsmauer heran. Aber im Gegenstoß mit einer Handvoll Fallschirmjäger gelang es Leutnant Kühl, den Gegner zu werfen. Sein Gegenstoß war so wildentschlossen geführt, daß die Engländer trotz ihrer Überzahl ins Laufen gerieten.

Als der Abend dieses denkwürdigen 22. Mai niedersank, hatte die Friedhofshöhe auf beiden Seiten schwere Verluste gekostet.

Bei Rethymnon standen deutsche Fallschirmjäger in einem aussichtslosen Kampf, den sie dennoch nicht aufgeben durften, um nicht die Kameraden der anderen Gruppen zu gefährden.

Beim Fallschirmjäger-Regiment 1 in Heraklion

Hier wurde der 22. Mai zu einem Tag bitterer Entschlüsse und ebenso bitteren Einsatzes. Ein britischer Parlamentär kam zur Kampfgruppe Schulz vor. Er überbrachte die Botschaft des britischen Kommandeurs von Heraklion:

»Deutsche Fallschirmjäger!

Sie haben tapfer gekämpft. Aber jetzt ist jeder weitere Kampf sinnlos geworden. Sie sind die einzige Gruppe auf der Insel, die noch nicht vernichtet ist. Ihr Widerstand ist sinnlos. So sehr ich Ihren Mut anerkenne, fordere ich Sie jetzt dennoch auf, sich ehrenvoll zu ergeben. Sie werden gut behandelt werden.«

Die Antwort, mit der Karl-Lothar Schulz den Parlamentär fortschickte, war kurz und bündig:

»Die Deutsche Wehrmacht hat den Auftrag, Kreta in Besitz zu nehmen. Sie wird diesen Auftrag ausführen.«

Wenig später ging ein Befehl des Regimentskommandeurs beim Bataillon Schulz ein, daß die Eroberung von Heraklion zurückgestellt sei. Nunmehr sollte das Bataillon die Straße nach Westen sperren. Mit der Hauptgruppe aber sollte Major Schulz die Stadt im Südosten umgehen, zur Höhe 491 vorstoßen und jene Feind-Batterie zum Schweigen bringen, die von dort auf das Gros der Kampfgruppe Bräuer schoß.

Der Gruppe, die die Straße sperrte, wurden auch die Leichtverwundeten zugeordnet. Mit dem Gros marschierte Major Schulz nach Einfall der Dunkelheit los. Zweimal mußte die Hauptstraße überquert werden. Dann galt es, die Schluchten und Felsrücken zu passieren, und im Morgengrauen des 23. Mai war der Ausgangspunkt zum Sturmangriff auf die Höhe 491 erreicht.

In dem Bergdorf Tselikakä hatte Oberarzt Dr. Langemeyer den Verbandsplatz des Bataillons Schulz eingerichtet, der auch für das »geliehene« Bataillon Schirmer zur Verfügung stand. Letzteres hatte sich den ganzen 22. Mai hindurch mit griechischen Freischärlern herumgeschossen. In dieses Lazarett wurde auch der verwundete Dr. Kirsch gebracht. Als die ersten Ruhrerkrankungen auftraten und Fieberkrankheiten gemeldet wurden, wurde auch ein Artikel knapp, an den niemand in der vorbereitenden Phase gedacht hatte: Toilettenpapier. Sofort ließ Dr. Langemeyer per offenem Funkspruch die Anforderungen danach an den Korpsgefechtsstand nach Athen tasten. Dort war man dann stundenlang damit befaßt, zu ergründen, was für eine Bewandtnis es mit dem »Schlüsselwort« Toilettenpapier auf sich hatte. Schließlich kam man auf das richtige, daß *das* gemeint sein müsse, was in dem Funkspruch stand. Ju 52 warfen den Nachschub für die »SK 2« (Sanitätskompanie 2) genau an der richtigen Stelle ab, so daß alle Medikamente und auch das Toilettenpapier geborgen werden konnten.

Auf dem Hauptverbandsplatz arbeitete Dr. Langemeyer Tag und Nacht. Es war eine Zeit der Improvisationen und des letzten Einsatzes eines jeden einzelnen. Vorbildlich führte dies der schwerverwundete Dr. Kirsch vor, als er zwei mit schweren Kieferverletzungen eingelieferte Fallschirmjäger operierte. Bei diesen Operationen wurde Dr. Kirsch einige Male von Schwächeanfällen geschüttelt, aber er führte die Operationen durch und sprang immer wieder rettend ein, bevor er am 30. Mai auf das Festland übergeführt wurde.

Fallschirmjäger und Gebirgsjäger

Als am Morgen des 23. Mai 1941 die englische Nachrichtenstelle bekanntgab, daß »der Ruf der Deutschen Wehrmacht
auf Kreta in Gefahr« gerate, hatte sich die Lage entgegen den
anderslautenden Berichten aus General Wavells Hauptquartier in Kairo und dem Bericht von Winston Churchill vor dem
britischen Unterhaus bereits gefestigt. Es war nur noch eine
Frage der Zeit, bis die Insel in deutschem Besitz war. Dennoch waren schwere Kämpfe zu bestehen, die erst die große
Wende einleiten sollten.

Kampfgruppe Gericke greift ein

In den ersten Morgenstunden des 23. Mai setzte sich der
Gegner vor der Kampfgruppe Gericke nach Osten ab. Hauptmann Gericke, der darin ein Weichwerden des Gegners sah,
stieß mit allen Kräften beiderseits der Straße zum Angriff vor.

Die Kampfgruppen Schmitz und Stentzler schlossen sich –
links und rechts das IV. Bataillon Gerickes verstärkend –
sofort dem Angriff an.

Von Schlucht zu Schlucht, von Höhe zu Höhe stießen die
Fallschirmjäger hinter den weichenden Gegner her, zerschlugen die sich festsetzenden Gruppen und eroberten das
gesamte Höhengelände bis westlich Platanias in einem einzigen Sturmlauf. Damit waren die letzten Feindbatterien ausgeschaltet, die noch auf den Flugplatz Malemes schießen
konnten. Bei diesem Kampf war es Oberleutnant Horst
Trebes, der seine Kompanie von der Spitze her führte, sie
immer wieder nach vorn riß und jede Schwäche des Gegners
sofort ausnutzte.

Alle Kampfgruppen beteiligten sich an diesem Vorstoß. Sie
waren seit Tagesbeginn zur »Gruppe Ramcke« zusammengeschlossen, während Generalmajor Ringel die Führung der
gesamten Gruppe West übernommen hatte. Am Abend
dieses Tages gruben sich die Fallschirmjäger in den erreich-

ten Stellungen ein. Sie erhielten Weisung, am 24. Mai nach der Umfassung des Gegners durch die Gebirgsjäger unter Oberst Utz erneut zum Angriff anzutreten.

Einsatz der Gebirgsjäger am 23. Mai 1941

Von seinem Gefechtsstand aus setzte Generalmajor Ringel am Morgen dieses Tages die Gebirgspioniere unter Major Schätte ein. Sie erhielten Befehl, die kleine Hafenstadt Kastelli in Besitz zu nehmen. Diese Stadt wurde von griechischen Verbänden und einigen Zügen Australier verteidigt. Hier war am 20. Mai der Zug Mürbe gesprungen und fast völlig vernichtet worden.

Während die Gebirgspioniere das Feuer der Verteidiger von Kastelli erwiderten, warteten sie auf die angekündigten Stukas, die von Major Schätte angefordert worden waren. Als sie kamen, über die Flügel abkippten und dieser kleinen Stadt entgegenheulten, wollten die Verteidiger die Stadt verlassen. Aber das MG-Feuer der Gebirgspioniere trieb sie wieder zurück.

Mitten in die Feindstellungen am Ortsrand fielen die Bomben. Flammen und Rauch stoben in die Höhe. Danach kamen deutsche Kampfflieger, umkreisten die Stadt und suchten die Widerstandsnester, auf die sie sich mit Bomben und anschließendem Bordwaffenfeuer stürzten. Als die letzte Maschine zum Zeichen für das Ende des Bombardements das rote Leuchtzeichen abgeworfen hatte, gab Major Schätte den Befehl zum Angriff.

An der Spitze seines Bataillons trat er zum Angriff an. Von der Höhe rechts von Kastelli, aus einer byzantinischen Kirche und von deren wuchtigen Umfassungsmauern schlug den anstürmenden Gebirgsjägern schwerstes Abwehrfeuer entgegen. Feldwebel Faltermeier, der die Angriffsgruppe gegen die Kirchenhöhe führte, berichtete über diesen Angriff:

»Gut getarnt haben die Griechen diese Kirche zu einer wahren Festung ausgebaut, sie schießen auf uns, was das Zeug hält. Der hohe Wein gibt uns vorerst gute Deckung.

Unter Ausnutzung jeder Mulde arbeiten wir uns sprungweise vor; unser MG gibt uns Feuerschutz. Immer enger umfassen zwei Züge Gebirgsjäger die befestigte Stellung. Schon fliegen die ersten Handgranaten über die Mauer. Die vordersten unserer Soldaten springen heran. Im letzten geschlossenen Sprung sind wir drinnen. Da wird auf der Mauer eine weiße Fahne geschwenkt. Der Gegner, griechische Soldaten, ergibt sich.«

Während diese Gruppe ihr gestecktes Ziel erreichte, stürmte das Gros des Bataillons auf die große Fabrik von Kastelli zu. Hier wurden die Angreifer ebenso wie bei der Kirche mit deutschen Waffen beschossen, die die Gegner aus den gefundenen Waffenbehältern geborgen und eingesetzt hatten. Dazu liefen Freischärler mit Hakenkreuz-Sichttüchern herum und stifteten Verwirrung. Dennoch konnte die Fabrik erobert werden.

Vor dem Ostrand von Kastelli und den südostwärts gelegenen Höhen jedoch kam der Angriff zum Erliegen. Der linke Flügel kam nur noch schrittweise vorwärts. Die Verluste mußten hoch werden, wenn an dieser Stelle der Durchbruch erzwungen werden sollte.

Major Schätte faßte den Entschluß, mit einer Gruppe Pioniere die Stadt zu umgehen und von Norden nach Kastelli einzudringen. Die Umgehung gelang. Die Gruppe kam durch, und Kastelli wurde im Häuserkampf in Besitz genommen.

Plötzlich meldete sich eine Frau bei Major Schätte. Sie berichtete ihm, daß noch deutsche Gefangene in der Polizeikaserne säßen. Sofort stürmte das gesamte Bataillon zum Gefängnis der Kameraden. Die Wachen, die das Feuer eröffneten, wurden überwältigt.

Als die Gebirgsjäger in die Kellerräume eindrangen, stießen sie hier auf drei neuseeländische Offiziere, die mit gezogenen Pistolen verhindert hatten, daß die griechischen Freischärler die gefangenen Fallschirmjäger ermordeten. Einer der Offiziere sagte:

»Gut, daß ihr da seid! – Lieber als Gefangene von der Insel gehen, als solche Massaker zu dulden.«

Eine wirkliche Tat soldatischer Männer, mehr als nur eine

Geste, weil sie unter Einsatz des eigenen Lebens vollbracht werden mußte. Ein Lichtblick in dem an unerbittlichen Kämpfen reichen Geschehen auf der Insel.

Es waren die zwanzig Überlebenden des Fallschirmjägerzuges Mürbe, die hier befreit wurden.

Mit der Eroberung von Kastelli war der Raum um Malemes endgültig gesichert. Pionierkampfgruppen, Panzerjäger und Kradschützen verfolgten den weichenden Feind in Richtung der Weißen Berge und jagten vor allem die Freischärlergruppen weiter und weiter nach Süden zurück. Dabei stießen sie keinmal auf britische Truppen. Es sah so aus, als hätte der Gegner den Westteil der Insel verlassen.

Die übrigen Gebirgsjäger-Einheiten standen an diesem Tag ebenfalls im Angriff. Major Dr. Treck erreichte mit dem I. Bataillon des GBJ-Regiments 85 den Ausgangspunkt zum Sturm auf die Höhe 259. Sie wurde kampflos genommen und besetzt.

Der Angriff der Fallschirmjäger auf Modion war im Gange, als dort eine Kompanie dieses Bataillons, von Süden aus vorstoßend, bis an die Straße gelangt war. Als Oberst Utz zum Bataillon Dr. Treck vorfuhr, wurde er von rechts von der Höhe 259 beschossen. Sein Beiwagen-Motorrad mußte in Deckung fahren. Das Feuer ließ darauf schließen, daß die Gebirgsjäger nicht die Höhe 259, sondern eine gegenüberliegende Höhe bei Wryses besetzt hatten. So schnell wie möglich mußte nun auch die Höhe 259 genommen werden, denn sie war für die Fortsetzung des Angriffs wichtig. Das II. Bataillon des GBJ-Regiments 100 unter Major Schury sollte nämlich bis zur Niederung der Höhe 259 vorstoßen und dort Verbindung mit dem FJ-Regiment 3 aufnehmen. Solange die Höhe noch nicht in eigener Hand war, bestand die Gefahr, daß Schurys Gebirgsjäger in einen Hinterhalt gerieten.

Oberst Utz setzte die 1. Kompanie des Bataillons Dr. Treck unter Führung von Oberleutnant Pröhl gegen die Höhe 259 an. Bei sengender Sonne arbeiteten sich diese Gebirgsjäger über vier Kilometer durch Geröllfelder, über Höhen mit Stachelgebüsch und durch Schluchten vorwärts. Als sie schließlich die Höhe erreichten, hatten sie vom Plateau aus einen direkten Blick auf das Dorf Platanias, wo die Fallschirmjäger im Gefecht standen. Die Höhe war feindfrei. Hätten die Neuseeländer sie besetzt, wäre ihnen von hier aus eine wirksame Bekämpfung des deutschen Vorstoßes möglich geworden.

Die Gebirgsjäger stürmten weiter. Sie nahmen die Ortschaft Kuros im Handstreich und stießen in Richtung Küste auf die Ortschaft Stalos vor. Als die Dunkelheit einfiel, wurden sie auf deutsch angerufen. Es waren Männer des FJ-Regiments 3, die die Gebirgsjäger mit Erleichterung empfingen. Damit waren die Umgehung des Gegners bei Platanias und Agya Marina gelungen und die Verbindung mit der Kampfgruppe Heidrich hergestellt.

Noch am 23. Mai waren weitere Einheiten der 5. Gebirgs-Division gelandet. Mit ihnen traf auch Oberst Krakau auf Kreta ein, der das Regiment 85 dieser Division führte. Auf Kreta steuerte alles dem Sieg entgegen. Aber der entscheidende Schlag sollte erst ab 24. Mai geschlagen werden.

Die Lage bei Rethymnon

Bei der Kampfgruppe Kroh im Raum der Ölfabrik hatte der Gegner am 23. Mai bereits um 6.00 Uhr das Artilleriefeuer eröffnet. Als hier die Australier angriffen, wurden sie abgewiesen. In direkten Gegenstößen gingen kampfstarke Stoßtrupps unter Leutnant Fellner und Leutnant Rosenberg hinter dem Gegner her. Sie erreichten den Ausgangspunkt des Angriffs, kämpften auf dieser Höhe den Gegner nieder und nisteten sich in den australischen Stellungen ein. Diese Stellung wurde gegen mehrere Angriffe der Australier gehalten.

Als es gelang, gegen 16.00 Uhr mit den im Gebirge falsch abgesetzten Teilen der Kampfgruppe Kontakt aufzunehmen, erhielt Oberleutnant von Roon Befehl, mit diesen Fallschirmjägern zum Bataillon vorzustoßen und die Häuser am Straßenknie, 400 Meter südöstlich der Ölfabrik, zu besetzen und als Außenbastion zu halten.

Oberleutnant von Roon kämpfte die Häuser frei und schuf damit den Ausgangspunkt zum Angriff auf das einige hundert Meter südlich davon gelegene Dorf Kimari, das von britischen und griechischen Truppen gemeinsam gehalten wurde.

Für die Kampfgruppe Wiedemann im Raum Peribolia begann der 23. Mai ebenfalls mit starkem Artilleriefeuer. Bis Mittag verstärkte sich dieses Feuer wiederholt.

Gegen 16.00 Uhr griff der Gegner aus Süden mit Stoßrichtung Peribolia an und versuchte, gleichzeitig auch die Kapellenhöhe zu gewinnen. Als dieser Angriff bereits zu einer bedrohlichen Niederlage zu führen schien, griffen deutsche Zerstörer-, Stuka- und Kampffliegerverbände um 17.00 Uhr in den Kampf ein.

Die einzeln anfliegenden Verbände erzielten gute Wirkung. Sie bombten die Feind-Stellungen, zerschlugen eine Bereitstellung und zielten auf die Feldstellungen. Diese Unterstützungsangriffe, die durch Sicht- und Leuchtzeichen geleitet wurden, dauerten bis 18.30 Uhr an. Zuletzt wurden die Feindstellungen mit Kanonen- und MG-Feuer belegt. Der Gegner wich in seine Ausgangsstellungen zurück. Die aus der Luft abgeworfenen Nachschub- und Munitionsbehälter wurden geborgen. Leider war keine Munition für die Fallschirm-Artillerie darunter. Doch die beiden Kampfgruppen bei Rethymnon waren nun sicher, daß sie sich halten und hier einen starken Gegner binden würden.

Im Kampfraum Heraklion

Im Kampfraum Heraklion sahen sich die einzelnen Kampfgruppen des FJ-Regiments 1 in die Verteidigung gedrängt. An allen Punkten kämpften sie gegen einen an Zahl weit überlegenen Gegner.

Das III. Bataillon unter Major Schulz arbeitete sich durch die Felswüste der kretischen Berge in Richtung zur Höhe 491 vor. Am Rande der Erschöpfung angelangt, erreichten sie mit Sonnenuntergang des 23. Mai den Fuß der Höhe und arbeiteten sich nach Einfall der Dunkelheit von drei Seiten die Höhe empor.

Im Ansprung nahm es nach kurzem heftigen Feuerschlag die britischen Geschützstellungen auf der Höhe im Sturm. Der Gegner war völlig überrascht. Er hatte es nicht für möglich gehalten, daß die Deutschen die Höhe so rasch erreichen würden, und waren verblüfft, daß sie gerade an der Stelle, die als schwierigste galt, angegriffen hatten.

Die Gegner wurden entwaffnet, Wachen aufgestellt. Das gesamte übrige Bataillon aber fiel in einen tiefen Schlaf der Erschöpfung.

Als der von Oberst Bräuer auf die Höhe geschickte deutsche Spähtrupp oben ankam, traf er die Männer des Bataillons Schulz schlafend. Nur Oberleutnant von der Schulenburg als Wachhabender und seine Wache waren einsatzbereit und auf dem Posten. Oberleutnant von der Schulenburg stieg mit dem Spähtrupp zur Ostgruppe ab und meldete Bruno Bräuer:

»Kampfgruppe Schulz hat die Höhe 491 befehlsgemäß genommen. Die Kampfgruppe schläft.«

Der Tag der Entscheidung

Beim Fallschirmjäger-Sturmregiment

In den frühen Morgenstunden des 24. Mai stieß ein Spähtrupp unter dem Nachrichtenoffizier des Sturmregiments, Oberleutnant Göttsche, auf der Straße in Richtung Platanias vor. Das Feindfeuer zeigte Göttsche, daß Platanias und die Hänge westlich der Stadt noch in der Hand des Gegners waren. Vom Regimentsgefechtsstand aus konnte man das Vorgehen der Gebirgsjäger gut beobachten, und wenig später entschloß man sich zum Angriff. Das II. Bataillon und die gesamte Kampfgruppe Gericke stürmten dem weichenden Gegner nach und gewannen noch am Vormittag das Dorf und das Höhengelände beiderseits Platanias. In scharfem Nachdrängen stießen die Fallschirmjäger über Agya-Marina bis zu den Höhen östlich und südöstlich Stahana-Chania vor. Auf diesen Höhen konnte die Kampfgruppe Gericke Verbindung mit der Fallschirmpionier-Kompanie unter Oberleutnant Griesinger aufnehmen, die mit dem Bataillon Heilmann und dem FJ-Regiment 3 der Gruppe Chania angehörte, die am Stausee, sechs Kilometer südwestlich von Chania, lag. Damit war im Verein mit den Gebirgsjägern der Gruppe Utz (GJR 100) die Verbindung mit der Kampfgruppe Mitte-Chania hergestellt.

Das II. Bataillon, das noch vor der Kampfgruppe Gericke angetreten war, erreichte nach Kampf bis zum Nachmittag die Höhen hart ostwärts der Straße, die von Agya-Marina nach Süden führte. Major Stentzler erhielt hier über Melder die Nachricht, daß Gericke und Oberst Utz die Verbindung mit der Gruppe Mitte aufgenommen hatten.

Am späten Nachmittag eröffnete der Gegner starkes Artilleriefeuer, das sich bis zum Abend zu einem wilden Trommeln steigerte. Major Bode, Kommandeur der Fallschirmartillerie-Abteilung ließ das Feuer mit allen verfügbaren Waffen erwidern. Als er auf den Stand des vorgeschobenen Beobachters eilte, empfing ihn ein heftiger Feuerüberfall. Es gab Tote und Verwundete. Lassen wir Hauptmann Gericke berichten:

»Unser Bataillonsgefechtsstand wurde am 24. Mai in einer natürlichen großen Höhle eingerichtet. Auf dem Boden steht stinkendes Wasser in kleinen Tümpeln, überall riecht es muffig und modrig, aber dafür ist es hier absolut schußsicher. Draußen auf der Straße ziehen Gebirgsjäger mit ihren Pak vorbei. Auch die Fallschirmartillerie macht Stellungswechsel.

Auf einer vorspringenden Felsnase hat der Artilleriekommandeur seinen Beobachtungsstand eingerichtet. Vorsichtig schiebt Major Bode das Scherenfernrohr über den Felsrand. Und doch hat der Gegner diese Bewegung erkannt.

Kaum ist einer der Männer daneben mit dem Stahlhelm zum Vorschein gekommen, da hat ihn schon das Schicksal ereilt. Kopfschuß! – Tot. Scharfschützen nehmen alles unter Feuer, was sich zeigt.

Es dauert gar nicht lange, da schlägt hinter dem Felsvorsprung die erste englische Werfergranate ein. Der Artilleriekommandeur bricht, von einem Splitter getroffen, tot zusammen. Der Adjutant, Oberleutnant von Bültzingslöwen, krümmt sich schwerverwundet.

Weiter wandert das Feuer der Artillerie hinüber ins Dorf. Mauern stürzen, Glas klirrt, Mörtel bröckelt in weißen Staubwolken heraus. Ganz schwere Koffer singen ihr Lied über die vordersten Stellungen hinweg. Sie kamen von der Sudabucht von den Kriegsschiffen der Engländer.«

Mit seinem Adjutanten fuhr Hauptmann Gericke mit einem Krad zum Truppenverbandsplatz. Als sie aus der Schlucht auf die Asphaltstraße einbogen, erhielten sie bereits Feuer. In schnellster Fahrt rollten sie der Brücke entgegen. Kurz bevor sie sie erreichten, verstärkte sich das Feuer, und als sie gerade auf der Brücke fuhren, warf sie der Luftdruck detonierender Granaten mitsamt dem Krad in hohem Bogen über das Geländer in den ausgetrockneten Bachlauf.

Gebirgsjäger, die nahebei in Deckung gegangen waren, bargen die beiden Fallschirmjäger. Sie mußten erst die schwere Maschine zur Seite wuchten. Seltsamerweise war sie heil geblieben. Auch dem Adjutanten war nichts passiert, und Hauptmann Gericke hatte sich bloß einen Bluterguß am Fuß zugezogen.

Während Gericke mit seinen hier liegenden verwundeten Kameraden sprach, hatte ein Oberjäger einen Baumast abgeschnitten und daraus einen kräftigen Krückstock gefertigt, den er dem Kommandeur übergab.

Am Nachmittag des 24. Mai 1941 traf auch General Student in Malemes ein. Es hatte ihn nicht mehr auf dem Festland gehalten. Er fuhr sofort weiter zum vorgeschobenen Gefechtsstand, wo Oberst Ramcke ihm den ersten Lagebericht gab und über den geplanten Angriff des kommenden Tages referierte. Um den Gefechtsstand lag das Artilleriefeuer des Gegners. Die Treffer der Granatwerfer lagen nahe. Im Tosen des Artillerie-Duells überreichte Kurt Student Oberst Ramcke die Spange zum Eisernen Kreuz I.

Am 25. Mai 1941 horchte die Bevölkerung in Deutschland beim Vortrag des Wehrmachtsberichtes auf. Aus den Radios schallte es heraus:

»Das Oberkommando der Wehrmacht gibt bekannt:

Deutsche Fallschirmjäger und Luftlandetruppen stehen seit den frühen Morgenstunden des 20. Mai auf der Insel Kreta im Kampf gegen Teile des britischen Heeres.

In kühnem Angriff aus der Luft eroberten sie, unterstützt durch Jagd-, Zerstörer-, Kampf- und Sturzkampffliegerverbände, taktisch wichtige Punkte der Insel. Nach weiterer Verstärkung durch Verbände des Heeres sind die deutschen Truppen zum Angriff übergegangen. Der Westteil der Insel ist bereits fest in deutscher Hand.

Die deutsche Luftwaffe zerschlug den Versuch der britischen Flotte, in die Entscheidung um Kreta einzugreifen, vertrieb sie aus dem Seegebiet nördlich Kreta, versenkte und beschädigte eine große Anzahl feindlicher Kriegsschiffe und errang die Luftherrschaft über dem gesamten Kampfraum. Die Gesamtoperationen verlaufen weiter planmäßig.«

In den frühen Morgenstunden des 25. Mai wurde der Gefechtsstand des Sturmregiments von Agya-Marina nach Stalos vorgezogen. Oberst Ramcke stellte das II. Bataillon rechts und das IV. Bataillon links an der befohlenen Linie zum Angriff auf das Höhengelände nördlich Galatas bereit. Das I. Bataillon, jetzt unter Führung von Oberleutnant Stoltz, blieb als Reserve der Kampfgruppe Ramcke hinter dem rechten Flügel stehen. Zwischen den beiden vorderen Bataillonen stellte Oberst Ramcke noch die Kampfgruppe Hauptmann Schmitz bereit. Nach rechts hatte Major Stentzler mit seinem II. Bataillon Anschluß an die Gebirgsjäger.

Angriffsbeginn sollte 16.00 Uhr sein. Vorher sollten Stukas und Zerstörer die erkannten Feindstellungen sturmreif bomben. Mit dem ersten Büchsenlicht erschienen Ju-87-Staffeln über den Zielpunkten bei Galatas und eröffneten das Bombardement der Feindstellungen. Dazwischen erschienen Zerstörer, die im Tiefflug auf die erkannten sMG-Stellungen und Paknester des Gegners niederstießen. Ihnen folgten die Bomber.

Der Einsatz dauerte den ganzen Vormittag an. Der Angriffsbeginn wurde auf 16.50 Uhr verlegt, weil um 16.30 Uhr und 16.45 Uhr zwei weitere Stukaangriffe vorgesehen waren. Aber es kam nur zu einem Stukaeinsatz. Der zweite blieb aus. Gebirgsjäger und Fallschirmjäger erhielten den Angriffsbefehl. Es war endlich genau 17.00 Uhr, als der Entscheidungskampf um Galatas begann.

Geführt von Major Stentzler, stürmte das II. Bataillon gegen die Olivenhaine und Hügel norwestlich und nördlich Galatas vor. Die Baumschützen wurden mit MG-Feuerstößen von den Bäumen heruntergeholt, MG-Nester im Umgehungsangriff mit Handgranaten außer Gefecht gesetzt. Stellung um Stellung wurde aufgerollt. Die Neuseeländer und Maoris ergaben sich.

Als Major Stentzler erkannte, daß die rechts von ihm direkt auf die Höhen von Galatas vorgehenden Gebirgsjäger im Feindfeuer liegenblieben, ließ er seine rechte Flügelkompanie unter Oberleutnant Barmethler nach Süden einschwenken und den dort stehenden Gegner im Rücken angreifen. Es gelang. Der Gegner wich, und die Gebirgsjäger konnten weiter vorrücken.

Nachdem das Bataillon Stentzler so weit vorgedrungen war, trat auch die von Teilen der Panzerjäger-Abteilung verstärkte Kampfgruppe Gericke zum Angriff an. In einem zum Teil sehr harten Handgranatenduell nahm sie die hintereinander liegenden Höhenrücken bei Koljenvithra. Bei diesem Angriff fielen vier Fallschirmjäger. Sie waren bis auf kürzeste Entfernung an eine Gruppe Neuseeländer, die weiße Fahnen zeigten, herangekommen. Da fielen heimtückische Schüsse.

Das II. Bataillon hatte den Hauptteil des Angriffs zu tragen gehabt. Es hatte die für den Gegner so wichtigen Höhen nördlich und bei Galatas genommen und ihm damit das letzte Bollwerk vor Chania entrissen.

Bei den Gebirgsjägern in Galatas

Auch die Gebirgsjäger gingen an diesem 25. Mai um 17.00 Uhr in ihrem Angriffsstreifen in kleinen Stoßgruppen zum Angriff vor. Durch Buschwerk und Olivenhaine gedeckt, arbeiteten sie sich in kurzen Sprüngen vor und gewannen Meter um Meter.

Die Gebirgsartillerie unter Oberst Wittmann (Geb.-Art.-Regiment 111), Panzerabwehrkanonen, Artillerie und Granatwerfer aller Kampfgruppen schossen sich auf die Feindwiderstandsnester auf den Höhen ein. Unter diesem Feuerschutz gingen auch die Gebirgsjäger auf ihre Höhen vor. Bei Galatas verteidigten Engländer und Griechen, Australier, Neuseeländer, Maoris und die »Layforces«, Kommandotruppen der britischen Armee.

Frontal mußten die Gebirgsjäger gegen das gutgetarnte System von Gräben und MG-Nestern, Werferstellungen und Flakbatterien durch die Drahtverhaue vorstoßen.

Während hier ein erbitterter Kampf tobte, stiegen die Männer der 1./Gebirgsjäger-Regiment 100 zur Kirchhofshöhe von Galatas empor. Sie lag nördlich der befestigten Höhe 103.

Die Sonne brannte grell auf sie herunter. Verwesungsgestank erfüllte die Luft, Myriaden grünschillernder Fliegen stoben gleich farbigen Wolken empor, wenn die Gebirgsjäger vorüberhasteten.

Sie erreichten den Kirchhof, stiegen über die Mauer. Aber der Gegner hatte diese günstige Stellung verlassen. Seine Nachhuten zogen sich vor den Gebirgsjägern zurück. Von hier aus konnten sie mit den nachgezogenen Pak und den flankierend eingesetzten schweren Maschinengewehren die noch feindbesetzte Kastellhöhe unter Feuer halten.

Den Hang der Kastellhöhe kletterten soeben die übrigen Gebirgsjäger des I. Bataillons hinauf. Hier hatte Oberst Heidrich am 20. Mai mit Teilen des II. Bataillons die Höhe erstürmt und in der kommenden Nacht wieder räumen müssen, um sich auf das Zuchthaus Agya zurückzuziehen. Auch auf der Friedhofshöhe hatten die Fallschirmjäger gekämpft, ehe sie diese ebenfalls räumen mußten, weil sie ohne schwere Waffen gegen den weit überlegenen Gegner nicht zu halten war.

In den Trümmern der Häuser auf der Kastellhöhe hatten sich die Gegner eingerichtet. Sie eröffneten aus 50 Metern Distanz das Feuer. Im selben Augenblick setzten das Feuer von der Friedhofshöhe und das der eigenen Artillerie aus Westen auf die Kastellhöhe ein.

Hier verteidigten die Australier, hervorragende Soldaten mit großem Stehvermögen. Sie traten sogar zu einem Gegenstoß an. Sie stürzten aus den Gräben und hinter den Häusern heraus, warfen im Laufen Handgranaten oder schossen aus Maschinenwaffen. Gebirgsjäger stürzten tödlich getroffen zu Boden. Man mußte sich zur Flucht wenden und hügelabwärts hasten, verfolgt von den Australiern.

Als die Männer auf der Kirchhofshöhe den Feindangriff erkannten, richteten sie die schweren MG auf die Australier. In langen, tödlichen Feuerstößen brach der Gegner zusammen. Nur wenige der Australier kehrten von ihrem Gegenangriff wieder zur Kastellhöhe zurück und erreichten dort wieder sichere Deckung.

Die Friedhofshöhe konnte gehalten werden. Damit war die Lage jedoch nicht eben günstig. Vielmehr stand Generalmajor Ringel vor der Entscheidung, alle Männer auf die Ausgangsstellungen zurücknehmen zu müssen. Da traf aus Athen eine Meldung ein, daß die Stukas um 18.00 Uhr noch einen Angriff fliegen würden. Umgehend wurden die noch

vom Feind besetzten Stellungen, darunter auch der Kastell-
hügel, durchgegeben, und wenige Minuten darauf tauchten
die Stukas auf, stießen heulend auf die Feindstellungen
hinunter und setzten sie mit gutgezielten Bombenwürfen
außer Gefecht. Nach den Stukas kamen wieder Hochbomber
und abschließend schnelle Zerstörer.

Unmittelbar nach diesem wirksamen Unterstützungsan-
griff ging Oberst Utz zu den Männern der 3. Kompanie, die
von der Kastellhöhe geworfen worden war.

»Buam«, sagte er, »wir greifen halt noch amoal an!«

An der Spitze der Gebirgsjäger stürmte Willibald Utz
hügelan gegen die Stellungen zwischen Galatas und der
Kirchhofshöhe vor. Sie erreichten das Plateau und nahmen
die Häuser und Stellungen des Gegners im Sturm. Die
Kastellhöhe selbst aber wurde von der 2. Kompanie genommen, die von Süden her die Feindstellungen aufrollte. Hier
der Augenzeugenbericht von Feldwebel Graindl über die
Eroberung der Kastellhöhe.

»Ich war ruhig, wenigstens glaubten es meine Männer von
mir. Der Sturm auf die Kastellhöhe war schwierig, das
hatte die Dritte bereits vor uns erfahren, die von den
Australiern geworfen worden war.

Ich ließ meinen Zug ausschwärmen. Dann gingen wir
sprungweise vor. Auch beim Kriechen mußten die schweren MG-Kästen mitgeschleppt werden. Schweiß rann sal-
zig in die Augen und in kleinen Bächen am Körper herab.
Plötzlich pfiff eine MG-Garbe Leuchtspurmunition halbrechts über unsere Köpfe hinweg, das Zeichen für Feind-
MG an der linken Zugflanke. Rasche Feuerstöße, gemischt
mit Gewehrschüssen der Baumschützen, pfiffen um uns,
immer wieder unterbrochen vom festen harten Schlag
unserer eigenen MG. Die Läufe wurden glühendheiß. Die
MG-Schützen riefen nach Munition. Jeder Mann feuerte.
Die in vier Feldzügen erprobten Jäger spürten, daß dies ihr
schwerster Kampf werden würde.

Meter um Meter kamen wir vorwärts. Jeder Baum, jedes
Gebüsch und jede Geländefalte wurde zur Deckung. 50
Meter vor uns aber lag eine kahle unbewachsene Fläche,
die von einem breiten Drahthindernis durchzogen war. In

Einzelsprüngen erreichten wir die letzten Bäume davor, Mann für Mann. Die Lungen keuchten, die Herzen hämmerten wild an die Rippen. Den Kopf preßte ein glühender Reifen zusammen.

›Maschinengewehre rechts und links – Feuerschutz!‹ schrie ich. ›Die Drahtschere her!‹

Von Mann zu Mann flog die gewünschte Schere zu mir. Feuerstöße peitschten den englischen Stellungen entgegen und hielten den Gegner in Deckung. Wie eine Schlange mußte ich mich an den Drahtverhau heranschieben. Aber der Gegner ließ sich nicht in die Löcher zwingen. Einer der Tommys, der das von rechts schießende MG bediente, das sehr gut eingebaut war, jagte Leuchtspursalven in den Stacheldrahtverhau.«

Feldwebel Graindl durchschnitt Draht um Draht. In schnellem Sprung jagten die Männer durch den schmalen Spalt und überwanden die freie Fläche, als eigene Werfergruppen das Plateau unter Feuer nahmen. Sie erreichten die Hochfläche, wo sie sofort Feuer erhielten. Es kam aus den vor ihnen liegenden Häusern von Galatas. Als auch einige MG halbrechts aus einer Mulde schossen, schob sich Graindl mit sechs Freiwilligen bis an den Rand der Mulde vor, sprang dann mit ihnen gleichzeitig hinunter und brachte die Schützen zum Schweigen.

Von Busch zu Busch sprangen sie weiter vor. Als sie bis auf 50 Meter an die rückwärtigen Stellungen herangekommen waren, wurden sie von einer wahren Feuerwand in Deckung gezwungen.

Gleichzeitig erklang auch vom Plateau der Warnruf der zurückgebliebenen Gebirgsjäger:

»Die Tommys greifen an!«

Auch in der Mulde griff der Gegner an. Das mitgenommene MG ratterte los. Erst zwanzig Meter vor dem Feldwebel und seinen wenigen Männern blieb der Gegner liegen.

Auf dem Kastellplateau aber tobte der Kampf auf Biegen und Brechen. Eigene Pak und Werfer schossen in die Bereitstellungen des Gegners, der nun doch Wirkung zeigte. Im Handgranatenkampf wurden die am weitesten vorgedrungenen Australier ausgeschaltet, bis sich die Verwundeten und Überlebenden ergaben. Die Kastellhöhe war in der Hand der Gebirgsjäger.

Das Bataillon Stentzler war bei Einfall der Dunkelheit bis an den West- und Nordrand von Galatas herangekommen. Am Westrand stürmte auch Oberfeldwebel Max Burghartswieser mit einem Zug der 7. Kompanie des Gebirgsjäger-Regiments vor. Mit nur 19 Mann, die die Kämpfe des späten Nachmittags überlebt hatten, stürmte der Oberfeldwebel nach Galatas hinein. Hier sein Bericht:

»Die erste Stellung wird einfach überrannt, es geht hart auf hart; jedes Widerstandsnest muß mit Handgranaten und Pistolen aufgebrochen werden. Von 40 Engländern hier kamen nur zwei mit dem Leben davon. Australier, Neuseeländer und Engländer werden geworfen. Der Gegner kämpft bis zum Tode, dann fliehen die Reste. Unter dem im Laufen zusammengefaßten MG- und MPi-Feuer gelingt der Einbruch in die Hauptstellung. Der Gegner weicht. Wer nicht getroffen zu Boden sinkt, wird verfolgt. Die letzten Gräben werden gesäubert. Der Weg nach Galatas ist frei.

Es wird dunkel, als wir mit dem Auftrag, Galatas zu besetzen, den Südrand der Ortschaft erreichen. Fallschirmjäger und Gebirgsjäger einer anderen Kompanie schließen sich uns an.

Plötzlich erscheint in allen Gassen der Tommy. Gewehrsalven und Handgranaten verjagen ihn rasch. Wir streben dem Nordausgang zu. Da läßt uns ein seltsames Geräusch plötzlich verharren: Waren das Panzer?

Aus allen Waffen schießend, rollt bereits der erste heran. Uns steht keine Pak zur Verfügung. Er kommt bis auf 20 Meter heran. Besonders lästig werden uns zwei Granatenschleudern, die an der Außenseite angebracht sind und ständig bedient werden. Wir sind geblendet und betäubt, schleudern dem Panzer Handgranaten einzeln und gebündelt entgegen, bis plötzlich seine Kette reißt. Trotzdem schießt er weiter und reißt große Lücken in die Kompanie, die inzwischen ganz herangekommen ist.«

Es war inzwischen 19.30 Uhr geworden. Unter den ersten in Galatas eindringenden Gebirgsjägern befand sich auch Oberjäger Kerer mit seinem MG-Halbzug. Er hatte Weisung, in der Mitte der Ortschaft in Stellung zu gehen und das Sammeln der beim Angriff weit auseinandergerissenen 7., 8. und 9. Kompanie zu decken.

Eben hatte er die Ortsmitte erreicht und dort mit seinen MG Stellung bezogen und die ersten Feuerstöße geschossen, als auch hier der Ruf erscholl:

»Feindpanzer greifen auf der Hauptstraße an!«

Sekunden später sichtete Oberjäger Kerer auch die Umrisse zweier Panzer, die aus der Finsternis auftauchten. Ihr Kettengerassel mischte sich mit den Abschüssen der MG und der Kanonen. Auch hier begann der Kampf. Der Gegner, durch die beiden Panzer unterstützt, kam rasch näher. Sie mußten die Panzer stoppen, wenn sie nicht untergehen wollten.

»Alle Männer außer den Schützen I zu mir!« rief Kerer durch das Kampfgetöse.

»Wir greifen die Panzer an und halten sie auf!«

Schon rollten die Panzer gegen jene Mauer vor, hinter welcher Kerer mit den Männern in Deckung gegangen war. Sie mußten ins nächste Haus zurückweichen, wo sie auf Burghartswieser und seine letzten Männer stießen.

»Gebt mir Feuerschutz, Kameraden!« rief Kerer ihnen zu. Dann rannte er mit einem Bündel Handgranaten ins Freie. Er schleuderte sie auf den vordersten Panzer. Eine Granate aus der Schnellfeuerkanone warf Kerer schließlich zu Boden. Der vorderste Panzer, der auf der Straße bis auf fünf Meter an das Haus herangekommen war, drehte sich plötzlich einmal um die eigene Achse, ehe er frontal zum Haus stehenblieb. Sein sMG schoß. Die Schnellfeuerkanone fiel ein. Und dann tauchte hinter dem zweiten Panzer Feindinfanterie auf, erreichte den Garten und griff das Haus an, in dem Feldwebel Burghartswieser den Widerstand organisierte. Hinzu stieß Feldwebel Benno Faltermeier, der von rückwärts an das Haus herankam und einen Schützentrupp in Stellung brachte.

Die beiden Feindpanzer wurden von diesem Trupp beschossen. Sie drehten etwas weg und bauten sich erst in einiger Entfernung wieder auf. Das gab den Gebirgsjägern die Chance, das Haus wieder zu verlassen und bis zur Mauer vorzugehen.

Einer der Panzer blieb plötzlich mit gerissener Kette liegen. Der Gegner wich unter dem massierten Feuer der Gebirgsjäger zurück. Der zweite Panzer wandte sich zur Flucht und verschwand in der Nacht.

Noch einmal griff der Gegner mit allen Kräften an. Der Halbzug Kerer wurde dezimiert. Zwei sMG fielen aus. Dann waren nur noch fünf Mann einsatzfähig, auch sie verwundet. In letzter Sekunde brachte ein Melder die Nachricht, daß die Kompanien sich im Ort gesammelt hätten und verteidigungsbereit seien. Damit war der Auftrag des Halbzuges Kerer erfüllt.

Die Höhenstellungen um Galatas, die Haupt-Widerstandslinie des Gegners, an der der Feind aufgehalten werden sollte, war gefallen. Major Schrank und Major Schury hatten mit ihren Gebirgsjäger-Bataillonen bis Tagesanbruch Galatas fest in der Hand. Im ersten Licht des 26. Mai bot die Ortschaft einen grausigen Anblick. Überall lagen Gefallene, Deutsche neben Neuseeländern, Engländern und Australiern, die Waffen noch in den erstarrten Fäusten.

Mit dieser englischen Niederlage bei Galatas wurde ein noch tagelang dauernder Verfolgungskampf eingeleitet.

Am 26. Mai, einen Tag nach diesem blutigen Ringen um Galatas, sagte Sir Winston Churchill vor dem britischen Unterhaus:

»Die Schlacht um Chania tobt mit unbeschreiblicher Wucht, ebenso heftig, wenn auch in kleinerem Maße, die um Rethymnon und Heraklion. General Freybergs Truppen haben Verstärkungen an Menschen und Material erhalten und erhalten sie weiter.«

An dieser Stelle wurde der britische Kriegspremier von lang anhaltendem Beifall unterbrochen. Er aber fuhr fort:

»In *dem* Augenblick, da ich jetzt spreche, ist der Erfolg ihres heldenhaften Widerstandes noch ungewiß. Wie die Schlacht auch endgültig ausgehen mag, so wird doch die Verteidigung Kretas, als eines Vorpostens vor Ägypten, in den Annalen des britischen Heeres und der Royal Navy an erster Stelle stehen.«

Als Generalmajor Ringel am frühen Morgen des 26. Mai von Oberst Utz die Meldung erhielt, daß ganz Galatas in eigener Hand sei, befahl er den weiteren Angriff:

»Wir folgen dem Gegner in breiter Front nach Osten. Er ist jetzt weich geworden. Er darf sich von nun an nicht mehr setzen. Vor dem Sperr-Riegel von Chania bleiben wir stehen, denn es erscheint ratsam, den Angriff auf diese Stellung durch den Flankenstoß des Regiments 85 von Süden her zu unterstützen. Dazu muß abgewartet werden, bis die Umgehung von Süden her vollzogen ist.«

Rethymnon zwischen Untergang und Befreiung

In der Nacht zum 26. Mai 1941 ließ Major Kroh in der Ölfabrik alles zu seinem befohlenen Durchbruch nach Heraklion bereitmachen. Zwei Leichte Flak, die nicht mitgenommen werden konnten, wurden ins Meer geworfen. Die 17 Schwerverwundeten mußten in der Ölfabrik mit einigen Sanitätern zurückbleiben.

Um 2.00 Uhr begann der Abmarsch zum Abwurfplatz, der nach knapp drei Stunden erreicht wurde. Hier gliederte Major Kroh die überlebenden 250 Fallschirmjäger seiner Kampfgruppe zu neuen Einheiten: zur 1. Kompanie unter Oberleutnant Schindler, zur 2. Kompanie unter Oberleutnant Roesenberg und zur 3. Kompanie, die von Oberleutnant von Roon geführt wurde.

Die Kompanie Hinz aus Resten der 10., 11. und 12. Kompanie und die schwere Kompanie unter Oberleutnant Marr, aus Resten der Flak, Pak- und FlaMG-Kompanie, kamen hinzu.

Der Befehl zum Durchbruch nach Heraklion wurde jedoch vom Korps am Abend des 26. Mai widerrufen. Es hieß nunmehr:

»Fallschirmjäger-Regiment 2 hält in den alten Stellungen aus und fesselt dort den Gegner.«

Der Bataillonsgefechtsstand wurde auf der Höhe 217 ostwärts des Abwurfplatzes eingerichtet.

Bei der Kampfgruppe Wiedemann im Raum Peribolia griff der Gegner am Morgen des 27. Mai mit starken Kräften den Ostteil der deutschen Verteidigungsstellungen an. Mit Unterstützung durch vier Panzer gelang es ihm, bis auf Einbruchsdistanz heranzukommen. Die Batterie Thorbecke – die 2./FschArt.-Abteilung 7 – schoß den ersten Panzer in Brand, der zweite wurde lahmgeschossen und mit Sprengmitteln von den Fallschirmjägern in die Luft gejagt. Der dritte Feindpanzer wurde nach einem längeren Duell abgeschossen, und der letzte drehte getroffen ab und verschwand.

Die Feindinfanterie blieb im Abwehrfeuer der MG-Gruppen liegen. Der Angriff wurde eingestellt, er hatte zu hohe Verluste gekostet. Noch weitere Angriffe wurden gestartet, die alle abgewiesen werden konnten.

Als der Gegner in der Nacht zum 28. Mai die Kapellenhöhe angriff, wurde er gestoppt. Dann aber gelang es ihm, um 2.00 Uhr zwischen der 9. und 14. Kompanie im Südosten einzubrechen und den Ort Peribolia zu erreichen. Dort setzte er sich in einigen Häusern fest.

Major Schulz, der die Kampfgruppe Wiedemann nun führte, griff mit Meldern, Funkern und Nachrichtensoldaten im Gegenstoß an und warf die Australier wieder zurück. Dabei machte er 30 Gefangene. Doch ein Teil des Gegners saß noch immer in Peribolia. In der Gegend der Straßengabel hatte er sich verschanzt.

Drei Stoßtrupps der Neunten vermochten nicht, ihn zu werfen. Die Fallschirmjäger erlitten hier schwerste Verluste.

Hauptmann Wiedemann wurde im Verlauf der Kämpfe am Vormittag des 28. Mai verwundet, ebenso Oberleutnant Paul. Oberleutnant Pabst, Oberleutnant Begemann und Leutnant Molsen fanden den Tod.

Wenn die Männer sich trotzdem halten konnten, so verdankten sie dies den unermüdlichen Einsätzen der Luftwaffe mit Stukas, Bombern und Zerstörern. Dennoch war die Lage trostlos, und die Männer wußten, daß der nächste Tag das Ende bringen würde, wenn nicht von irgendwoher Hilfe kam.

Das II./FJ-Regiment 2, das als Verstärkung der Kampfgruppe Bräuer unter Führung von Major Schirmer bei Heraklion gesprungen war, hielt am 26. Mai die Höhe 296 besetzt, die den Flugplatz von Heraklion überragte. Als die Engländer hier im Verlauf des Tages angriffen, wurden sie nach hartem Kampf zurückgeworfen.

In einem Olivenhain sammelte der deutsche Stabsarzt die Verwundeten. Drei Gefangene halfen freiwillig bei der Versorgung, wobei sie keinen Unterschied machten zwischen verwundeten Gegnern und deutschen Fallschirmjägern. Als das Verbandszeug und die Medikamente knapp wurden, entschloß sich der Stabsarzt, die Schwerverwundeten durch die englischen Linien ins Lazarett des Gegners zu bringen. Ein Sanitätsfeldwebel, zwei Sanitätsgefreite und zwei Männer der 11. Kompanie gingen mit dem Stabsarzt, der an der Spitze schritt und eine weiße Fahne schwenkte.

Als sie bis auf 200 Meter herangekommen waren, wurden sie von einem englischen MG beschossen. Der Engländer, der einen Kniegelenkschuß erhalten hatte, rief zu den Stellungen seiner Kameraden hinüber:

»Nicht schießen, Boys! – Die Deutschen sind unsere Freunde!«

Das Feuer verstummte. Die kleine Gruppe ging auf die Stellungen zu, bis der Stabsarzt halten ließ und nach einem Offizier fragte. Sie fanden einen Gesprächspartner. Es war ein neuseeländischer Oberleutnant, dem der deutsche Stabsarzt seine Bitte um Übernahme der Verwundeten vortrug. Der Oberleutnant eilte zurück, um seinem Kommandeur zu melden.

Die Zurückbleibenden wurden von den neuseeländischen Soldaten gefilzt und um ihre Orden erleichtert. Nach Rückkehr des Oberleutnants mußten die Männer den Deutschen die Orden wieder zurückgeben, und unter Bewachung wurde der Trupp durch eine tiefe Schlucht zum Gefechtsstand geführt. Die Verwundeten wurden in das gegnerische Lazarett aufgenommen. Der Stabsarzt aber, dem man vorher freies Geleit zugesichert hatte, wurde festgesetzt.

In der Nacht erschien jedoch der Oberleutnant bei ihm und führte ihn, entgegen dem Befehl seines Kommandeurs, wieder zurück.

»Ich habe mein Ehrenwort gegeben, Sie wieder zurückzubringen, und ich bin gewohnt, mein Wort zu halten«, sagte der Neuseeländer, »auch wenn ein anderer mich daran hindern will. Bitte, legen Sie im Morgengrauen die Verwundeten vor unsere Stellungen, ich sorge dafür, daß sie alle in unser Lazarett kommen und versorgt werden. Benutzen Sie aber eine große weiße Fahne, damit meine Männer wissen, daß Sie es sind. Sie werden von mir instruiert werden.«

Der Stabsarzt bedankte sich bei dem neuseeländischen Offizier, dessen Haltung ihn tief beeindruckte.

Sturmangriff auf die Hauptstadt

In den frühen Morgenstunden des 27. Mai gingen die Stoßtrupps des IV. Bataillons des Sturmregiments vor. Einer davon unter Feldwebel Weiß wurde sofort beschossen und meldete zurück, daß die Feindstellungen noch besetzt waren.

Einem Stoßtrupp des II. Bataillons des Sturmregiments unter Hauptfeldwebel Barnabas gelang es, das Gelände geschickt auszunutzen und durch die vordersten Linien des Gegners durchzubrechen.

»Wir nehmen den MG-Stand, dort können wir das ganze Gelände überblicken!« rief Barnabas seinen Kameraden zu.

Mit Handgranatenwürfen, MPi-Salven und Pistolenschüssen erstürmten sie das erste Widerstandsnest. Zwei Fallschirmjäger besetzten das MG und eröffneten das Feuer auf den nächsten Stützpunkt, während der Hauptfeldwebel weiterstürmte und noch zwei MG-Nester in seinen Besitz brachte. Sie erreichten eine Kuppe, wo Barnabas die mitgeführte Fahne zeigte, damit sie nicht von den eigenen Leuten unter Feuer genommen wurden. Zur Vorsicht ließ Barnabas jedoch eine Minute vor dem zugesagten Stukaangriff seinen Spähtrupp und die gemachten Gefangenen wieder in eine Schlucht hinuntersteigen und in volle Deckung gehen. Die

Stukas tauchten auf und warfen ihre Bomben auf die Stellungen des Gegners. Auch die Kuppe, auf der Barnabas mit seinem Spähtrupp gewesen war, ließen sie nicht aus.

Durch dieses Spähtruppunternehmen mitten durch die Feindlinien wurde der verbissen kämpfende Gegner weich. Als dann an dieser Stelle nach vorangegangenem Artillerie-Feuerschlag der allgemeine Angriff auf Chania begann, gelang es den Gebirgsjägern, durchzustoßen. Auch das II./FJ-Sturmregiment erreichte das befohlene Tagesziel: die letzten Höhen südwestlich von Chania.

Die Kampfgruppe Gericke, verstärkt durch Teile der Kampfgruppe Schmitz, hatte sich bis an den Westhang der Höhen östlich von Maurotrixas vorgeschoben. Von hier aus ging auch sie nach Verstummen des Artilleriefeuers zum Angriff vor. In schnellem Sturmlauf gelang es ihr, die Höhen bis zum Westrand von Chania in Besitz zu nehmen. Der Kampf aber war hart. Die Schweren Maschinengewehre, die flankierend eingesetzt worden waren, ermöglichten mit ihrem Feuer den Sturmangriff auf die britischen Stellungen. Paknester und MG-Gruppen wurden ausgeschaltet. Gericke gab jenen Befehl aus, der zur Initialzündung zum Sturm auf die Hauptstadt der Insel wurde:

»Jetzt mit Schwung nachstoßen, dem Tommy keine Zeit lassen, sich irgendwo festzusetzen. Chania muß heute noch fallen!«

Bomberstaffeln überflogen Chania und warfen Bomben, und die donnerartigen Detonationen hallten zu den Fallschirmjägern herüber. Gigantische Staub- und Rauchfontänen stiegen auf, fielen wieder zusammen, schnellten erneut empor. Dann erschütterte eine ungeheure Detonation die Luft. Das britische Haupt-Munitionslager in Chania war von einem Volltreffer erwischt worden.

Von den Gebirgspfaden rannten die Gebirgsjäger hügelabwärts. Sie stürmten ebenfalls Chania entgegen. Der Ring um die Stadt schloß sich.

Zur gleichen Zeit wie die übrigen Einheiten war auch das II./FJ-Sturmregiment unter Major Stentzler angetreten. Als es aber zwischen Gebirgsjägern und den Männern der Kampfgruppe Gericke eingekeilt wurde, hielt Oberst

Ramcke es am Westrand von Chania an, um eine Reserve-
truppe zur Hand zu haben, falls es galt, in Chania selbst noch
einmal hart zuzuschlagen.

Fallschirmjäger und Gebirgsjäger stießen nunmehr Schulter an Schulter nach Chania hinein. Die motorisierten Teile
der Kampfgruppe Schmitz hielten die Spitze. Sie stießen in
schneller Fahrt, ohne noch großen Widerstand zu finden, bis
zur Stadtmitte vor und hißten auf dem roten Kirchturm die
mitgenommene Fahne.

Von Süden stieß die Kampfgruppe Heidrich auf Chania zu.
An der Spitze befand sich das I. Bataillon unter Hauptmann
von der Heydte. Er schickte Leutnant Krüger mit einem
Stoßtrupp vor. Dieser Stoßtrupp nahm eine britische Funkstelle in Besitz, drang bis zum Hafen durch und hißte auch
hier die Fahne auf einer Moschee.

Die Gruppe Gericke erreichte um 17.00 Uhr den Nordrand
der Stadt. Es stellte sich heraus, daß der Gegner bis auf einige
Nachhuten Chania unter dem Eindruck des schweren Bombardements verlassen hatte und auf die Halbinsel Akrotiri
sowie in Richtung Suda ausgewichen war. Wie dieser Angriff
verlief, berichtete Walther Gericke:

»Am Weg brennt eine große Tankstelle. Dicker Qualm
quillt aus den Ölbehältern und bildet große Rauchpilze.
Vereinzelt klingt der Knall eines Schusses zu uns herüber.
Die Straßen von Chania füllen sich mit Fallschirmjägern.
Sie sind glücklich, daß sie zu den Überlebenden gehören.
Mitten auf dem Marktplatz steht der Kommandeur, umge-
ben von seinem Stab. Truppenweise ziehen die einzelnen
Einheiten an ihm vorüber. Einer ruft:

›Herr Major, sehen Sie dort unsere Flagge?‹

Er weist auf den Kirchturm. Kaum hat er dies ausgespro-
chen, beginnen die Glocken zu läuten. Die Panzerjäger der
Gruppe Schmitz haben es geschafft, sie läuten hier den
Sieg ein.

Hunderte und Aberhunderte Engländer ziehen als Gefangene durch die Straßen. Das Gewimmel auf dem Marktplatz wird größer und größer. Aus einer schmalen Seiten-
gasse wälzt sich ein Menschenstrom ins Freie, barfuß,
ohne Kopfbedeckung, in zerschlissenen Uniformen: Italie-

ner, die damals in Griechenland in englische Gefangenschaft gerieten und jetzt von den Gebirgsjägern befreit wurden.«

Wenig später kam der Kommandant des örtlichen Gefangenenlagers und erklärte Gericke, daß er 300 deutsche Gefangene habe, die er übergeben wolle. Sie gingen zu dem Gefängnis hinüber. Der Major zog einen Klingelzug und bedeutete den erstaunten englischen Posten, daß der Krieg für sie aus sei. Er ließ die Wache heraustreten, die Gewehre übergeben und ging dann mit den Fallschirmjägern die Treppe zum Gefangenentrakt empor. Er schloß die erste Zelle auf. Fallschirmjäger traten ins Freie, sahen ihre Kameraden, brachen in Jubelrufe aus.

»Kameraden, ihr seid frei. Chania ist gefallen!«

Es waren etwa 300, genau wie der britische Major gesagt hatte. Sie stürmten hinaus, formierten sich zu einem Zug, nahmen den Major und die Wachmannschaft in die Mitte und marschierten los. Einer stimmte ihr Lied an; alle übrigen fielen ein, auch die Fallschirmjäger der Kampfgruppen:

»Das sind die Alten vom Sturmregiment!
Wenn so ein alter Fallschirmjäger
springt zum Loch hinaus, oha-ohaaa!
Da reißt der Teufel aus.«

Die Nacht zum 28. Mai verlief ruhig. Am Morgen des 28. Mai übernahm Oberst Ramcke auf Befehl des XI. Fliegerkorps die Führung über den gesamten Kampfabschnitt West, von der Sudabucht bis zum äußersten Westen von Kreta. Die Gebirgsjäger, die sich in hervorragender Weise geschlagen hatten, wurden aus diesem Abschnitt herausgezogen und zum Vorstoß auf Rethymnon und gleichzeitig damit zum Entsatz der dort gesprungenen Gruppen Kroh und Wiedemann angesetzt. Lediglich das Pionier-Gebirgs-Bataillon 95 blieb im Westabschnitt zurück. Der Gefechtsstand der Gruppe West wurde am Stadtrand, einen Kilometer nordöstlich von Chania, eingerichtet. Das II. Bataillon, Stentzler, übernahm die Stadtkommandantur Chania. Das IV. Bataillon, Gericke, und die Panzerjäger von Hauptmann Schmitz übernahmen den Küstenschutz. Das Gefangenenlager wurde vom dezimierten I. Bataillon übernommen.

Der erste Lagebericht, den Oberst Ramcke in seiner neuen Eigenschaft als Kommandeur der Gruppe West erließ, lautete:

»Während der Zeit vom 20. bis 27. Mai wurden vom Fallschirmjäger-Sturmregiment weit über 800 Engländer gefangengenommen. Die Verluste des Sturmregiments beliefen sich bis zum Abend des 27. Mai auf:

34 Offiziere und 272 Unteroffiziere und Mannschaften als Gefallene.

31 Offiziere und 499 Verwundete.

4 Offiziere und 395 Vermißte. (Die vermißten Fallschirmjäger sind überwiegend gefallen.)

3 Gefangene.

Das Fallschirmjäger-Sturmregiment mit seinen unterstellten Teilen hat die ihm gestellte Aufgabe: Freikämpfen des Flugplatzes Malemes, nach harten und verlustreichen Kämpfen am 21. Mai gelöst und in weiteren schweren Kämpfen nach Osten bis zum Dorf Malemes Gelände gewonnen.

Vom 21. 5. bis zum 23. 5. morgens wurden mehrere starke feindliche Gegenangriffe aus ostwärtiger Richtung abgeschlagen.

Danach hat das Regiment Schulter an Schulter mit den Gebirgsjägern – den Schwerpunkt beiderseits der Küstenstraße – von Angriff zu Angriff bis zum 27. 5. abends 19.00 Uhr Chania, die Hauptstadt des Landes, in Besitz genommen.

Diese ungeheuer schwere Aufgabe, die trotz großer Verluste und besonders hohem Führerausfall mit unerschütterlichem Siegeswillen gemeistert wurde, ist einzig und allein dem hohen Ausbildungsstand und den durch nichts zu übertreffenden Angriffsgeist vom ältesten Offizier bis zum jüngsten Sturmsoldaten zuzuschreiben. – gez. Ramcke.«

Die Gebirgsjäger beim Sturm auf Chania

Der Anteil der Gebirgsjäger an diesem entscheidenden Angriff auf Chania verdient ein eigenes Kapitel.

Die Aufstellung der Kampfgruppen war die gleiche wie beim Sturm auf Galatas. Am linken Flügel stürmten die Fallschirmjäger unter Oberst Ramcke. Ihm schloß sich das II. Bataillon des Gebirgsjäger-Regiments 100 an. An dies zur Mitte hin war das I. Bataillon desselben Regiments gegliedert, und zwischen diese beiden Gebirgs-Bataillone eingeschoben stand das Bataillon Forster des GJ-Regiments 141. Daran schlossen sich die Fallschirmjäger der Gruppe Heidrich an und schließlich der Umfassungsflügel des GJ-Regiments 85 weiter südlich, das sich noch im schweren Anmarsch befand.

Gegen 10.00 Uhr an diesem 27. Mai tauchten die ersten Ketten Ju 87 auf, flogen zum Westrand von Chania und warfen ihre Bomben auf die erkannten Feindstellungen. Als sie hochzogen und abdrehten, ertönte das Signal zum Sturmangriff bei den Gebirgsjägern.

Der Angriff ging zügig vorwärts. Von Hain zu Hain, von Schlucht zu Schlucht rückten die Gebirgsjäger vor. In Gehöften und Kakteendickichten leisteten die Gegner erbitterten Widerstand. Im Handgranatenduell und anschließenden Nahkampf wurden die Engländer zurückgedrängt.

Gegen 13.00 Uhr erreichte das I./GJ-Regiment 100 unter Major Schrank die Ortschaft Platanias. Eine Stunde später stand das II./GJ-Regiment unter Major Schury in Paligoria unmittelbar vor Chania. Aber die Fallschirmjäger waren vor den Verteidigungsgräben der Neuseeländer liegengeblieben. In dieser Situation schwenkte die 6. Kompanie des GJ-Regiments 100 als Verbindungskompanie zur Gruppe Ramcke von Süden her ein. Ihr Auftauchen im Rücken der Neuseeländer überraschte diese und brach ihren Widerstand. Das gesamte II. Bataillon stürmte anschließend vor. Die Männer kletterten auf die in Paligoria erbeuteten Lkw. Die Pak wurden angehängt. So stürmten die Gebirgsjäger nach Chania hinein.

Unmittelbar vor diesem letzten Angriff hatte Generalmajor Ringel der Gruppe unter Oberst Utz den Befehl gegeben, nach Zerschlagung des Feindwiderstandes vor Chania die Stadt links liegen zu lassen und sofort auf den wichtigen Kriegshafen Suda weiterzustürmen. Als der Melder mit diesem Befehl zu Major Schury durchgekommen war, rollte das Bataillon des Majors bereits nach Chania hinein. Um 15.30 Uhr – noch vor den Fallschirmjägern – hißte der Major auf dem Hauptplatz der Stadt die Reichskriegsflagge.

Während nun die Gruppen Heidrich und Utz hinter dem in Richtung Suda weichenden Gegner hersetzten, griff Major Schury mit seiner Sechsten die Zitadelle an. Hier soll der Obergefreite Feutner zu Wort kommen, der den Sturmangriff der 6./GJ-Regiment 100 in die Stadt und zur Zitadelle mitgemacht hat.

»Die Hitze des Tages – es ist bereits 14.00 Uhr – lastet schwer auf unseren müden Knochen. Das Wasser in der Feldflasche ist längst zu Ende, der Durst geradezu unerträglich. Und dennoch liegen wir wiederum in voller Deckung zum weiteren Angriff bereit.

Während eine vorgeschobene Gruppe die ›Gelbe Höhe‹ sichert, nehmen wir mit einem Zug der Nachbar-Kompanie Verbindung auf und decken sein weiteres Vorgehen auf das Dorf Paligoria. Was wird uns in Chania erwarten? Ist die Stadt nach diesen schweren Luftangriffen überhaupt noch vom Gegner besetzt? Werden wir wiederum auf bewaffnete Zivilisten und Dachschützen stoßen?

Major Schury, der sich auf der Höhe aufhält, gibt um 14.15 Uhr den Befehl, das Fort in der Stadtmitte zu nehmen und zu halten.

Die Kompanie tritt sofort zum Angriff an. Der Stadtrand wird ohne direkte Feindberührung durch Gärten, über Mauern und durch versumpftes Gelände, vorbei an blühenden Agaven, erreicht. Wir stoßen die ersten Haustore auf. Überall herrscht gähnende Leere.

Die Straßen sind menschenleer, die Häuser und Dächer zerfetzt. Mauerreste liegen auf der Straße. Die weiße tote Stadt in Glut und Schweigen wirkt auf uns gespenstisch. Nichts, absolut nichts ist in diesem Tohuwabohu von Drähten, Mauertrümmern, Schutthaufen und Häuserresten zu vernehmen.

Mit schußbereiten Gewehren schleichen wir vorwärts. Hin und wieder fällt ein Schuß, kracht eine Handgranate auseinander.

Eine Lücke in der linken Häuserreihe der Hauptstraße gibt

Erich Schuster

Walther Koch

Wolfgang Graf Blücher

Walter Gericke

Oben: Die Brücke von Tavronitis bei Malemes

Unten: Engländer geben bei Malemes auf

Oben: Reichsmarschall Göring zeichnet Fallschirmjäger aus.
Links unten: Oberst Ramcke verleiht Kreta-Kämpfern Auszeichnungen.
Rechts unten: Oberst Ramcke in Chania vor seinem Gefechtsstand.

Oben: Reichsmarschall Göring im Gespräch mit Offizieren der Sturm-abteilung Koch; von links: Hauptmann Witzig, General Milch, der Reichs-marschall, Generalmajor Jeschonnek, Major Koch

Unten: Hitler im Gespräch mit Offizieren der Sturmabteilung Koch; von links: Oberleutnant Meissner, Hauptmann Witzig, Major Koch

den Blick frei auf das wuchtige alte türkische Kastell. Die Eingänge sind mit Steinmauern verbarrikadiert. Wir erkennen einen Menschen hinter der Mauer, über die er hinwegspäht. Noch ehe ein Schuß fiel, war er schon verschwunden, und Sekunden darauf braust hinter dem Steinhaufen ein vielstimmiger Ruf auf:

›Italiani – Siamo Italiani!‹

Es sind unsere Waffenkameraden, die Italiener aus dem Griechenlandfeldzug. Wir stürzen den Graben hinab, brechen den geringen Widerstand der englischen Wachtposten und holen hundert italienische Gefangene aus dem Kastell.

Es herrscht unter ihnen ein wahrer Taumel der Befreiung. Sie haben hier allerhand durchgemacht.

Das Fort wird besetzt und gesichert. Dann dringen wir auf den Hauptplatz vor, und um 15.30 Uhr steigt dort die Reichskriegsflagge am Fahnenmast empor...

Als sich eine englische Nachhut am Ostrand von Chania festsetzt, schwillt noch einmal der Gefechtslärm an. Diese Gegner feuern auf die Angreifer, die über die Straße der Halbinsel Akrotiri näherkommen. Wir greifen ein. Im Handgranatenduell und im anschließenden Nahkampf wird der letzte Widerstand gebrochen.«

Als Oberst Utz gegen 17.00 Uhr in Chania eintraf, übergab ihm der Bürgermeister offiziell die Stadt und bat darum, die Einwohner zu schonen. Oberst Utz antwortete darauf in seiner offenen knappen Art:

»Die deutschen Soldaten sind wohl als Sieger in Chania eingezogen, aber nicht als Feinde. Von Plünderungen und Sühnemaßnahmen kann nicht die Rede sein. Jeder Plünderer wird erschossen.«

Zwei Stunden nach Eroberung von Chania erhielt Generalmajor Ringel einen FT-Spruch vom Oberbefehlshaber der Luftflotte 4, die unter Generalfeldmarschall List die Operationen führte:

»Bravo Ringel!

Glückwunsch und Anerkennung den Gebirgsjägern!«

Bis zum Abend erreichten die nach Suda vorstoßenden Gebirgsjäger die Bucht, wo sich der Gegner zu einer letzten hartnäckigen Verteidigung eingerichtet hatte. Da man nicht wußte, welche Kräfte des Gegners hier noch verteidigten, befahl Generalmajor Ringel Oberstleutnant Wittmann, dem Kommandeur des Gebirgsartillerie-Regiments 95, mit zugeführten Einheiten eine Kampfgruppe zu bilden und damit die Sudabucht freizukämpfen. Danach sollte er, dem Feind auf den Fersen bleibend, entlang der Hauptstraße nach Rethymnon vorstoßen, um die dort noch eingeschlossenen Fallschirmjäger der Gruppen Kroh und Wiedemann zu befreien.

Darüber hinaus sollte Wittmann auch mit der Umgehungsgruppe unter Oberst Krakau, die auf Stylos vorging, Verbindung aufnehmen. Mit diesen Befehlen und Aufträgen leitete Generalmajor Ringel die Bewegungen ein, die den Feldzug auf Kreta nach weiteren vier Tagen beendeten.

Die Kampfgruppe Wittmann erreichte um 3.00 Uhr des 28. Mai mit 400 Mann die Ausgangsposition auf der Küstenstraße zwischen Chania und Sudabucht. Spähtrupps stießen vor und meldeten, daß der Gegner die Stellungen vor der Stadt Suda geräumt hatte.

Oberstleutnant Wittmann ließ die Kampfgruppe antreten und rollte mit ihr in schneller Fahrt über Chania hinaus weiter vor. Die ersten Sperren wurden erreicht. Sie waren unbesetzt. Bis zum Mittag wurde Mega Chorafia erreicht. Von hier aus teilte sich die Straße und führte in zwei Abzweigungen nach Georgiupolis und Stylos.

Die Vorausabteilung jagte mit Vollgas auf ihren Motorrädern über die Bergstraße in Richtung Stylos. Als sie den Ort erreichte, stand die Umgehungskampfgruppe Krakau gerade im Gefecht mit dem hier noch haltenden Gegner. Die Kradschützen griffen sogleich in den Kampf ein, und die Engländer zogen sich zurück.

General Ringel ließ die Gruppe Jais in Richtung Rethymnon nachstoßen, während die Kampfgruppe Utz nach Süden zum südkretischen Hafen Sfakia rollte, um die dortige Küste vom Feind zu räumen.

Während im Raum Heraklion Ruhe herrschte und der Gegner sich darauf beschränkte, seine Stellungen zu halten, faßte Major Kroh am frühen Morgen des 28. Mai den Entschluß, mit seiner Kampfgruppe nach Westen in den zwei Tage zuvor geräumten Einsatzraum und damit in Richtung zum Flugplatz Heraklion vorzustoßen. Die am weitesten nach Süden gezogene 2. Kompanie unternahm einen Vorstoß auf Prinos. Hier lagen die Griechen. Mit leichten und mittleren Granatwerfern hielten sie den Angriff auf. Dann erlahmte auf beiden Seiten die Kampftätigkeit.

Am 29. Mai warfen Ju 52 Verpflegung und Munition ab. Kroh ließ Stoßtrupps in Richtung Panormon, nach Süden in die Berge und nach Prinos vorgehen. Prinos wurde umgangen, der Spähtrupp drang bis Kimari vor.

Gegen 18.00 Uhr war alles zum Angriff auf Prinos und Kimari bereit. Die 1. Kompanie, der Stab und die Kompanie Hinz traten um 19.30 Uhr zum Sturm auf Kimari an. Schon beim ersten Ansturm zog sich der Gegner in einen Olivenhain nördlich Kimari zurück.

Die auf Prinos vorgehende 2. Kompanie drang in die Ortschaft ein und kämpfte die Häuser frei. Nun ließ Major Kroh die gesamte Kampfkraft der Gruppe für den geplanten Durchbruch nach Westen bereitstellen. Am frühen Morgen des 30. Mai sollte er beginnen. Von den Geschehnissen auf der Insel wußte Major Kroh nichts. Niemand ahnte, daß die Gebirgsjäger bereits zu ihrer Befreiung auf Rethymnon vorstießen.

Am Morgen des 30. Mai gegen 6.30 Uhr begann der Angriff der Fallschirmjäger der Gruppe Kroh auf die Ölfabrik. Bereits nach einigen hundert Metern stieß sie bei einem Straßenknick auf Kräder, Pak und Lkw. Auf ihnen hockten in Feldgrau gekleidete Gestalten. Es waren die vordersten Teile des Kradschützen-Bataillons 55 der 5. Gebirgs-Division, die in den Stunden vorher bereits im Raum um die Ölfabrik nach kurzem Feuergefecht 1200 Australier festgesetzt hatten und nun zum Entsatz der Gruppe Kroh angebraust kamen.

Nach zehntägigen harten Kämpfen und vielen Krisensituationen war nun auch für die Kampfgruppe Kroh die Stunde der Befreiung gekommen. Sie hatte schwerste Verluste erlitten, sich dennoch behauptet und einen starken Gegner gebunden.

Bei der Gruppe Wiedemann

Die im Verlauf des 28. Mai nach Peribolia eingedrungenen australischen Truppen brachen im Morgengrauen des nächsten Tages aus und schlugen sich durch die lichten Linien der Gruppe Wiedemann zu ihren eigenen Linien den Weg frei.

Im Einsatzraum der von Major Schulz geführten Gruppe Wiedemann um Peribolia und die Kapellenhöhe versuchte der Gegner einige Minuten später erneut, mit starkem Artilleriefeuer und anschließendem Angriff die Verteidiger zu erschüttern.

Dieser Angriff konnte nur mit Einsatz aller Kräfte abgewiesen werden. Schon fürchteten die Fallschirmjäger um Major Schulz das Schlimmste, denn die Munition ging zur Neige, als um 12.00 Uhr aus Westen Gewehr- und MG-Feuer zu hören war.

»Das sind einwandfrei deutsche MG!« rief ein Waffen-Unteroffizier. Er sollte sich nicht getäuscht haben, denn wenig später wurden deutsche Leuchtkugeln sichtbar, die strahlendhell am kretischen Himmel aufstiegen. Ein Zug der Kradschützen der Gebirgsjäger stieß bis Peribolia durch. Wenig später folgte das Gros nach. Es führte Artillerie mit.

Sofort wurde das Artilleriefeuer auf die Australier gerichtet. Bis zum Morgen des nächsten Tages erwiderten australische Geschütze es. Dann traten die Kradschützen, von zwei Panzern, die auf Fähren nach Kreta geschafft worden waren, unterstützt, im Feuerschutz der eigenen Artillerie zum Angriff an. Der Gegner wurde geworfen und zog sich schließlich in wilder Flucht zurück. Bis 11.00 Uhr ergaben sich etwa 1100 Australier den deutschen Truppen. Damit war auch der Kampf im Abschnitt Wiedemann bei Peribolia zu Ende. Es war zweifelhaft, ob die Fallschirmjäger hier noch einmal 24 Stunden hätten Widerstand leisten können.

Bei Rethymnon verlor das Fallschirmjäger-Regiment 2 (ohne sein bei Heraklion eingesetztes II. Bataillon) 550 Mann an Gefallenen. Insgesamt gerieten 500 Mann in Gefangenschaft. Sie konnten befreit werden.

Die schnelle Kampfgruppe der Gebirgsjäger rückte sofort weiter auf Heraklion vor. Doch bei Heraklion war die Entscheidung schon gefallen.

Am 29. Mai hatte Oberst Bräuer alle Einheiten zum zweiten Sturm auf die Stadt antreten lassen. Die vorgehenden Gruppen erhielten nur wenig Feuer. Der Feind zog sich auch hier zurück. Binnen weniger Stunden artete dieser Rückzug in eine wilde Flucht zur Südküste aus. Heraklion war fest in deutscher Hand.

Dicht hinter Rethymnon hatten die Gebirgsjäger an diesem 30. Mai 1941 noch einmal starkes Feuer erhalten. Es waren griechische Soldaten. Als sie sich ergaben, erfuhren die Gebirgsjäger, daß etwa 300 deutsche Fallschirmjäger in der Stadt Rethymnon gefangen säßen. Unter ihnen sei auch Oberst Alfred Sturm, der Regimentskommandeur. Die Kradschützen rasten zur Stadt zurück. Aber dort hatten die nachrückenden Gebirgsjäger die Gefangenen bereits befreit.

Als die Vorausabteilung abermals losrollte, befand sich in ihr auch der Kommandierende General des XI. Fliegerkorps, Student. General Ringel schreibt dazu in seinem Werk *Hurra, die Gams*:

»Nichts zeugt mehr dafür, daß der Schöpfer der deutschen Fallschirmtruppe, General Student, mehr ist als ein großer Soldat und Organisator – daß er ein Mensch ist, in dessen Brust ein warmfühlendes Herz für den letzten seiner Männer schlägt – nichts könnte ihm ein besseres Zeugnis ausstellen als diese Nacht, die er schlaflos auf dem Gefechtsstand der Kampfgruppe Wittmann verbringt.

Was hätten für einen anderen seines Ranges militärisch ein paar hundert Schicksale bedeutet? Fielen sie, so fielen sie eben als zerbrochene Werkzeuge eines Geschehens, das Millionenopfer forderte.

Diesem Manne aber war jeder seiner Soldaten teuer; er bangte um jeden, als ob es sein Sohn wäre – und das ist selten in dieser harten und grausamen Zeit.«

»Das Oberkommando der Wehrmacht gibt bekannt«

»Die am 20. Mai durch eine gewaltige Luftlandung begonnenen Operationen zur Besitznahme des britischen Bollwerkes Kreta nähern sich ihrem Abschluß. Der feindliche Widerstand ist überall zusammengebrochen. Die im Westteil der Insel aus Gebirgs- und Fallschirmjägern gebildete Angriffsgruppe hat nach überaus harten Kämpfen, bei glühender Hitze und unter größten Bewegungsschwierigkeiten, den Feind geschlagen und zersprengt. Die Entsetzung der eingeschlossenen Fallschirmjäger bei Rethymnon ist vollzogen.

Die Reste der zersprengten britischen Einheiten flüchten, von unseren Truppen verfolgt, gegen die Südküste, um sich dem weiteren Kampf durch die Einschiffung zu entziehen.«

Das Oberkommando General Wavells teilte am selben Tage mit:

»Kreta: Am Donnerstag sind neue deutsche Verstärkungen auf dem Luftweg nach Kreta transportiert worden. Die Operationen der Sturzkampfflieger hielten den ganzen Tag über an. Unsere Truppen besetzten wiederum neue Stellungen. Sie haben den deutschen Truppen schwere Verluste beigebracht.«

Am 1. Juni, als der deutsche Wehrmachtsbericht bekanntgab, daß die Eroberung der Insel rasch voranschreite, gab das britische Kriegsministerium bekannt:

»Nach 12 Tagen einer Schlacht, die unzweifelhaft die erbittertste dieses Krieges war, ist beschlossen worden, unsere Streitkräfte aus Kreta zurückzuziehen. Obwohl dem Gegner an Mannschaften und Flugzeugen riesige Verluste beigebracht wurden, ergab sich deutlich, daß wir nicht hoffen konnten, mit unseren Land- und Seestreitkräften unbeschränkte Zeit in Kreta oder in dessen Gewäs-

sern ohne größere Unterstützung durch die Luftstreitkräfte als jene zu operieren, die von unseren afrikanischen Stützpunkten aus eingesetzt werden konnten.
Bereits 15000 Mann sind in Ägypten eingetroffen, doch muß zugegeben werden, daß wir schwere Verluste erlitten haben.«
Generalmajor Freyberg war in der Nacht zum 31. Mai mit einem Sunderland-Flugboot nach Ägypten geflogen. Generalmajor Weston folgte ihm in der kommenden Nacht. Er war von Freyberg mit der Führung der auf Kreta verbliebenen Truppen beauftragt worden. Das war eine undankbare Aufgabe, denn 10000 Mann britischer Truppen blieben auf dem Strand von Sfakia zurück und gingen in die Gefangenschaft.

Das Oberkommando der Wehrmacht meldete das Ende des Kampfes um Kreta, und am 2. Juni erließ Reichsmarschall Göring einen Tagesbefehl:
»Kreta-Kämpfer, Kameraden!
Eine große Ruhmestat in der Geschichte unserer jungen Waffe ist vollendet. Auf Kreta wehen unsere Siegesfahnen. Ihr, meine Fallschirmjäger und Luftlandetruppen, habt gemeinsam mit den Kameraden des Heeres unter euren bewährten Führern aller Dienstgrade einmalige Leistungen vollbracht.
In alter Waffenkameradschaft aus Narviks großen Tagen haben Flieger, Fallschirmjäger und Gebirgsjäger die Insel Kreta bezwungen und damit England aus wichtigen Stellungen des östlichen Mittelmeeres geworfen.
Kameraden! Das ganze deutsche Volk erfüllt tiefste Bewunderung und unendliche Dankbarkeit für euren jüngsten Sieg. Mit unserer Luftwaffe gedenkt Deutschland ergriffen und stolz der Helden, die dem Kampf um Kreta ihr Leben und ihre Gesundheit opferten.
Vorwärts im Geiste der Sieger von Kreta!«
Auch der Oberbefehlshaber des Heeres, Generalfeldmarschall von Brauchitsch, erließ einen Tagesbefehl an die auf Kreta eingesetzten deutschen Truppen.
Der Bericht des OKW über den Balkanfeldzug faßte kurz darauf die Verluste auf Kreta zusammen: Beim Heer zählte man an Toten: 20 Offiziere, 301 Unteroffiziere und Mann-

schaften; an Vermißten: 18 Offiziere, 596 Unteroffiziere und Mannschaften; an Verwundeten: 13 Offiziere, 274 Unteroffiziere und Mannschaften; insgesamt: 51 Offiziere, 1171 Unteroffiziere und Mannschaften.

Die Verluste bei der Luftwaffe (Flieger und Fallschirmtruppe) betrugen an Toten: 105 Offiziere, 927 Unteroffiziere und Mannschaften; an Vermißten: 88 Offiziere, 2009 Unteroffiziere und Mannschaften; an Verwundeten: 104 Offiziere, 1528 Unteroffiziere und Mannschaften; insgesamt: 297 Offiziere, 4464 Unteroffiziere und Mannschaften.

Die britische Seite verlor nach diesem Bericht an Gefangenen: 10700 britische Offiziere und Mannschaften und 5000 griechische Offiziere und Mannschaften; an Gefallenen: 5000 britische und griechische Soldaten (ohne die auf See getöteten Soldaten der Royal Navy).

Neuseeländische Historiker beziffern die Verluste der britischen Landstreitkräfte an Toten, Verwundeten und Gefangenen auf insgesamt 15743 Mann. Die Verluste der britischen Royal Navy geben sie mit 2011 Mann an.

Der Kampf um Kreta, der größte Einsatz der deutschen Fallschirmjäger, war zu Ende. Er war so etwas wie eine Revolution geworden, und niemand hat diese Tatsache besser und präziser dargestellt als Major-General J. F. C. Fuller, als er schrieb:

»Von allen Operationen des Krieges steht der Angriff aus der Luft auf Kreta, was Kühnheit anbetrifft, an der Spitze. Weder zuvor noch jemals danach wurde ähnliches versucht.

Es war kein Luftangriff, sondern eine Invasion aus der Luft. Der Kampf wurde auch nicht in der Luft entschieden, sondern am Boden und ohne Unterstützung einer Landarmee.

Seine bemerkenswerteste Note war der Lufttransport, das Emporheben einer Armee in die Luft. Gleich der Schlacht bei Cambray im Jahre 1917 bedeutete dieser Angriff eine Revolution in der Taktik.«

Daß der Kampf um Kreta, der zugleich der Haupteinsatz der deutschen Fallschirmtruppe im ganzen Krieg war, so breiten

Raum fand, ist nicht zuletzt durch diese Würdigung legitimiert. Aber auch die Folgen, die Kreta für die deutsche Fallschirmtruppe hatte, waren so bedeutend und so einschneidend, daß die Darstellung so detailliert ausfallen mußte.

Um welche Folgen handelte es sich?

Fallschirmjäger in Rußland

Resümee des Kreta-Einsatzes

»Über die Schlacht von Kreta zu schreiben, wird mir sehr schwer. Für mich, als Führer der deutschen Luftlandetruppen, die Kreta eroberten, ist dieser Name eine sehr bittere Erinnerung. Ich habe mich verrechnet, als ich diesen Angriff vorschlug, und dies bedeutete nicht nur den Verlust vieler Fallschirmjäger, die meine Söhne waren, sondern letztlich überhaupt den Tod der deutschen Luftlandewaffe, die ich selbst geschaffen hatte.«

Was war nach Kreta geschehen? Generaloberst Student hat sich in seinen persönlichen Erinnerungen dazu ausführlich geäußert. Kreta war zum grandiosen Erfolg einer Waffe geworden. Es wurde zugleich auch zum Untergang derselben. Lassen wir wieder Generaloberst a. D. Student zu Wort kommen: »Am 19. Juli, anläßlich der Vorstellung der Ritterkreuzträger des Kreta-Unternehmens im Führerhauptquartier in Rastenburg, sagte Hitler beiläufig zu mir:

›Kreta hat bewiesen, daß die Tage der Fallschirmtruppe vorüber sind! Die Fallschirmwaffe ist eben eine reine Überraschungswaffe. Ihr Überraschungsfaktor hat sich inzwischen abgenutzt.‹

Für die Leistungen der Truppe fand er Worte höchster Anerkennung. In den nächsten Monaten sollte ich die tiefere Bedeutung dieser Worte spüren, als die Fallschirmtruppe zum Erdeinsatz in Rußland herangezogen wurde.«

Teilweise befanden sich die Soldaten der Fallschirmtruppe noch auf Kreta, teilweise waren sie bereits in ihre Heimatstandorte zurückgekehrt, wo sie mit großem Jubel empfangen wurden, als der Krieg mit Rußland begann.

Das zurückkehrende III. Bataillon des FJ-Regiments 1 beispielsweise hörte die Sondermeldung beim Übergang über die Donau südlich Budapest, auf ihrem Wege nach Wildflecken in der Rhön, wo sich das gesamte FJ-Regiment 1 erholen und aufgefrischt werden sollte.

Im Führerhauptquartier und vor allem im Generalstab des Heeres sah man nur die Verluste des Kreta-Unternehmens. Das Reichsluftfahrtministerium war über die Zahl der zu Bruch gegangenen und abgeschossenen Transportflugzeuge schockiert, wenngleich der bedeutend kleinere Einsatz über der Festung Holland mehr Maschinen gekostet hatte. Aber der Verlust von 143 Ju 52, acht spurlos verlorengegangene Ju 52 (die wahrscheinlich über See abgestürzt waren) und 121 beschädigte Flugzeuge waren schon eine Zahl, die ans Mark ging.

Bald gab es nicht wenige gute Ratgeber, die nun Hitler davon zu überzeugen versuchten, daß der Einsatz der Fall-schirmjäger immer so etwas wie eine Lotterie sei. Hitler ließ sich von diesen Einflüsterungen überzeugen, zumal auch er die Kreta-Verluste für zu hoch hielt und nicht noch einmal ein solch zweifelhaftes Unternehmen starten wollte. Er ver-fügte, daß die Fallschirmtruppe in Rußland eingesetzt wer-den sollte.

Das wäre auch angegangen, wenn die gesamte Fallschirm-truppe in einem Kampfverband nach Rußland geschickt worden wäre. Doch diese hochtechnisierte und kampfer-probte Truppe wurde in kleine Kontingente aufgeteilt und irgendwo an der Front eingesetzt.

Bereits im September 1941 machte das II. Bataillon des Sturmregiments den Anfang. Von Goslar aus, wo das Batail-lon in Garnison lag und wo es aufgefrischt worden war, wurde es im Lufttransport an die Front bei Leningrad gewor-fen, wo die Rote Armee bei Petruschino einen Brückenkopf über die Newa gewonnen hatte, der sich für die Gesamtlage an dieser Front gefährlich auszudehnen begann. Das Batail-lon, nach wie vor von Major Stentzler geführt, flog nach Rußland.

Ihm folgten Ende September weitere Einheiten und Ver-bände. Es waren die FJ-Regimenter 1 und 3, das Pionier-Bataillon unter Major Liebach, die Artillerie-Abteilung, die Panzerjäger-Abteilung und schließlich auch die Sanitätsab-teilung, die alle auf dem Luftweg an die Leningrader Front geschafft wurden.

Der Stab der 7. Flieger-Division mit dem neuen Kommandeur, Generalleutnant Petersen, dem Ia, Oberstleutnant i. G. Graf von Üxküll, dem Ic, Oberleutnant Tappen, und dem Adjutanten, Oberstleutnant von Carnap, hatte nichts zu führen, denn alle Einheiten waren fremden Verbänden unterstellt worden und wurden vom Ausladeflughafen Ljuban gleich zu diesen Verbänden in Marsch gesetzt.

Erst ab Ende Oktober hatte Generalleutnant Petersen seine einzelnen Verbände wieder um sich gesammelt und konnte sie endlich geschlossen an der Newa einsetzen. Der Brückenkopf Wyborgskaja wurde besonders hart umkämpft. Bis zum 17. November 1941 mußten die Fallschirmjäger in diesem Frontabschnitt 46 sowjetische Angriffe abwehren. Sie vernichteten dabei 41 Panzer und nahmen 3400 Rotarmisten gefangen. Fünf sowjetische Flugzeuge wurden mit Infanteriewaffen abgeschossen.

Aber nicht nur in den Norden der russischen Front wurden die Fallschirmjäger geschafft. Das Fallschirmjäger-Regiment 2 wurde mit Beginn des Winters 1941 an den südlichsten Flügel der Ostfront, an den Mius geworfen. Das Regiment war durch Panzerjäger und eine Kompanie des MG-Bataillons verstärkt worden. Am Mius sollte es sich in den eisigen Nächten des Winters 1941/42 bewähren.

Schließlich trat noch vor Ende des Jahres 1941 auch das I. Bataillon des FJ-Sturmregiments unter dem wiedergenesenen Major Koch den langen Marsch in den Kampfraum Schaikowka an. Hier sollte das Bataillon den wichtigen Flugplatz Anissowo-Gorodischtje verteidigen, wo bei klirrender Kälte von über 40 Grad minus ein verbissener Kampf tobte.

Der Bericht über einige Einsätze aus dieser harten Zeit soll in groben Umrissen den Erdkampf der Fallschirmjäger in diesem schwersten Winter seit Menschengedenken in Rußland schildern. Alle Einsätze zu würdigen, würde weit über den Rahmen dieses Werkes hinausgehen.

Beginnen wir jedoch mit einem Einsatz zu Anfang des Rußlandfeldzuges, an dem die Fallschirmtruppe der Luftwaffe gar nicht beteiligt war, sondern ein Zug des legendären Regiments Brandenburg.

Am 20. Juni 1941 wurde der Fallschirmjägerzug unter Leutnant Lütke, der soeben in Brandenburg seinen Sprunglehrgang absolvierte, vom Lehrregiment Brandenburg zbV 800 alarmiert.

»Es geht nach Rußland, Männer«, erklärte Leutnant Lütke den Fallschirmjägern des I. Bataillons des Lehrregiments die Lage, als die Einsatzausrüstung empfangen wurde.

Nach dem Verladen der Waffenbehälter rollte der Zug wenig später im motorisierten Marsch in Richtung Ostpreußen. Dort angekommen, erfuhr der Zugführer vom Divisionsstab jener Division, der sie unterstellt waren, daß sein Zug eine wichtige Brücke im grenznahen Bereich in Besitz nehmen und so lange halten sollte, bis die Truppe sie überschritten hatte.

Im Morgengrauen des 22. Juni 1941 wartete der Fallschirmjägerzug am Ostrand des Feldflugplatzes Suwalki auf den Einsatz. Aber er wurde weder alarmiert noch erhielt er sonstige Befehle. Es standen keine Fallschirme und auch keine Absetzflugzeuge zur Verfügung.

Als schließlich drei Ju 52 einfielen, die auch die fabrikmäßig gepackten Fallschirme mitbrachten, war es zu spät. Die Brücke, um die es ging, war bereits von deutschen motorisierten Verbänden im Handstreich genommen worden.

Am 23. Juni erfolgte der Verlegungsbefehl zum Feldflugplatz Varene. Hier wurden die Fallschirmjäger während einer Einsatzbesprechung in das Unternehmen »Bogdanow« eingewiesen: Besetzen der beiden Brücken an der doppelgleisigen Eisenbahnlinie von Lida nach Molodeczno und Verhinderung ihrer Sprengung.

Am frühen Morgen des 25. Juni ging der Fallschirmjägerzug Leutnant Lütke an den Start. Zehn Minuten nach der Alarmierung war bereits die erste Ju 52 in der Luft und kurvte über dem Platz, bis die zweite und dritte ebenfalls gestartet waren und aufgeschlossen hatten.

Tief über dem Boden, beinahe bis an die Kronen der Bäume heruntergehend, flogen die drei Ju 52 dem Einsatzziel entgegen. Es sollte 1200 Meter hinter der befohlenen Brücke auf einem kleinen Plateau gesprungen werden. Von dort aus sollte sich der Zug durch eine schmale Waldzunge zur Brücke vorarbeiten.

Als der Befehl zum »Fertigmachen!« kam, eröffnete der Gegner ein rasendes Feuer auf die nur 30 Meter hoch fliegenden Ju 52. Der Flugzeugführer der ersten Maschine wurde durch Mundschuß verwundet. Die Scheiben der Kanzel zerplatzten.

»Fertig zum Sprung!« ließ der Absetzer durchgeben. Die Ju 52 zogen hoch, erreichten in 55 Metern Höhe die Brücke, und schon sprangen die Fallschirmjäger, ohne auf das Plateau und auf den Befehl des Absetzers zu warten.

Als der allein zurückgebliebene Absetzer sah, daß die Waffenbehälter nicht ausgelöst worden waren, ließ er den verwundeten Flugzeugführer eine Schleife fliegen, löste den Waffenbehälter aus und sprang dann selbst aus geringer Höhe ab.

Die beiden der Führermaschine folgenden Ju 52 hatten automatisch an der gleichen Stelle abgesetzt.

Dieser Zwischenfall und das nicht planmäßige Absetzen stellten sich als ein glücklicher Umstand heraus. Wäre der Zug nämlich an der vorherbestimmten Stelle abgesetzt worden, dann hätten nicht weniger als 16 Panzer, die gutgetarnt dort aufgefahren waren, die Fallschirmjäger unter Beschuß genommen.

Alle Jäger waren heil gelandet, trotz der nur 55 Meter Absprunghöhe. Sie saßen auf der Brücke und an beiden Brückenenden.

Die sowjetischen Panzer versuchten nun, die Brücke durch Beschuß der Sprengladungen in die Luft zu jagen, aber der höhere Bahndamm bot einigermaßen Schutz. Lediglich die Werfergeschosse schlugen oftmals gefährlich nahe in den Grund.

Sowohl die Flußbrücke als auch der Straßenviadukt waren in der Hand der Fallschirmjäger von Brandenburg. Rotarmisten griffen an. Die beiden gefundenen MG eröffneten das Feuer. Die MPi fielen ein. Der erste Feindangriff blieb liegen. Ein paar Sowjets versuchten, sich kriechend an die Brücke heranzuarbeiten. Sie wurden von einem Obergefreiten entdeckt, als dieser einmal seinen Posten verließ. Sein MPi-Feuer warnte die anderen, und Leutnant Lütke stieß sofort mit drei Mann zu ihm durch. Da schwieg plötzlich seine Waffe. Sie fanden ihn mit einer Kopfverwundung, verbanden die Wunde und schleppten ihn in Deckung.

Als der zweite sowjetische Angriff gegen die beiden Brücken vorgetragen wurde, waren zum Glück auf der Flanke dieses Angriffsstreifens vier deutsche Panzerspähwagen vorgerollt, die den Gegner mit Schnellfeuer in die Flanke packten und zum Abdrehen zwangen.

Die Abenddämmerung fiel ein, die russischen Panzer zogen sich zurück.

»Um die Brücken herum einigeln, damit keiner der Russen herankommt!« befahl Leutnant Lütke. Die Spähwagen stießen zu ihnen und wurden ebenfalls auf beiden Seiten der Brücke eingesetzt. Über sie bestand Funkverbindung zur Vorausabteilung der Division.

Mitten in der Nacht sah Obergefreiter Henning, einer der Posten an der Straßenbrücke, eine Bewegung, dann hörte er Geräusche, die sofort verstummten. Er rüttelte den MG-Schützen I neben sich wach, der eingenickt war.

»Sie kommen!« wisperte er.

Alles war binnen weniger Sekunden bereit zur Abwehr. Mit bis zum Zerreißen gespannten Nerven warteten sie auf das Erscheinen der Angreifer. Plötzlich erkannte Henning zwei funkelnde Punkte, keine dreißig Meter voraus aus einem Gebüsch. Er riß die MPi hoch und schoß einen langen Feuerstoß.

Mit schnatternden Stößen fiel das MG ein, dann noch eines. Die scheinbar aus dem Nichts aufspringenden, erdbraun gekleideten Gestalten taumelten unter den Einschlägen der Kugeln zurück. Handgranaten wurden geworfen, eine landete keinen halben Meter neben Henning. Instinktiv griff er danach und schleuderte sie zurück. In der Luft krachte sie auseinander.

Dann war mit einem Male wieder Stille. Der russische Stoßtrupp war abgewiesen. »Jetzt werden wir Ruhe haben!« meinte einer der Männer, aber Leutnant Lütke war anderer Ansicht.

»Die kommen noch einmal, sie kommen bestimmt noch einmal!«

Er sollte recht behalten. Zwei Stunden nach dem ersten Angriff erfolgte ein zweiter, stärkerer. Wieder eröffneten die MG den Feuerreigen, die Spähwagen fielen ein und schleuderten die Flammenlanzen ihrer Granaten dem dichten Pulk der anrennenden Russen entgegen.

Die Nacht war erfüllt vom Getöse der Waffen. Russische Befehle wurden gebrüllt, aber auch dieser Angriff blieb liegen. Die verwundeten Russen wurden wenig später von ihren Kameraden zurückgeschafft.

Bis zur Morgendämmerung vergingen die Minuten wie Stunden. Der befürchtete dritte Angriff, der den Zug bei immer knapper werdender Munition in eine schwierige, beinahe unlösbare Situation gebracht hätte, fand nicht statt.

Vier Gefallene und 16 Verwundete hatte der Kampf bisher gekostet. Die Funkverbindung mit der Division war abgebrochen. Doch den Spähwagenmännern gelang es, mit einem Kradschützen-Bataillon Verbindung zu erhalten. Teile dieses Bataillons schwenkten nun aus eigenem Entschluß von Süden her zu den beiden Brücken ein und kämpften die Fallschirmjäger frei.

Beide Brücken waren unversehrt, und der Vorstoß der Divisionen ging nun darüber hinweg nach Osten. Die Fallschirmjäger blieben zunächst bei dem Kradschützen-Bataillon und nahmen an dessen Einsätzen teil. Am 4. Juli wurden die letzten sieben Mann zur Sammelstelle nach Wilna geschickt. Unter diesen letzten Sieben des Fallschirmjägerzugs Lütke war ihr Zugführer nicht mehr. Leutnant Lütke fiel bei einem Waldgefecht im Infanterieeinsatz.

Das Fallschirmjäger-Regiment 1 vor Leningrad

Am 25. September 1941 traf überraschend Oberstleutnant Trettner, der Ia der 7. Flieger-Division, beim Bataillon Schulz in Wildflecken ein und erklärte, daß die Division einen neuen Einsatz erhalten werde.

»Nach Afrika?« fiel Major Walther ein.

»Diesmal geht es nicht in die Sonne, Kameraden. Diesmal müssen wir uns in Schnee und Eis behaupten«, entgegnete Trettner.

»Also geht es nach Rußland!« stellte Oberleutnant Becker fest. Trettner nickte.

»Die Truppe setzt sich morgen früh in Marsch. Einsatzziel ist Leningrad, am Nordflügel der Ostfront. Dort besteht für die Abschnittskräfte die Gefahr, daß sie von den aus dem Leningrader Raum vorstoßenden Sowjets abgeschnitten werden. Darüber hinaus droht ein Feinddurchbruch auf Tosno und den dortigen Flugplatz. Es ist der Roten Armee gelungen, die Newa an mehreren Stellen zu überschreiten und Brückenköpfe zu bilden. Unser Start erfolgt morgen um 5.30 Uhr. Bereiten Sie alles vor. Es muß wie am Schnürchen klappen. Sie fliegen von hier direkt nach Stendal. Dort wird voll aufgefüllt, werden auch die Waffen empfangen.«

Zehn Minuten später wurde der gesamte Fallschirmjäger-Standort Wildflecken alarmiert. Oberst Bruno Bräuer gab dem angetretenen Fallschirmjäger-Regiment 1 das neue Einsatzziel bekannt. Er war soeben erst aus Fulda zurückgekehrt.

Im Bataillonsgefechtsstand des III./FJ-Regiment 1 beugte sich Major Karl-Lothar Schulz über die Karte. Er deutete mit dem Zeigefinger auf die rot angestrichene Stelle.

»Das gefällt mir nicht, Kerfin!« sagte er. »Wenn die Russen hier über die Newa kommen, reißen sie sich unseren ganzen Laden unter den Nagel.«

»Ich glaube nicht, daß sie hier angreifen werden!« entgegnete Hauptmann Horst Kerfin.

Das III./FJ-Regiment 1 lag im Rahmen des Frontverlaufs hinter der Newa östlich von Leningrad in einer Stellung, die sich mit der linken Flanke an den Mga-Fluß anlegte. Vor ihnen stieß die deutsche Front in einer schmalen langen Zunge zwölf Kilometer weiter nach Osten vor. Falls es den Russen gelang, in der Mitte dieser Zunge überraschend über die Newa zu setzen, konnten sie die dort vorn isoliert stehenden deutschen Truppen abschneiden und vernichten.

Granaten orgelten ab und zu hoch über dem Gefechtsstand

hinweg. Dann schrillte der Feldfernsprecher. Der Bataillons-gefechtsstand erhielt einen Anruf von dem Infanterie-Regiment, das vorn in der Zunge stand. Ein russischer Durchbruch wurde gemeldet.

»Es ist dem Russen gelungen, Panzer durch den Fluß vorzuziehen. Damit ist er einfach durchgerollt und...«

Die Stimme am anderen Ende der Leitung brach ab. Die Leitung rauschte tot.

»Alarm für das Bataillon!« befahl Schulz. Während Hauptmann Kerfin die Alarmmeldung durchgab, wandte sich Schulz dem Mann am Fernsprecher zu.

»An das Regiment! – Über Ausnahme!«

Als Oberst Bräuer sich meldete, erstattete Major Schulz ihm Bericht. Er erhielt den Auftrag, die eingebrochenen Sowjets zu stoppen, sie aufzureiben und die alte Lage wiederherzustellen.

Wenig später stieß das Bataillon vor. Die beiden 5-cm-Pak wurden von den Zugmaschinen vorgeschleppt, während sie in der Abenddämmerung durch das Gebüsch schlichen.

»Panzer voraus!« meldete einer der Fallschirmjäger. Durch das Gebüsch rollten drei Panzer entlang dem Flußufer vor. Ab und zu blieben sie stehen. Aber sie schossen noch nicht. Dann erreichte das Bataillon Schulz den Einbruchsraum.

»Ausschwärmen! – Pak vorziehen. Panzerbekämpfungstrupps bereithalten!« befahl der Kommandeur.

Die Fallschirmjäger verschwanden im dichten Wald. Die Gefechtsgeräusche, die sie vorhin noch gehört hatten, verstummten. Doch das Rasseln der Panzerketten verstärkte sich. Die eigenen Panzerabwehrkanonen wurden von den Zugkraftwagen vorgeschafft und dort eingebaut, wo günstiges Schußfeld bestand und der Gegner aller Wahrscheinlichkeit nach mit seinen Panzern auftauchen würde.

Der direkt am Fluß vorrollende Panzer blieb plötzlich stehen. Sein Turm mit dem langen Eisenrüssel der Kanone drehte sich, und dann brach eine lange Flammenlanze aus der Mündung. Die Granate hämmerte hinter einem der beiden deutschen Zugkraftwagen in den Boden.

Der am weitesten nach links postierte Feindpanzer rollte in ein Sumpfloch. Er versuchte, im Rückwärtsgang herauszukommen. In diesem Augenblick krachten die beiden ersten Abschüsse der deutschen Pak. Ein Volltreffer ins Heck setzte den Feindpanzer in Brand. Gestalten sprangen aus den Luken ins Freie und wälzten sich am Boden, um die an ihnen emporzüngelnden Flammen zu löschen.

Mit langsamem Tacken fielen auf niedrigen Wagen vorgezogene russische Maxim-MG in das Feuer ein, das sich mehr und mehr zu einem wilden Crescendo steigerte. Die beiden übriggebliebenen Panzer jagten Schuß auf Schuß hinaus. Die deutsche Pak erwiderte das Feuer.

»Sprungweise vorarbeiten! Feindinfanterie abschneiden und beide Panzer vernichten!« befahl Major Schulz.

Sie sprangen auf, rannten von Deckung zu Deckung weiter. Drei Sprenggruppen stießen noch weiter vor, als die beiden flankierenden MG in Stellung gegangen waren und ihnen Feuerschutz boten.

Feldwebel Ahrens schlich mit seinem Trupp durch das Unterholz. Neben ihm, näher zum Fluß, arbeitete sich Oberjäger Hollmann mit seinem Sprengtrupp vor.

Noch hatten Ahrens und seine Männer ihren Feindpanzer nicht erreicht, als der ganz am Fluß stehende Kampfwagen von einem mächtigen Detonationsschlag heimgesucht wurde. Zehn Sekunden später stand er vollkommen in Flammen gehüllt.

Als der dritte jetzt abdrehte, erhielt er einen 5-cm-Treffer der Pak in den Motor und stand ebenfalls Sekunden später in Flammen.

Jetzt konnte Major Schulz an der Spitze seines Bataillons vorwärtsstürmen. Im Nahkampf wurde der Gegner aus den Stellungen des Infanterie-Regiments, in denen er sich bereits eingenistet hatte, wieder hinausgeworfen. Die Fallschirmjäger richteten sich an der Spitze, dem gefährdetsten Punkt der Fingerstellung, ein.

In den folgenden Nächten versuchten die Sowjets einige Male, mit Sturmbooten über die Newa zu setzen. Doch die Fallschirmjäger waren auf der Hut. Sie belegten die übersetzenden Sowjetgruppen bereits auf dem Wasser mit heftigem MG-Feuer. Russische Scharfschützen, die aus den Bäumen des jenseitigen Ufers auf die Fallschirmjäger schossen, wurden von Scharfschützen der Fallschirmjäger heruntergeholt. Die deutschen Fallschirmjäger, von denen man beim Heer munkelte, daß sie nur im warmen Süden kämpfen könnten, stellten hier ihre Standfestigkeit unter Beweis.

Wie hier im Abschnitt des III. Bataillons des Regiments 1, standen auch im Abschnitt des III. Bataillons des FJ-Regiments 3 und in jenem des Pionier-Bataillons unter Major Liebach die Fallschirmjäger im erfolgreichen Abwehrkampf. Alle Brückenköpfe der Sowjets wurden, bis auf einen, eingedrückt. Der eine aber, der bei Petruschino lag, wurde in der Nacht zum 19. Oktober vom II. Bataillon des FJ-Sturmregiments unter Major Stentzler angegriffen.

In einem mörderischen Kampf – auf der schmalen Front konnte nur jeweils eine Kompanie vorn angreifen – wurde die russische Brückenkopf-Besatzung Meter um Meter zurückgedrängt. Im Nahkampf kam es zu grausigen Gemetzeln, ehe der Gegner niedergeworfen war. Das Bataillon Stentzler wurde bei diesem nächtlichen Einsatz nahezu aufgerieben. Major Stentzler wurde ein Auge herausgeschossen. Er starb einen Tag später an den Folgen dieser gefährlichen Schädelverwundung. Doch er hatte es geschafft und die Ausgangsstellung der Sowjets auf Tosno vernichtet.

Dieser Einsatz war einer der härtesten der Fallschirmtruppe überhaupt. Der Gegner mußte im Kampf Mann gegen Mann aus jedem Grabenstück und aus jedem Schützenloch vertrieben werden. Die MG-Stände der Russen wurden mit Sprengladungen unschädlich gemacht.

Die russische Odyssee des Fallschirmjäger-Sturmregiments

Unter Generalmajor Meindl wurde das Sturmregiment nach dem Kreta-Einsatz neu aufgefrischt. Doch die Zeit der Ruhe währte nur kurz, denn schon am 26. September mußte das II. Bataillon des FJ-Sturmregiments unter Führung von Major Stentzler den Marsch zur Ostfront antreten.

Vier Tage darauf stand das Bataillon im ersten Einsatz gegen sowjetische Truppen vor Petruschino. Bei diesen Kämpfen und dem dabei erfolgenden Durchbruch durch die sowjetische Verteidigungsstellung bei Petruschino zeichnete sich Hauptmann Reinhart mit seiner 8. Kompanie besonders aus. Er erhielt als einer der ersten Fallschirmjäger das neu gestiftete Deutsche Kreuz in Gold.

Bis zum 18. November lag das Bataillon, das den Angriff auf Petruschino mit dem Tode seines Kommandeurs bezahlt hatte, in der vordersten Verteidigungslinie bei Schlüsselburg.

Das IV. Bataillon des Sturmregiments wurde im November 1941 aus der Heimat in den Raum Krementschug in Marsch gesetzt. Schließlich schlug auch für den Regimentsstab und das I. Bataillon die Abschiedsstunde aus der Heimat. Major Koch, wiedergenesen, übernahm die Führung. Der Regimentsstab wurde nach Juchnow geflogen, wo Generalmajor Meindl zeitweilig eine ganze Division beisammen hatte, die aus SS-Einheiten, Luftwaffenverbänden und Infanterie zusammengewürfelt war. Das I. Bataillon wurde in den Raum Schaikowka verlegt. Hier sollte es am Flugplatz Anissowo-Gorodischtsche verteidigen.

Schließlich wurde auch vom III. Bataillon des Sturmregiments, das inzwischen von Hauptmann Schweiger übernommen worden war, die 10. Kompanie unter Oberleutnant Herterich und später Leutnant Vogel nach Rußland in Marsch gesetzt.

Diese Kompanie kämpfte vom 7. Januar 1942 bis zum 6. April 1942 im Raum nordwestlich Rshew bei Sobakino, im Verband des dort stehenden Infanterie-Regiments 58. Am 15., 17. und 21. Januar führte die Kompanie erfolgreiche Gegenangriffe und bereinigte sowjetische Einbrüche bei Sobakino.

Wenden wir uns nun einigen Einsätzen des I. Bataillons des FJ-Sturmregiments zu.

Am Nordostrand des Flugplatzes von Anissowo-Gorodischtsche hatte sich die 3. Kompanie zur Verteidigung eingerichtet. Daran anschließend lag die 2. Kompanie unter Hauptmann Jungwirt.

Mit seinem Zug war Oberfeldwebel Erich Schuster nach dem Alarmzeichen aus den warmen Bunkern in die Gräben gestürzt. Der frühe Morgen des 16. Januar 1942 dämmerte herauf. Als sich Schuster im Graben umwandte, sah er hinter sich die Gebäude des Flugplatzes und die Häuser von Schaikowka aufragen. In diesen Einsätzen war er wieder mit seinen Kameraden von Kreta zusammen. Rechts von ihm schloß der Zug von Oberfeldwebel Ellersiek an. Links hatte der Zug von Feldwebel Dudda sein Grabenstück besetzt.

Rechts von Schuster stand das am Vortage beim Angriff auf Gorodischtsche erbeutete Maxim-MG. Eine Leuchtkugel stieg in den fahlgrauen Morgenhimmel empor.

»Fertigmachen!« rief Schuster, als er die ersten sowjetischen Angreifer auf Skiern vordringen sah. Die beiden MG eröffneten das Feuer. Das Maxim-MG fiel langsam tackend ein.

Die ersten Angreifer, Skitruppen in weißen Mänteln, drehten seitlich weg und liefen in Richtung Mithinka weiter.

Aus der Senke, 600 Meter vor der Hauptkampflinie, tauchten neue Sowjetgruppen auf. Diesmal war es Infanterie. Als sie den Bereich der von den Pionieren gelegten Minensperre erreichten, brüllten mächtige Detonationsschläge durch den Morgen. Schuster sah eine Gruppe Russen, die kriechend zum Draht vorrobbten. Er schoß aus der MPi vier Feuerstöße, drückte den Auslöseknopf, der das leergeschossene Magazin freigab, und rammte ein neues ein.

Einer der Männer unter Oberjäger Bühren erhielt einen Kopfschuß und sackte tot zurück. Dann fielen auf einmal Handgranaten. »Urrä«-Geschrei drang durch das Kampfgetöse und verstummte wie abgeschnitten, als zwei weitere sMG in das Abwehrfeuer einfielen. Eine Gruppe Rotarmisten erreichte den vordersten Graben, ehe sie in einem Feuerstoß unterging.

Leutnant Arpke kam durch den Verbindungsgraben zu Schuster hinüber. »Erich, fertigmachen! – Die Dritte unternimmt in genau 15 Minuten einen Gegenstoß auf Mithinka, wo der Russe eingebrochen ist.« Schon war Arpke weitergeeilt. Es sollte das letzte Mal gewesen sein, daß Schuster den Freund und Kameraden sah.

»Fertigmachen!« Sie zogen die Kinnriemen fest. Handgranaten wurden griffbereit verstaut. Oberjäger Kruse nahm mit seinem Trupp Sprengmittel auf.

Schon wurde das Sperrfeuer eröffnet, in das auch die Flugplatz-Flak einfiel.

»Sprungauf – maaarsch!«

Sie sprangen hoch, rannten über den festen Schnee nach Nordosten, wo Mithinka lag. Mit langen Sätzen schnellte Erich Schuster über die Löcher hinweg. Einmal sackte er in eine Schneeverwehung ein, rappelte sich wieder hoch und lief weiter. Der Zug Ellersiek schloß sich an.

Erste russische Geschütze feuerten. Geysire aus Stahl, Dreck und Schnee stoben empor. Sie rannten schneller. Ihr Atem ging keuchend, und der Frost stach wie mit Nadeln auf der Lunge. Ein Zug Rotarmisten tauchte am Ortsrand von Mithinka auf und wollte gerade Granatwerfer in Stellung bringen.

Die beiden MG schossen im Laufen, von den Schützen I im Hüftanschlag abgefeuert. Rechts spurtete Oberjäger Kruse heran und schoß ebenfalls im Laufen.

Aus Hecken und Häusern der Ortschaft wurde das Feuer der Fallschirmjäger erwidert. Sie erreichten dennoch den Ortsrand, krochen durch die Lücken eines morschen Zauns und kämpften ein sMG nieder, das aus einer Blockhütte schoß.

Auf der Flanke war ebenfalls Gefechtslärm zu hören. Dort stürmte Leutnant Arpke auf die Nachbarortschaft Jekolewka vor. Im nächsten Ansprung wurden zwei Männer niedergeschossen. Der Rest aber kam durch, schlug mit Handgranaten die Widerstandsnester zusammen und richtete sich in den eroberten Häusern ein.

Feldwebel Schuster riß seinen Zug weiter vor, dorthin, wo noch immer zwei oder drei Feind-MG schossen. Feuer peitschte ihnen entgegen. Endlich erreichten sie die sMG und warfen Handgranaten. Dann stürmten sie bis zum jenseitigen Ende des Dorfes weiter. Mithinka war in deutscher Hand. Major Koch ließ die alten Stellungen wieder besetzen. Ein Zug und eine Werfergruppe wurden hineingelegt. Erschöpft und glücklich darüber, daß sie gefangene Kameraden hatten befreien können, gingen die Männer um Erich Schuster in die eigenen Stellungen zurück. Dort angekommen, stießen sie auf Feldwebel Dudda.

»Erich«, sagte Dudda mit schwerer Zunge, »Erich, wir haben Helmut Arpke verloren.«

»Wo ist er?« fragte Erich Schuster und wußte nicht, daß ihm Tränen über die Wange liefen.

»Wir haben ihn zum Bataillonsgefechtsstand gebracht«, erwiderte Dudda.

Helmut Arpke, Träger des Ritterkreuzes, war am 16. Januar 1942 beim Angriff auf Jekolewka gefallen. Er wurde auf dem Friedhof des Sturmregiments in Schaikowka bestattet. Sein Zug schoß die Ehrensalve.

Die Kämpfe der nächsten Tage ließen die Fallschirmjäger nicht zur Ruhe kommen. Der 2. Kompanie unter der Führung von Hans Jungwirt gelang es, auf Belnja-Süd antretend, den Russen diesen Stadtteil zu entreißen. Wenig später bewährte der Kompaniechef sich aufs neue bei Michailewo. Dort warf er den eingedrungenen Gegner zurück und hielt die Stellung gegen sieben russische Angriffe. Hauptmann Jungwirt erhielt dafür das Deutsche Kreuz in Gold.

Am 18. Januar wurde Borez dem Gegner entrissen, und am späten Abend des 22. Januar 1942 griffen die Sowjets abermals mit Skitruppen an. Vorher aber ging ein Überfall aus Stalinorgeln auf den Abschnitt des Bataillons herunter und verwandelte die Stellungen in ein heulendes und flammenzüngelndes Inferno. Raketenschwärme zogen über den Nachthimmel. Ihre Einschläge ließen die Erde wanken. Schuster hörte die mächtigen Donnerschläge, mit denen die Katjuschageschosse in den Boden schlugen. Das Trommelfell schien ihm zu platzen, der Luftdruck den Brustkorb zusammenpressen.

Vorn in der Vorfeldstellung gingen die verlegten Tellerminen mit hoch, als Raketensalven dort den Drahtverhau durcheinanderwarfen.

Aus Mithinka und Jekowlewka schossen die Fallschirmjäger auf die angreifenden Russen. Zwei Flak-Vierlinge jagten ihre Leuchtspurspeere gegen den anrennenden Feind.

In allen Abschnitten des Verteidigungsbereichs waren die Angreifer auf Einbruchsentfernung herangekommen. Aber sie brachen im Abwehrfeuer zusammen.

Keine fünf Minuten später griff die zweite Welle an. Auch sie wurde abgewiesen. Dann erhielten die Dritte und die Zweite als Eingreifreserve den Befehl, den Westrand von Gorodischtsche anzugreifen. Wenn sie es schafften, würde die Hauptkampflinie so weit vorgeschoben werden, daß ihre Eckbastionen nicht mehr gefährdet waren.

Zehn Minuten später schlichen die drei Züge der Dritten nach vorn. An der Spitze seines Zuges ging Feldwebel Schuster. Sie erreichten eine Querschlucht, stießen auf den ersten russischen Vorposten und setzten ihn durch Handgranatenwürfe außer Gefecht. Abermals eröffneten sowjetische Salvenwerfer das Feuer. Aber die angreifende Dritte hatte dieses bereits unterlaufen und war nicht mehr gefährdet.

Voraus tauchten plötzlich die sowjetischen Erdbunker auf. Aus den beiden flankierenden Bunkern peitschten die ersten Feuerstöße. Die Fallschirmjäger rannten weiter, erreichten einen flachen Schneegraben, sprangen hinein und waren Sekunden darauf am ersten Feindbunker.

Die 1. Kompanie, die zuerst zurückgeblieben war, hatte auf der rechten Flanke zur Dritten aufgeschlossen und griff nun ebenfalls die Bunker an. Mit geballten Ladungen wurden die einzelnen Bunker gesprengt. Russen kamen mit erhobenen Armen ins Freie, fast alle waren verwundet.

»Durchstoßen bis zum Ortsrand!« befahl Schuster.

Sie rannten weiter, wie alle übrigen Züge auch. Dann hatten sie diese Linie überwunden und die Häuser erreicht, in die sie eindrangen. Die verteidigenden Rotarmisten mußten sich zurückziehen. Ein MG wurde in Stellung gebracht, und man ging nun selber zur stützpunktartigen Verteidigung über.

Der Zug Ellersiek wurde eingewiesen. Dudda kam ebenfalls heran und besetzte einen weiteren Stützpunkt, so daß sich die drei Züge einander Feuerschutz und flankierende Unterstützung geben konnten.

Als der Gegner 30 Minuten später versuchte, den Ortsteil zurückzugewinnen, geriet er ins Kreuzfeuer der Fallschirmjäger und mußte zurückweichen. Vom 22. bis 28. Januar 1942 wurde der Westteil von Gorodischtsche von den Fallschirmjägern verteidigt. In mehreren Stoßtrupps wurde dem Gegner ein Haus nach dem anderen entrissen. Immer wieder führte Feldwebel Schuster diese Stoßtrupps. Als er am 26. Januar in eine schwierige Lage geriet, schoß ein Obergefreiter mit einem erbeuteten russischen Schnellfeuergewehr den Weg für den Stoßtrupp Schuster frei. Es war Obergefreiter Walter Funk, der das Deutsche Kreuz in Gold für diesen und eine Reihe vorhergehender Einsätze erhielt.

In den nächsten Tagen war es Oberfeldwebel Heinrich Orth, der immer wieder von sich reden machte. Bei den Kämpfen um Anissowo, der Einnahme dieser Ortschaft und der Abwehr der Gegenstöße am 3. und 4. Februar 1942 war er es, der ein ganzes Elite-Bataillon der Sowjets stoppte und während der Kämpfe noch 126 Gefangene mit seinem nur 50 Jäger starken Zug einbrachte. Major Koch schlug ihn dafür zum Ritterkreuz vor. Generalmajor Meindl befürwortete dieses Gesuch, und am 18. März erhielt der Oberfeldwebel das Ritterkreuz. Das heißt, er hätte es an diesem Tage in Empfang nehmen können, aber zwei Tage zuvor war er – nachdem er noch an der Eroberung von Philippkowo und Silkowitschi entscheidenden Anteil gehabt hatte – gefallen.

Am Vorabend des Angriffs auf Anissowo erschien Major Koch beim Zug Schuster. Als er sich von seinem Kampfgefährten verabschiedete, sagte er beiläufig:

»Vorläufig noch großes Geheimnis, Schuster. Aber Sie können es den Männern ruhig stecken: Das Sturmregiment soll neu aufgestellt werden und wird dazu in die Heimat verlegt.«

Als er in den Befehlsbunker zurückkam und eben seinen Vertrauten berichten wollte, daß die Zeit in Rußland bald vorüber sein würde, klirrten die leeren Kartuschen am Bunkereingang. Sie konnten von den Vorposten im Graben an Drähten bewegt werden und waren das Zeichen zum Alarm.

Schuster griff zum Stahlhelm und stülpte ihn über. Er rannte ins Freie. Die einzelnen Gruppen trafen fast gleichzeitig im Hauptgraben ein, und schon sahen sie in noch etwa 400 Meter Distanz die angreifenden Russen. Es waren Sibirier, die hier ihr Glück abermals versuchten.

Sie kamen bis an den Drahtverhau heran, wo einige Tellerminen hochgingen und jene Angreifer zerrissen, die im

Detonationsbereich vorrückten. Es wurde aus allen Waffen geschossen. Erich Schuster sah, daß die Angreifer zwar dezimiert, aber nicht aufgehalten wurden. Schon stürzten die ersten baumlangen Sibirier in den Graben. Der Nahkampf begann. Zehn Minuten währte der Kampf Mann gegen Mann, dann waren die letzten der in die Gräben eingedrungenen Sowjets überwältigt. Verwundete schrien nach dem Sanitäter. Sie wurden versorgt. Die Toten wurden aus den Gräben gehoben.

Daß es noch verhältnismäßig gut ausgegangen war, war dem Zug Ellersiek zu verdanken, der den Gegner von der rechten Flanke her gepackt und aufgerieben hatte.

Major Koch verabschiedete sich von den Verwundeten, die in die Heimat geflogen wurden. Dann befahl er einen Gegenangriff der Dritten und Vierten gegen Anissowo. Die beiden übrigen Kompanien hatten derweilen die Stellungen zu halten.

Sie eroberten Anissowo und richteten sich darin zur Verteidigung ein. Der erwartete Gegenangriff blieb aus. Statt dessen begann das sowjetische Trommelfeuer, das alles bisher Dagewesene überstieg. Dann griff der Gegner in Regimentsstärke in vier Wellen hintereinander an. Viermal wurde er zurückgeworfen.

Als am Nordostrand von Anissowo ein paar Häuser verlorengingen, stürmten zwei Gruppen Fallschirmjäger mit zwei Flammenwerfern dorthin und warfen den eingedrungenen Gegner wieder hinaus.

Bis zum 10. Februar herrschte dann Ruhe. Aber am 11. und 12. Februar trat das Bataillon Koch abermals zu einem Gegenstoß in Belnja-Süd an. Hier gelang es Oberleutnant Hoefeld, der jetzt die Dritte führte, die zehnfache feindliche Übermacht zu schlagen und sich dort festzusetzen.

Am 19. und 20. Februar stand das Bataillon Koch abermals im Großeinsatz. Major Koch führte die Stabskompanie direkt nach Michailowo. Gleichzeitig wurden Jemikowo und Orlofka angegriffen, und gegen Mitternacht hieß Major Kochs Kommando:

»Jetzt alles auf Dimitrowka!«

Die Spitzengruppe des Angriffskeils wurde von Feldwebel

Schuster geführt. Etwa 50 Meter zurückhängend arbeiteten sich die Züge Ellersiek und Dudda auf beiden Flanken vor. Feuer peitschte ihnen entgegen. Aus einem großen Bunker schossen zwei 7,6-cm-Pak. Der Zug Ellersiek eroberte den Bunker und setzte dessen Besatzung außer Gefecht. Alles stürmte nun nach Dimitrowka hinein. Die schweren Waffen der Sowjets wurden umgedreht, von den Fallschirmjägern bemannt und griffen zu deutschen Gunsten in den Kampf ein.

Die Kämpfe im Großraum Schaikowka nahmen an Erbitterung zu. Die Fallschirmjäger erhielten keinen Ersatz mehr, und ihre Schar schmolz mehr und mehr zusammen. Dennoch reichte es sogar noch zu Gegenstößen, bei denen am 22. Februar die Eroberung von Wypolsowo gelang. Dann erhielt das Bataillon einige Tage Ruhe.

Der März begann mit einem sowjetischen Gegenstoß, der von Panzern unterstützt wurde. Er konnte zurückgewiesen werden. Der Angriff auf Salowo am 2. März schlug fehl, aber am 9. März gelang der Einbruch in diese Ortschaft, und auch das verlorengegangene Anissowo-Gorodischtsche wurde zurückgewonnen.

Am 18. März wuchsen die Männer des Bataillons Koch noch einmal über sich hinaus, als sie die feindbesetzte Höhe 238 westlich von Postdnakowo angriffen und im Sturm nahmen.

Am 1. April 1942 wurde Major Walter Koch nach Deutschland versetzt. Er hatte Weisung erhalten, aus Freiwilligen und Rußlandkämpfern des Regiments Meindl ein neues Fallschirmjäger-Regiment 5 (Koch) aufzustellen.

»Ich werde euch alle anfordern«, versprach er den zurückbleibenden Kameraden. »Wir werden zusammenbleiben, Kameraden.«

Die zurückbleibenden Reste des Bataillons riegelten vom 14. bis zum 24. April den sowjetischen Durchbruch an der Rollbahn bei Fomino ab. Hauptmann Reinhart führte nun. Noch einmal erlebten die Rotarmisten die Standfestigkeit der deutschen Fallschirmjäger, und Oberstleutnant Rotkirilow erklärte nach seiner Gefangennahme:

»Hätte uns hier die gesamte 1. deutsche Fallschirmjäger-

Division gegenübergestanden, dann wären wir nicht einmal mit einem Armeekorps an dieser Stelle durchgebrochen.«

Am 26. April 1942 wurde das Bataillon Koch herausgelöst und im Bahntransport in die Heimat geschafft. Es waren nicht mehr viele, die diesen Weg antraten. Zurück blieben auf dem Friedhof bei Schaikowka die gefallenen Kameraden. Auf einer Holztafel las Erich Schuster, als er hier Abschied von Freunden und Kameraden nahm:

»Nach unvergänglichen Waffentaten in Narvik, Holland, Eben Emael, Korinth, Kreta und Leningrad hielten diese Männer den eingeschlossenen Flugplatz Anissowo-Gorodischtsche in erbitterten Nahkämpfen gegen sowjetische Divisionen.«

Zwei Ritterkreuzträger des Bataillons wurden hier neben ihren Kameraden zur letzten Ruhe gebettet. 16 Männer des Bataillons Koch erhielten während dieser Kämpfe das Deutsche Kreuz in Gold.

Oberstabsarzt Dr. Neumann

Mit seiner Stabskompanie und dem auch auf Kreta bewährten Kampfzug hatte Generalmajor Meindl eine Kampfreserve zur Hand, die zwar klein, aber schlagstark war.

Die Rote Armee griff in diesem Kampfgebiet bis Mitte Februar kaum an. Lediglich Spähtrupps und schwächere Stoßtrupps versuchten immer wieder, die Front der Fallschirmjäger unsicher zu machen. Erst nachdem durch einen Partisanenüberfall die Bahnanlagen bei Kossnaki in die Luft gesprengt worden waren und wenig später starke sowjetische Kampfgruppen im Raum Issnoski gemeldet wurden, zugleich in der Lücke zwischen der 4. Panzerarmee und der 4. Armee Feindkräfte durchbrachen und Kunowka in Besitz nahmen, wurde es auch hier kritisch.

Generalmajor Meindl erhielt den Auftrag, mit seiner Kampfgruppe diesen russischen Stoßkeil abzuriegeln und den durchgebrochenen Gegner zu vernichten.

Es gelang Eugen Meindl, diesen starken Gegner zu Dreiviertel in die Zange zu nehmen. Lediglich im Osten war der

Umklammerungsring offen, weil Meindl die dazu notwendigen Truppen fehlten.

Der Gegner wurde gestoppt und in einer Reihe von Einzelangriffen geschlagen. Sein Durchbruchsversuch war gescheitert. Einem Stoßtrupp der Kampfgruppe Meindl gelang es, auf der Straße nach Gshatsk durchzustoßen und Verbindung mit der abgeschnittenen 20. Panzer-Division aufzunehmen.

Wenig später wurde eine weitere sowjetische Kampfgruppe in Stärke von etwa zwei Divisionen abgeschnitten und dezimiert.

Der nächste Einsatz richtete sich gegen das in Juchnow von drei Seiten vom Gegner eingeschlossene deutsche Lazarett. Hier war es der Regimentsarzt Oberstabsarzt Dr. Neumann, der die Lage meisterte und zum Retter Tausender Verwundeter wurde. Etwa 2000 Verwundete, deren Versorgung und Betreuung nicht gewährleistet war, warteten auf seine Behandlung. Da eine Rückführung über die Rollbahn nach Rosslawl unmöglich war, weil die Rote Armee diese Rollbahn mit Panzerverbänden sperrte, schien das Schicksal der Verwundeten düster. Aber Dr. Neumann, der auf Kreta die Höhe 107 genommen hatte und damit auch seinen Anteil am Kampfgeschehen auf der Insel geleistet hatte, wandte sich an Generaloberst von Richthofen, den er noch aus dem Spanienkrieg kannte. In seinem Fernschreiben an von Richthofen erklärte Dr. Neumann:

»Etwa 2000 Soldaten sind in Juchnow zum Tode verurteilt, wenn sie nicht so rasch wie möglich im Lufttransport ausgeflogen werden. Sie haben mit großem Einsatz gekämpft und mehr als einmal ihr Leben eingesetzt.

Uns, die wir ihnen allein helfen können, bleibt die Möglichkeit, ihnen dadurch zu danken, daß wir sie aus dem sich täglich dichter schließenden Umklammerungsring ausfliegen. Bleiben sie im Kessel, dann muß mit ihrem sicheren Tode gerechnet werden.«

Generaloberst von Richthofen ließ sofort die Luftbrücke anlaufen, und an zwei Tagen hintereinander landeten bei Juchnow an die 70 Ju 52. Sie nahmen die Schwerstverwundeten auf. Erst als diese, weit über 1000 Mann, gerettet waren, stellte Dr. Neumann einen großen Krankentransport zusammen, den er persönlich zurückführte, als es kurzzeitig der III. Gruppe des Jagdgeschwaders Mölders unter Major Morhahn gelang, mit ihren Me 109 die Rückzugsstraße nach Rosslawl freizukämpfen.

Danach gelang es den Fallschirmjägern noch einmal, eine Rückzugsschneise zu schlagen, durch die der letzte Verwundetentransport zurücklief. Noch in Juchnow wurde Dr. Heinrich Neumann zum Oberfeldarzt befördert.

Nächte am Mius

Das Fallschirmjäger-Regiment 2 unter Generalmajor Sturm wurde im November 1941 nach dem Osten in Marsch gesetzt, und zwar zum rechten Flügel der Ostfront, tief im Süden. Ende November erreichte man Stalino, und in den folgenden Wochen wurden die Ortschaften Woroschilowka, Iwanowka und Petropawlowka zu Brennpunkten ihres Einsatzes.

Hier fanden die Fallschirmjäger ein italienisches Infanterie-Regiment vor, dessen Gefechtsstand in Woroschilowka lag. Es setzte sich aus zwei Schwarzhemden-Bataillonen und einem Bersaglieri-Bataillon zusammen.

So wurde auch das FJ-Regiment 2 in den schrecklichsten russischen Winter seit fünfzig Jahren geschickt. Es kam zu dramatischen Einsätzen.

Es war am 17. Januar 1942, als Oberjäger Erich Lepkowski vor seinem Bataillonskommandeur stand. Major Pietzonka gab dem bereits in Korinth und auf Kreta bewährten Oberjäger die Hand.

»Lepkowski, Sie lösen den Funktrupp Kohl in Woroschilowka ab und bilden dort einen stehenden Spähtrupp.«

»Bei den Schwarzhemden, Herr Major?« fragte der Ostpreuße Lepkowski skeptisch.

»Stimmt, beim 63. Schwarzhemden-Bataillon. Ich möchte immer sofort wissen, wenn dort etwas los ist. Aber passen Sie gut auf, immerhin liegt die Ortschaft etwa tausend Meter vor unserer Hauptkampflinie.«

Auf seinem Weg zur Graben- und Bunkerstellung der 4. Kompanie des I. Bataillons mußte Oberjäger Lepkowski ein paarmal vor einschlagenden Granatwerfergeschossen in Deckung gehen. Als er den Bunker erreichte, umfing ihn die Glut des bullernden Kanonenofens. Direkt neben dem Ofen stand dort Bierbaum. Er hatte sein Hemd über den Kopf gezogen, las die Wanzen heraus und warf sie auf die glühende Herdplatte, wo sie mit Gestank verzischten.

»Fertigmachen zum Abmarsch zu den Schwarzhemden!« forderte er seinen Funktrupp und die Gruppe auf.

»Scheiße, verdammte!« knurrte einer der Männer.

Sie nahmen Waffen und Gerät auf und verließen den Bunker, in den eine andere Gruppe einziehen würde. Erich Lepkowski führte sie durch ein Stangenwäldchen, das den Wind ein wenig abhielt. Ihre Schritte knirschten im Schnee. Weiter links brannte ein Dorf.

»Dort sitzt das II. Bataillon unter Hauptmann Schirmer«, bemerkte Obergefreiter Schmauder sachlich, als sie in einer geschützt liegenden Senke verschnauften. Stock, der das Tornistergerät trug, drängte zum Weitergehen. Sie setzten sich wieder in Bewegung, mußten einen Feuerüberfall über sich ergehen lassen und erreichten schließlich den Rand von Woroschilowka. Hier wurden sie erleichtert von Feldwebel Kohl in dem artilleriesicheren Unterstand empfangen.

Als sich Kohl mit seinen beiden Funkern in Bewegung setzte, hatte der Gefechtslärm nachgelassen. Eine Stunde später erschien der »Eiserne Gustav«, auch als »Rollbahnkrähe vom Dienst« bekannt: ein russisches Flugzeug, das die Ortschaft angriff, zwei Bomben warf und wieder verschwand.

Am frühen Morgen des 18. Januar griffen die Sowjets Woroschilowka an. Stock, der Funker, ein lustiger Abiturient aus Hamburg, gab die Meldung über diesen Angriff durch. Wenig später eröffnete die eigene Artillerie das Feuer auf den Gegner, der sich wieder zurückzog. Bis zum 22. Januar ging es immer wieder mit kleinen Überfällen weiter. Dann aber, am frühen Morgen des 23. Januar 1942, begann der sowjetische Großangriff.

Am Abend vorher war das von Oberleutnant Griesinger

mit einem starken Stoßtrupp geführte Unternehmen »Kolchose« gescheitert, und der Oberleutnant hatte sich zurückziehen müssen.

Mit Beginn des sowjetischen Angriffs meldete Lepkowski an Major Pietzonka und Hauptmann Schirmer. Die Schwarzhemden waren inzwischen durch Bersaglieri abgelöst worden, die hier das erste Mal einen schweren russischen Angriff erlebten. Wenig später ergriffen die ersten Italiener die Flucht. Sie ließen ihre sechs Pak und die sMG im Stich und rannten zurück.

Zur gleichen Zeit wurde auch das I. Bataillon angegriffen. Major Pietzonka ließ den Gegner bis auf hundert Meter herankommen, ehe er den Feuerbefehl gab. Mit Werfern und MG wurde er zum Stehen gebracht.

Als die Sowjets schließlich aus der von ihnen gehaltenen Kolchose die Bersaglieri-Stellungen angriffen, war die Zeit für Lepkowski gekommen. Stock ließ den ersten Gurt durchratschen, als er einige lange Feuerstöße gegen die Angreifer schickte. Die noch in den Stellungen verbliebenen Italiener hetzten in wilder Flucht zurück.

»Gleich haben sie uns kassiert. Wir bauen ab. Sprengung des Funkgeräts, Stock!« befahl der Oberjäger.

Sie jagten den letzten Gurt durch die Waffe. Die Rotarmisten im Schußfeld des Bunkers warfen sich in Deckung.

Lepkowski und sein Funktrupp rannte zurück, verfolgt von den Kugeln der Sowjets. Als Stock plötzlich aufschrie, warfen sich Schmauder und Lepkowski in Deckung.

»Ich übernehme den Feuerschutz, schau nach Stock!« rief Lepkowski Schmauder zu. Dieser verband die schwere Brustwunde des Kameraden, packte ihn sich auf den Rücken und rannte los, während Lepkowski schoß. In mehreren Sprüngen gelangten sie zurück. Wie sie es schafften, wußten sie nachher nicht mehr. Aber sie waren durchgekommen.

Am Sonntag, dem 25. Januar, traten die Italiener zum Gegenstoß auf Woroschilowka an. Im dichten Feuer ging auch der stehende Spähtrupp Lepkowski wieder mit nach vorn zur Höhe 331,7, um von dort aus zu beobachten. Oben stießen sie auf Leutnant Schönicker, der ihnen bestätigte, daß es den Bersaglieri gelungen sei, die Ortschaft zurückzugewinnen. Aber als sie nachzogen, kamen ihnen die Italiener bereits wieder entgegengelaufen. Sie setzten sich erneut ab. Der Angriff war gescheitert, und über Funk meldete Lepkowski dies an Hauptmann Schirmer.

Der Landseralltag in Rußland mit seiner bitteren Kälte, der Ungezieferplage und den immerwährenden Stoßtrupps machte den Fallschirmjägern schwer zu schaffen.

Am 30. Januar 1942 griffen zwei Züge des II. Bataillons Woroschilowka an. Die Fallschirmjäger gelangten bis in die Ortschaft hinein. Im erbitterten Häuserkampf aber waren die Russen im Vorteil, weil sie jedes mögliche Versteck nutzten und immer eher zum Schuß kamen als die deutschen Angreifer. Leutnant Kober fiel. Mit ihm fanden elf weitere Fallschirmjäger den Tod. Die Überlebenden zogen sich zurück.

Als am 8. Februar erstmals Tauwetter in diesem Gebiet einsetzte, atmete man auf dem Gefechtsstand auf. Die Front erstarrte im tiefen Schlamm zu völliger Reglosigkeit.

Erst am Samstag, dem 21. Februar, traten die Sowjets morgens um 3.00 Uhr nach starker Artillerievorbereitung zum Angriff auf die Höhe 292 an. Der Hügel wurde von etwa 20 Fallschirmjägern verteidigt, denen einige MG zur Verfügung standen. Zehn Jäger wurden bei der Abwehr verwundet. Aber sie hielten ihre Stellungen, und nachdem der Gegner sich zurückgezogen hatte, wurden an dieser Stelle über 140 Feindtote gezählt.

Ein russischer Stoßtrupp in der Nacht des 26. Februar wurde abgewehrt. Gefangene sagten, daß ein neuer sowjetischer Angriff von Nordwesten her gegen das II. Bataillon des Sturmregiments erfolgen werde. Am nächsten Morgen griffen die Russen wirklich im dichten Nebel an, jedoch zuerst nur im Abschnitt der 4. Kompanie. Schmauder, der MG-Schütze Lepkowskis, sah den Gegner zuerst und eröffnete das Feuer. Lepkowski war nicht bei diesem Angriff dabei. Für ihn, der bereits am 2. Februar erkrankt und ins Krankenrevier des Bataillons eingeliefert worden war, führte Oberjäger Kuhn den Funktrupp. Die Höhe 292 wurde von Feldwebel Piepenburg mit einem Zug gehalten.

Als Lepkowski zur Truppe zurückkam, war Ruhe eingekehrt. Er lag bis zum 6. März in Petropawlowka. Hier erfuhr er, daß Major Pietzonka ihn zum Deutschen Kreuz in Gold eingereicht hatte. Doch diese Auszeichnung sollte er niemals erhalten.

Gerüchte um das Herauslösen des gesamten Sturmregiments zum 16. März machten die Runde. Aber erst am 18. März fuhr zunächst die Regimentsreserve auf Lastwagen nach Iwanowka und von dort aus weiter nach Orlowo-Stalino. Am 23. März traf das gesamte I. Bataillon in Stalino ein, und am 28. März wurde verladen. Sollte es wirklich in die Heimat gehen? Viele Männer, die am Rande der körperlichen und seelischen Erschöpfung angelangt waren, flehten den Tag der Rückkehr herbei. Und es sah ganz so aus, als sollte es wahr werden: ein Frühling in Deutschland, fern von der Front, irgendwo in den Heimatgarnisonen.

Es ging zunächst über Dnjepropetrowsk und Fastow nach Kiew. Als am 2. April der Zug hinter Gomel in nordwestlicher Richtung weiterfuhr, sank das Stimmungsbarometer. Das war nicht die Heimatrichtung. Am 4. April wurde die litauisch-russische Grenze erreicht, und einen Tag später, am Ostersonntag, standen die Waggons bei Krasnogwadeisk. Lepkowski nahm die Sache mit Galgenhumor: »Kinder, wir bleiben Mütterchen Rußland erhalten.« Bei einigen Fallschirmjägern aber löste diese Verlegung einen förmlichen Schock aus. Vorher bereits am Ende ihrer Kraft, waren sie nun so entsetzt, daß einige die Nerven verloren. Ein Gefreiter aus Leipzig unternahm einen Selbstmordversuch. Er schoß sich durch den Mund.

In Tosno wurde ausgeladen, und bei Lipowik entstand der Regimentsgefechtsstand. Hier wurde Oberjäger Lepkowski am 18. April bei einem sowjetischen Feuerüberfall durch Granatsplitter am Auge verwundet.

Aber anstatt ins Feldlazarett zu gehen, tauchte Lepkowski bereits am 21. April wieder beim Gefechtsstand auf und wurde der 5. Kompanie zugeteilt, die von Oberleutnant Ewald geführt wurde.

Am Wolchow, wo sich das Fallschirmjäger-Regiment 2 nun befand, war die Tauperiode eingetreten. Und gleich danach begann das, was als »grüne Hölle am Wolchow« bekannt wurde. Der geplante Einkreisungsversuch der so-

wjetischen Streitkräfte war mißlungen, und da man Sünden-
böcke brauchte, wurde General von Chappius, Kommandie-
render General des XXXVIII. AK, und mit ihm Generalmajor
Altrichter abgelöst (er führte die 58. Infanterie-Division).
General von Chappius nahm sich noch im selben Jahr das
Leben.

Im riesigen Wolchowkessel steckten 180 000 Rotarmisten,
das Gros der 2. sowjetischen Stoßarmee unter General Wlassow. Zehn deutsche Divisionen des Heeres hatten sie eingekesselt. Nun kamen die Fallschirmjäger, verstärkt durch eine
Kompanie Panzerjäger, eine des Fallschirm-MG-Bataillons
und das IV. Bataillon des Sturmregiments hinzu.

Das Wald- und Sumpfgebiet forderte von den Fallschirmjä-
gern alles. Als stehender und Kompaniestoßtrupp vom
Dienst ging Oberjäger Lepkowski in den vorgeschobenen
Gefechtsstand. In der kommenden Nacht stieß er mit sieben
Fallschirmjägern ins Niemandsland vor, um den Beginn der
sowjetischen Stellungen zu erkunden. Die Knüppeldämme
wiesen bereits den ersten Stockausschlag auf. Binnen einer
Woche sollte er mehr als mannshoch werden, und in einigen
Wochen würde er eine massive grüne Wand sein.

Nach etwa 200 Metern stießen sie auf den Gegner. In einem
Feuergefecht konnten sie den starken russischen Stoßtrupp
zurückdrängen.

In den nächsten Tagen und Wochen war Lepkowski immer
unterwegs. Jede Nacht brachte neue, überfallartige Feuerge-
fechte, denn für die eingeschlossenen Rotarmisten ging es
um das nackte Überleben. So suchten sie fieberhaft nach
einem Ausweg.

Über eine Baumstammbrücke überquerte Lepkowskis
Trupp beim nächsten Einsatz einen stinkenden Tümpel.
Doch der Gefreite Rohloff rutschte ins Wasser und mußte
sich, schnaubend und fluchend, auch noch den lakonischen
Kommentar von Samkohl, dem knorrigen Ostpreußen, ge-
fallen lassen:

»Immer wieder willst du solche Extrawürste gebraten
haben. Hast du nicht erst vor Weihnachten gebadet?«

Er erntete ein unterdrücktes Gelächter, das sofort verstummte, als Lepkowski den Arm hob. Sie verschwanden im

dichten Grün, wurden lautlos eins mit dem Boden und warteten.

Im ungewissen Mondlicht erkannten sie wenig später drei Schatten, Rotarmisten, die sich auf die Brücke zubewegten. Sie wurden überrumpelt, und Samkohl, der russisch sprach, horchte sie aus. Sie berichteten von einem Sammellager, keine 300 Meter weiter rückwärts, mit Waffen und Munition. Dort stelle sich alles zum Ausbruch bereit.

Einer der Stoßtruppmänner eilte zur Kompanie zurück, um von Oberleutnant Ewald einen Funktrupp zu bekommen, mit dem die eigene Artillerie auf die Sammelstelle der Russen eingewiesen werden konnte.

Hintereinander drangen sie weiter in der gewiesenen Richtung vor. Die Russen blieben mit einer Wache zurück. Als sie kriechend die letzten hundert Meter zurückgelegt hatten, sahen sie einige provisorisch zusammengenagelte Hütten und davor einen Doppelposten mit einem schweren Maxim-MG.

Erst nach über einer Stunde traf der Funktrupp Lutz ein. Der Obergefreite stellte die Verbindung her. Dann wandte er sich an Lepkowski. »Es ist gleich soweit!« wisperte er.

»Sobald der Feuerüberfall beginnt, holen wir uns das sMG!« befahl der Oberjäger.

Als die ersten Lagen in das Feindlager einschlugen und riesige Dreckgeysire emporschleuderten, warfen sie ihre Handgranaten auf den Postenstand und setzten ihn außer Gefecht.

Granaten hämmerten in das Lager der Russen ein. Auf einmal brandete eine mächtige Detonation gen Himmel. In grellen Flammen ging ein Munitionsstapel hoch. Von den über 120 Russen, die sich im Lager befunden haben sollten, war nichts zu sehen.

Von Major Pietzonka erhielt Lepkowski einige Nächte später den Befehl, zusammen mit Leutnant Fischer einen kampfstarken Stoßtrupp zu führen. Es ging wieder gegen das bekannte Russenlager, das offenbar neu besetzt war. Um Mitternacht brachen sie auf. Sie stießen auf einen starken Stoßtrupp des Gegners, trieben ihn bis zum Lager zurück und führten die befohlene Erkundung durch.

Einen Fallschirmjägerauftrag erhielten sie schließlich, als sie eine russische Artilleriebeobachtungsstelle ausheben sollten. Sie schafften, was eigentlich als unmöglich erschienen war, und Lepkowski wurde abermals von Major Pietzonka zum Deutschen Kreuz in Gold vorgeschlagen. Am 1. Juni wurde Lepkowski wegen Tapferkeit vor dem Feind zum Oberfeldwebel befördert.

Der Kampf ging weiter. Das FJ-Regiment 2 erlebte hier, was es hieß, gegen einen mit den Tücken dieser Landschaft vertrauten Gegner zu kämpfen.

Die weißen Nächte begannen. Moskitoschwärme surrten überall und verbreiteten die Malaria. In blinder Wut versuchten die Fallschirmjäger sich dieser Störenfriede zu entledigen, aber wo sie Tausende Mücken vernichteten, kamen Myriaden neuer winziger Quälgeister aus dem Miasmen brütenden Sumpf.

Der Gegner war völlig eingeschlossen. Stukas und Hochbomber luden ihre Bomben im Kessel ab. Dort kämpfte die 2. Stoßarmee unter General Wlassow mit letztem Einsatz und versuchte alles, um der drohenden Gefangenschaft zu entgehen. Es wurde brütend heiß, und einer der Fallschirmjäger prägte den Satz:

»Wer von hier aus in die Hölle kommt, der muß sich ein paar wärmende Decken mitnehmen.«

Am 21. Juni wurde die 5. Kompanie unter Oberleutnant Ewald herausgezogen. Der Kampf am Wolchow ging seinem Ende entgegen. Aber es sollte noch bis zum Montag, dem 6. Juli dauern, ehe das Regiment, das durch die grüne Hölle am Wolchow gegangen war, in die Heimat zurückverlegte.

Der Einsatz in Rußland war für die Fallschirmjäger jedoch noch nicht zu Ende.

Mit dem Fallschirmjäger-Regiment 1
im Mittelabschnitt der Ostfront

In Gardelegen, Großborn und Stendal wurden die Regimenter, die aus dem Rußlandfeldzug des Winters 1941/42 zurückkamen, in Ruhe gelegt und aufgefrischt. Danach verlegten sie nach Frankreich. Das Fallschirmjäger-Regiment 1 gelangte in den Raum um Avignon.

In Avignon standen sich Generalmajor Bruno Bräuer und Oberstleutnant Karl-Lothar Schulz gegenüber. Schulz wußte, was Bräuer ihm sagen wollte: Es ging in einen neuen Einsatz. Vielleicht nach Afrika?

Als Bräuer eintraf und ihm das III. Bataillon gemeldet wurde, schritt er zusammen mit Oberstleutnant Schulz die Front ab. Dann wandte er sich dem alten Kampfgefährten aus Holland und Kreta zu.

»Also, Schulz, ich weiß keinen Besseren als Sie, dem ich unser Fallschirmjäger-Regiment 1 übergeben sollte. Sie haben also das Regiment. Führen Sie es so, wie Sie Ihr Bataillon stets geführt haben.«

»Danke, Herr General«, erwiderte Schulz und lächelte erfreut.

»Ihre Marschorder geht nach Rußland. Gern hätte ich das Regiment wieder dorthin geführt, aber meine Kommandierung in den Stab ist endgültig. – Wie haben Sie sich die Bataillonsführung gedacht, Schulz?« fragte Bräuer abschließend.

»Von der Schulenburg übernimmt das I., Major Gröschke das II., Hauptmann Becker das III., und Kerfin bleibt meine rechte Hand.«

»Ganz meine Meinung, Schulz. Und Glück ab!«

Der neue Kampfraum des Regiments 1 waren Smolensk und das rückwärtige Gebiet im Mittelabschnitt der Ostfront, wo sich sowjetische Partisanen immer stärker regten und mit Bahn- und Brückensprengungen und anderen Überfällen den deutschen Nachschubweg zur Front blockierten. Vom Partisanenkrieg ganz besonders heimgesucht wurde der Raum südöstlich von Smolensk und beiderseits Wjasma. Der russische General Below, der für diese Partisanenarmee zuständig war, verfügte allein im Raum Jelnja, östlich von Smolensk, über 20000 Mann, die in den Wäldern hausten.

Als das Fallschirmjäger-Regiment 1 von Witebsk aus, wohin es im Lufttransport gebracht worden war, über die Rollbahn nach Osten fuhr, bogen die Spitzengruppen zu früh von der

Rollbahn ab und gerieten in das von Partisanen wimmelnde Waldgebiet.

Einige Überfälle wurden in entschlossenen Gegenstößen abgewehrt. Als die Männer weiter vordrangen, stießen sie auf eine dicht verbarrikadierte Dienststelle der OT (Organisation Todt). Dort wunderte man sich nicht wenig, wie es Schulz gelungen sein mochte, am Leben zu bleiben. Im übrigen hieß man diese Verstärkung herzlich willkommen.

In kleine schnelle Einsatzgruppen eingeteilt, eröffnete das Regiment den Kampf gegen die sowjetischen Störkommandos. Zur Ausschaltung russischer Hauptstützpunkte wurde ihm eine Flakabteilung mit leichten und schweren Flak zugeteilt. Im weiten Raum um den Bakanowskaja-See kämpften sie, geführt von finnischen Waldläufern – harten, rauhen Burschen, die den Wald kannten, wie andere den eigenen Hinterhof.

Der Erfolg des Regiments war unübersehbar. Die Kampfhandlungen der Partisanen in diesem Gebiet versiegten. Als der erste Schnee fiel, wurde das Regiment abgeschnitten. Wo ein Angriff sowjetischer Partisanen gemeldet wurde, griffen die Kampfgruppen ein. In oftmals erbitterten Nachtkämpfen standen sie den erfahrenen Partisanen gegenüber.

Generaloberst Ritter von Greim, der spätere Oberbefehlshaber der Luftflotte 6, kam oft zu Oberstleutnant Schulz herüber. In seinem Fieseler Storch konnte er überall landen. Greim, der zu der Zeit noch Luftwaffenbefehlshaber Ost war, unterrichtete Schulz über die Große Lage und vergaß nie, etwas Gutes mitzubringen.

Im Dezember 1942 war hier der russische Widerstand völlig erlahmt, und Anfang Januar wurde das Regiment Schulz in den Raum Orel vorgezogen. Es wurde in die Front eingefügt und hielt bei Duchowtschina mehrere Durchbruchsversuche der Sowjets auf. Als hier ein Regiment der 12. Panzer-Division eingekesselt wurde, trat das FJ-Regiment 1 in geschlossener Formation zum Gegenstoß an. Der Gegner wurde in einem erbitterten Nachtkampf um Alexajewska niedergerungen und bis auf seine Ausgangsstellungen zurückgedrängt.

In der darauffolgenden Nacht gelang es dem Regiment, im

Verlauf des weiteren Gegenstoßes in die gegnerischen Verteidigungsstellungen einzusickern. Sie sprengten die Bunker und Kampfstände und vernichteten einige rückwärtige sowjetische Geschütz-Stellungen, darunter auch eine Batterie Stalinorgeln.

Bei diesem Einsatz am 22. Januar 1943 fiel Hauptmann Horst Kerfin. Als das Regiment aus diesem Einsatzraum abgelöst wurde, ließ Generaloberst Rudolf Schmidt, Befehlshaber der im Raum Orel kämpfenden 2. Panzerarmee, Oberstleutnant Schulz ein Handschreiben überreichen, dessen Kernsätze lauteten:

»Für den Einsatz Ihrer Fallschirmjäger spreche ich Ihnen Dank und Anerkennung aus. Sie haben die Einbrüche des Gegners abgeriegelt und die eingebrochenen Feindverbände vernichtet. Ihre Fallschirmjäger, lieber Schulz, sind die Rettung von Orel gewesen. Sie haben die 2. Panzerarmee vor hohen Verlusten bewahrt.«

Es ging zur erneuten Auffrischung in die Heimat.

Von Gardelegen aus wurde schließlich das Fallschirmjäger-Regiment 1 wieder nach Frankreich verlegt, zuerst in die Normandie, dann weiter nach Süden. Im Raum Avignon wurden Quartiere bezogen.

Auf dem dortigen Flugplatz absolvierten die Fallschirmjäger die ersten Sprünge aus der Me 323, und zwar über eine Rutsche und nicht direkt aus der geöffneten Tür.

Die neue 1. Fallschirmjäger-Division war hier im Rahmen des XI. Fallschirmkorps zusammengezogen worden.

Nachdem Oberstleutnant Schulz die ersten Übungssprünge beobachtet hatte, startete er kurzerhand mit der nächsten Maschine und erledigte – so wie er war, ohne Springerkombination und ohne Springerstiefel – seine Probesprünge, die sämtlich glatt verliefen.

Was aber war mit dem XI. Fliegerkorps geschehen, von dem bislang nur das Gerippe mit einer Division gestanden hatte? War es General der Flieger Student gelungen, mehr Truppen zu erhalten? Hatte seine Stimme soviel Kraft, den Aufbau eines echten und voll aufgefüllten Fallschirmkorps zu erreichen?

Der Neuaufbau
der Fallschirmtruppe

Angriffsplan Malta

Es war Frühjahr 1942 geworden, ehe General der Flieger Student den Neuaufbau der ausgepowerten Fallschirmtruppe energisch wieder in Angriff nehmen konnte. Aus Rußland kamen die ersten Verbände zurück, dezimiert und am Ende ihrer Kraft. Das Bataillon von der Heydte war nach dem verlustreichen Winterkampf an der Newa und im Brückenkopf Petruschino nach Döberitz-Elsgrund verlegt und zum Lehr-Bataillon erklärt worden. Hier wurden die ersten Versuche im Nachtspringen und im Abspringen über einem Wald durchgeführt. Daneben war der Absprung mit der Waffe am Mann Hauptbestandteil des Trainingsprogramms. Ab Mai wurden Versuche mit den neuen Sturz-Lastenseglern durchgeführt.

Alle diese Übungen hatten einen besonderen Grund. Das Bataillon von der Heydte sollte nämlich beim Angriff gegen Malta sechs Stunden vor dem Sprungeinsatz der Fallschirmjäger mit Sturz-Lastenseglern in den britischen Flakstellungen landen, um diese außer Gefecht zu setzen.

Die Angriffsplanungen für Malta und einige andere Ziele waren kurz zuvor in Rom besprochen worden. Generalfeldmarschall Kesselring hatte General Student durch Fernschreiben in die italienische Hauptstadt gerufen. Dort traf er zudem mit Generalmajor Ramcke zusammen, der als Berater der jungen italienischen Fallschirmtruppe eingesetzt war und die Fallschirm-Division »Folgore« sowie die italienische Luftlande-Division »Superba« nach deutschen Kampfgrundsätzen trainierte.

Gemeinsam mit Generalmajor Ramcke arbeitete Student den ersten Entwurf aus. Die Gesamtleitung dieses Unternehmens sollte in den Händen des italienischen Comando Supremo unter Generaloberst Cavallero liegen. Durch diese

Anbindung der obersten italienischen Führung an das Unternehmen sollte der Einsatz der gesamten italienischen Flotte sichergestellt werden.

In einem Vierstufenplan legten Ramcke und Student diesen Angriff fest:

»Erste Stufe: Nach einem Lastenseglerüberfall des Bataillons von der Heydte auf die Flakbatterien Maltas und Ausschalten derselben landet die Masse der Fallschirmjäger und Luftlandetruppen als Vorhut, unter persönlicher Führung von General Student, südlich La Valettas auf den dortigen Höhen, erkämpft einen breiten Landekopf auf der Insel und greift aus diesem heraus in blitzschnellem Zupacken Flugplätze und Stadt La Valetta an.

Zweite Stufe: Die Seelandungstruppen des Gros der Angriffsstreitkräfte landen südlich von La Valetta und gehen von dort im Zusammenwirken mit den Luftlandetruppen vor.

Dritte Stufe: Zur Ablenkung und Täuschung des Gegners wird ein Scheinunternehmen gegen die Bucht von Marsa Scirocco geführt.

Vierte Stufe: Die Sicherung der Seetransporte und die Abwicklung der Luftlandungen obliegt zur See den italienischen Flottenstreitkräften. In der Luft wird die Sicherung von der Luftflotte 2 übernommen. Die Verbände dieser Luftflotte werden kurz vor den Luftlandungen massierte Angriffe auf Flugplätze und Flakstellungen Maltas durchführen und die feindlichen Luftstreitkräfte zerschlagen sowie die Abwehrwaffen des Gegners lähmen.«

Diesmal standen zum Transport schwerer Waffen 12 »Giganten« zur Verfügung – das waren die Me 323 mit sechs Triebwerken, die in der Bautype Me 323 D-6 einen kompletten Flakzug oder 130 voll ausgerüstete Soldaten laden konnte.

Das Unternehmen erhielt den Codenamen »Herkules« und entsprach von Aufbau und Umfang her auch diesem Namen. Die Aussichten auf Erfolg standen gut, besser sogar als auf Kreta. Der Aufmarsch und die Einschiffung der Truppen sollten auf Sizilien erfolgen. Hier stand das II. Fliegerkorps unter General der Flieger Lörzer bereit. Darüber hinaus würde auch die italienische Luftwaffe das Unternehmen voll unterstützen. Mussolini sagte sogar den Einsatz der schweren Kriegsschiffe, einschließlich der Schlachtschiffe, für »Herkules« zu.

Die Fallschirm-Division »Folgore«, die in Viterbo und Tarquinia ausgebildet wurde, stand unter der Führung von General Frattini. Er hatte es verstanden, dank der Mithilfe von Ramcke, der Division einen guten Fallschirmjägergeist einzuflößen. Die Luftlande-Division »Superba« war ebenfalls ein starker Kampfverband. Vier gutausgerüstete italienische Infanterie-Divisionen sollten hinzukommen. Das war eine Streitmacht, die jene beim Kampf um Kreta um ein Vielfaches übertraf.

Mitten in den Vorbereitungen zu diesem Einsatz rief ein Fernschreiben General der Flieger Student nach Rastenburg ins Führerhauptquartier. Kaum in Rastenburg eingetroffen, warnte ihn General Jeschonnek, der inzwischen Chef des Generalstabes der Luftwaffe geworden war:

»Hören Sie, Student, Sie werden morgen früh beim Führer einen verdammt schweren Stand haben. General Crüwell vom Afrikakorps war hier. Er hat, was die Kampfmoral der italienischen Truppen anlangt, ein vernichtendes Urteil abgegeben. Damit ist auch das Malta-Unternehmen in Gefahr, denn Hitler mißtraut der Standfestigkeit und Einsatztreue der Italiener mehr denn je.«

Kurt Student hoffte dennoch, Hitler überzeugen zu können. Vor einer größeren Zuhörerschaft entwickelte er am anderen Morgen die endgültigen Pläne für »Herkules«. Hitler hörte angestrengt zu und stellte eine Reihe von Gegenfragen. Als General Student seinen Vortrag beendet hatte, nahm Hitler zum Gesamtplan Stellung.

»Es brach förmlich aus Hitler heraus«, berichtete Generaloberst a. D. Student nach dem Krieg dem Autor:

»Die Bildung des Brückenkopfes mit Ihren Luftlandetruppen ist sicher gewährleistet. Ich garantiere Ihnen aber dann folgendes: Wenn der Angriff beginnt, dann läuft natürlich das Alexandria-Geschwader der Briten aus, und auch aus Gibraltar kommt die britische Flotte heran. Sie sollen dann mal sehen, was die Italiener machen: Schon wenn die ersten

Funksprüche über das Nahen starker britischer Flottenstreit-kräfte aufgenommen werden, läuft die italienische Flotte in ihre Häfen zurück. Die Kriegsschiffe *und* die Transporter mit den nachzulandenden Sturmsoldaten werden ebenfalls zu-rücklaufen. Und dann sitzen Sie mit Ihren Fallschirmjägern allein auf der Insel.«

Auf einen solchen Einwand war Kurt Student vorbereitet. Er erklärte:

»Für diesen Fall hat Generalfeldmarschall Kesselring vor-gesorgt. Dann wird es den Engländern so ergehen, wie vor einem Jahr bei Kreta, als Richthofen eingriff und einen Teil des Alexandria-Geschwaders versenkte; wahrscheinlich aber wird es dem Gegner dann noch schlimmer ergehen, denn Malta liegt im unmittelbaren Wirkungsbereich unserer Luft-waffe. Die Flugwege von Sizilien nach Malta sind wesentlich kürzer, als es jene von Griechenland nach Kreta waren. Auf der anderen Seite sind die Entfernungen für die britischen Kriegsschiffsgruppen doppelt so groß, wie die nach Kreta. Malta, mein Führer, kann damit *auch* noch zum Grab der britischen Mittelmeerflotte werden.«

Hitler war unentschlossen. Das Kreta-Gespenst noch im Nacken, schwankte er hin und her. Malta wäre sicherlich ein Erfolg geworden, denn von Malta aus operierte unter ande-rem auch die 10. britische U-Boots-Flottille, die immer wieder die Versorgungsschiffe für die Afrika-Armee versenkte.

Aber dann lehnte er den Plan ab, und selbst Students Versicherung, daß im äußersten Falle auch die Luftlande-truppen allein die Insel in Besitz nehmen könnten, weil Malta bereits jetzt schon schwer durch deutsche Luftangriffe ange-schlagen sei, änderten nichts daran. Er entschied schließlich:

»Der Angriff gegen Malta wird im Jahre 1942 nicht durch-geführt.«

Durch diese Entscheidung Hitlers unterblieb eine Opera-tion, die der Gesamtkriegführung im Mittelmeer ein völlig neues Gesicht gegeben und den Kampf in Afrika entschei-dend zu deutschen Gunsten beeinflußt hätte.

Noch in Italien erhielt Generalmajor Ramcke durch Gene-ral Student den Befehl, eine verstärkte Fallschirmbrigade aufzustellen und damit nach Afrika zu gehen.

»Rommel hat Tobruk erobert. Um den Angriff auf Alexandria durchführen zu können, hat er vom OKH eine neue Panzer-Division erbeten, aber nur die ersten Teile der 164. Leichten Division erhalten.«

Student sah den Generalmajor an. »Sie, Ramcke, sollen mit einer kampfstarken Brigade zu ihm in die Wüste gehen.«

»Wo steht die Brigade?« fragte Ramcke überrascht, denn von ihrer Existenz hatte er bislang nichts gewußt. Das konnte er auch gar nicht, denn sie wurde gerade erst zusammengestellt. Die ersten Teile allerdings waren bereits im Eisenbahntransport über den Balkan nach Athen unterwegs. Von dort sollten sie im Lufttransport nach Kreta und von Kreta in den Raum Tobruk überführt werden.

»Fliegen Sie voraus, Ramcke, nehmen Sie die Verbindung mit den örtlichen Dienststellen der Luftwaffe in Griechenland auf und treffen Sie die notwendigen Anordnungen für den Lufttransport. Hier ist die Liste der Einheiten und deren Kommandeure.«

Bernhard Hermann Ramcke nahm die Liste entgegen und verließ den Gefechtsstand seines Vorgesetzten. In seinem Quartier angekommen, warf er einen Blick auf das Papier:

»Fallschirm-Brigade Ramcke:

Kommandeur:	Generalmajor Ramcke
Ia:	Hauptmann Schacht (später Major Kroh)
Adjutant:	Oberleutnant Wetter
Brigadearzt:	Stabsarzt Dr. Cohrs
Dolmetscher:	Sonderführer Wesselow
FschArt-Abteilung:	Major Fenski
PzJäg-Kompanie:	Oberleutnant Haseneder
FschPi-Kompanie:	Oberleutnant Tietjen
I. Bataillon:	Major Kroh (Major Schwaiger)
II. Bataillon:	Major von der Heydte
III. Bataillon:	Major Hübner
FschJägLehr-Bataillon:	Major Burckhardt.«

In einer He 111 flog Generalmajor Ramcke seiner Truppe voraus nach Afrika. Als er auf dem Flugplatz des Fliegerführers Afrika landete, war es Ende Juli geworden. Der Ordonnanzoffizier empfing ihn mit den Worten:

»Der Herr Feldmarschall erwartet Sie morgen gegen zehn zum Vortrag.«

In der Nacht mußte Ramcke den ersten Luftangriff auf afrikanischem Boden über sich ergehen lassen. Punkt zehn Uhr stand er vor Generalfeldmarschall Rommel und erstattete Meldung über die Kommandierung seiner Brigade nach Afrika, deren Stärke und ihren Antransport. Als er geendet hatte, reichte Rommel dem Fallschirmjäger die Hand.

»Danke, Ramcke! Ich freue mich, daß Sie hier sind. Lage und Auftrag in Afrika sind Ihnen ja bekannt. Kommen Sie mit Ihren Männern so bald wie möglich. Im übrigen: Sehen Sie sich genau um. Dieser Kriegsschauplatz ist nicht einfach. Er hat es in sich.«

Wenig später befand sich Generalmajor Ramcke bereits auf einer Orientierungsfahrt zur Front, ehe er am anderen Morgen nach Athen zurückflog. Als er die griechische Hauptstadt erreichte, war als erster Verband seiner Brigade das I. Bataillon unter Major Kroh eingetroffen. Im Einvernehmen mit dem Lufttransportchef Mittelmeer konnten alle Probleme reibungslos gelöst werden, und einige Tage später wurde dieses Bataillon als erstes in Afrika ausgeladen und von Tobruk aus zur Front gefahren, wo es am Ruweisatrücken eingesetzt wurde.

Das II. Bataillon unter Major von der Heydte folgte dichtauf, und nacheinander kamen auch die übrigen Brigadeteile heran. Sie besetzten den Stützpunkt Deir el Shein und lösten die Afrikakämpfer im Fort Bab el Quattara ab.

Die Fallschirmjäger gruben sich am Rand der Wadis und Deirs ein. In Steinlöchern, die mit Kalksand bestreuten Zeltplanen als Sonnenschutz darüber gedeckt, lebten die Fallschirmjäger, die ohne jede Eingewöhnung in die Gluthitze Afrikas versetzt worden waren. Unter einer Sonne, die die Quecksilbersäule der Thermometer bis 55 Grad in die Höhe schnellen ließ, von Myriaden von Fliegen umschwirrt, vom Ghibli, dem tosenden Sandsturm, mit feinstem Sand überschüttet, hielten sie durch.

Feindliches Artilleriefeuer, nächtliche Bombenangriffe

und Stoßtrupps hielten sie in Atem. Die Malaien und Inder, die ihnen gegenüberlagen, kamen bei Nacht, auf leisen Sohlen, mit dolchartigen Messern zwischen den Zähnen. Wer hier einschlief, der wachte oft nicht mehr auf. Aber bereits nach dem ersten dieser Zwischenfälle waren die Fallschirmjäger auf der Hut.

In der nächsten Nachbarschaft nach Süden lagen die italienische Division »Bologna« und daran anschließend die Fallschirmjäger-Division »Folgore«, die ebenfalls Rommel zugeführt worden waren.

Beide Divisionen verteidigten standhaft. In den Nächten wurden die Überfälle der Gegner in erbitterten Nahkämpfen abgewehrt. Die ersten Verluste traten ein.

Am 30. August wurde auch bei der Brigade Ramcke der Tagesbefehl von Feldmarschall Rommel bekanntgegeben:

»Soldaten! – Heute tritt die Panzerarmee Afrika, verstärkt durch neue Divisionen, zur endgültigen Vernichtung des Gegners erneut zum Angriff an. Ich erwarte, daß jeder Soldat meiner Armee in diesen entscheidenden Tagen das Letzte hergibt.

Der Oberbefehlshaber   Rommel, Generalfeldmarschall.«
Eine Stunde nach Sonnenaufgang waren die Kommandeure und Kompaniechefs der Brigade Ramcke um den Brigadekommandeur versammelt. Bernhard Ramcke erläuterte den Angriffsplan für seine Truppe.

»Wir greifen folgendermaßen an: Sturmausgangsstellung und Brigadegefechtsstand befinden sich im Fort Bab el Quattara. Bataillon von der Heydte führt auf dem Ruweisatrücken einen Angriff mit begrenztem Ziel zur Bindung des Gegners durch. Die Bataillone Hübner und Burckhardt werden von mir geführt. Sie werden gemeinsam mit den schweren Waffen der Brigade und zwei Bataillonen der Fallschirmdivision ›Folgore‹ unter Führung von Oberstleutnant Camosso, den ich hier herzlich begrüße, zur Kampfgruppe Ramcke zusammengefaßt.

Mit dieser Kampfgruppe werden wir aus Bab el Quattara am nördlichen Drehpunkt des Gesamtangriffs nach Osten vorstoßen, die Feindstellungen überrennen und eine vorgesehene Linie entlang Deir el Ankar und dem Nordrand des

Oben: Das Fallschirmjäger-Sturmregiment kehrt nach Hildesheim zurück;
von links: Ofw. Festerling, Ofw. Schelling, Fw ?, Ofw. Reisinger, Ofw.
Herter. Unten: Major Koch wird in Hildesheim begrüßt

Oben: Männer der 4./Sturmregiment in Rußland bei Schaikowka
Unten: Die ersten Toten in Rußland

Oben: Verwundetentransport in Rußland per Schlitten
Unten: Oberst Schulz zeichnet Fallschirmjäger in Rußland aus

Oben: Bei der Brigade Ramcke in Afrika. Generalfeldmarschall Rommel (rechts) im Gespräch mit einem gefangengenommenen neuseeländischen Offizier; 2. von links Major Burckhardt
Unten: Fallschirmjäger im Schützenloch auf dem Ruweisatrücken

Deir Munassib erreichen, uns dort eingraben und diese Stellung halten.

Dazu wurde uns neben den beiden Folgore-Bataillonen Major Boeckmann mit seiner schweren Artillerieabteilung 408 unterstellt.

Nördlich von uns greift die Division ›Trieste‹ an. Unmittelbar südlich von uns wird die 164. Leichte Division vorgehen. Angriffsziel ist das Gelände 14 Kilometer vor unseren Ausgangsstellungen in der schon genannten Linie. Mit starker Verminung dieses Geländestreifens muß gerechnet werden.«

Die Bataillonskommandeure hatten die für sie wichtigen Stichpunkte notiert. Knapp 24 Stunden vorher hatte Major Kroh die Führung seines Bataillons an Hauptmann Schwaiger übergeben müssen, um als neuer Ia der Brigade zu wirken, weil der alte Ia, Hauptmann Schacht, an der Amöbenruhr erkrankt war. Neuer Adjutant war Oberleutnant Wetter vom Flak-Regiment 135 geworden.

Im Kübelwagen, der von Feldwebel Börner gefahren wurde, rollte Generalmajor Ramcke am Abend des 30. August 1942 in die Sturmausgangsstellung vor. Der Angriff begann um 22.00 Uhr. An der Spitze der Brigade setzte sich die Sturmkompanie unter Oberleutnant Wagner als erste in Bewegung. Sie wurde in die von den Pionieren geräumte Minengasse geschleust. Die zweite Kompanie folgte dichtauf nach.

In den beiden Nächten vorher war das Deutsche Afrikakorps bereits nach Süden in den Kampfraum der Brigade umdirigiert worden, während im Norden nur noch Scheinstellungen lagen. Lediglich die Brigade Ramcke hatte hier im Norden zu halten.

Bernhard Hermann Ramcke ließ schwere Waffen durch die Minengasse nachziehen. Er wollte mit Artilleriefeuer und einem rasant vorgetragenen Angriff die gegnerischen Kräfte hier im Norden so lange binden, bis die Umklammerung durch die schnellen Verbände des Afrikakorps, die weit nach Süden ausgeholt hatten, gelungen war.

Im halben Mondlicht schlichen die Fallschirmjäger geduckt vorwärts. Aber noch waren die letzten Gruppen der

Kompanie Wagner und das Gros der Kompanie Knacke in den Minengassen, als feindliches Werferfeuer einsetzte. Dann eröffneten auch einige Panzerabwehrkanonen und schwere Maschinengewehre das Feuer.

Die vorgezogenen eigenen Pak eröffneten das Feuer auf die gegnerischen Stellungen, die am Aufblitzen der Mündungsfeuer zu erkennen waren. Binnen weniger Sekunden herrschte ein ohrenbetäubendes Kampfgetöse. Die ersten englischen Kampfstände kamen in Sicht. Die einzelnen Trupps gingen die erkannten Bunker an und setzten sie mit Sprengmitteln außer Gefecht. Als die Sturmkompanie im Morgengrauen die Ausläufer des Wadi Deir el Ankar erreichte, war das Angriffsziel fast erreicht. Hier gerieten die Spitzengruppen in ein bisher nicht bekanntes Minenfeld. Mit mächtigen Detonationsschlägen gingen Minen hoch und schleuderten die Körper der Fallschirmjäger durch die Luft.

»Minensuchtrupps vor!« befahl Ramcke, der mit vorn war. Er ließ durch Major Kroh die 164. Leichte bitten, neue Pioniereinheiten zu schicken, damit sie noch in der Dunkelheit das verminte Gelände überwinden konnten. Nach Tagesanbruch würden sie auf dem Präsentierteller liegen.

Aus Richtung des Alam Nayl heulten ganze Lagen schwerer Granaten zu ihnen herüber.

»Eingraben!« befahlen die Chefs.

Als die Pioniere eintrafen, räumten sie unter Feuerschutz der Fallschirmjäger auch hier eine genügend breite Minengasse. Mit dem Morgengrauen wurde der Angriff erneut vorgetragen. Das Bataillon Hübner übernahm ab hier die Spitze und erreichte als erster Verband den Deir el Munassib. Es kämpfte sich hügelaufwärts und grub sich ein. Das gesteckte Angriffsziel war damit erreicht.

Auf der gesamten Abschnittsbreite ließ Generalmajor Ramcke nun von den vorgeschickten Sicherungen ungefähr 200 Meter vor der Front Scheinstellungen errichten. Er selbst richtete sich mit dem Gefechtsstab direkt hinter den italienischen Verbänden ein. Minentrupps verminten nun ihrerseits die Zugänge zu den eigenen Stellungen.

Als am frühen Morgen des 2. September Generalfeldmarschall Rommel auftauchte, zeigte Ramcke ihm das getane Werk. Rommel zeigte sich zufrieden. Dann fragte er den Fallschirmjägergeneral:

»Was erwarten Sie von der Lage, Ramcke?«

»Der Gegner wird sicher bald angreifen. Er wäre sehr schlecht beraten, wenn er dies nicht täte, Herr Feldmarschall. Wir haben uns auf diesen Angriff eingerichtet. Seine Artillerie tastet bereits unsere Scheinstellungen ab, er schießt sich also auf uns ein.«

»Das ist auch meine Meinung, Ramcke. Passen Sie also gut auf. Schmieren Sie den Gegner ab. Es ist sehr wichtig, daß Sie ihn hier stoppen, wenn das Afrikakorps nicht in Bedrängnis geraten soll.«

Anschließend gab Rommel dem Brigadekommandeur einen Überblick über die Kämpfe der vergangenen Tage, ehe er sich von den Fallschirmjägern verabschiedete.

Eine Stunde vor Sonnenuntergang des 3. September 1942 trat der Gegner vor der Front der Fallschirmjäger an. Ramcke eilte sofort mit dem Gefechtsstab, den Meldern und Helfern zur Artillerieabteilung, wo Hauptmann Wiechmann alle Geschütze einsatzbereit meldete.

Als der Gegner hier auftauchte, ließ Ramcke Sperrfeuer schießen. Im Abschnitt des Bataillons Hübner griff der Gegner fast gleichzeitig mit Panzern an. Die dort postierte Pak eröffnete das Feuer. Pak gegen Panzer entbrannte ein tödliches Duell. Dann, als auch die Infanterie auftauchte, hämmerten auf der gesamten Abschnittsbreite alle MG los.

Die Nacht war vom Heulen der Granaten und ihren trockenen Detonationsschlägen erfüllt. Beim Gegner stiegen Trefferfontänen empor. 200 Meter vor der Hauptkampflinie tauchten Engländer auf.

Wenig später brach dort der Lärm des Nahkampfs aus: Handgranatenschläge und Pistolenfeuer, dazwischen MPi-Feuerstöße.

»Dort ist der Gegner eingebrochen. – Kroh, lassen Sie die Kompanie Kiebitz zum Gegenstoß antreten.«

Sekunden später stürmte diese Kompanie aus ihrer Bereitstellung in die Gräben und Erdlöcher. Der Nahkampf begann abermals, und im Kampf Mann gegen Mann wurde dieser Einbruch abgeriegelt und der überwältigte Gegner gefangengenommen.

»Herr General, der Kommandeur der 164. Leichten ruft um Hilfe. Sein Gefechtsstand ist umzingelt.«

»Befehl am Major Hübner. Sofort einen Stoßtrupp in Zugstärke zusammenstellen und zum Gegenstoß auf den Gefechtsstand antreten lassen.«

Leutnant Schäfer führte diesen Stoßtrupp. Er konnte den Gegner zurückwerfen und den Gefechtsstand von Generalmajor Kleemann befreien. Leutnant Schäfer fiel bei diesem Einsatz.

Bis zum ersten Büchsenlicht des 4. September wurde der Angriff der 132. britischen Panzerbrigade abgewiesen. Pak und Artillerie hatten insgesamt 16 Feindpanzer abgeschossen. Weitere 80 Mannschafts- und Geschützwagen, ferner einige Spähwagen wurden zerschossen und lagen qualmend auf der Plaine.

Wieder tauchte Feldmarschall Rommel auf dem Brigadegefechtsstand auf, um Ramcke und seinen Fallschirmjägern den Dank auszusprechen. Auch die auf der rechten Flanke der Abwehrstellungen verteidigenden Soldaten der Division »Folgore« hatten sich tapfer geschlagen. Die beiden Bataillonskommandeure, Major Rossi und Hauptmann Carugno, waren bei der Abwehr gefallen.

In den nächsten Tagen und Wochen stand die Brigade Ramcke immer wieder im Zentrum des Abwehrkampfes. Insbesondere die Fallschirmpioniere unter Oberleutnant Tietjen, die das Rückgrat des Fallschirm-Pionier-Bataillons unter Hauptmann Witzig waren, kämpften opfervoll und mit nicht nachlassender Einsatzbereitschaft. Ihre Zugführer waren Leutnant Thiemens, Leutnant Treue und Leutnant Herrmann. Spieß war der alte unverwüstliche Hauptfeldwebel Mross.

Wenig später wurde die Brigade Ramcke gemeinsam mit der Divison »Folgore« in den Südabschnitt der Alamein-Front umgruppiert und sollte hier ihre stärkste Bewährungsprobe ablegen.

In der Nacht zum 23. Oktober 1942 eröffnete Bernard Montgomery, der neue Oberbefehlshaber der britischen Achten Armee, die Offensive aus der Alamein-Stellung heraus. Seine Bomberverbände flogen über den Südabschnitt hinweg und warfen dort ihre Bombenlasten ab. Das Werk Quattara und der Gefechtsstand der Brigade Ramcke wurde von 250 Bomben eingedeckt. Dennoch entstanden verhältnismäßig wenig Verluste.

Die Brigade lag alarmiert, verteidigungs- und abwehrbereit, doch es hatte sich nur um ein britisches Täuschungsmanöver gehandelt. Die Engländer griffen mit ihrer Hauptstreitmacht an der Küste im Norden an. Mehr als 1000 britische Panzer rollten bei großer Luftüberlegenheit der britischen Streitkräfte los. Als sich die Durchbruchsmeldungen aus dem Norden in den ersten Novembertagen mehrten, meinten alle Offiziere des Brigadestabes übereinstimmend, daß sie hier im Süden in der Klemme stecken würden, wenn es dem Gegner gelingen sollte, im Norden mit starken Kräften durchzubrechen.

»Wir als nichtmotorisierte Truppe werden hier einfach liegengelassen und später vom britischen Gefangenenkommando aufgesammelt, Herr General«, meinte Hauptmann Hübner bei einer Besprechung.

»Durchaus möglich«, stimmte Ramcke zu. »Wie viele Fahrzeuge haben wir, Kroh, und was können wir damit wegschaffen?«

»Die vorhandenen Fahrzeuge reichen gerade aus, um die Pak und die Artillerie beweglich zu halten, Herr General«, erwiderte der Ia der Brigade.

Ramcke nahm den Zirkel und stach ihn beim Werk Bab el Quattara in die Karte, um die Entfernungen abzumessen.

»Bis zur Küstenstraße bei El Daba sind es von hier aus in der Luftlinie 70 Kilometer, nach Fuka gar über 130 Kilometer. Im überschlagenden Einsatz aller fahrbaren Untersätze könnten wir den Fußmarsch der Brigade etwas erleichtern.«

Sekunden später wurde vom Nachrichtenoffizier ein Funkspruch der Panzerarmee hereingebracht. Ramcke überflog ihn und wandte sich dann den um ihn versammelten Offizieren zu.

»Meine Herren, es ist soweit. Die Brigade soll sich heute abend, also in der Nacht zum 3. November, vom Gegner lösen und zwischen Duweir el Tarfa und dem Deir el Quatani-Minenriegel eine neue Stellung beziehen. – Kroh, bereiten Sie alles vor.«

»Das würde ja für die Brigade einen nächtlichen Fußmarsch von etwa 30 Kilometern bedeuten, Herr General«, fiel einer der Offiziere erregt ein.

»Wir werden die Räumung und Loslösung so durchführen, daß der Gegner nichts von unseren Bewegungen bemerkt. Ein paar Spähtrupps bleiben zur Verschleierung des Abmarsches am Feind, halten ihn in Atem und täuschen eine vollbesetzte HKL vor. Dann setzen sie sich mit den bereitgestellten Lkw ab.«

In einem Nachtmarsch, der allen beteiligten Fallschirmjägern unvergeßlich geblieben ist, erreichte die Brigade am frühen Morgen des 3. November die neue Stellung und grub sich ein. Noch am selben Abend traf der Befehl ein, daß die Brigade abermals umgruppieren, sich vom Gegner weit absetzen und bei Fuka, etwa 100 Kilometer entfernt an der Küste, neue Stellungen beziehen sollte. Ohne Lastwagen würde dies vier harte Nachtmärsche bedeuten. Am Tag würde der Gegner diese Marschkolonnen sicher bemerken und mit Flugzeugen angreifen.

Die Panzerarmee Afrika setzte sich an diesem 4. November durch einen von Feldmarschall Rommel gegebenen Befehl, der dem erteilten »Führerbefehl« zuwiderlief, vom Feind ab.

Das Bataillon unter Hauptmann Straehler-Pohl trat als erstes auf 40 Lastwagen den Rückzug an. Es wurde jedoch nicht in die Rückzugsrichtung gefahren, sondern in eine am Abend durchgegebene neue Stellung.

Die Brigade Ramcke war allein und auf sich gestellt in der Wüste zurückgeblieben.

Als das I. und II. Bataillon eben abmarschieren wollte, griff der Gegner an dieser Stelle an. Die hier als Nachhut eingesetzten Panzerjäger eröffneten aus kurzer Distanz das Feuer und schossen eine Reihe englischer Panzer ab. Der Angriff brach zusammen, und der Abmarsch der beiden Bataillone konnte fortgesetzt werden.

Eine Stunde nach Mitternacht wurde eine Rast eingelegt. Generalmajor Ramcke fuhr mit Major Kroh, Major Fenski und Oberleutnant Wetter zur Erkundung weiter vor. Auf einem Plateau mitten in der Wüste sichteten sie ein englisches Panzer-Versorgungsregiment mit einer Reihe von Panzern und vor allem vielen guten Lastwagen und anderen Fahrzeugen.

Während die Abteilungen Fenski und Haseneder den Weitermarsch der Brigade sicherten, rollten alle übrigen Fahrzeuge im überschlagenden Einsatz nach Westen. Dann wurde das Bataillon Burckhardt als Nachhut eingesetzt. Als der Gegner mit dem ersten Büchsenlicht herankam, wurde er von der Pak aufgehalten. Drei englische Spähwagen gingen in Flammen auf, ehe man einen guten Respektabstand einhielt.

Alle verfolgenden Panzer wurden bis auf einen, der rechtzeitig wegdrehte, abgeschossen. Erst bei Einbruch der Nacht zum 5. November mußten die Pak gesprengt werden, weil kein einziger Schuß Munition mehr vorhanden war.

Die Panzerjäger gliederten sich nun in die Brigade ein.

Oberleutnant Haseneder und Hauptmann Kagerer waren vor Einfall der Dunkelheit mit zerschossenem Wagen in die Hand des Gegners gefallen. Oberleutnant Tietjen, mit einigen seiner Pioniere und einer unterstellten Pak mit einem KFZ 15 zur nördlichen Flankensicherung eingesetzt, hatte im Laufe des Tages mit einigen englischen Einheiten und überlegenen Panzerkräften im Gefecht gestanden. Er wurde vom Gros abgeschnitten und, nachdem er die letzte Munition verschossen hatte, in die Gefangenschaft abtransportiert. Für ihn übernahm Leutnant Tiemens die Kompanie.

In der Nacht des 5. November stießen die Brigadeeinheiten auf eine englische Fahrzeugkolonne, darunter einige Panzer.

»Die Fahrzeuge holen wir uns!« sagte Ramcke während der abendlichen Besprechung. Er ließ die Kampftrupps einteilen und ansetzen. Sie arbeiteten sich an den rastenden Verband heran und griffen um Mitternacht gleichzeitig an.

Der Gegner wurde völlig überrumpelt, entwaffnet, aus den Fahrzeugen getrieben, und schon fuhren die Wagen, von Fallschirmjägern gesteuert, los. Sie nahmen die wartenden Kameraden auf und rollten weiter nach Marschkompaßzahl durch die Wüste. Erst nach 40 Kilometern Fahrt ließ Generalmajor Ramcke die erste Rast einlegen.

Als die Brigade am Morgen des 7. November 1942 auf eine deutsche Aufklärungsabteilung stieß, die vor Fuka an der Küste stand, traute deren Kommandeur seinen eigenen Augen nicht. Er hatte, genau wie alle anderen Männer, die vom Zurückbleiben der Brigade Ramcke wußten, diese längst abgeschrieben.

Eine halbe Stunde später traf der drahtige Generalmajor auf dem Gefechtsstand der Panzerarmee Afrika bei Fuka ein. Gerade in dem Augenblick, als Rommel verkündete, daß die Brigade Ramcke sicher abgeschrieben werden müsse, meldete sich Ramcke mit den Worten: »He leevet noch!«

Am 16. November erhielt Bernhard Hermann Ramcke das Eichenlaub zum Ritterkreuz für seinen Einsatz in Afrika.

Während Teile der Brigade Ramcke wenig später abgezogen und nach Deutschland zurückverlegt wurden, kämpfte das Bataillon von der Heydte, durch einige Gruppen der Brigade aufgestockt, im Verband der 90. Leichten Afrika-Division als Nachhut und machte den gesamten Rückzug mit. Als sie am 18. November bei En Nofilia wieder auf neuseeländische Truppen stießen, standen sie abermals jenem Gegner gegenüber, der ihnen auf Kreta so schwere Verluste beigebracht hatte. Für diesen Einsatz, über den Bernard Montgomery schrieb, daß es »ein scharfes Gefecht« gewesen sei, wurde Major von der Heydte mit der Silbernen italienischen Tapferkeitsmedaille ausgezeichnet.

Im II. Bataillon von der Heydte machte auch die Pionier-Kompanie 2 den Rückzug mit. Er führte schließlich über Marsa el Brega und Tripolis bis nach Gabes. Hier erlebten die Fallschirmjäger mehr und mehr, daß ihnen Spezialisten weggenommen und in die Heimat abkommandiert wurden. Ihnen drängte sich der Eindruck auf, daß Afrika als Kriegsschauplatz bereits abgeschrieben war. In der Gabes-Stellung angekommen, zeigte es sich, daß dieses Fallschirmjäger-Bataillon so stark angeschlagen war, daß alle Soldaten in Lazarette eingewiesen werden mußten oder für den Erholungsurlaub reif waren.

Inzwischen aber war nach dem alliierten Landungsunternehmen in Nordwestafrika mit dem Decknamen »Torch« (Fackel) eine neue Situation entstanden, die noch einmal nach Fallschirmjägern für Afrika schrie. Hier kam wieder das neu aufgestellte Fallschirmjäger-Regiment 5 ins Spiel.

Einsatz des Fallschirmjäger-Regiments 5 in Tunesien

Nach der Landung der alliierten Großgruppen in Nordwestafrika in den Räumen Casablanca, Oran und Algier und deren Vorgehen in den Raum Tunesien mit dem Ziel einer zweiten Front im Rücken der Panzerarmee Afrika, wurde Generalfeldmarschall Albert Kesselring von Hitler beschworen, alles nach Tunesien hinüberzuwerfen, was er nur greifen könne, um die Lage zu halten.

Mit einer He 111 landete als erster der Fliegerführer Afrika, Oberst Harlinghausen, auf dem Flugplatz El Aouina bei Tunis. Ihm folgten die ersten Maschinen des Jagdgeschwaders 53, und am 11. November 1942 landete als erster Verband des Fallschirmjäger-Regiments 5 die Kompanie Sauer in Tunis.

Ganz Tunesien war frei von deutschen Soldaten. Die deutsche Seite mußte daher versuchen, so schnell wie möglich große Truppenkontingente nach Nordwestafrika hinüberzuschaffen. Wenn dies nicht rechtzeitig geschah, würde der Gegner in einem Zug bis nach Tunis durchmarschieren. Dann war die Panzerarmee Afrika in die Zange genommen und ihr Untergang nur noch eine Frage der Zeit.

Hauptmann Sauer erhielt Befehl, die beiden Flugplätze nahe Tunis, La Marsa und El Aouina, für die Landungen der in Marsch gesetzten Fallschirmjäger freizuhalten.

Neben der Kompanie Sauer war am 11. November auch bereits der Fallschirm-Pionierzug unter Feldwebel Peter Arent auf dem Flughafen Bizerta gelandet. Mit ihm war das Feld-Bataillon Tunis – das alte Marsch-Bataillon 16 – mit seiner 1. Kompanie gelandet, der der Zug Arent unterstellt wurde.

Das Fallschirmjäger-Regiment 5 war jedoch nicht mehr

komplett vorhanden. Man hatte ihm im Sommer das II. Bataillon weggenommen und der Brigade Ramcke einverleibt. Die beiden übrigen Bataillone unter den Hauptleuten Jungwirt und Knoche, die in der Normandie auf den Einsatz gegen Malta vorbereitet wurden, wurden nach der alliierten Landung alarmiert und im Bahntransport nach Caserta bei Neapel in Marsch gesetzt. Am Abend des 10. November traf das III. Bataillon in Caserta ein. Noch während des Ausladens erhielt Leutnant Baitinger Befehl, das Vorkommando der 10. Kompanie zusammenzustellen und zum Flugplatz Neapel zu fahren.

Am frühen Morgen des 11. November flog auch dieses kleine Kommando über Trapani nach Tunesien, wo es auf El Aouina landete und Befehl erhielt, die Stadt Tunis zu durchstoßen und die Ausfallstraße nach Westen zu sichern.

Leutnant Baitinger führte diesen Befehl durch und schickte vom südwestlichen Stadtrand aus den Sanitätsgefreiten Viktor Fink zum Flugplatz zurück. Mit seiner MPi bewaffnet, fuhr Fink in der tunesischen Straßenbahn durch die Stadt und meldete dem Fliegerführer Tunesien:

»Befehl ausgeführt! – Ausfallstraße besetzt!«

Etwa um die gleiche Zeit wurde den in Caserta angekommenen Fallschirmjägern mitgeteilt, daß die Alliierten in Nordwestafrika gelandet seien. Teile der 3. Kompanie wurden unter Führung von Hauptmann Langbein als Vorausabteilung des I. Bataillons und des gesamten Regiments nach Tunesien überflogen. Hauptmann Schirmer startete mit ihnen, denn als Hauptmann im Regimentsstab wollte er das Eintreffen und den Einsatz der Fallschirmjäger überwachen und steuern.

Am Abend des 11. November ging es zunächst nach Catania und am nächsten Morgen von dort weiter nach El Aouina. Oberst Harlinghausen setzte diesen Verband zur Sicherung des Flugplatzes La Marsa ein, der für die Truppennachlandungen besonders wichtig war.

Nachdem am 12. November auch der Bataillonsstab mit dem Nachrichtenzug, die 10. Kompanie unter Oberleutnant Jahn und ein Drittel der 12. Kompanie des III. Bataillons unter Führung von Hauptmann Knoche überführt worden waren und nach einer Zwischenlandung in Trapani tags darauf auf La Marsa landeten, waren die ersten schlagstarken Fallschirmjäger-Einheiten vorhanden.

Mit den Hauptleuten Sauer, Knoche und Schirmer besprach Oberst Harlinghausen die Situation und teilte anschließend den Raum um Tunis in die Sicherungsabschnitte West und Süd ein. Den westlichen Abschnitt übernahm Hauptmann Schirmer, den südlichen Hauptmann Sauer.

Die Restteile des III./FJ-Regiment 5 wurden am 14. und 15. November nach Tunis überflogen. Das I. Bataillon landete am 15. November.

Am Morgen des 16. November fuhren Hauptmann Knoche und Oberleutnant Quednow, der fließend Französisch sprach, mit Leutnant Klein, Führer der unterstellten 14. Kompanie des IR 104, im Seitenwagenkrad auf Erkundung. Sie gerieten in französische Stellungen und wurden von dem Abschnittskommandanten zum Chef dieser französischen Regimentsgruppe, Oberst Le Couteux, gebracht, der sich in Tebourba befand.

Unter Berufung auf ein Manifest von Marschall Pétain forderte Hauptmann Knoche den französischen Regimentskommandeur auf, den Medjerda-Abschnitt bis hinunter nach Medjez el Bab zu räumen und die Einrichtung von drei Brückenköpfen jenseits des Medjerda zu gestatten, aus denen heraus die angreifenden Alliierten abgewiesen werden konnten, die widerrechtlich nach Tunesien eingedrungen seien. Und zwar sollten die Brückenköpfe bei Djedeida, Tebourba und Medjez el Bab errichtet werden.

Mit diesem Vorstoß wollte Hauptmann Knoche für sein Regiment genügend Spielraum gewinnen. Aber der Oberst lehnte sein Ansinnen ab. Er berief sich auf einen Befehl des französischen Oberkommandos in Béja. Hauptmann Knoche erbot sich, persönlich nach Béja zu fahren und mit General Barré zu verhandeln. Das gestand man ihm zu. In schneller Fahrt wurde Béja erreicht, die Verhandlungen mit den französischen Stabsoffizieren begannen.

Schließlich war man auf französischer Seite bereit, Tebourba und Djedeida aufzugeben und sich bis Medjez el Bab zurückzuziehen. Medjez el Bab selbst, einen wichtigen

Knotenpunkt am Medjerda, wollten sie aber nicht preisgeben.

Daß die Franzosen so hartnäckig verhandelten, hatte seinen besonderen Grund darin, daß bereits am Morgen dieses Tages britische Fallschirmjäger bei Souk el Arba abgesprungen waren und sich in den Besitz von Béja gesetzt hatten.

Während Hauptmann Knoche derart gerade auf eigene Faust verhandelte, flogen soeben jene Ju 52 über dem Flugplatz El Aouina ein, die den gesamten Regimentsstab des FJ-Regiments 5 nach Afrika brachten. In der Spitzen-Ju befand sich auch Oberstleutnant Walther Koch, der Regimentskommandeur. Neben ihm saßen Stabsarzt Dr. Weizel und der Regiments-Nachrichtenoffizier Major Graubartz.

Dieses Kontingent des FJ-Regiments 5 landete unbeschossen, und während die Ju 52 sofort nach einer Motorenkontrolle wieder startete, setzte Oberstleutnant Koch die 10. Kompanie unter Hauptmann Becker nach Djedeida in Marsch, um die dort über den Medjerdafluß führende Brücke zu sichern.

Noch war es zu keinem scharfen Schuß gekommen. Am 14. November war General der Panzertruppe Nehring in Begleitung seines Ia, Major i. G. Moll, Major Hinkelbein und Begleitoffizier Leutnant Sell in La Marsa eingetroffen. Er war mit der Aufstellung des XC. Armeekorps in Tunesien und der Führung des dortigen Abwehrkampfes betraut worden. Oberst Harlinghausen meldete ihm und machte ihn mit allen getroffenen Maßnahmen bekannt. Anschließend flog General Nehring nach Bizerta weiter, um dort mit dem Führer der herübergekarrten Heerestruppen, einem Oberst, ersten Kontakt aufzunehmen. Nehring befahl diesem, alle eingetroffenen und die noch eintreffenden Truppen so weit wie möglich nach Westen und Südwesten vorzuwerfen.

In einer Transport-Ju – die zugesagte He 111 war nicht eingetroffen – flog General Nehring nach Sizilien zurück. Von dort nach Frascati weiterfliegend, machte er dem Oberbefehlshaber Süd, Generalfeldmarschall Kesselring, Meldung und nannte auch seine Forderungen, die erfüllt werden mußten, wenn er die ihm hier gestellte schwere Aufgabe lösen sollte.

Der Wettlauf nach Tunis und der Einsatz der Fallschirmjäger auf diesem neuen Kriegsschauplatz in Afrika konnte beginnen.

Fallschirmkorps-Pionier-Bataillon 21 im Einsatz

Dieses Bataillon unter Führung von Major Witzig, einem alten Fallschirmpionier, war ursprünglich auch für den Einsatz in der Brigade Ramcke vorgesehen gewesen. Im Oktober traf der Einsatzbefehl ein. Ziel des Einsatzes war die Alamein-Stellung. Aber noch während des Transports wurde das Bataillon umdirigiert.

»Neue Befehle abwarten!« war die Weisung an die Pioniere, und Major Witzig wußte, daß es an der Alamein-Front brannte und daß sich auch in Nordwestafrika etwas tat. Die alliierte Landung bei Casablanca, Oran und Algier bestätigte ihm, daß es nur auf diesen Kriegsschauplatz gehen würde. Major Witzig wurde nach Frascati befohlen. Als er sich dort beim Oberbefehlshaber meldete, erhielt er von Kesselring persönlich den Befehl, sein Bataillon (noch ohne die 2. Kompanie, die ja bereits in der Brigade Ramcke kämpfte und auf dem Rückzug von El Alamein nach Westen dezimiert worden war) auf dem Luftwege nach Bizerta zu überführen und dort zu sammeln.

Über Athen flog der Transport am Sonntag, dem 15. November, um 6.30 Uhr mit einem sechsmotorigen Großflugboot BV 222 aus dem Hafen von Piräus ab. An Bord befanden sich der Stab, Nachrichtenzug und erster Zug der 1. Kompanie. Fallschirme, Geräte und Waffen kamen hinzu.

Nach einer Zwischenwasserung in Trapani, wo aufgetankt wurde, setzte das Flugboot den Marsch nach Bizerta fort, wo es sicher aufsetzte.

Am nächsten Tag wurde der Rest der Ersten im selben Flugboot nach Bizerta überführt.

Die 3. und 4. Kompanie waren in der Zwischenzeit, aus Italien im Ju-52-Transport anfliegend, in Bizerta gelandet. Nach der Landung wurde gesammelt und am nächsten Tag der Vorstoß mit zwei Kompanien über Mateur in Richtung

Tabarka angetreten. Der gegnerische Vormarsch sollte, so weit wie möglich, westlich Tunis gestoppt werden. Die 3. Kompanie, geführt von Oberleutnant Friedrich, blieb als Reserve in Bizerta zurück, während die 1. und 3. Kompanie antraten.

Der kleinen Kampfgruppe wurden eine Panzerkompanie des Heeres, eine italienische Kompanie mit Pak auf Kettenfahrzeugen, ein Zug 2-cm-FlaMW und eine Batterie 10,5-cm-Geschütze unterstellt.

In Mateur angekommen, wurde die Kampfgruppe von den Arabern und den Siedlern mit Jubel empfangen. Am nächsten Morgen, dem 17. November, marschierte die Kampfgruppe weiter und stieß nach 18 Kilometern Marsch in westlicher Richtung auf schnelle vorgeschobene Einheiten des Gegners, die sich nach dem ersten Kugelwechsel zurückzogen. Die Kampfgruppe stürmte nach, erreichte den Djebel Abiod und wurde an dieser Stelle von den wartenden Gegnern, die in ausgebauten Stellungen saßen, bekämpft. Es waren Stab und drei Kompanien des Regiments Royal West Kent, Teile des 138. Field Royal-Artillerie-Regiments und die B-Kompanie des Northamptonshire-Regiments.

Als die leichten Spähwagen, dicht gefolgt von den Panzern IV der unterstellten Panzerkompanie, gegen 14.30 Uhr von Sedjenane heraufrollten und in völlig deckungslosem Gelände fuhren, eröffnete der Gegner aus Artillerie und Mörsern das Feuer. Acht eigene Panzer blieben liegen. Der Kampf begann, und die 2-cm-FlaMW erwiderte in offener Stellung das Feuer. Ihre Salven schlugen beim Gegner ein, doch dann erhielt sie einen Volltreffer und fiel aus.

Die Pioniere der beiden Kompanien warfen sich in Deckung, doch die ersten Toten waren bereits zu verzeichnen. Bis zur einbrechenden Dunkelheit wurde das Gefecht von der inzwischen entfalteten Kampfgruppe fortgesetzt. Alle Waffen traten in Aktion, und auch der Gegner erlitt erhebliche Verluste.

Damit war aber der Marsch nach Westen zu Ende. Hier am Djebel Abiod war den Fallschirmjägern ein entschiedenes »Halt!« zugerufen worden. Das angestrebte Ziel, Tabarka, nur wenige Kilometer von der algerischen Grenze entfernt,

wurde nicht erreicht. Das Bataillon grub sich ein und verteidigte seine Stellungen vor allem aus dem Kaktuswäldchen
heraus, das einige Deckung bot. Die schweren Waffen wurden in den beiden nächsten Tagen abgezogen und der sich
bildenden Division von Broich zugeführt, der auch das
Pionier-Bataillon Witzig unterstellt wurde.

Nach diesem ersten Einsatz blieb es in den nächsten beiden
Tagen ruhig. Ein englischer Spähtrupp, der im ersten Büch-
senlicht des 20. November mitten in den Stellungen der 1.
Kompanie auftauchte, wurde niedergekämpft.

In der folgenden Nacht trat die 1. Kompanie unter Oberleutnant Hünichen zu einem Stoßtruppunternehmen an.
Ziel war der Djebel Abiod. Es gelang der Kompanie, in der
hellen Mondnacht vom Gegner unbemerkt den Ortsrand zu
erreichen. Als die Pioniere eine Druckbügel-Minensperre
legten, wurden sie erkannt und beschossen. Die ersten
Häuser der Ortschaft wurden mit Handgranaten und geballten Ladungen freigekämpft, ein englisches Geschütz und
vier MG vernichtet. Oberleutnant Hünichen wurde beim
Sturm auf eines der Häuser verwundet. Ein Toter war zu
beklagen, als Feldwebel Wenzel das Stoßtruppunternehmen
abblies und die Männer zurückführte, wobei der Gefallene
und die drei Verwundeten im Feuer geborgen und mit
zurückgeführt wurden.

*Beim Fallschirmjäger-Regiment 5 – Leutnant Kempa auf
dem Weg nach Gabes*

Auf dem Flugplatz von La Marsa versammelte Leutnant
Kempa, Zugführer in der 10./FJ-Regiment 5, seinen Radfahrzug am frühen Morgen des 17. November und machte sich
zum Einsatz bereit. In ihren Sprungausrüstungen standen
sie, die Fahrräder an der Hand, auf dem schlammigen nassen
Boden, und niemand wußte, wohin es gehen würde. Erst als
Leutnant Kempa von der Besprechung beim Regimentsstab
zurückkam, konnte er ihre Wißbegier stillen:

»Männer, wir fliegen nach Süden, nehmen den Flugplatz
von Gabes in Besitz und halten ihn für Nachlandungen frei.«

»Doch nicht wir paar Männer?« fragte einer der Fallschirmjäger.

»Die 3. Kompanie des Wachbataillons Kesselring fliegt als Verstärkung mit«, erklärte Kempa.

Wenig später starteten zwölf Ju 52 zum Flug nach Süden. An Bord waren 50 Fallschirmjäger und 100 Soldaten des Wachbataillons.

Als diese Maschinen in Gabes zur Landung ansetzten, wurden sie von der Flugplatzflak beschossen. Treffer schlugen in das Blech der Maschinen ein.

»Dauerton! – Mann, so geben Sie doch endlich Dauerton!« herrschte Oberleutnant Salg, der Führer der Wachkompanie, den Flugzeugführer der ersten Maschine an. Dieser gab Dauerton, und die Ju 52 zogen wieder hoch und flogen einzeln nach Norden zurück. Lediglich die sechs Maschinen mit den Fallschirmjägern an Bord sammelten wieder. Hauptmann Grund, als Platzkommandant für Gabes vorgesehen, wandte sich an Kempa.

»Was schlagen Sie vor, Kempa?«

»Wir sollten in der Nähe nach einem geeigneten Landeplatz suchen, niedergehen und versuchen, die Franzosen vom Flugplatz zu jagen, Herr Hauptmann!«

»Also gut, das werden wir tun. – An alle Flugzeugführer: Sofort Ausschau nach geeignetem Landeplatz halten.«

Über Sprechfunk wurden die fünf übrigen Maschinen verständigt. Wenig später fand man einen geeigneten Landeplatz, etwa 40 Kilometer von Gabes entfernt. Die Maschinen schwebten zur Landung ein und setzten, bis auf eine, wohlbehalten auf. Diese eine hatte einen Fahrwerksbruch.

Die Fallschirmjäger kletterten hinaus, und drei Minuten später radelte ein Spähtrupp in Richtung Gabes los. Kurz vor Erreichen dieser Stadt am Golf von Gabes wurde er von einer französischen Panzerwagen-Streife gestellt. Die Fallschirmjäger drehten und radelten, verfolgt vom Feuer der Panzer, zurück. Diese sechs Männer versteckten sich in einem schmalen Talkessel.

Leutnant Kempa, der lange auf das Zurückkommen der sechs wartete, schickte nun einen zweiten Spähtrupp los, der von dem Gefreiten Kuntze geführt wurde. Diese sieben Jäger stießen ebenfalls auf die Panzerwagen-Streife, wurden aber gefangengenommen und nach Gabes geschafft. Dem verhörenden Major sagte der Spähtruppführer, daß er den Flugplatz zu übergeben habe; wenn weiter verteidigt würde, kämen deutsche Stukas und würden den Platz ausräuchern. Der Major ließ die sieben Fallschirmjäger festsetzen.

Als diese sieben am frühen Morgen des 19. November zum Verhör geholt wurden, brausten über ihren Köpfen die Ju 52 mit der am Vortage abgedrehten Luftlandeeinheit heran. Ein paar Jäger waren als Jagdschutz dabei. Das schien für den Flugplatzkommandanten die Bestätigung zu sein, daß bald die Stukas kommen würden. Er ließ sofort alles aufsitzen und brauste mit seiner Einheit in wilder Fahrt davon.

Die sieben Fallschirmjäger blieben zurück. Es gelang dem Spähtruppführer, seine Leuchtpistole zu finden, die ihm abgenommen worden war. Er eilte damit ins Freie, schoß das vereinbarte Leuchtzeichen, daß der Flugplatz feindfrei sei, und die Ju 52 setzten zur Landung an.

Der Flugplatz Gabes wurde in Besitz genommen und gesichert. Als hier zwei Tage später die ersten US-Panzer auftauchten, erhielten sie Feuer aus Fallschirm-Leichtgeschützen und blieben liegen. Diese Frist genügte, um zwei Bataillone der Brigade »L« unter General Imperiali nach Gabes zu schaffen, die die wenigen Fallschirmjäger und die Kompanie des Wachbataillons verstärkten.

Inzwischen war bei den übrigen Einheiten des Fallschirmjäger-Regiments 5 der Vorstoß in Richtung Medjerdatal angesetzt worden. Während Hauptmann Knoche diesmal als echter Parlamentär noch einmal nach Medjez el Bab zu Oberst Couteux fuhr, setzte er gleichzeitig die 10. Kompanie unter Oberleutnant Hoge mit der halben Kompanie 12 und der Hälfte der schweren 14. Kompanie (des IR 104) unter Leutnant Klein mit einem Flak-Kampfzug von Tunis aus in Richtung Medjez el Bab in Marsch. Sie sollten den Übergang über den Medjerda im Raume Medjez el Bab in Besitz nehmen.

Es gelang Hauptmann Knoche, Oberst Le Couteux dazu zu bringen, mit seinem durch Panzer und Artillerie verstärkten

Regiment auf das Westufer des Medjerda zurückzugehen. Doch die Medjerdabrücke behielten die Franzosen in ihrer Hand.

Am nächsten Tag, dem 18. November, hatte Hauptmann Becker mit der Neunten den Flugplatz Djedeida in seinen Sicherungsbereich einbezogen und richtete den Platz her, damit wenigstens deutsche Jäger hier landen konnten.

Am Abend desselben Tages hatten sich die französischen Streitkräfte im Raum Medjez el Bab bereitgestellt. Ihre vorgeschobenen Posten lagen den Sicherungen des III. Bataillons der Fallschirmjäger gegenüber. Durch eigene Beobachtungen, ebenfalls am 18. November, war es Hauptmann Knoche gelungen, die Anwesenheit von US-Panzern im Versammlungsraum der Franzosen festzustellen. Seine eigene Kampfgruppe, die etwa einen Kilometer östlich von Medjez el Bab in Stellung gegangen war, bestand aus folgenden Einheiten:

Stab und ⅓ Nachrichtenzug des FJ-Regiments 5;

10. Kompanie des Regiments (ohne eine Gruppe);

½ 12. Kompanie mit sMG und 8-cm-Granatwerfer und Leichtgeschütz 1 ausgestattet;

½ 14. Kompanie IR 104 mit 5 Pak, Kaliber 5 cm;

2 Flak-Kampftrupps.

Hauptmann Knoche gab Befehl zur Bereitstellung der Kampfgruppe für den Angriff in der kommenden Nacht. Am 19. November, morgens um 4.00 Uhr, meldeten die Einheitsführer die vollzogene Bereitstellung. Nachdem die Stukas um 11.30 Uhr ihre Bomben abgeladen hatten, befahl Hauptmann Knoche den Angriff.

Unter dem Feuerschutz der eigenen MG stürmten die Fallschirmjäger im geschlossenen Sprung in den Stadtteil östlich des Medjerda. Lediglich der Bahnhof wurde noch von starken französischen Kräften gehalten.

Oberleutnant Bundt führte nun einen Stoßtrupp über den Fluß. Sie gingen, die feindlichen MG-Nester weiträumig umlaufend, auf dem Westufer weiter. Aus einem Brückenbunker erhielt der Stoßtrupp Feuer. Zwei Männer, die Gefreiten Seidel und Heine, wurden verwundet. Mit den übrigen erstürmte Oberleutnant Bundt den Bunker und schickte die Verwundeten mit den hier gefangengenommenen Franzosen zurück. Im weiteren Vorgehen erhielt der Stoßtrupp immer wieder Feuer. Oberleutnant Bundt erhielt einen tödlichen Kopfschuß. Nur vier Überlebenden gelang es, den Medjerda wieder zu durchschwimmen und zur Kampfgruppe zurückzugelangen.

Gegen 18.00 Uhr erschienen die Stukas zum zweitenmal. Italienische Verstärkungen tauchten auf, unter ihnen auch ein Zug Panzerjäger.

Oberstleutnant Koch erschien mit ihnen. Er hatte aus Tunis Sprengmittel mitgebracht und ließ zehn Stoßtrupps zusammenstellen, die als »Panic-Party« in der Nacht nach Medjez el Bab eindringen und ihre Ziele in die Luft jagen sollten.

Die zehn Gruppen starteten um Mitternacht. Genau eine Stunde später, um 1.00 Uhr, krachten an zehn Stellen der Stadt gleichzeitig die Detonationen von geballten Ladungen und Tellerminen. Brände flackerten auf, ein Depot flog in die Luft. Die Franzosen verließen fluchtartig Medjez el Bab und rollten im ersten Frühlicht auf der Straße Oued Zarga–Béja davon. Medjez el Bab, der »Schlüssel zum Tor nach Tunis«, war in deutscher Hand. Unter Führung von Hauptmann Schirmer stieß eine Verfolgergruppe Fallschirmjäger bis nach Oued Zarga nach. Hier erhielten die Fallschirmjäger den Befehl, anzuhalten und nach Medjez el Bab zurückzukehren.

In der kommenden Nacht griff eine Spahi-Schwadron den deutschen Vorposten der 10. Kompanie auf der Ferme Smidia im Nordteil der Weststadt an. Vom Hof der Ferme nahmen die Granatwerfer die anreitenden Spahis unter Feuer. MG fielen in langen Feuerstößen ein. Der Gegner wurde blutig abgewiesen.

Die Lage festigte sich etwas, wenn es auch beinahe sicher war, daß die wenigen Verteidiger dem ungestümen Angriff der über 100 000 Mann alliierter Truppen nicht lange würden standhalten können. Doch es war Zeit gewonnen; Zeit, die ausreichte, die ersten Teile der 10. Panzer-Division aus Südfrankreich auf den neuen Kriegsschauplatz zu schaffen, die einen starken feindlichen Panzervorstoß aufhielten.

Am 21. November mußte die Kampfgruppe Schirmer Medjez el Bab räumen und über die Brücke auf das Ostufer des Medjerda zurückgehen. Da ihnen aber auch hier noch immer eine Umfassung durch schnelle feindliche Panzerverbände drohte, ließ General Nehring die gesamte Front auf den Raum bis 30 Kilometer südwestlich von Tunis zurücknehmen.

Kompanie Schuster im Einsatz

Unter Führung von Leutnant Erich Schuster war die 1. Kompanie des FJ-Regiments 5 am 21. November in Tunis gelandet. Die Ju 52 wurden im Landeanflug von britischen und US-Jagdflugzeugen angegriffen. Einige Maschinen schwebten brennend ein, und noch im Ausrollen sprangen die Männer hinaus. Leutnant Schuster, der glücklich ins Freie kam, erinnerte sich wieder an Malemes, als er geholfen hatte, die Gebirgsjäger aus den Flammen zu retten.

Am Nachmittag wurde die Kompanie Schuster auf Lastwagen verladen und kreuz und quer durch die Stadt gefahren, um den Gegner, der in Tunis eine Reihe Spione hatte, zu täuschen.

Nach einer wanzenverseuchten Nacht in der Marschall-Foch-Kaserne trat das kleine Häuflein der Ersten an. Hauptmann Jungwirt, ihr Bataillonskommandeur, war zur Stelle, um sie zu begrüßen und ihnen den Einsatzbefehl zu übergeben. Danach rollten sie los.

Über Abd el Asker, Bin Mcherba und Teli el Kaid erreichte die Kompanie El Kasbate. Hier mußten sie Deckung vor den Bomben eines Fliegerangriffs suchen. Die Fahrt ging weiter nach Depienne, und im Raume Pont du Fahs grub sich die Kompanie ein. Der Kompaniegefechtsstand wurde in einer verlassenen französischen Ferme eingerichtet.

Die kommenden Tage verliefen ruhig. Ein Teil der Kompanie wurde auf ein englisches Fallschirmjäger-Kommando angesetzt (s. folgenden Abschnitt). Ende Dezember kam es dann zu einer Kette von Stoßtrupp-Unternehmen, die selbst beim Regimentskommando Aufsehen erregten. Zu den gewagtesten gehörte eines, das mit dem Troß ausgeführt wurde. Leutnant Schuster gab vorher bekannt:

»Wir nehmen in der kommenden Nacht die französischen Batteriestellungen hinter den Hügeln von El Aroussa. Zuerst fahren wir im KFZ bis zu dem zehn Kilometer weit vorgeschobenen Vorposten, bei einem abgeschossenen Panzer. Von dort geht es zu Fuß weiter. Etwa 35 Kilometer Marsch sind in der Nacht zu schaffen.«

Drei Stunden später setzten sich der Kübelwagen und der mit Sprengmitteln vollgeladene Lkw in Bewegung. Dreißig Jäger fuhren mit Leutnant Schuster durch das Niemandsland. Beim vorgeschobenen Beobachtungsstand am abgeschossenen Feindpanzer saßen sie ab und gingen schwer bepackt zu Fuß weiter. Gegen Mitternacht erreichten sie El Aroussa, wo eine kleine Rast eingelegt wurde.

»Dort hinter den Hügeln verläuft die Straße«, erklärte Schuster den Kameraden. »In diesen Höfen, die wir durch die Olivenhaine sehen können, muß irgendwo der Gegner stecken. Wir beginnen mit der Suche bei der rechten Ferme. Wir bilden zwei Gruppen, die links und rechts von mir und meinen Meldern vorgehen und Flankenschutz geben. Heilmann, Sie bleiben an der Straße stehen. Wenn Fahrzeuge durchkommen, geben Sie Blinkzeichen. MG Pöhl als Sicherung an der Straße. Schmalholz übernimmt die Drahtschere.«

Schuster vergaß nichts. Sicher und entschlossen gab er die Befehle, und als er losging, folgten ihm die vier Melder Koch, Baum, Kuhn und Bauer. Die Troßleute schlossen sich an. An der Straße blieben Heilmann und die drei Jäger mit dem MG zurück. Der erste Zaun wurde erreicht, und Schmalbachs Drahtschere trat in Aktion. Ein Olivenhain nahm sie auf.

»Herr Leutnant?« wisperte Baum hinter dem führenden Schuster.

»Was ist?«

»Blinkzeichen von der Straße.«

Leutnant Schuster drehte sich um und sah ein von Westen herankommendes Fahrzeug, das plötzlich hielt und dann wild hupend wieder anfuhr. Zwei Karabinerschüsse krachten. Sie sahen, wie der Wagen schlitternd zum Stehen kam.

»Heilmann hat ihn erwischt, keine Gefahr mehr. Weiter, Männer. – Halt, ich habe eine Idee. Wir marschieren über die

Straße weiter. Der Gegner wird uns dann für eigene Leute halten.«

Die Fallschirmjäger formierten sich. Schuster ging an der Spitze, die MPi schußbereit im Arm. Der gefangene Leutnant, der in dem gestoppten Wagen gesessen hatte, und die kleine Gruppe Heilmann marschierte nun ebenfalls mit.

Als sie angerufen wurden, meldete sich der gefangene Leutnant mit »Bon ami!«. Schuster sah, wie der Posten ein Stück vortrat, seine Waffe hochriß und schräg in den Himmel schoß. Er wollte wohl nur einen Warnschuß für seine Truppe abgeben. Dann warf er sein Gewehr fort und rannte auf die deutschen Fallschirmjäger zu. Sie zerrten ihn in den Straßengraben, und Schuster fragte ihn aus: »Was ist mit der Ferme dort? Wie viele Männer stecken darin?«

»Es sind fünfzehn und...«

In diesem Augenblick wurde aus der Ferme das Feuer eröffnet.

»Den gefangenen Leutnant zu mir!« befahl Schuster.

Er befahl ihm, zur Ferme zu gehen. »Fordern Sie Ihre Kameraden auf, sich zu ergeben. Wenn nicht, werden sie alle getötet.«

Der Leutnant nickte und machte sich auf den Weg. Aber er war kaum fünf Schritte gegangen, als ein einzelner Gewehrschuß knallte. Der Leutnant warf die Arme hoch und stürzte tödlich getroffen zu Boden.

Gleich darauf war an dieser Stelle die Hölle los. Die Franzosen schossen mit 7,5-cm-Geschützen aus der Ferme, einige MG ratterten los und schickten ihre Feuerschnüre durch die Nacht.

Leutnant Schuster schoß eine Leuchtkugel. In ihrem Licht erkannte er zwei Fahrzeuge und eine Zugmaschine beim Haus unter den Bäumen.

»Schießt die Karren in Brand, das gibt Licht!« befahl er.

Leuchtspursalven schossen auf die Wagen zu. Wenig später gab es eine Explosion, und das aufflammende Benzin machte die Nacht zum Tage. Sekunden darauf brannte auch der zweite Wagen.

Meter um Meter schoben sich die Fallschirmjäger vor, bis sie in Handgranatenwurfweite herangekommen waren.

Handgranaten flogen durch die zerschossenen Fenster in die Ferme hinein.

»Wir greifen das Haus an. MG geben Feuerschutz!«

Schuster stürmte vorwärts. Oberjäger Schulze folgte ihm. Aber plötzlich heulte es vor ihnen auf. »Volle Deckung!« schrie einer. Sie hechteten in einen flachen Graben – eben noch rechtzeitig, denn keine zehn Meter vor ihnen rissen einhauende Granaten ein paar Steine aus der Mauerkrone. Und das war erst der Auftakt. Von einer flankierenden Höhe zur Rechten feuerte nun eine britische Feldgeschütz-Batterie. Die Artillerie schoß sich auf das noch immer von den Franzosen besetzte Gebäude ein, von dem sie wohl annahmen, daß es in die Hände der Fallschirmjäger gefallen war.

Eine halbe Stunde wurde die Ferme beschossen. Als das Feuer abbrach, war dort alles Leben erloschen. Schuster drang in das Gebäude ein und fand 24 getötete Franzosen in den Räumen. Sie nahmen die Maschinenwaffen mit und sprengten die Geschütze.

Diesem Stoßtrupp folgten weitere. Die Erste wurde als Stoßtrupp-Kompanie bekannt. Als britische Fallschirmjäger eines Nachts im Sprungeinsatz niedergingen, ließ Schuster alle Züge ausrücken. In schnellem Zupacken wurde der Gegner gefangengenommen.

In den ersten Morgenstunden des 10. Januar 1943 verlegte die Kompanie Schuster zur Straße Bou Arada–Medjez el Bab bis zum Fuß der Höhe 311.

Am nächsten Morgen ließ Erich Schuster die Zugführer und Stoßtruppführer zu sich kommen.

»In einer halben Stunde unternehme ich eine Erkundungsfahrt per Wagen und Krad in Richtung Bou Arada. Leutnant Löbmann, Oberfeldwebel Krassek und Feldwebel Kurze fahren im Vortrupp. Mit mir kommen Stahnke als Fahrer und Gietmann als Melder, dazu eine Gruppe mit einem MG.«

Schuster hatte bereits die Stellungen der drei Züge der Kompanie am Vorderhang der Höhe 311 eingezeichnet. Er wollte die Zugführer der beiden ersten Züge mitnehmen, um sie an Ort und Stelle einzuweisen. Nur Leutnant Flemming,

Führer des dritten Zuges, hatte noch keinen Auftrag erhalten. Schließlich instruierte ihn Schuster, er solle mit dem dritten Zug in einer halben Stunde nachkommen.

Dann fuhren sie los. Unmittelbar darauf ging vom Regimentsgefechtsstand ein Telefonat ein, in dem mitgeteilt wurde, daß Erich Schuster seine Beförderung zum Oberleutnant erhalten habe.

Die Erkundungsfahrt verlief zügig. Der Stützpunkt auf der Höhe 305 wurde festgelegt. Von dort ging es zur Höhe 306 weiter. Dort erkannten sie zum erstenmal, daß die ihnen genau gegenüberliegende Höhe des Djebel Rihane vom Feind besetzt war. MG-Salven zischten zu ihnen herüber, ohne Schaden anzurichten.

»Jetzt zur Höhe 311, Stahnke!« befahl Schuster, »aber mit Karacho!« Der Fahrer jagte los. Es ging über einen Feldweg zum Hinterhang. Als sie oben ankamen, entdeckten sie englische Soldaten auf dem Djebel Rihane. Wenig später tauchten hier die ersten Feindpanzer auf, die aus der Flanke vorrollten.

»Gietmann, stellen Sie die Anzahl der Feindpanzer fest und folgen Sie dann in Richtung Zug Flemming«, befahl Schuster seinem Melder. Schuster verließ die Höhe. Er wollte vorausfahren und den Zug Flemming so rasch wie möglich in Stellung bringen, um diesen britischen Vorstoß zu stoppen. Gerd Gietmann spähte von der Höhe zu den anrollenden Feindpanzern hinüber.

»Acht Panzer, Herr Leutnant!« meldete er, als Schuster noch in Sichtweite war. Dann wurden es zwölf, schließlich achtzehn. Doch da konnte der Leutnant ihn schon nicht mehr hören.

Als die Spitzenwagen so nahe herangerückt waren, daß sie ihn bald entdecken mußten, zog sich Gietmann zurück. Er erkannte, daß diese Panzer genau auf jene Stelle zurollten, wo der Leutnant wieder auftauchen mußte. Ihm aber blieb nichts anderes übrig, als über die ganze Höhe 305 zu laufen, um aus dem Schußfeld dieser gepanzerten Armada hinauszukommen.

Eine Stunde später erreichte er die Stellung von Leutnant Flemming und meldete, was vorgefallen war.

»Hoffentlich kann sich der Chef halten. Eigentlich müßte er gleich hier auftauchen«, meinte Flemming.

Starker Gefechtslärm brandete plötzlich auf. Daran waren auch Panzerkanonen beteiligt. Die Männer des Zuges Flemming wurden von den am weitesten vorgerollten Panzern aufgehalten und zum Zurückgehen gezwungen.

Einer der Posten glaubte, gesehen zu haben, daß Leutnant Schuster von einigen Engländern gefangengenommen worden war. Er meldete seine Wahrnehmung sofort.

Als diese Meldung zum Regiment durchkam, ließ Oberstleutnant Koch sofort aus einer zur Verfügung gestellten Maschine Flugblätter über den englischen Stellungen abwerfen. Der Wortlaut des in Tunis gedruckten Flugblattes war:

»Lassen Sie sofort Oberleutnant Erich Schuster frei, gegen Gestellung eines Austauschoffiziers. Sofern Oberleutnant Schuster bis 19.00 Uhr nicht freigelassen ist, wird ein Stukageschwader Ihre Stellungen bei Bou Arada bombardieren.«

Aber die Engländer hatten Schuster nicht. Am anderen Morgen, als Hauptmann Jungwirt nach Schuster fragte, konnte ihm auch keine Antwort gegeben werden. Erst als die Erste einen englischen Panzerangriff abgewehrt hatte und die Fallschirmjäger im Vorfeld nach Verwundeten suchten und dabei tief ins Niemandsland hineingerieten, fanden sie Erich Schuster. Er war tot.

Mit den anderen gefallenen Fallschirmjägern wurde Erich Schuster zum Friedhof La Mornaghia gebracht und dort am 13. Januar 1943 bestattet. An seinem Grab und dem der übrigen zwölf Fallschirmjäger der Ersten sprachen Hauptmann Jungwirt, Hauptmann Schirmer, Hauptmann Knoche und Oberstleutnant Koch Worte des Abschieds. Oberleutnant Kleinfeld übernahm die Führung der verwaisten Kompanie.

Was aber war mit dem Gros des Fallschirmjäger-Regiments 5 geschehen, seitdem es sich aus Medjez el Bab hatte zurückziehen müssen?

Am 26. November gab Oberstleutnant Koch den Befehl, den Rückzug aus dem Raum Medjez el Bab anzutreten, weil Gefahr bestand, daß die Fallschirmjäger im Süden umgangen wurden. Koch führte sein Regiment bis in den Raum westlich Massicault, wo beiderseits der Straße neue Stellungen bezogen wurden. In diesen neuen Stellungen kümmerte sich Walther Koch in den nächsten Tagen persönlich um jedes Schützenloch. Als er eines Tages den Oberjäger Karlinger unrasiert antraf, stauchte er ihn zusammen:

»So wollen Sie vor Ihrem Herrgott antreten, Karlinger, wenn Sie hier fallen sollten?«

Der Oberjäger begann so überstürzt mit einer Rasur, daß er sich gleich mehrfach schnitt. In den nächsten Tagen blieb es in diesem Raum ruhig. Da aber die Gefahr im Raum Djedeida–Tebourba weiterhin bestand, ordnete General Nehring an, daß die inzwischen eingetroffene I. Panzer-Abteilung der 10. Panzer-Division in den Raum nördlich Tebourba verschoben wurde. Dazu wurde sie aus der Kampfgruppe Witzig, der sie zuerst zugeführt worden war, herausgelöst.

Durch die Ereignisse bei Tebourba und die dort stattfindenden Truppenzusammenziehungen des Gegners war die Rückzugsbewegung der Fallschirmjäger erzwungen worden.

Als der Absprung von etwa 1000 feindlichen Fallschirmjägern des II./Fallschirmjäger-Kommando 6 unter Major Frost bei Zaghouan gemeldet wurde, welches den Auftrag erhalten hatte, die Jäger-Flugfelder bei Pont du Fahs, Depienne und Oudna im Handstreich zu besetzen, wurden die deutschen Fallschirmjäger alarmiert.

Am frühen Morgen des 30. November stießen Teile der 1. Kompanie zusammen mit dem Panzerspähzug unter Feldwebel Hämmerlein und Teilen der 10. Kompanie unter Führung von Oberleutnant Jahn vor. Sie sollten, den Gegner links umfassend, an Depienne vorbeistoßen und dann nach Norden eindrehen. Frontal wurde Hauptmann Jungwirt mit Teilen seines I. Bataillons angesetzt.

An der Spitze der Gruppe Jahn rollten zwei Panzer und zwei Spähwagen. Der vorn fahrende Panzer wurde abgeschossen, sein Kommandant fiel. Die aufgesessen nachfolgenden Fallschirmjäger sprangen nun ab und gingen links und rechts der Straße im Schutz der Spähwagen vor, die die erkannten Feindstellungen unter Feuer nahmen. Als sie auf Einbruchsentfernung herangekommen waren, gab Oberleutnant John den Befehl zum Angriff:

»Sprung auf – maaarsch!«

Sie sprangen auf, rannten geduckt auf den Gegner zu. Die Waffen im Hüftanschlag, feuerten sie im Laufen auf das aufflackernde Mündungsfeuer. Nach dem ersten Feuerstoß, den Oberleutnant Jahn aus seiner MPi jagte, erhielt er einen Kopfschuß und stürzte schwer getroffen zu Boden. Sein Putzer, Obergefreiter Oswald, kroch zu ihm und sah, daß der Kompaniechef einen Schuß in die rechte Schläfe erhalten hatte. Drei Minuten später war Oberleutnant Jahn tot.

Damit war das erste Duell zwischen deutschen und englischen Fallschirmjägern überhaupt eröffnet. Rote Teufel kämpften gegen Grüne Teufel. Granatwerfer der Engländer warfen ihre Geschosse gegen die deutschen Deckungen.

Den ersten Angriff konnten Major Frost und seine Männer abwehren. Beim zweiten zogen sie sich weiter zurück. Der dritte Angriff am 1. Dezember brachte den englischen Fallschirmjägern dann schwere Verluste. Zum Glück für die Engländer tauchten in der entscheidenden Phase deutsche Me 109 auf, die in Verkennung der Situation die eigenen Truppen beschossen und zwei Spähwagen außer Gefecht setzten.

Einer Gruppe von 70 Engländern gelang es, sich aus dem Raum Depienne bis zu einer Ferme fünf Kilometer südlich von El Bathan abzusetzen. Ein Araber meldete diese Gruppe der Kampfgruppe Knoche. Hauptmann Knoche erkannte die Gefahr, die damit seinen Leuten drohte und leitete sofort Gegenmaßnahmen ein.

Leutnant Johann Ismer, sein Adjutant und persönlicher Freund, meldete sich zu einem Stoßtrupp. Er wollte den Stützpunkt der Engländer ausheben. In den späten Abendstunden dieses 1. Dezember ging er mit seinem Stoßtrupp vor und arbeitete sich bis auf 20 Meter an den Feindstütz-punkt heran. Aber sie waren gesehen worden, und aus nächster Nähe eröffneten die Engländer ein mörderisches Feuer. Als einer der ersten fiel Leutnant Ismer durch Kopf-schuß.

Dennoch gelang es dem Stoßtrupp Ismer, den Gegner zu überwinden. Nach Einbruch der Dunkelheit wich Major Frost mit den Überlebenden seines Bataillons in Richtung Massicault aus. 150 Männer waren ihm gefallen oder ver-wundet.

Die Kämpfe zwischen den deutschen und englischen Fallschirmjägern dauerten bis zum nächsten Tag an, an dem Leutnant Schuster, der sich mit einem Zug an diesem Einsatz beteiligte, noch einen Offizier und zwei Soldaten gefangen-nahm. Bei dem Offizier soll es sich um den Leutnant Charte-ris, Major Frosts Nachrichten-Offizier, gehandelt haben. Von ihm schrieb der Chronist der englischen Fallschirmjäger:

»Leutnant Charteris und seine Männer gerieten in einen Hinterhalt und wurden getötet.«

Das stimmt so nicht. Richtig ist, daß Leutnant Schuster mit den Oberjägern Koch und Bauer die drei Männer während eines Spähtrupps fanden und gefangennahmen. Am 4. De-zember wurden sie mit den übrigen Gefangenen nach Tunis gebracht und dort in ein Flugzeug gesetzt, das sie nach Berlin zum Verhör bringen sollte. (Man wollte mehr über die britischen Fallschirm- und Luftlandetruppen in Erfahrung bringen, und dies wäre die Möglichkeit gewesen, erstmals englische Fallschirmjäger zu befragen.)

Sie kamen jedoch nicht in Deutschland an. Wahrscheinlich wurde ihre Transportmaschine abgeschossen. An diesem Tag war nämlich der Verlust mehrerer Ju 52 gemeldet worden.

Nur einem kleinen Rest dieses britischen Fallschirmjäger-Kommandos gelang die Flucht zu den eigenen Linien.

Fallschirmjäger bei der Schlacht um Tebourba

Als Ende November 1942 Major Oskar Berger vom OKH in Tunis eintraf, um sich im Auftrag des Chefs des Generalstabs des Heeres über die Lage im Kampfraum Tunesien zu orientieren, wurde ihm durch den Stab des XC. Armeekorps ein ungeschminkter Lagebericht gegeben. Er versprach, alles in die Wege zu leiten, damit die berechtigten Forderungen von General Nehring erfüllt wurden.

Auch der Oberbefehlshaber Süd, Feldmarschall Kesselring, tauchte im Korpsgefechtsstand auf. General Nehring gab ihm folgende Lagebeurteilung:

»Die augenblickliche flache Front Bizerta–Tunis ist auf die Dauer mit den jetzigen Kräften gegenüber dem zu erwartenden Feind nicht zu halten. Der Feind wird zwischen Bizerta und Tunis durchzubrechen versuchen. Dagegen ist ein erweiterter Brückenkopf Tunesien auf begrenzte Zeit zu halten. Dies erscheint jedoch auf die Dauer auch zweifelhaft, wenn nicht bald Kräfte zum Vertiefen des Brückenkopfes herangeführt werden.«

Bis Ende November waren einige neue Truppen nach Tunesien überführt worden. Am 30. November gab General Nehring den Befehl für den Angriff im Raum Tebourba heraus. Sein großer Entschluß war dabei, das Fallschirmjäger-Regiment 5 über El Bathan gegen den Rücken der im Großraum Tebourba stehenden Gegner anzusetzen und so die Feindkräfte einzukreisen.

Von Norden und Nordosten sollten alle vorhandenen Truppen, einschließlich der Panzer des Panzer-Regiments 7 (der 10. Panzer-Division), der Panzerjäger-Abteilung 90 und die Tiger-Kompanie unter Hauptmann Baron Nolde, angreifen. In Tunis selbst blieben ganze 30 deutsche Soldaten zurück.

Die Angloamerikaner schickten sich gleichzeitig zum Wettlauf nach Tunis an. In Tebourba aber befand sich eine Kompanie des Fallschirmjäger-Regiments Barenthin und der Regiments-Pionierzug. Sie waren völlig eingeschlossen. Zu ihnen sollte das Regiment 5 aus dem Rücken vordringen, sie befreien und den Gegner vernichten.

Bereits am ersten Tag der Schlacht, dem 1. Dezember 1942, wurden gute Anfangserfolge erzielt. Der 2. Dezember brachte den Höhepunkt der Schlacht. Es gelang der 10. deutschen Panzer-Division, das britische Kampfkommando B und die

11. britische Panzerbrigade zu zerschlagen. Wie wurden die Fallschirmjäger in dieser Schlacht eingesetzt?

Bereits am 30. November war das FJ-Regiment 5 in die Bereitstellungen gegangen. Zur Täuschung des Gegners ging das Regiment zuerst beiderseits der Straße in Richtung Medjez el Bab vor. Oberstleutnant Koch wollte in der Nacht zum 1. Dezember nach Norden auf El Bathan einschwenken.

Als Oberstleutnant Koch sich am 30. November auf einen Spähwagen schwang, an die Spitze der Kolonne setzte und bald darauf den Blicken der hinterherfahrenden Fallschirmjäger entschwand, meinte einer der Jäger:

»Den sehen wir nicht wieder. Der wird vom Tommy geschnappt.«

Aber er sollte sich getäuscht haben. Walther Koch, einer der alten Haudegen der Fallschirmtruppe, Chef der sagenhaften Sturmabteilung Koch, kehrte nach 20 Minuten zurück. Sein Spähwagen war über und über mit gefangengenommenen Tommys behängt. Koch war mit dem Spähwagen einfach in die vorgeschobenen Postenstellungen der Engländer gefahren, hatte die Gefangenen aufgelesen und war zurückgekommen.

Unter den Engländern war ein Verwundeter. Ein Granatsplitter steckte ihm im Schädel. Sosehr sich Stabsarzt Dr. Nödl auch anstrengte, mit dem üblichen Instrumentarium bekam er den Splitter nicht heraus. Erst mit einer Zange aus dem Werkzeugkasten der Acht-acht-Zugmaschine konnte der Splitter schließlich entfernt und dem Gefangenen als Andenken mit ins Lazarett gegeben werden.

Den Fallschirmjägern lagen die Soldaten des Derbyshire Yeomanry-Regiments der 78. britischen Infanterie-Division gegenüber. In Höhe von Fourna schwenkte das III./FJ-Regiment 5 nach Norden ein. Rechts der Straße bei Bjord Frenndj nahm der 2. Zug der Zehnten eine große Weinferme in Besitz. Feldwebel Engelmann deutete auf eines der mächtigen Betonfässer, aus dem ein armstarker Weinstrahl herausschoß.

»Bedient euch, Kameraden! – Der Wein ist gut!« meinte er.

Ein Paktreffer der Engländer hatte dieses Faß »gelüftet«. Hier erhielt der 2. Zug den Befehl, unter Zurücklassung allen schweren Geräts die Verbindung mit dem Pionierzug Arent aufzunehmen, der am Vorabend, dem 30. November, zu einem Sonderauftrag hinter die feindlichen Linien nach El Bathan geschickt worden war. Dort sollte Arent mit seinen Männern eine vier Kilometer westlich El Bathan gelegene Brücke besetzen und sperren.

Während Teile des III./FJ-Regiments 5 noch auf der Straße nach Medjez el Bab vorgingen, war das Gros des Regiments bereits auf El Bathan eingeschwenkt. Je näher sich die Fallschirmjäger am Morgen des 1. Dezember an El Bathan heranarbeiteten, desto dichter wurde das Feindfeuer. Die Bataillone Jungwirt, Schirmer und Knoche gingen hier erstmals gemeinsam und geschlossen vor.

An der Spitze der 12. Kompanie fuhr Leutnant Kautz mit den Männern seines Zuges nach El Bathan vor. Als sie voraus die Flammen des Mündungsfeuers erkannten, schlugen sie über holprige Wege einen Bogen und befanden sich wenig später im Rücken der Ortschaft. Korkeichen- und Olivenwälder deckten das Vorgehen in Richtung zum Hauptquartier der US-Kampfgruppe, das der Leutnant als Ziel erhalten hatte.

Plötzlich dröhnten Motorengeräusche über den Köpfen der Männer. Neun Stukas, von zwei Me 109 gesichert, jagten den Feindstellungen entgegen, stürzten sich auf die erkannten Ziele und warfen ihre Bomben. Mitten in Tebourba und in El Bathan sprangen Detonationspilze empor. Ein US-Munitionsdepot in Tebourba flog in die Luft.

Der Zug Leutnant Kautz rollte weiter, blieb aber wenig später in einer Schlamm-Mulde stecken. Die Männer saßen ab, machten den Wagen wieder flott und rollten bis zu einem Olivenhain vor, wo endgültig der weitere Vorstoß zu Fuß fortgesetzt wurde.

Sprungweise arbeiteten sich die Jäger um Leutnant Kautz vor. Sie erreichten eine Ferme, nahmen sie in Besitz und gingen von Haus zu Haus weiter in Richtung US-Hauptquartier. Plötzlich lag es vor ihnen. Hinter ihnen aber kamen nacheinander vier Feindpanzer aus einer Gasse hervor und eröffneten das Feuer.

»Angriff!« befahl Kautz. Die Jäger Bohley und Vogel blieben plötzlich liegen, als eine Panzergranate nur drei Meter vor ihnen in den Boden schlug. Leutnant Kautz stürzte Sekunden später tot zu Boden. Die anderen rannten weiter, schossen im Laufen und erreichten die Häuser des US-Hauptquartiers. Handgranaten flogen durch die Fenster. Dann stürmten sie hinein.

Im Kampf Mann gegen Mann eroberten die Fallschirmjäger ganz El Bathan. Nur am Westrand der Ortschaft schoß noch eine Feindbatterie. Vier deutsche Panzer rollten auf sie zu und vernichteten sie. Dann tauchten sechs Churchill-Panzer auf. Drei von ihnen wurden abgeschossen, die übrigen drehten ab und verschwanden.

In wilder Flucht rollten englische und amerikanische Stabswagen über die Straße nach Südwesten. Panzer, Geschütze und Nachrichtenfahrzeuge folgten in dichtem Pulk. Mit der 12. Kompanie des FJ-Regiments 5 folgte Oberleutnant Wöhler in der Spitzengruppe der Verfolger dem fliehenden Gegner.

Durch das Medjerdatal, an dessen Rändern die abgeschossenen und verlassenen Fahrzeuge des Gegners lagen, jagten sie weiter, bis vor ihnen die beiden Höhen des Djebel Lanserine und des Djebel Bou Aoukaz auftauchten, von denen aus der Gegner die Straße unter Feuer hielt.

Am Spätnachmittag des 4. Dezember wurden alle Einheiten zum Sturm auf den vordersten Hügel angesetzt. Die Panzer rollten voraus und zerschlugen die MG-Nester. Die Fallschirmjäger des Regiments 5, die Pioniere unter Witzig und die übrigen Einheiten des Regiments Barenthin stürmten die Höhen und vertrieben den Gegner. Was aber war mit dem Pionierzug Arent?

Pionierzug Arent bei El Bathan

Am 30. November hatte Oberstleutnant Koch Peter Arent zu sich rufen lassen.

»Arent, Sie müssen mit Ihrem Zug die Verbindung zum Regiment Barenthin herstellen. In Tebourba sind zwei Kompanien des Regiments eingeschlossen. Sobald Sie mit Ihnen

Oben: Stoßtrupp Arent in Tunesien (3. von rechts Arent)
Unten links: Peter Arent, der die Brücke bei El Bathan sperrte
Unten rechts: Sanitätsfeldwebel Zimmermann vom FJR 5; er rettete viele
Kameraden aus dem Feindfeuer

Gerhard Schirmer

Männer des FJ-Regimentes 5

Wilhelm Knoche

Hans Jungwirth

Heinrich Schäfer

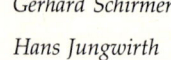

Abwehrstellung in Tunesien

Tiger-Bereitstellung bei Tebourba

Vorstoß auf Kairouan in Tunesien

*Links: Oberstleutnant
Heilmann auf Sizilien*

*Unten: Das Regiment 3
hat den Durchbruch
geschafft. Oberstleut-
nant Heilmann spricht
zu den Männern*

Verbindung aufgenommen haben, sperren Sie mit Ihrem Zug die Verbindungsstraße zwischen Medjez el Bab und Mateur.«

An der Spitze seines Zuges durchbrach Peter Arent am Abend desselben Tages die rückwärtigen Sicherungen der Engländer. Mit Handgranaten und Sprengmitteln kämpften sich die 50 Fallschirmpioniere den Weg nach El Bathan frei. Als sie die wichtige Brücke vier Kilometer westlich El Bathan erreicht hatten, ließ Arent seine beiden MG links und rechts der Brücke in Stellung gehen. Mit den mitgeführten Sprengmitteln wurde die Brücke vermint.

Als die erste englische Lkw-Kolonne aus Medjez el Bab angerollt kam, war die Brücke zum Minenfeld geworden. Der erste Wagen rollte auf die Brücke und fuhr auf zwei Tellerminen. Mit mächtigem Getöse flog er in die Luft. Der zweite Wagen umkurvte den in Flammen stehenden ersten und fuhr ebenfalls auf eine Mine. Damit war die Brücke gesperrt, und die Nachschubkolonnen der 11. britischen Brigade und der 1. US-Panzer-Division blieben liegen.

In der Nacht zum 1. Dezember versuchte es der Gegner hier mit herangeführten Infanteristen. Der Zug Arent bereitete den Angreifern eine schwere Niederlage. Peter Arent hielt an dieser Stelle den für den Gegner so wichtigen Nachschub auf. Als die Engländer in der Nacht zum 2. Dezember hier über den Medjerda setzten, um den Zug Arent in die Zange zu nehmen, warf sich der Feldwebel mit zehn Soldaten dieser Feindgruppe entgegen und warf ihn im Moment des Übersetzens durch Handgranaten wieder in den Fluß zurück. Die Lage wurde bedrohlich, denn mehr und mehr Gegner tauchten auf. Erleichtert atmete Peter Arent auf, als kurz nach Mittag des 2. Dezember die Männer des zweiten Zuges der 10. Kompanie auftauchten und die Gruppe Arent verstärkten. Feldwebel Engelmann hatte seine Kameraden eben rechtzeitig erreicht.

Wenig später sahen die Fallschirmjäger, wie ein englischer Verband von etwa 30 Bombern direkt über der Straße von Medjez el Bab nach Tebourba flogen und ihre Bomben sicher und präzise auf die amerikanischen Panzereinheiten warfen, die sich hier zurückzogen. Eine Gruppe Lastwagen mit

Nachschubgütern wurde ebenfalls gebombt und zerschlagen.

Zwei Fallschirmjäger schafften die 35 Gefangenen fort, die
der Zug Arent gemacht hatte, und am Nachmittag des
folgenden Tages, als bekannt war, daß die Schlacht zu Ende
war, setzten sich die beiden Züge ab. Auf der Höhe des
Khoumet ed Diab blieb der Pionierzug zurück. Als sie am
Abend wieder aufbrachen, erhielten sie Feuer. Artillerietref-
fer schlugen ein, Karabinerschüsse krachten dazwischen.
Peter Arent, der seinen Zug eben hatte antreten lassen, fiel
vornüber auf das Gesicht. Männer, die hinzusprangen, sahen, daß er einen Kopfschuß erhalten hatte. Auch Peter
Arent wurde in La Mornaghia bestattet.

Am selben Tag ging ein Funkspruch ein, in dem man die
Verleihung des Ritterkreuzes an ihn bekanntgab. Oberstleutnant Koch legte die Auszeichnung auf den Sarg seines
jungen Kameraden.

Die Schlacht um Tebourba war beendet. Im englischen
Generalstabswerk über den Kampf in Nordwestafrika heißt
es dazu lakonisch:

»The Germans won the race for Tunis – Die Deutschen
gewannen den Wettlauf nach Tunis.«

Auf der Kaktusfarm

Im weiteren Verlauf dieses sechs Monate andauernden Rin-
gens um Tunis standen deutsche Fallschirmjäger immer
wieder an den Brennpunkten im Einsatz: im Nordabschnitt
beim Regiment Barenthin mit den Fallschirmpionieren
ebenso wie beim Fallschirmjäger-Regiment 5. Auf der Höhe
107 griffen nacheinander alle Bataillone des Regiments Koch
in die Kämpfe ein. In den blauen Bergen von Bou Arada
erlebten sie ein dramatisches Gefecht. Und beim Unternehmen »Ochsenkopf« bildete das FJ-Regiment 5 mit der 10.
Panzer-Division den südlichen Angriffskeil. Es würde den
Rahmen dieses Berichts über die Sprungeinsätze der deutschen Fallschirmjäger sprengen, wenn auch alle Erdkampf-
einsätze in der gleichen Weise behandelt würden. Nur ein

Einsatz sei daher abschließend für den Kampf im Großraum Tunesien noch angeführt, weil er zeigt, daß eine kleine Gruppe Fallschirmjäger in günstigem Gelände durchaus in der Lage war, dem Gegner empfindliche Verluste zuzufügen und ihn lange Zeit zu fesseln.

Während sich auf dem Djebel Achkel die Fallschirmpioniere unter Major Witzig in den Boden krallten, stand weiter im Süden auf der Höhe 107 ein Zug aus der 10. Kompanie unter Oberfeldwebel Heinrich Schäfer im Abwehrkampf. Er hatte sich auf einem Seitenhügel dieser Höhe, welche die Straßengabelung Medjez el Bab–Bou Arada beherrschte, mit 48 Fallschirmjägern eingenistet.

In den ersten Tagen und Wochen war diese Höhe für die Männer »das reinste Sanatorium«. Erst nach dem fehlgeschlagenen deutschen Fallschirmjägerangriff des 20. April 1943 in Richtung Djebel Djaffa und Medjez el Bab und dem darauffolgenden Rückzug drängte der Gegner nach. Mehrfach versuchte er, die Höhe 107 zu stürmen. Als dies nicht gelang, umging er die Höhe, erstürmte sie von Osten und konnte auch die umliegenden Hügel nehmen – bis auf die »Kaktusfarm«. Dort verteidigten die 48 Fallschirmjäger unter Oberfeldwebel Schäfer. Rechts davon lag noch der Zug Jaschke auf einem etwas abgesetzten Hügel.

Am Abend des 28. April griffen die Engländer erstmals die Kaktusfarm an. Zuerst gab es einen massierten Feuerschlag, danach griff der Gegner in Stärke von vier Kompanien an.

»Granatwerfer auf kürzeste Entfernung einstellen!« befahl Schäfer, als der Gegner in Sicht kam. Erst als er bis auf 50 Meter mit den Spitzengruppen herangekommen war, wurde das Feuer eröffnet. MG schnatterten los, fünf Granatwerfer traten in Aktion, und die einhauenden 8-cm-Werfergranaten rissen die rückwärtigen Angreifergruppen zu Boden.

Die Spitzenkompanie kam bis auf Einbruchsentfernung heran. Dann erst stieß sie auf das Gewirr der Stolperdrähte und Zugminen, die Schäfer hatte anlegen lassen. Tellerminen gingen hoch, geballte Ladungen krachten auseinander. Der Gegner blieb stecken und setzte sich mit seinen Überlebenden ab.

Am anderen Morgen gegen 9.00 Uhr griffen die Engländer

mit 15 Panzern abermals an. Plötzlich rollten auch neun eigene Tiger ins Gefecht, schossen eine Reihe Feindpanzer ab, verloren zwei Panzer durch Ketten- und Getriebeschaden und rollten zurück. Die übrigen Feindpanzer aber erreichten die Höhe. Ihre Kanonen und MG feuerten pausenlos. Den einen der Panzer machte Schäfer mit einer Hafthohlladung kampfunfähig. Dann sprangen die Fallschirmjäger die Panzer mit Brandflaschen, geballten Ladungen und Sprengbüchsen an. Sechs Panzer wurden so im Nahkampf außer Gefecht gesetzt.

Danach zog sich der Zug Jaschke aus seiner Stellung zurück, in der Meinung, daß auf der Kaktusfarm alles untergegangen sei.

Am Nachmittag des 29. April flogen 30 Bomber die Kaktusfarm an und bombten die ganze Hochfläche. Ihnen folgten Jagdbomber, die auf alles schossen, was sich bewegte. Auch die in den Büschen abgestellten Fahrzeuge der 4. Kompanie fielen ihnen zum Opfer.

Anschließend erfolgte der dritte große Angriff auf die Kaktusfarm. Wieder tobte der Nahkampf. Der Gegner wurde von einzelnen Kampfgruppen niedergekämpft, und einer der gefangenen Engländer meinte:

»Es war die Hölle! Mindestens 500 dieser bloody damn' Fallschirmjäger müssen hier oben gelegen haben. Sie ließen uns keine Chance, die verfluchten Stellungen überhaupt zu erreichen.«

Im Morgengrauen des 30. April versuchte es der Gegner abermals. Die drei Panzer, die diesen Angriff mitfuhren, blieben im deutschen Artilleriefeuer liegen, das Schäfer angefordert hatte.

Am Nachmittag folgte der bisher stärkste Angriff. Panzer kamen von drei Seiten hügelaufwärts und überschwemmten den Stützpunkt. Mit geballten Ladungen, Tellerminen und Hafthohl-Ladungen wurde einer nach dem anderen außer Gefecht gesetzt.

Mit dem Kompanietrupp griff Heinrich Schäfer drei durchgebrochene Feindpanzer an und vernichtete sie. Als der Abend einfiel, lagen weitere 14 Panzer auf der Hochfläche.

Am Abend dieses Tages traf Leutnant Endlich, Adjutant

des I. Bataillons, auf der Höhe ein und brachte die Nachricht mit, daß noch den ganzen kommenden Tag gehalten werden müsse, um das Absetzen zu sichern.

Als eine Aufforderung zur Übergabe nichts fruchtete, griff der Gegner diesmal in Regimentsstärke an, wiederum von Panzern begleitet. Den Angriff stoppte das Sperrfeuer der deutschen Artillerie. Am 30. April, um 14.00 Uhr, wurde Schäfer noch einmal zur Übergabe aufgefordert. Aber Schäfer beantwortete sie nicht einmal. Er kämpfte weiter, bis er um 18.00 Uhr einen Funkspruch mit dem Befehl erhielt, sich zum Bataillon abzusetzen. Das Regiment hatte dank des Stehvermögens dieser kleinen Gruppe eine neue Auffanglinie errichten können. Leutnant Endlich ging mit zurück. Er hatte auf der Hochfläche 37 abgeschossene und vernichtete englische Panzer gezählt. Als er Oberstleutnant Koch Bericht erstattete, sagte der nur:

»Das ist das Ritterkreuz für Schäfer!«

Der Kampf in Tunesien ging zu Ende, und als am 12. Mai 1943 die Waffen in Afrika schwiegen, gingen die überlebenden Fallschirmjäger mit den Kameraden vom Heer und der Luftwaffe in die Gefangenschaft.

Am 8. August 1944 wurde Oberfeldwebel Heinrich Schäfer im POW-Camp Harne in Texas durch einen amerikanischen Oberst das Ritterkreuz umgehängt, das ihm über das Rote Kreuz zugeleitet worden war.

Das Zwischenspiel

Der weitere Ausbau des XI. Fliegerkorps

Während das Fallschirmjäger-Regiment 5 seinen erbitterten Kampf in Afrika führte, wurde Ende November 1942 die 7. Flieger-Division in Fallschirmjäger-Divison 1 umbenannt. Ende Januar 1943 entstand aus verschiedenen Einheiten die Fallschirmjäger-Division 2. Kommandeur dieser Division wurde Generalleutnant Ramcke. Der offizielle Aufstellungsbefehl durch das Oberkommando der Wehrmacht erfolgte am 13. Februar 1943. Stamm der neuen Division wurde die Fallschirmbrigade Ramcke. Hinzu kamen das IV. Bataillon des ehemaligen Sturmregiments und das Erprobungs-Bataillon des XI. Fliegerkorps, das Luftwaffen-Bataillon z. b. V. 100 und das Fallschirmjäger-Regiment 2. Der Aufstellungsraum dieser neuen Division war die Bretagne mit dem Bataillonsstab in Vannes und Auray.

Von hier aus sollten noch im April 1943 Fallschirmjäger nach Tunesien übergeflogen werden. Es handelte sich um die Reste des Bataillons Pietzonka, das im Oktober 1942 aus Rußland nach Mourmelon verlegt und dort aufgefrischt worden war. Es gelang jedoch, diesen Transport angesichts des kurz bevorstehenden Endes der Heeresgruppe Afrika zurückzuhalten.

Nachdem diese Division aufgestellt war, standen dem XI. Fliegerkorps erstmalig zwei vollwertige Fallschirmjäger-Divisionen zur Verfügung. Ende Juni 1943 wurde das XI. Fliegerkorps dem OKW als operative Reserve unterstellt. Der Korpsstab lag in Nimes, Südfrankreich.

In den zwei Jahren, die seit dem Kretaeinsatz vergangen waren, konnte auch das große Problem des Fallschirmabsprungs mit der Waffe am Mann gelöst werden. Vom MG bis zum schweren Granatwerfer konnten von den Fallschirmjägern nun alle Waffen dieser Größenordnung beim Absprung mitgeführt werden, wodurch der mögliche Verlust der entscheidenden Waffen vermieden wurde.

Mit einer Truppe von über 30000 Fallschirmjägern bot das XI. Fliegerkorps die stärkste bewegliche Reserve, über die das OKW je verfügt hatte.

Welche Einsätze der Fallschirmjäger-Divisionen waren nun vorgesehen? Generalfeldmarschall von Rundstedt schlug in Zusammenarbeit mit dem OKW am 1. Juni vor, im Falle einer alliierten Landung auf der Iberischen Halbinsel das XI. Fliegerkorps gegen die Ausladehäfen und Flugplätze im gegnerischen Landungsgebiet einzusetzen.

Ein ähnlicher Vorschlag folgte am 23. Juni. An diesem Tag wurde im Gefechtsstand der Armeegruppe Felber im Beisein des Chefs des Generalstabs des XI. Fliegerkorps, Oberstleutnant i.G. Trettner, der Einsatz der beiden Divisionen des XI. Fliegerkorps im Rahmen der Armeegruppe Felber im Falle einer Feindlandung an der französischen Mittelmeerküste besprochen. Doch bevor es dazu kam, begann die Invasion der Insel Sizilien. Sie begann in der Nacht zum 10. Juli 1943, und sogleich wurde das XI. Fliegerkorps in Alarmbereitschaft versetzt. General der Flieger Student schlug umgehend vor, mit der Masse seiner beiden Fallschirmjäger-Divisionen mitten in die feindlichen Landungszonen hineinzuspringen und den Gegner noch im Zeitpunkt seiner Schwäche von innen heraus zu zerschlagen. Dieser Vorschlag Students, der alle Aussichten auf Erfolg hatte, wurde abermals als viel zu kühn abgelehnt. Man wartete lieber ab, und den ganzen 10. Juli über standen beide Fallschirmjäger-Divisionen in Frankreich Gewehr bei Fuß auf ihren Wartepositionen. Jeder Fallschirmjäger kannte die Binsenweisheit, daß sofort zugeschlagen werden mußte. Aber sie half ihnen nicht.

Fallschirmjäger-Einsatz in Sizilien

Erst am Mittag des 11. Juli erhielt General der Flieger Student Befehl, die 1. Fallschirmjäger-Division mit Beginn des Nachmittags nach Italien zu überführen. Generalleutnant Richard Heidrich, Kommandeur der 1. FJ-Division, flog mit seinem kleinen Führungsstab ins Hauptquartier des Oberbefehlshabers Süd nach Frascati bei Rom voraus.

Wenig später startete das FJ-Regiment 3 unter Oberst Heilmann von Avignon und Tarascon zum Flug nach Italien. Ihm sollten das Fallschirm-MG-Bataillon und das Fallschirm-Pionier-Bataillon 1 nachfolgen. Zum Schluß sollten auch das FJ-Regiment 4 unter Oberstleutnant Walther und die Panzer-jäger-Abteilung 1 nach Sizilien übergeführt werden. In der vierten Gruppe sollte auch das FJ-Regiment 1 und die Fall-schirm-Artillerie-Abteilung übergeführt werden.

Als das FJ-Regiment 3 auf dem Flugplatz von Rom zur Landung einschwebte, war Generalleutnant Heidrich auf dem Landeplatz. Er begrüßte Oberst Heilmann, einen alten Bataillonskommandeur seines Regiments von Kreta, mit einem kräftigen Händedruck.

»Gut, daß Sie da sind, Heilmann. Ich denke, daß es uns trotz der Verzögerung möglich sein wird, den Feind wieder ins Meer zu werfen.«

Dann wandte er sich an den Chef der ebenfalls gelandeten Funkkompanie und machte ihn mit dem Auftrag bekannt, in kürzester Zeit auf Sizilien einen Führungsapparat zu schaffen.

Am Morgen des 12. Juli, als die Fallschirmjäger des Regiments 3 eben ihre Waffen und Geräte in die He 111 verluden, starteten bereits Hauptmann Stangenberg, ein Offizier des Stabes der 1. FJ-Division, der Ia des Hauptquartiers des Oberbefehlshabers Süd, Oberst i. G. Beelitz, und Haupt-mann Specht, der als Generalquartiermeister der 1. FJ-Divi-sion die Aufnahme seiner Männer vorbereiten sollte, eben-falls mit einer He 111 nach Sizilien.

Während diese Maschine Sizilien direkt anflog, mußten die He 111 der Fallschirmjäger in Pompigliano bei Neapel zum Auftanken zwischenlanden. Doch das war mit Schwie-rigkeiten verbunden. Am Vortag hatte nämlich ein Bomben-angriff alles verwüstet. Das Betanken verzögerte sich um Stunden, und erst am Nachmittag konnte das Regiment Heilmann nach Sizilien starten.

Es war genau 18.15 Uhr, als in den Maschinen der Fall-schirmjäger die Boschhörner tuteten. Oberst Heilmann stieß sich mit festem Schwung ab, und schon waren überall über dem weiten Weizenfeld bei Catania die aufgeblähten Glokken der 1400 Fallschirme zu sehen, an denen das Regiment der Erde entgegenschwebte. Südlich der Linie Stazione di Passo–Martino ging das Regiment unbeschossen nieder. Wegen des scharfen Windes, der wehte, gab es einige Sprungverletzte. Aber das Regiment war so dicht beisammen gesprungen, daß Oberst Heilmann genau 45 Minuten nach seinem Absprung alle Soldaten gesammelt hatte.

»Entfaltetes Vorgehen nach Süden, bis wir die Fahrzeuge erreichen, die für uns bereitgestellt sind!« befahl Heilmann.

Sie marschierten in Richtung Lentini und nahmen, dort angekommen, um 20.00 Uhr die Verbindung mit der in diesem Raum stehenden Kampfgruppe Schmalz auf.

Oberst Schmalz wies Oberst Heilmann in die große Lage ein, und noch in der Nacht ließ Heilmann seine Fallschirmjäger auf der Linie zwischen Carlentini und der See in Stellung gehen. Das II. Bataillon des FJ-Regiments 3 wurde auf Weisung von Oberst Schmalz nach Francofonte in Marsch gesetzt, wo sie die aufklaffende Lücke zwischen der Kampfgruppe Schmalz und der Panzer-Division »Hermann Göring« schließen sollten.

Inzwischen hatte sich die Lage auf der Insel zu einer ersten Krisensituation zugespitzt:

Während der Abwehrkampf bei der Kampfgruppe Schmalz mit den drei eingeschobenen Bataillonen des FJ-Regiments 3 tobte, landete am Nachmittag des 13. Juli das FschMG-Bataillon 1 auf dem Flugplatz von Catania. Major Schmidt, der Kommandeur, fuhr sofort zum Gefechtsstand von Oberst Schmalz. Unterdessen führte Hauptmann Laun das Bataillon in Richtung Primasloe, wo es, gegen Fliegersicht geschützt, in einem Orangenhain haltmachte.

Als das Bataillon in Catania gelandet war, hatten Fliegende Festungen den Flugplatz angegriffen. Diesem Angriff fielen zwei der soeben gelandeten Flugzeuge zum Opfer. Gegen Mittag folgte der zweite Luftangriff. Im dichten Bombenteppich wurden zwei »Giganten« vernichtet und mit ihnen ihr Inhalt, nämlich Panzerabwehrwaffen. Die Kampfkraft des Panzerjäger-Bataillons der 1. FJ-Division wurde damit entscheidend geschwächt.

Die am frühen Nachmittag in Catania landende Funkkompanie unter Oberleutnant Fassel wurde von Generalleutnant Heidrich in den Hafen Catania befohlen, um dort den Hafenschutz zu übernehmen. Die italienische Besatzung war inzwischen verschwunden.

Die 1. britische Fallschirmbrigade bei der Primasolebrücke

Nachdem die Landungen der alliierten Streitkräfte auf Sizilien geglückt waren, erzwang General Montgomery am 13. Juli an der Front seines XIII. Korps bei Lentini einen Durchbruch in die Ebene von Catania. Dazu setzte er die 1. britische Fallschirmjäger-Brigade unter Brigadier Lathbury ein.

Diese Brigade erhielt den Auftrag, die Primasole-Brücke in Besitz zu nehmen und auf deren Nordseite einen starken Brückenkopf zu bilden. Gleichzeitig damit sollte eine Kommando-Abteilung westlich von Agnone landen und den dort gelegenen Ponte dei Malati in Besitz nehmen. Beide Verbände sollten die Brücken bis zum Eintreffen der 50. britischen Infanterie-Division halten.

Gegen Sonnenuntergang des 13. Juli starteten von sechs Flugplätzen Tunesiens zwischen Kairouan und Sousse 105 Dakotas mit Fallschirmjägern. Von 19 Halifax- und Stirling-Bombern geschleppt, nahmen 30 Horsa-Lastensegler an diesem Einsatz teil. In ihnen wurden die schweren Waffen ans Ziel gebracht, um die Kampfkraft dieser Kommandos zu stärken.

Die ersten drei Ausfälle gab es gleich beim Start, als drei Maschinen mit Fallschirmjägern und ebenso viele Segler ausfielen. Kurz darauf wurde der Verband von der alliierten Flotte für einen deutschen Bomberverband gehalten und beschossen.

Als der auseinandergesprengte Verband schließlich die sizilianische Küste erreichte, eröffnete die deutsche Flak das Feuer. Mit Munition vollgeladene »Horsas« platzten in grellen Flammenkaskaden auseinander.

Nun setzten die Piloten die Fallschirmjäger dort ab, wo sie sich gerade befanden. Jene Maschinen aber, die Primasole anflogen, gerieten in das Feuer des deutschen Fallschirm-

MG-Bataillons 1, das von Hauptmann Laun dort am Nachmittag in einem Orangenhain in Stellung gebracht worden war. Einer der MG-Züge schoß drei Lastensegler ab. Einem anderen Zug gelang der Abschuß von drei Transportern.

Damit hatte das Unternehmen schon zu Beginn 20 Maschinen gekostet. Eine Reihe weiterer Maschinen war schwer getroffen worden. Sie drehten ab und setzten jetzt ebenfalls die Fallschirmjäger ab, wo sie sich gerade befanden. Dadurch hatte die britische 1. FJ-Brigade 300 Mann Verluste. 82 britische Fallschirmjäger wurden vom Fallschirm-MG-Bataillon 1 im Laufe der Nacht um Primasole aufgelesen und marschierten in die Gefangenschaft.

Immerhin 22 Prozent der eingesetzten Truppen gingen aber in der näheren Umgebung der Brücke nieder. Während diese Gruppen bereits auf die Primasolebrücke zumarschierten, trafen die Schleppmaschinen mit den Lastenseglern ein. Sie stießen auf die Brücke vor, landeten dort und mußten erfahren, daß Brigadier Lathbury nur mehr über ein Fünftel seiner Stärke verfügte.

Das II. Bataillon, das mit den Waffen gesprungen war, arbeitete sich zum Fluß vor, den sie gegen 4.00 Uhr erreichten. Hier stießen sie auf eine Horsa, die eine Bruchlandung gemacht hatte. Die Besatzung war eben dabei, die Pak und den Jeep herauszuwuchten.

Als sie das Südende der Brücke erreichten, flammte vorn am Nordende, wo das I. Bataillon niedergegangen war, das Feuer auf. Dort kämpfte das I. Bataillon die italienische Besatzung nieder. Vier deutsche Transportwagen, die über die Brücke nach Süden wollten, wurden abgeschossen und standen noch auf dem Nordufer in Flammen. Pioniere entfernten bereits die Zündleitungen und schließlich auch die Sprengladungen von den Trägern, Pfeilern und aus der Sprengkammer und warfen sie in den Fluß.

Das III. Bataillon war ebenfalls nördlich der Brücke gelandet und schloß sich dem I. an. Beide Einheiten gruben sich im Halbkreis um die Brückenauffahrt ein, während das II. Bataillon auf dem Südufer auf drei Hügeln Stützpunkte einrichtete. Die Brücke war in britischer Hand. Das Unternehmen hatte trotz der Fehlschläge zum Erfolg geführt.

Erst gegen 10.00 Uhr des 14. Juli tauchten hier einige Me 109 auf, die die englischen Stellungen beschossen. Schwere Flak aus Catania eröffnete das Feuer.

Ein einzelner deutscher Kradmelder wurde vor der Nordauffahrt der Brücke beschossen. Er drehte um und kehrte nach Catania zurück. Der Kradmelder war von Hauptmann Stangenberg zum FJ-Regiment 3 geschickt worden. Durch ihn erst erfuhr Stangenberg, was dort an der Simetobrücke passiert war.

Stangenberg fuhr sofort zur Brücke und raffte unterwegs 20 Fallschirmjäger zusammen. Er erhielt bereits 400 Meter vor der Brücke MG- und Gewehrfeuer.

Sofort besorgte Stangenberg die Sperrung. Eine Flak-Batterie riegelte seit Mittag nördlich der Simetobrücke ab. Dann fuhr Stangenberg nach Catania zurück und ließ sich mit Generalleutnant Heidrich verbinden, der in Frascati saß.

»Melde Herrn General: Verbindung zum Fallschirmjäger-Regiment 3 abgebrochen, weil feindliche Fallschirmtruppen in der vergangenen Nacht die Brücke über den Simetofluß in ihren Besitz gebracht haben. Ich habe mit 80 Mann abgeriegelt und bitte um Freigabe der Funkkompanie, die im Hafen von Catania liegt.«

»Gut, Stangenberg, holen Sie sich die Kompanie. Melden Sie mir sofort alles, was mit der Brücke zusammenhängt«, entschied Heidrich sofort.

Gegen 15.00 Uhr traf die Kompanie unter Oberleutnant Fassel an der Brücke ein.

Was aber war mit der 3. britischen Kommando-Abteilung geschehen, die, geführt von Oberstleutnant Slater, den Ponte dei Malati in Besitz bringen sollte?

Um die gleiche Zeit, als die britischen Fallschirmjäger um die Primasolebrücke herum niedergingen, sprang dieses Kommando bei Agnone aus seinen Sturmbooten an Land. Bereits auf See waren die Sturmboote von der 2. Kompanie des FJ-Regiments 3 und einer hier noch feuernden italienischen Batterie beschossen worden. Bei Stazione Agnone aber stieß der Verband auf den Gefechtsstand der 3. Kompanie von Heilmanns Regiment. Hauptmann Veth, der sich hier eingerichtet hatte, drängte diese Gegner im sofortigen Gegenstoß nach Norden ab. Dennoch gelang es Major Young, mit einer Gruppe des Kommandos gegen 3.00 Uhr den Ponte dei Malati zu erreichen. Sie entfernten die Sprengladungen, und kurz darauf bildete Oberstleutnant Slater, der auch herangekommen war, nach Norden einen Brückenkopf. Als das Kommando über die Brücke an das südwestliche Ufer gelangen wollte, wurde es vom Feuer eines einzelnen Tiger-Panzers, der von der Kampfgruppe Schmalz vorgerollt war, gestoppt. Keiner kam an diesem Stahlkoloß vorbei.

Als am Vormittag des 14. Juli der deutsche Druck dann zu stark wurde und das Nahen der 50. britischen Infanterie-Division nicht in Sicht stand, mußte das Kommando die Brücke aufgeben. Oberstleutnant Slater teilte die Männer in kleine Gruppen auf und befahl ihnen, sich östlich der Brücke über den Fluß zu retten und zu den eigenen Linien durchzuschlagen.

Die einzelnen Trupps stießen auf Einheiten des FJ-Regiments 3 und wurden gefangengenommen. Eine größere Gruppe von etwa 60 Mann erreichte gegen Mittag den Regimentsgefechtsstand von Oberst Heilmann und griff ungestüm an.

Nach kurzem Gefecht ergaben sich der führende britische Offizier und seine Männer den deutschen Fallschirmjägern. Aber auch dieses Kommando hatte einen Erfolg errungen: Die Sprengkammern der Brücke über den Lentinifluß waren leer.

Als die britischen Hauptstreitkräfte, die bei Carlentini gestoppt worden waren, am nächsten Tag endlich die Simetobrücke erreicht hatten, war diese nur wenige Stunden vorher von den Männern des Kommandos der 1. britischen FJ-Brigade verlassen worden. Um am Südufer der Brücke einen Brückenkopf zu bilden, war das Kommando ebenfalls zu schwach; außerdem war seine Munition zur Neige gegangen.

Am 14. Juli war auch das Fallschirmpionier-Bataillon unter Führung von Hauptmann Adolff zunächst mit der 1. und 3. Kompanie, geführt von Leutnant Cords und Oberleutnant

Matheus, auf dem Flugplatz Catania gelandet. Es hatte sofort den Auftrag erhalten, den Übergang über den Simeto zu verteidigen. Hauptmann Adolff erledigte diese Aufgabe mit großem Geschick und bot dem Gegner vom Nordufer aus Halt. Bis zum Eintreffen des FJ-Regiments 4 unter Oberstleutnant Walther hielt er das Nordufer der Brücke und verteidigte damit auch Catania und das Hintergelände bis nach Messina, wo kaum deutsche Truppen standen, weil alles nach vorn geworfen worden war.

Die 1. Kompanie unter Leutnant Cords hatte die Stellungen am Nordostufer bezogen und sich dort eingegraben. Von dort aus hatten sie mit dem B-Bataillon, unterstützt durch 40 inzwischen herangekommene Panzer und nach 90 Minuten Artilleriefeuer, die Erstürmung der Brücke versucht, wurden aber zurückgeworfen. Nach der Verwundung von Leutnant Cords hatte Oberfeldwebel Kaiser die Führung der Kompanie übernommen. Aber auch er wurde durch einen Schuß ins Knie verwundet und mußte zurückgebracht werden.

Bei der 3. Kompanie, die beiderseits der Straße am Nordufer in Stellung gegangen war, standen den Fallschirmpionieren zwei Brückenbunker zur Verfügung. Hier rollten die erwähnten Panzer vor und wurden von einer einzigen deutschen 8,8-cm-Flak abgeschossen. Nachdem acht Panzer brennend vor dem Südufer lagen, fiel die Flak durch Volltreffer aus.

Gegen einen vorgestoßenen Angriffskeil des Gegners unternahm Oberleutnant Matheus mit acht Freiwilligen einen Gegenstoß. Dabei wurden sie abgeschnitten und gerieten alle verwundet in Gefangenschaft. Oberleutnant Matheus erlag seinen Verwundungen. Unteroffizier Feistl, der Ia-Schreiber der Dritten, kam zurück. Auf dem Weg zum Hauptverbandsplatz ist er aber verschollen.

Nach Ausfall der Flak war die Brücke nicht mehr zu halten. Die englische Infanterie, ihre Artillerie und Panzer versuchten nun, den Übergang zu erzwingen. Die deutschen Fallschirmpioniere mußten sich zurückziehen und rückten 800 Meter weiter nördlich in die schmale Senke eines ausgetrockneten Flußbetts, den »Panzergraben«. Sie belegten dabei eine Frontbreite von 600 Metern.

Weitere englische Sturmangriffe über die Simetobrücke schlugen fehl. Am Nachmittag des 16. Juli versuchte Hauptmann Adolff, mit zwei mit Bomben beladenen Fahrzeugen die Brücke in die Luft zu jagen. Doch das Feindfeuer zwang sie zweimal zur Umkehr. Die Hälfte der beteiligten Pioniere wurde verwundet.

Erste englische Einheiten konnten die Brücke überqueren und bis zum »Panzergraben« vordringen, wo sie gestoppt und im Gegenstoß wieder über die Brücke zurückgetrieben wurden.

Einen Tag später griff das Fallschirmpionier-Bataillon die Brücke noch einmal an. Zunächst hatten sie Erfolg. Aber dann setzte das Abwehrfeuer des Gegners ein und brachte den Angriff zum Erliegen. Als Hauptmann Adolff daher noch einmal versuchte, die Brücke zu sprengen, wurde er so schwer verwundet, daß er wenig später daran starb.

Nach diesen schweren Aderlässen waren die Fallschirmpioniere froh, als am Abend des 17. Juli die ersten Einheiten des FJ-Regiments 4 – das I. Bataillon, geführt von Major Eggert – eintrafen und den Panzergraben-Abschnitt übernahmen.

Inzwischen war im Abschnitt des FJ-Regiments 3 eine Krisenlage entstanden. Die Kampfgruppe Schmalz hatte Befehl erhalten, sich in die Simetostellung zurückzuziehen, in der auch in der Nacht zum 15. Juli die Einheiten des Fallschirm-MG-Bataillons 1 eingetroffen waren. Der Rückzug sollte über die Brücke bei Favotta angetreten werden, ehe die Engländer dort dicht machten. Alle Einheiten bestätigten diesen Rückzugsbefehl. Lediglich vom FJ-Regiment 3 kam keine Bestätigung. Erst in der Nacht zum 15. Juli brachte ein Kradmelder die Meldung, Oberst Heilmann wolle vorerst die Stellung halten. Mehrmals ließ Oberst Schmalz nun über Funk den Befehl zum Rückzug durchtasten, weil sonst das Regiment in Gefahr stand, eingeschlossen zu werden. Diese Funksprüche gingen auch bei Oberst Heilmann ein. Doch als sich das FJ-Regiment 3 nun in Marsch setzte, waren die Engländer bereits an ihm vorbeigestoßen und hatten dem Regiment den Rückzugsweg abgeschnitten.

Während Oberst Schmalz am Morgen des 15. Juli mit allen Einheiten die neuen Stellungen erreichte, wo ihm am Morgen des nächsten Tages das FJ-Regiment 4 unterstellt wurde, traf das FJ-Regiment 3 nicht dort ein. Die 800 Soldaten schienen dem Gegner in die Hände gefallen zu sein. Doch nach 48 Stunden tauchten sie bei der Kampfgruppe Schmalz auf. Sie hatten sich in zwei Nachtmärschen durch die feindlichen Linien geschlichen.

Noch immer war es der 23. britischen Panzer-Brigade und der 50. britischen Infanterie-Division nicht gelungen, die Primasolebrücke zu überwinden. Der britische Angriff kam an dieser Stelle zum Erliegen.

Weitere Fallschirmjäger-Einsätze auf Sizilien

Die Kampfgruppe von Carnap, die von dem Adjutanten der 1. FJ-Division, Oberstleutnant von Carnap, geführt wurde, bestand aus einem in der Ortschaft Centuripe liegenden Festungs-Bataillon und dem nach Westen anschließenden I. Bataillon des FJ-Regiments 3, das am 20. Juli dorthin geführt worden war, um diese Stellung zu halten. Oberst Heilmann befahl sein II. Bataillon, das von Hauptmann Liebscher geführt wurde, ebenfalls nach Centuripe. Das III. Bataillon seines Regiments setzte sich in Regalbuto fest.

Als hier in der Nacht zum 31. Juli der Großangriff begann, war der Kampfgruppenführer, Oberstleutnant von Carnap, bereits im vorausgegangenen Trommelfeuer gefallen. Der Gegner stand eine Stunde nach Angriffsbeginn im Rücken der 1. Kompanie des FJ-Regiments 3, scheute aber davor zurück, Centuripe anzugreifen. Als er sich schließlich doch zum Angriff durchrang, hatte Generalleutnant Conrath bereits das gesamte FJ-Regiment 3 dorthin geworfen. (Conrath führte in diesem Abschnitt, er war Kommandeur der Panzergrenadier-Division »Hermann Göring«.)

Am Abend griff die 78. britische Infanterie-Division Centuripe an. Sie wurde unter blutigen Verlusten abgewiesen.

Nach einem schweren Bombenangriff, der das Bergdorf in Schutt und Asche legte, griff die 36. britische Infanterie-

Brigade als Spitzenverband der 78. Infanterie-Division abermals an. Doch Hauptmann Liebscher hatte seine Fallschirmjäger aus Centuripe abgezogen und auf dem Südhang Stellung beziehen lassen. Daher war er durch den Bombenangriff nicht geschwächt worden. Er verteidigte die ganze Nacht. Erst am Morgen des 2. August drang der Gegner in Centuripe ein, wurde aber durch einen schweren eigenen Bombenangriff wieder hinausgetrieben. Die Fallschirmjäger Liebschers rückten nach.

Dann griff die 38. Brigade der britischen Angriffs-Division an. Als der Kampf nach drei Stunden noch immer nicht entschieden war, ließ Oberst Heilmann das III. Bataillon herausziehen.

Die Angriffe der 3. kanadischen Brigade zwischen Regalbuto und Centuripe wurden von 120 Fallschirmjägern des I. Bataillons Heilmanns abgewiesen.

Erst am Abend des 2. August wurden die Fallschirmjäger auf die Ätnastellung zurückgezogen. General der Panzertruppe Hube, der auf Sizilien führte und drei Divisionen sowie die Fallschirmjäger-Regimenter 3 und 4 zur Verfügung hatte, entschloß sich zur Räumung der Insel. Oberst Heilmann hatte sich mit seiner Truppe in Maletto festgesetzt, und die Kampfgruppe Walther stand Schulter an Schulter mit der Kampfgruppe Schmalz an der Ostküste im Abwehrkampf, der nach dem Fall von Catania im zähen Halten und schrittweisen Zurückweichen bestand. Bis zum 14. August setzten sich Walthers Fallschirmjäger bis hinter Taormina zurück. Das I. Bataillon von Heilmanns Regiment 3 hielt bis zum 12. August in Maletto stand. Es hatte nur noch 120 Mann zur Verfügung. In den letzten fünf Absetzringen vor dem Übersetzen auf das italienische Festland standen die Fallschirmjäger neben der Kampfgruppe Schmalz im Abwehrkampf und sicherten das Übersetzen der fünf Einzelgruppen. Als letzte Einheiten verließen die Fallschirmjäger die Insel in der Nacht zum 17. August 1943.

Sizilien war gefallen. Als nächste Aufgabe blieb nur noch die Verteidigung des italienischen Festlandes, und hierbei sollten nicht nur die Fallschirmjäger die große Überraschung erleben, daß Italiens Führung umfiel.

Fallschirmjägereinsatz
auf dem italienischen Festland

Fallschirmjäger-Regiment 1 bei Tarent

Als die britische 8. Armee am 5. September 1943 auf dem europäischen Festland landete, warf sich ihr als erster deutscher Verband das FJ-Regiment 3 unter Oberst Heilmann entgegen. Am Abend des 10. September wurde dem Gegner die Ortschaft Battipaglia entrissen. Es war das I. Bataillon gewesen, das dem Gegner ohne Feuervorbereitung die Ortschaft wegnahm.

Bis zu diesem Zeitpunkt aber hatten sich die Ereignisse in Italien überschlagen. Am Morgen des 8. September waren weitere alliierte Truppen bei Pizzo gelandet, am Abend bei Tarent. Am Morgen des 9. September 1943 landete das Gros der alliierten Streitkräfte in der breiten Bucht von Salerno. Auf 450 Schiffen wurden 169000 Mann und 20000 Fahrzeuge auf das italienische Festland geschafft. Sie wurden von General Sir Harold Alexander, dem Oberbefehlshaber der 15. Heeresgruppe, geführt.

Fast gleichzeitig machte die Nachricht vom Austritt Italiens aus dem Achsenbündnis die Runde. Dies machte die blitzartige Entwaffnung der italienischen Streitkräfte notwendig. Wie sich all diese Maßnahmen auswirkten, sei am Beispiel des Fallschirmjäger-Regiments 1 dargestellt, das unter Oberstleutnant Karl-Lothar Schulz für den Einsatz auf Sizilien vorgesehen, dann aber in Süditalien festgehalten worden war. Aus dem Raum Neapel wurde das FJ-Regiment 1 am 7. September 1943 nach Francavilla an der Straße Brindisi–Tarent in Marsch gesetzt. Als Oberstleutnant Schulz am Mittag des 7. September etwa drei Kilometer nördlich Tarent auf eine Straßensperre stieß, ließ er anhalten. Er selbst wurde von einer italienischen Postenkette aufgehalten. Auch als Schulz bat, den italienischen Kommandeur zu sprechen, durfte er nicht passieren. Über Funk fragte Schulz bei Generalleutnant Heidrich zurück, ob er mit Gewalt durchbrechen solle. Er schlug vor, zum Hafen Tarent durchzustoßen und die Italiener vor vollendete Tatsachen zu stellen. Generalleutnant Heidrich verbot vorerst jedes gewaltsame Vorgehen.

Am anderen Tag erhielt Schulz Nachricht, daß die Italiener die Seiten gewechselt hätten. Weil er zu wenig Fahrzeuge hatte und eine schnelle Umgruppierung daran zu scheitern drohte, befahl Schulz, zu einer in der Nähe liegenden italienischen Offiziersschule zu fahren und sich dort mit Fahrzeugen zu versorgen. Im Kommandowagen fuhr er mit Major Becker und seiner Ordonnanz zu der Schule, in der 800 italienische Fähnriche ausgebildet wurden.

Karl-Lothar Schulz ließ die Fähnriche auf dem Hof antreten und brachte in einer zündenden Ansprache die alte Waffenbrüderschaft aus Afrika und Rußland in Erinnerung. Diese Rede verfehlte ihre Wirkung nicht. Über 400 Fähnriche baten darum, auf deutscher Seite weiterkämpfen zu dürfen. Der Kommandeur der Kriegsschule, den Schulz zu sprechen wünschte, hatte sich in seinem Dienstzimmer erschossen.

Sie nahmen die notwendigen Fahrzeuge, und niemand hinderte sie daran. Damit motorisiert, rollte das Regiment in schneller Fahrt nach Tarent. Als es dort ankam, war der Gegner bereits zu großen Teilen gelandet. Der Kampf des Fallschirmjäger-Regiments 1 gegen die Landungstruppen begann. Nach und nach gesellten sich alle anderen Verbände der Division hinzu, und noch ehe der September zu Ende ging, hatte Generalleutnant Heidrich seine gesamte Division zur Stelle.

Das Fallschirmjäger-Regiment 1 setzte bei Tarent dem Gegner härtesten Widerstand entgegen. Von Haus zu Haus, von Stellung zu Stellung zogen sich die Fallschirmjäger kämpfend zurück. Dies war der Anfang der berüchtigten Zentimeter-Offensive, die dem Gegner hohe und blutige Verluste einbrachte.

Als Oberstleutnant Schulz am 20. September zu einer Einbruchsstelle fuhr, wo der Gegner – der nie in der Nacht angriff – am frühen Morgen einen Einbruch erzielt hatte, wurde sein Wagen von feindlichen Jagdbombern im Tiefstflug angegriffen. Noch ehe es ihnen gelang, den Wagen zu verlassen, waren die Flugzeuge schon über ihnen. Granatensalven und MG-Feuerstöße peitschten in den Wagen hinein. Der Fahrer war auf der Stelle tot. Schulz' Ordonnanzoffizier wurde schwer verwundet, nur der Regimentskommandeur blieb unverletzt. Er raffte an Soldaten zusammen, was er links und rechts des Feindeinbruchs aufsammeln konnte und kämpfte den eingedrungenen Gegner, darunter auch Fallschirmjäger, nieder. Nach dreistündigem harten Gefecht zog sich der Angreifer geschlagen und dezimiert zurück.

Oberstleutnant Schulz wurden nun zwei Gefangene vorgeführt. Einer von ihnen war ein britischer Hauptmann, der sich als Lord Brickleton vorstellte und Oberstleutnant Schulz in gebrochenem Deutsch bat, doch die Freundlichkeit zu haben, seiner Einheit die Nachricht zukommen zu lassen, daß er wohlauf sei.

Karl-Lothar Schulz, der schmunzelnd dieser Bitte zugehört hatte, war so freundlich und dafür, gewissermaßen als Gegengabe, einige Tage später den Spruch übermittelt erhielt, daß ein deutscher Spähtrupp, der den Partisanen in die Hände gefallen war, von ihnen, den Engländern, befreit worden sei und sich guter Gesundheit erfreue.

Mit der Landung überraschend starker Feindkräfte am 22. und 23. September auch bei Bari stand die 1. FJ-Division erneut in erbitterten Abwehrkämpfen. Nach und nach mußte das Regiment bis hinter den Ofanto, 30 Kilometer nördlich von Bari, zurückweichen. Drei Tage dauerte der erbitterte Kampf um Foggia, bis diese so wichtige Flugbasis am 27. September verlorenging. In Cerignola lieferten Schulz' Fallschirmjäger dem Gegner eine erbitterte Straßenschlacht. Unter den Arkaden und in den zum Meer führenden Abwasserkanälen fochten die Fallschirmjäger mit letztem Einsatz. Dennoch stieß der Gegner weiter und weiter vor und drückte die Fallschirmjäger hinter den Biferno im Hochapennin zurück.

Im Großraum Rom aber hatte der Abfall Italiens zu einigen turbulenten Szenen geführt, die im folgenden aus der Sicht der Fallschirmjäger dargestellt werden sollen.

Am 25. Juli 1943 wurde General der Flieger Student am späten Nachmittag aus dem Führerhauptquartier angerufen und darum gebeten, so schnell wie möglich nach Rastenburg zu kommen. Eine Stunde später saß der Kommandierende General des XI. Fliegerkorps in seiner schnellen Reisemaschine und traf nach fünfstündigem Flug in Rastenburg ein.

Hitler empfing ihn sofort allein in seinem Arbeitszimmer. Dann ging er mit Student in den großen Vortragsraum. Es war derselbe Raum, in dem fast ein Jahr später das Attentat auf Hitler erfolgen sollte. Generaloberst Student berichtete dem Autor darüber später:

»›Ich habe Sie‹, so erklärte Hitler, ›und Ihre Fallschirmjäger für eine sehr wichtige Aufgabe ausersehen. Der Duce ist heute mittag vom italienischen König abgesetzt und in Haft genommen worden. Das bedeutet den dicht bevorstehenden Abfall Italiens und seinen Übergang ins feindliche Lager.

Student, ich bitte Sie, so schnell wie möglich mit allen verfügbaren Fallschirmtruppen nach Rom zu gehen. Sie sind mir dafür verantwortlich, daß Rom gehalten wird; sonst sind unsere Truppen auf Sizilien und in Süditalien abgeschnitten. Sie sind mit Ihrem Korps dem Oberbefehlshaber Süd, Feldmarschall Kesselring, unterstellt. Dieser ist bereits orientiert.‹

Dann erfolgte meine Einweisung im einzelnen. Hitler sagte schließlich mit erhobener Stimme:

›Eine Ihrer besonderen Aufgaben ist die Auffindung und Befreiung meines Freundes Mussolini. Er soll natürlich von den Italienern an die Amerikaner ausgeliefert werden‹, schloß Hitler pathetisch mit erhobener Stimme.

Am frühen Morgen des 26. Juli startete ich nach Rom. Mit mir flog der bis dahin mir unbekannte SS-Obersturmführer Skorzeny. In der Nacht war er mir mit einem SS-Fallschirmjägerkommando für die Durchführung etwaiger polizeilicher Aufgaben zugeteilt worden.

Ich meldete mich bei Feldmarschall Kesselring in Frascati. Dieser orientierte mich näher über die Lage in Italien und forderte mich dann auf, bei ihm zu wohnen. Ich nahm dies gern an und habe seine große Gastfreundschaft bis Mitte September, dem Abschluß der Kämpfe um Rom, genossen.«

Währenddessen wurden die Fallschirmjäger sehr rasch nach Rom überflogen. Binnen 48 Stunden landeten auf dem Flugfeld von Pratica di Mare, südwestlich von Rom, 20000 Fallschirmjäger und bezogen in den Pontinischen Sümpfen Biwaks.

In Rom ging General Student daran, Mussolinis Aufenthaltsort zu erkunden. Dabei kam heraus, daß Mussolini zunächst auf die Insel Ponza geschafft worden war. Der damalige Polizeiattaché in Rom, SS-Sturmbannführer Kappler, bestätigte wenig später die Anwesenheit des Duce auf dieser Insel.

Student, der von Hitler volle Handlungsfreiheit erhalten hatte, bereitete alles zur Befreiung vor. Mitten in die Vorbereitungen aber platzte die Nachricht, daß Mussolini nach Maddalena gebracht worden sei.

Unmittelbar darauf wurde Student abermals nach Rastenburg befohlen, wo er Hitler im Verlaufe einer Unterredung unter vier Augen darum bat, Skorzeny in die Suchaktion einzuschalten. Students Bitte wurde von Hitler entsprochen. Es gelang Skorzeny, die Anwesenheit Mussolinis auf Maddalena nachzuweisen.

Abermals liefen die Befreiungsvorbereitungen schon auf hohen Touren, als Skorzeny General Student meldete, daß Mussolini auch von Maddalena verschwunden war. Durch die Nachrichtenstelle von Polizeiattaché Kappler wurde der Hinweis gegeben, daß sich Mussolini im Berghotel Campo Imperatore auf dem Gran Sasso befinde. Nun handelte Student selbständig und schickte am 8. September 1943 seinen behandelnden Arzt Dr. Krutoff zum Gran Sasso. Dieser aber kam zurück und meldete, daß das Berghotel seit einigen Tagen geschlossen sei.

Nun trat jenes ernste Ereignis ein, das die Befreiung von Mussolini in den Hintergrund treten ließ: Die italienischen Streitkräfte kapitulierten am 8. September offiziell, nachdem bereits fünf Tage zuvor die geheimgehaltenen Waffenstillstandsverhandlungen in Cassibile auf Sizilien durch die Unterschrift des italienischen Generals Castellano abgeschlossen worden waren.

Zur gleichen Zeit, da dies bekannt wurde, ging ein gewaltiger Luftangriff auf die deutschen Führungsstellen der Feldmarschälle Kesselring und von Richthofen in Frascati und Grottaferrata nieder. Beide Gefechtsstände wurden zerstört, aber es verloren auch – gewissermaßen als Einstand zur zukünftigen neuen Waffenbrüderschaft zwischen Italienern und Westalliierten – tausend italienische Zivilisten dabei ihr Leben.

Am Nachmittag des 8. September erhielt das II. Bataillon des FJ-Regiments 6 unter Major Gericke einen Einsatzauftrag besonderer Art. Diesem war eine Unterredung zwischen Walter Gericke und General Student Ende Juli 1943 vorausgegangen, deren Wortlaut erhalten ist.

Gericke war mit seinem Bataillon zum Schutz der Flugplätze von Foggia eingesetzt, als Student ihn nach Frascati rufen ließ.

»Gericke, ich habe Sie und Ihr Bataillon für eine besondere Aufgabe vorgesehen. Es ist eine geheime Reichssache.

Wir müssen damit rechnen, daß die Italiener über kurz oder lang aus dem Krieg ausscheiden und an die Seite der Alliierten treten. Es gilt, jene Gefahren, die daraus für die deutsche Wehrmacht in Italien und für Deutschland selbst entstehen können, abzuwehren. Sie erhalten von mir daher folgenden Auftrag:

Im Falle einer Kapitulation Italiens heben Sie mit Ihrem Bataillon im Sprungeinsatz das italienische Hauptquartier in Monte Rotondo aus und legen somit den gesamten Führungsapparat der italienischen Wehrmacht lahm. Sie sind bei diesem Auftrag ganz allein auf sich gestellt. Unterstützung vor dem Sprung oder während des Kampfes kann Ihnen aus Geheimhaltungsgründen nicht gewährt werden.«

Gericke fuhr nach Foggia zurück und befal die Einsatzbereitschaft seines Bataillons. Er studierte jene Karte, auf der die Lage des italienischen Hauptquartiers nordöstlich von Rom eingezeichnet war. Es war ein 160 Meter hoher Hügel, gespickt mit Betonbunkern, Deckungsgräben, Straßensperren und Panzerhindernissen. Rund um diese Stellungen waren Feldgeschütze und Flakbatterien aufgebaut.

Auf eigene Faust flog Gericke, um sich ein genaues Bild zu verschaffen, mit einem Fieseler Storch von Frascati aus ins Sperrgebiet. Man empfing ihn mit ein paar Flak-Schüssen. Der Flugzeugführer ließ den Storch wackeln, zum Zeichen, daß sie verstanden hatten, und drehte dann ab.

Gericke genügte das aber nicht, suchte vielmehr durch einen besonderen Trick eine neue Chance und gelangte nach Monte Rotondo hinein. Er konnte bis zur Hauptsperre vordringen. Erst dort wurde er angehalten, durfte aber, von einer Eskorte begleitet, durch das Sperrgebiet fahren, das er dabei aufmerksam studierte.

Der Einsatzbefehl für das Bataillon Gericke traf am 8. September 1943 gegen 18.30 Uhr ein. Am anderen Morgen 6.30 Uhr startete das Bataillon in genau 52 Ju 52 zum Flug nach Rom und zum Sprungeinsatz ins italienische Hauptquartier.

Als sich der Flugzeugpulk Monte Rotondo näherte, eröffnete die italienische Flak das Feuer. Die ersten Maschinen drehten getroffen ab, eine platzte durch Volltreffer auseinander. Ein Teil des Bataillons wurde falsch abgesetzt, und einzelne Gruppen landeten bis zu vier Kilometer vom Zielpunkt entfernt.

Dennoch stürmten die richtig abgesetzten Kompanien den Monte Rotondo. In erbitterten Kämpfen drangen die Fallschirmjäger tief in das italienische Verteidigungssystem ein. An der Spitze seines Bataillons griff Gericke das Kastell an, in dem die italienische Führungsabteilung vermutet wurde. Heftiges Feuer schlug den Angreifern von dort aus entgegen. Aber schrittweise ging es weiter. Das Kastell wurde erstürmt, 15 Offiziere und 200 Soldaten gefangengenommen.

Die Großfunkstelle wurde ebenfalls erobert. Aber General Roatta, der italienische Chef des Generalstabs, wurde nicht gefangengesetzt. Er hatte rechtzeitig das Weite gesucht und wartete zu diesem Zeitpunkt bereits in Pescara auf den Flug zu den Alliierten. Insgesamt nahm die Kampfgruppe Gericke 2500 Italiener, darunter etwa 100 Offiziere, gefangen.

Als am Nachmittag italienische Verstärkungen auf dem

Monte Rotondo eintrafen, wurde die Sache für Major Gericke brenzlig. Aus Rom rollte sogar eine italienische Panzer-Division in Richtung Monte Rotondo vor. Walter Gericke beschloß zu verhandeln.

Am Nachmittag aber erfuhr er, daß bereits ein Parlamentär des Fallschirmkorps von General Student geschickt worden sei, um wegen des freien Abzugs des Bataillons zu verhandeln. Für den Morgen des 10. September wurde er ihm unter allen Waffen gewährt.

Der Gefechtslärm klang ab, flackerte aber in den frühen Morgenstunden des 10. September wieder auf, bis endlich ein italienischer Hauptmann zu den Kämpfenden vorkam und erklärte, daß ein Waffenstillstand geschlossen worden sei.

Erst am Nachmittag war dann alles klar. Das Bataillon marschierte ab und fand rasch Anschluß an die um Rom stehenden deutschen Verbände, die ebenfalls im Kampf um die südlichen Vorstädte von Rom standen. Es waren Truppen der 2. Fallschirmjäger-Division.

Der Kampf um Rom

Von den Flugplätzen Istres und Avignon waren seit dem 26. Juli 1943 die Truppen der 2. Fallschirmjäger-Division nach Italien übergeführt worden. Allein von Istres starteten binnen dreier Tage 90 Ju 52, 45 He 111 und 80 Lastensegler, darunter sechs Giganten Me 323 und einige Go 242.

Die in Italien in den Pontinischen Sümpfen liegende 2. FJ-Division hatte zu dieser Zeit eine Ist-Stärke von 13 000 Mann. Das I. Bataillon des FJ-Regiments 6 unter Hauptmann Finzel und sein III. Bataillon unter Major Pelz lagen in einem Pinienhain am Tiber. Unter ihnen gab es einen Oberfeldwebel Rudolf Harbig, Zugführer in der 2. Kompanie (und ganz nebenbei Weltrekordinhaber im 800-Meter-Lauf), und der lief dort bei einem Sportfest gegen zwei 4×100-Meter-Staffeln der Fallschirmjägerkameraden und siegte leicht.

Als am 8. September um 19.45 Uhr der Regierungschef Italiens, Marschall Badoglio, über Radio Rom die Kapitulation seines Landes verkündete, wurde das vorsorglich ausgegebene Stichwort »Achse« – es bedeutete Entwaffnung des italienischen Heeres, der Luftwaffe und der Marine gleichzeitig – ausgegeben.

Wenig später nahm auch die deutsche Luftaufklärung einen großen feindlichen Schiffsverband auf, der südlich von Neapel kreiste.

Major Mors, Chef des Fallschirmlehr-Bataillons, der die Radiomeldung persönlich gehört hatte, eilte sofort zu General Student und erstattete diesem Meldung. General Student ging seinerseits sofort zu Feldmarschall Kesselring, der dem Fallschirmkorps volle Bewegungsfreiheit gab.

Sofort ließ Kurt Student die 2. FJ-Division aus der italienischen Umklammerung, die sich in den vergangenen Wochen ergeben hatte, lösen. Sie marschierte in geschlossenen Bataillonsverbänden zu den Standorten der betreffenden italienischen Divisionen und entwaffnete diese in der Frühe des 9. September.

Dann gab er den Befehl zum Marsch auf Rom. Anstelle des Kommandeurs, Generalleutnant Ramcke, führten vertretungsweise Oberstleutnant Meder-Eggebrecht mit dem Ia, Major von der Heydte, die Division.

Mit dem ersten Büchsenlicht des 9. September stieß die 2. FJ-Division, in Kampfgruppen aufgeteilt, gegen Rom vor. Beiderseits der Via Appia bewegte sich das FJ-Regiment 2, während das FJ-Regiment 6, durch Artillerie des Regiments 2 und Divisionstruppen verstärkt, beiderseits der Via Ostiense zwischen Rom und Lido di Roma vorrollte. Das am Nemisee in Biwak liegende I. Bataillon des FJ-Regiments 7, das Fallschirmlehr-Bataillon, stand gleich am Morgen des 9. September mit italienischen Verbänden im Gefecht. Nach einigen heftigen Scharmützeln konnte es sich aus der Umklammerung der Division »Piacenza« lösen.

Die dem XI. Fliegerkorps unterstellte Panzer-Grenadier-Division 3 stieß vom Lago di Bolsena auf Rom vor und kämpfte bis zum Abend den Weg in die italienische Hauptstadt frei.

Generalfeldmarschall Kesselring ließ nun zunächst alle Truppen im Kreis um Rom anhalten. Er war bemüht, Kämpfe im Innern der Hauptstadt zu vermeiden, um wertvolle Kulturdenkmäler zu schonen, und ließ daher am Nachmittag des 9. September Korpsgeneral Carboni auffordern, die Waffen zu strecken.

Major Friedrich August von der Heydte, der aus Afrika ins Tropenlazarett Berlin-Dahlem eingeliefert worden war, hatte hier bereits Ende Januar 1943 den Befehl erhalten, die Geschäfte des 1. Generalstabsoffiziers der neu aufzustellenden 2. Fallschirmjäger-Division zu übernehmen. Am 1. Februar hatte er seinen neuen Dienst angetreten, und so war er auch bei der weiteren Aufstellung der Division in Frankreich und ihrer Überführung nach Italien dabeigewesen und machte nun den »Aufstand auf italienisch« mit.

In den ersten Morgenstunden des 10. September übernahm er eine Kampfgruppe der Division, die aus sechs Bataillonen bestand. Der Auftrag, den er von General Student erhalten hatte, lautete: »Einrücken nach Rom vom Meer her. Widerstand des Corpo d'Armata di Roma ist zu brechen!«

Als diese Kampfgruppe die südwestlichen Vorstädte erreichte, wurde sie vom Abwehrfeuer der sardischen Grenadier-Division empfangen. Der Angriff kam zum Erliegen, und das Fallschirm-Artillerie-Regiment 2 wurde zur Bekämpfung der Widerstandsnester vorgezogen.

Auch das III./FJ-Regiment 6 unter Major Pelz blieb vor einem kastellartig ausgebauten Gebäude liegen. Major Pelz bat Hauptmann Milch, Führer der 4./FschArt-Regiment 2 zu sich, um die Artillerieunterstützung abzusprechen, als auch Major von der Heydte in einem Panzerspähwagen eintraf.

Aus 200 Metern Distanz wurde dieses Gebäude von zwei 10,5-cm-Leichtgeschützen zusammengeschossen. Nun übernahm der Spähwagen, auf dessen Dach der Kampfgruppenkommandeur saß, die Spitze der vorrückenden Fallschirmjäger. Dabei rollte er von einer Angriffsgruppe zur anderen. Überall wo er auftauchte, warfen sich seine Männer weiter nach vorn. Als sich Hauptmann Milch am Sender von Rom zur Verteidigung einrichten wollte, befahl ihm von der Heydte, weiter in die Stadt vorzustoßen.

»Ich fahre an der Spitze«, rief er Milch zu. »Folgen Sie mit Ihrer Batterie langsam, in voller Gefechtsbereitschaft, nach!«

Hinter dem Spähwagen des Kampfgruppenkommandeurs rollte im Pkw ein Hauptmann des Heeres. Auf einem ausgeborgten Kettenkrad folgte Hauptmann Milch nach, dessen Bericht hier eingeblendet werden soll.

»Die Spitze fuhr friedlich in Rom ein. Auf einem Markt hielt Major von der Heydte und kaufte Weintrauben, die wir sofort aßen. Als wir weiterfuhren, sahen wir vor uns ständig Kradmelder in italienischen Uniformen. Dann kamen wir zu einer Panzersperre. Da mein Kettenkrad am wendigsten war, kehrte ich nun die Reihenfolge um. Ich fuhr vorn, es folgte der Pkw und ihm der Spähwagen. Als wir uns kurz vor dem berühmten Obelisken in der Via Ostiense, nahe dem Colosseum, befanden, sah ich in der Nebenstraße Panzer, deren Geschützrohre unseren Bewegungen folgten. Wir waren in eine Falle geraten. Um die beiden folgenden Fahrzeuge zu warnen, schoß ich mit meinem Gewehr auf den nächsten Panzer. Eine Salve aus Panzerkanonen war die Antwort. Die Panzer rollten an, verfolgten den Spähwagen, der jedoch entkommen konnte, und liefen auf meine Batterie auf. Diese wehrte bis zum Nachmittag alle Angriffe der Italiener ab.«

Major von der Heydte führte die Kampfgruppe, bis am 11. September die Entwaffnung aller italienischen Truppen im Großraum Rom vollzogen war. Bei Abschluß der Operationen stürzte er in der Nähe von Rom bei einem Erkundungsflug mit dem Fieseler Storch ab und mußte schwerverletzt in ein Lazarett geschafft werden.

Die Befreiung des Duce aus dem Hotel Campo Imperatore

Am Sonntag, dem 12. September, konnte endlich der Handstreich gegen jene Feindgruppen gestartet werden, die in dem Sanatorium Campo Imperatore auf einem Plateau des Gran Sasso den Duce gefangenhielten. Die Ereignisse der vergangenen Tage hatten die Befreiung Mussolinis zweitrangig werden lassen. Nun aber war es soweit. Noch herrschten im Raum um den Gran Sasso die Badoglio-Truppen, und sie bewachten mit 150 Carabinieri den Führer Italiens.

Um 13.00 Uhr brüllten die Motoren der Henschel-Schlepp-flugzeuge auf. Die Maschinen rollten an, schleppten die Lastensegler hinter sich her, bis auch diese abgehoben und ihre Räder abgeworfen hatten.

Voran flog eine Aufklärermaschine unter Hauptmann Langguth. Ihr folgten in jeweils einer Minute Abstand die Lastenseglergruppen. An der Spitze zwei Lastensegler mit 18 Soldaten unter Führung ihres Kompaniechefs, Oberleutnant von Berlepsch, der sich allerdings im Segler 5 befand, um in der Mitte der Absetzzeit zu landen und die Männer seiner 1. Kompanie des Fallschirmlehr-Bataillons zusammenfassen zu können.

In einem Fieseler Storch startete auch Hauptmann Ger-lach, der möglicherweise mit dieser Maschine Mussolini aufnehmen sollte.

Stetig nach Osten fliegend, jagte die Armada dem 2914 Meter hohen Gran Sasso entgegen, an dem in etwa 2000 Meter Höhe das Sporthotel lag. Im dritten Lastensegler, der von Leutnant Meier-Wehner gesteuert wurde, befand sich auch Hauptsturmführer Skorzeny mit dem Carabinierigene-ral Soletti, der die Wachen in Schach halten und ihnen das Niederlegen der Waffen befehlen sollte. Außerdem waren noch die Untersturmführer Schwerdt und Warger und fünf Unterscharführer der Waffen-SS aus Friedenthal an Bord.

Im Lastensegler 4 befanden sich Skorzenys Adjutant Radl, Untersturmführer Menzel und sieben Soldaten der Waffen-SS, die ebenfalls aus Friedenthal kamen. Insgesamt nahmen also an diesem Unternehmen neben Skorzeny noch 16 Solda-ten der Waffen-SS teil. Alle übrigen Segler waren von den Fallschirmjägern des Oberleutnants von Berlepsch besetzt, die auch die schweren Waffen mitführten, um einen härteren Widerstand der Bewacher Mussolinis brechen zu können.

Die Führung auf dem Campo Imperatore hatte Haupt-sturmführer Skorzeny. Den Einsatz an der Talstation führte Major Mors, der Kommandeur des Fallschirmlehr-Bataillons.

Die Gesamtführung unterstand nach wie vor General der Flieger Student, der alle Fäden in der Hand hielt.

In der Nacht des 12. September waren bereits um 2.00 Uhr die Kompanien des Lehr-Bataillons (ohne die 1. Kompanie, die ja den Einsatz in den Lastenseglern mitflog) in Lastwagen aus dem Biwaklager des Klosters Mondragone in Frascati aufgebrochen. Sie hatten einen Landmarsch von 300 Kilometern vor sich, ehe sie gegen Mittag die Talstation der Bergbahn auf den Gran Sasso und zum Hotel erreichten, die im Tal von Assergi liegt.

Gegen 14.00 Uhr deuteten die Luftspäher, die Major Mors ausgestellt hatte, in den Mittagshimmel empor. Dann meldete Oberjäger Kirschner:

»Herr Major, die Schleppstaffel kommt!«

»Danke, das hat ja geklappt«, erwiderte Mors.

Nach dem Start und dem Aufschließen der zwölf Lastensegler zog die Schleppstaffel unbeirrbar ihren Weg nach Osten. In 3500 Metern Höhe über den Wolken schwebend, erlebte auch Otto Skorzeny diesen Flug mit großer Intensität. Geben wir ihm an dieser Stelle das Wort und lassen ihn seine Version der Befreiung Mussolinis vortragen.

»Ich hielt die detaillierte Karte in den Händen, die Radl und ich nach den noch am 8. September aus der Maschine von Hauptmann Langguth gemachten Aufnahmen gezeichnet hatten. Ich erinnerte mich an die Worte General Students (der am Morgen auf dem Flugfeld Pratica di Mare die letzten Anweisungen für die Durchführung des Handstreichs gegeben hatte) ›Ich bin überzeugt, daß jeder von Ihnen seine Pflicht erfüllen wird...‹. Da meldete mir Leutnant Meier-Wehner (der Chef der Segelfliegerpiloten), daß ihm der Pilot unserer Schleppmaschine durchgegeben habe, das Leitflugzeug Langguths und die Lastensegler Nummer 1 und 2 seien nicht mehr in Sicht. Später erfuhr ich, daß diese Flugzeuge ganz einfach abgedreht hatten und nach Pratica di Mare zurückgekehrt waren. Das bedeutete, daß mein Stoßtrupp und der von Radl keine Rückendeckung mehr hatten und ich als erster landen mußte, wenn ich das Unternehmen überhaupt durchführen wollte. Ich wußte nicht, daß auch hinter mir zwei Lastensegler fehlten. Zu Meier-Wehner rief ich: ›Wir übernehmen die Spitze!‹ Mit meinem Fallschirmmesser schnitt ich zwei Öffnungen in die Seglerverspannung, dadurch konnte ich mich einigermaßen orientieren und den beiden Piloten Anweisungen geben.

Endlich entdeckte ich unten das Städtchen Aquila in den Abruzzen, dann etwas weiter, auf der Serpentinenstraße zur Talstation, auch die Kolonne Mors, die gerade Assergi passiert hatte. Sie waren pünktlich. Unten stimmte alles! Es war schon fast X-Zeit...

Unter uns tauchte das Hotel auf. ›Schleppseil ausklinken!‹ befahl Leutnant Meier-Wehner und zog kurz danach eine Kurve über dem Plateau. Ich sah, daß die angeblich flachgeneigte Wiese, auf der wir im Gleitflug landen wollten, nur eine kurze steile Wiese war, von Felsbrocken übersät. Sofort rief ich:

›Sturzlandung! Möglichst nahe hinter dem Hotel!‹

Trotz des Bremsfallschirms landete unsere Maschine mit viel zu großer Geschwindigkeit, machte noch einige Sätze und stand schließlich, fast völlig zerstört, 15 Meter vor der Ecke des Hotels.

Ich sprang hinaus und lief, die Waffe in der Faust, so schnell ich konnte dem Hotel zu. Meine sieben Kameraden der Waffen-SS und Leutnant Meier-Wehner folgten. Ein Posten starrte mich verblüfft an. Rechts sah ich eine Tür, drang ein und stieß den Stuhl, auf dem ein Funker saß, mit einem Fußtritt weg. Der Funker stürzte zu Boden. Ein Schlag mit der Maschinenpistole in das Funkgerät, und der Apparat war zerstört.

Da der Raum keine weitere Tür hatte, die ins Innere des Gebäudes führte, stürzten wir wieder ins Freie und an der Rückfront des Hotels entlang, um eine Eingangstür zu finden. Aber es gab keine. Nur am Ende der Mauerwand eine Terrasse. Über die Schulter von Scharführer Himmel kletterte ich hinauf. Noch ein Schwung; ich stand jetzt an der Vorderseite des Hotels. Ich lief weiter und erblickte plötzlich in einem Fenster das markante Profil Mussolinis.

›Duce vom Fenster weg!‹ rief ich, so laut ich konnte.

Vor dem Haupteingang standen zwei MG in Stellung. Wir warfen sie mit Fußtritten um und drängten die italienische Besatzung zurück. Hinter mir brüllte es: ›Mani in alto!‹ (Hände hoch).

Ich stürzte gegen die Carabinieri, die sich am Eingang stauten, und stürmte im Handgemenge gegen den Strom. Ich hatte den Duce im ersten Stock rechts gesehen. Eine Treppe führte nach oben. Ich sprang hinauf. Rechts ein Gang, die zweite Tür! Da war der Duce, mit ihm noch zwei italienische Offiziere und eine Person in Zivil. Ich stellte alle drei gegen die Wand. Untersturmführer Schwerdt schob sie auf den Gang hinaus. Am Fenster tauchten Unterscharführer Holzer und Benzer auf. Diese beiden Männer waren am Blitzableiter die Fassade hinaufgeklettert. Die ganze Aktion hatte sich binnen vier Minuten abgespielt. Kein Schuß war gefallen.

Durch das offene Fenster sah ich Radl und seine Gruppe im Laufschritt ankommen; ihr Lastensegler war vor dem Hotel gelandet. Ich rief Radl zu: ›Hier alles in Ordnung! – Unten absichern!‹«

Wenig später, als auch Radl sich ins Hotel durchgeschlagen hatte, ging Skorzeny wieder in das Zimmer zurück, in dem Untersturmführer Schwerdt mit dem Duce war.

»Duce, der Führer hat mir Befehl gegeben, Sie zu befreien!« meldete Skorzeny dem Diktator.

Mussolini gab ihm beide Hände, umarmte ihn und erwiderte:

»Ich wußte, daß mein Freund Adolf Hitler mich nicht im Stich lassen wird!«

Inzwischen hatte Oberleutnant von Berlepsch mit seinen Fallschirmjägern das gesamte Gebäude umstellt. Er wurde von Skorzeny mit der Entwaffnung aller Carabinieri beauftragt.

Der Zivilist, der bei Mussolini im Zimmer gewesen war, entpuppte sich als General Cueli, der den Auftrag hatte, Mussolini an eben diesem Nachmittag an die Alliierten auszuliefern.

Es hatte bei den Landungen zehn Verletzte gegeben, die von Dr. Brunner und italienischen Sanitätern behandelt wurden.

Unten hatte inzwischen das Bataillon Mors die Talstation erreicht und das Gebäude derselben nach kurzem Feuergefecht in Besitz genommen. Nachdem auch die Umgebung gesichert war, kletterte Major Mors mit 20 Fallschirmjägern in die Gondel und ließ sich zur Bergstation der Bahn emporbringen. Auf der Umsteigestation wurden die dort stehenden italienischen Wachen, die noch immer nichts ahnten, gefangengenommen, und schon ging es die letzte Etappe empor. Als Major Mors ausstieg, eilte ihm bereits Oberleutnant von Berlepsch entgegen und meldete ihm:

»Unternehmen durchgeführt! Keine Komplikationen! Der Duce ist befreit!«

Es galt nur noch, den Duce nach Rom zu bringen. Dazu waren drei Möglichkeiten eingeplant. Einmal sollte der befreite Duce zum Flugplatz Aquila di Abruzzi gebracht werden, wo drei He 111 landen und den Platz in Besitz nehmen sollten, nachdem ein für 16.00 Uhr vorgesehener Fallschirmjägerangriff Erfolg gehabt hatte. Aber die Funkverbindung zum XI. Fliegerkorps war unterbrochen, und so bestand keine Chance, sicher zu erfahren, daß die drei He 111 wirklich diesen Flugplatz anflogen. Damit war diese Möglichkeit verbaut.

Die zweite Möglichkeit sah die Abfahrt des Duce über die Seilbahn ins Tal nach Assergi vor, wo ein Fieseler Storch gelandet war. Doch der Pilot dieses Storchs mußte melden, daß bei der Landung sein Fahrwerk beschädigt und ein neuer Start nicht mehr möglich war.

Blieb noch die dritte Chance, daß der mitfliegende Fieseler Storch, von General Students persönlichem Piloten, Hauptmann Gerlach, gesteuert, auf dem Plateau landen und den Duce an Bord nehmen sollte. Dazu mußte von allen Männern eine Landepiste geräumt werden. Erst dann stieg die grüne Leuchtkugel empor, und Hauptmann Gerlach landete sicher.

Nun wollte Skorzeny unbedingt mitfliegen. Hauptmann Gerlach hatte jedoch Bedenken, da die Maschine damit für die geringe Startfläche ein zu hohes Gewicht hatte. Da aber Skorzeny nicht nachgab und sich auf einen ihm vom Führer gegebenen Befehl stützte, mußte der gefährliche Start gewagt werden.

»Wenn ich Mussolini mit Gerlach allein wegfliegen ließ und er dann mit dem Duce abstürzte, blieb mir nichts anderes übrig, als mir selbst eine Kugel in den Kopf zu schießen. Es hätte dann geheißen, ich wollte den gefährlichen Start mit Mussolini und Gerlach nicht riskieren.«

Das mochte wohl so sein. Richtig ist aber, daß durch das zusätzliche Gewicht eines so schweren Mannes wie Skorzeny die Gefahr eines Absturzes gegenüber einem Alleinflug Gerlachs mit Mussolini bedeutend vergrößerte. Offenbar dachte in diesem Augenblick Otto Skorzeny mehr an seinen eigenen Kopf als an die Rettung von Benito Mussolini. Immerhin zeugt es von einem bemerkenswerten Mut, diesen riskanten Flug mitzumachen.

Wie auch immer: Hauptmann Gerlach willigte ein. Mit Rückenwind, auf einer viel zu kurzen und zudem zum Tal hin abfallenden Startbahn, rollte das Flugzeug an, lief schneller und schneller werdend auf den Abgrund zu, ohne daß es bis dahin abgehoben hätte, sackte dann, als es den festen Boden verließ, schlagartig durch und schien wie ein Stein in die Tiefe zu stürzen. Doch schließlich hatte Hauptmann Gerlach so viel Fahrt bekommen, daß es ihm gelang, die Maschine abzufangen und den Storch unter Kontrolle zu bekommen.

Eine Stunde später landete der Fieseler Storch in Pratica di Mare, dicht neben einer schon bereitstehenden He 111, in die der Duce umstieg, um nach Deutschland zu seinem Freund Adolf Hitler zu fliegen und ihm für seine Befreiung zu danken.

Hauptmann Melzer stand bereit, um den Duce im Namen von General Student zu begrüßen und Gerlach und Skorzeny zu beglückwünschen. Einer der Männer, die mit an Bord dieser Maschine gingen, war Otto Skorzeny.

Die Fallschirmjäger, die auf dem Gran Sasso zurückgeblieben waren, vernichteten die dort lagernde Munition. Die Instrumentenbretter der Lastensegler wurden ausgebaut, das übrige verbrannt. Zwei Stunden später verließen sie den Gran Sasso mit ihren Gefangenen, fuhren hinunter und biwakierten bei ihrem Bataillon.

Ein einmaliger Fallschirmjägerauftrag war durchgeführt und zu einem guten Ende gebracht worden. Bleibt nur noch nachzutragen, daß das Gezänk beider beteiligter Verbände, wer nun mehr und intensiver an der Befreiung teilgenommen habe, zu beenden war durch eine ausgewogene Darstellung, die beiden Seiten gerecht wird. Alle eingesetzten Soldaten waren notwendig, um diesen Auftrag durchzuführen, an welcher Stelle sie auch eingesetzt waren.

Wenn auch noch immer einige Ungereimtheiten übriggeblieben sind, so dürfte die gegebene Darstellung den Geschehnissen am ehesten gerecht werden.

Vom Küstenschutz zum Einsatz Elba

Nach der Kapitulation der italienischen Wehrmacht und der Entwaffnung der Divisionen des ehemaligen Verbündeten übernahm das XI. Fliegerkorps den Schutz der 200 Kilometer langen italienischen Westküste zwischen Civitavecchia und Gaeta. Es wurden weitere alliierte Truppenlandungen auch in diesem Gebiet erwartet.

Ein Fallschirmjäger-Bataillon wurde zum »Wiedereinbringen« von etwa 15000 englischen Gefangenen eingesetzt, die nach der Kapitulation Italiens aus den Kriegsgefangenenlagern zwischen Ancona und Pescara ausgebrochen waren und sich – mit italienischen Waffen ausgestattet – zu ihren Verbündeten nach Süden durchschlagen wollten. Diese Aufgabe wurde schnell gelöst. Auch die bei Sulmona von den Italienern freigelassenen 3000 englischen Kriegsgefangenen konnten in den nächsten fünf Tagen wieder eingebracht werden.

Am 17. September aber startete die Operation »Goldfasan«, ein Sprungeinsatz auf der Insel Elba, die noch von den Italienern besetzt gehalten wurde.

Die Kampfgruppen, die für die Operation »Goldfasan« vorgesehen waren, wurden dem XI. Fliegerkorps unterstellt. Es handelte sich im einzelnen um das I. Bataillon des Panzer-Grenadier-Regiments 200 (der 90. Panzer-Grenadier-Division) und das verstärkte III. Bataillon des FJ-Regiments 7 der 2. FJ-Division.

Immerhin lagen auf Elba etwa 7000 italienische Soldaten. Sie verfügten über schwere Geschützbatterien, die in der

Lage sein würden, den deutschen Nachschubverkehr über See zu beeinträchtigen. Darüber hinaus war ein noch unter italienischer Führung stehender Inselkomplex sicherlich ein fetter Happen für die Alliierten und forderte diese förmlich zur Inbesitznahme von Elba auf.

Die Übergabeverhandlungen zwischen General Giraldi, dem Kommandeur der Inseltruppen, und den deutschen Parlamentären verliefen ergebnislos. General Giraldi war fest entschlossen, die Insel gegen jeden deutschen Angriff zu verteidigen.

Diese Verhandlungen des 15. September bildeten quasi den Auftakt zur Eroberung der Insel, die mit einem Bombenangriff am 16. September 1943 angekündigt wurde. Als am selben Nachmittag General Giraldi unter dem Eindruck dieses Bombardements weiterverhandeln wollte und dabei sofort die Kapitulation anbot, befanden sich die Sturmtruppen bereits in der Luft, liefen die Panzergrenadier-Einheiten auf Siebelfähren von Livorno aus in Richtung Elba. Es war nicht mehr möglich, diesen Angriff abzublasen.

Unter Führung von Major Hübner war am frühen Morgen des 17. September das III./FJ-Regiment 7 in Stärke von 600 Springern vom Flugplatz Campino bei Rom gestartet.

Bereits im Anflug des Ju-52-Verbandes konnten die Fallschirmjäger in hellen Scharen fliehende italienische Soldaten erkennen, die die Stadt Portoferraio in wilder Hast verließen.

Dann ertönte das Boschhorn, und im Südwesten der Bucht von Portoferraio sprangen die Fallschirmjäger gegen 8.30 Uhr ab.

Noch bevor sich die letzten Fallschirmjäger aus ihren in einem Weinberg hängengebliebenen Schirmen befreien konnten, kamen bereits die Italiener waffenlos, die Hände erhoben, auf sie zugerannt. Sie ergaben sich ihnen. Es fiel nicht ein einziger Schuß.

Ebenso erging es den Panzergrenadieren, als sie mit den Siebelfähren in Portoferraio landeten. Auch hier gaben die Italiener sofort auf.

»So wurde unser Einsatz gegen Elba ein besserer Übungssprung, der nur einige Sprungverletzte hatte«, meinte Oberjäger Corzilius.

Am 18. September verließen die Fallschirmjäger bereits wieder Elba und kehrten an die Westküste, in den Raum Ostia-Pratica di Mare, zurück.

Leros, das Malta in der Ägäis

Auch in Griechenland, wo deutsche Truppen als Waffengefährten der Italiener lagen, gelang es ziemlich rasch, die Italiener zu entwaffnen. Lediglich auf den Dodekanes-Inseln hatten sich die Italiener auf die Seite Badoglios geschlagen. Das Oberkommando des Heeres beauftragte Generalleutnant Friedrich-Wilhelm Müller, Kommandeur der 22. Infanterie-Division, mit der Rückeroberung dieser Inseln. Damit war noch einmal diese Division, die in Holland als Luftlande-Division Schulter an Schulter mit den Fallschirmjägern der 7. Flieger-Division gefochten hatte, als Kampfgefährte eines Fallschirmjägerverbandes eingesetzt.

Einer der Hauptstützpunkte des Gegners, der sehr rasch von englischen Truppen mitbesetzt wurde, war die Insel Leros. Auf ihr standen schließlich 2300 englische und 5350 italienische Soldaten im Abwehrkampf gegen die deutschen Truppen. Um die Wasserwege zu den Inseln überwinden zu können, wurden Generalleutnant Müller die 1./Küstenjäger-Abteilung »Brandenburg« und die Pionier-Landungskompanie 780 zugeführt.

Hauptmann Kuhlmann und Oberleutnant Bunte, die Chefs dieser beiden Kompanien, mußten also die Infanterie von Insel zu Insel transportieren. Daß dies bei der Gegenwart mittlerer und schwerer Einheiten der Royal Navy ein gefährliches Unterfangen war, zeigte sich immer wieder an den Zusammenstößen.

Wie auch immer: Die Insel Kos wurde als erste von den »Brandenburgern« erstürmt. Den Flugplatz Antimacchia besetzte die 1. Kompanie des Jäger-Regiments 4 »Brandenburg« im Luftlandeeinsatz mit Ju 52. Diese Kompanie war im Fallschirmsprung ausgebildet. Am 4. Oktober war Kos in deutscher Hand. Es folgte Kalymnos, und am 8. Oktober war alles zum Sturm auf Leros bereit.

Der Angriff auf Leros startete am frühen Morgen des 12. November 1943. Neben den beiden Kompanien mit den Landungs- und Sturmbooten war noch ein Bataillon der 11. Luftwaffen-Felddivision daran beteiligt. Als Deckungsgruppe fungierten TA-Boote der Kriegsmarine. Den Angriff aus der Luft sollten die Soldaten des I. Bataillons des FJ-Regiments 2 und die 15. (Fallschirmjäger-)Kompanie des Regiments 4 der »Brandenburger« durchführen.

Von Stukas und Zerstörern unterstützt, begann der Angriff auf Leros gegen 6.00 Uhr. Während die Sturm- und Landungsboote der Insel entgegensteuerten, flogen die Fallschirmjäger im Morgengrauen die Insel an.

Die 470 Fallschirmjäger unter Hauptmann Kühne waren vom Flugplatz Ferrara aus nach Tattoi bei Athen übergeführt worden. Dort wurde der Sprungeinsatz anhand der Luftbildaufnahmen vorbereitet, und hier erfuhr Hauptmann Kühne auch, daß eine Fallschirmjäger-Kompanie der »Brandenburger« mitspringen werde. Ihr Chef, Oberleutnant Oschatz, meldete sich wenig später bei Kühne und wurde in den Kampfverband eingewiesen.

Als die 40 Maschinen kurz vor der Absprungzone angelangt waren, wurden sie über Funk nach Athen zurückbefohlen. Der Einsatz der Erdkampftruppen war noch nicht erfolgt. Der Gegner hatte vor allem den dreimaligen Anlandungsversuch der Leros-Westgruppe vereitelt, und diese Gruppe hatte nach Kalymnos zurückkehren müssen.

Der zweite Start erfolgte gegen 10.00 Uhr in Tattoi. Die 40 Maschinen kamen glänzend in die Luft, formierten sich und erreichten gegen 13.00 Uhr, von Westen anfliegend, Leros.

Als sie den Nahbereich der Insel erreichten, eröffneten italienische und englische Flak das Abwehrfeuer. Die Maschinen, die etwa in gleicher Höhe wie die in den Bergstellungen hockenden Verteidiger anflogen, erhielten starkes Feuer. Dennoch gelang es dem Absetzer, das Bataillon und die zugeführte Kompanie der »Brandenburger« an der richtigen Stelle zwischen der Gourna- und der Alindabucht, also an der schlanken Taille der Insel, abzusetzen.

Es gelang Hauptmann Kühne, im schwersten Feindfeuer seine Kompanien zu sammeln und ihnen die ersten Kampfaufträge zu geben. Der Nordteil der Insel wurde von der Ersten unter Oberleutnant Haase abgeschirmt. Er hatte den Auftrag, ein Durchbrechen des Gegners nach Süden zu verhindern. Die Zweite unter Oberleutnant Fellner sowie die Vierte, die von Oberleutnant Möller-Astheimer geführt wurde, traten zum Sturm auf den Monte Racchi an. Oberleutnant Raabe übernahm mit der Fünften die Abschirmung gegen Leros und gegen die Bucht von Alinda hin.

Die Kompanie Oschatz sollte etwas später abgesetzt werden. Sie hatten Weisung erhalten, auf dem Racchi-Rücken niederzugehen. Deshalb schärfte Hauptmann Kühne Oberleutnant Fellner besonders ein, beim Sturm auf diesen Berg auf deutsche Uniformen zu achten.

Sprungweise arbeiteten sich die niedergegangenen Fallschirmjäger in dem felsigen Gelände vor. Oberleutnant Möller-Astheimer führte die Vierte durch eine schmale, mit Gebüsch bewachsene Rinne hügelaufwärts. Als sie Feuer erhielten, gingen sie in Deckung und erwiderten es. Oberjäger Franzrahe aber kroch mit dem Kompanietrupp weiter, bis er sich auf gleicher Höhe mit dem Feind-MG befand und es mit Handgranaten außer Gefecht setzte. In diesem Augenblick stürmte die Kompanie weiter hügelaufwärts.

Weiter links war die Zweite bis an den Höhenrand emporgekommen. Wenig später stürmten beide Kompanien über den Höhenrand hinweg und nahmen die Höhe in Besitz.

»Wo sind die Fallschirmer von Brandenburg, Herr Oberleutnant?« fragte einer der Zugführer Möller-Astheimer.

»Sie müssen irgendwo weiter vorn stecken, denn gesprungen sind sie planmäßig. Vorsicht, Männer!«

Das Signal zum Sprung ertönte bei den Fallschirmjägern unter Oberleutnant Oschatz. Dieser nickte seinem Stellvertreter, Leutnant Hörl, zu, der als erster springen sollte. Der Leutnant stieß sich aus der Tür ab und segelte durch die Luft. Der Entfaltungsstoß traf ihn hart, dann schwebte er der Insel entgegen. Feuerpfeile zischten zu ihm empor. Er sah rechterhand eine Gruppe soeben aus einer Ju 52 springen, voraus wurde eine Maschine, die eben absetzte, von den Feuerschnüren der Flak erreicht. Flammen stoben aus einem der Motoren, dann montierte eine Fläche ab, und in dem Augenblick, als die Maschine trudelnd wegzusacken begann, sprangen auch hier die Fallschirmjäger.

Leutnant Hörl sah den Boden förmlich auf sich zuschnellen. Er zog die Beine an, rollte ab, stieß gegen einen Felsbrocken und verlor für einen Moment das Bewußtsein. Der Schmerz der harten Stöße, die ihn getroffen hatten, weckte ihn wieder. Er öffnete den Schnellverschluß, entledigte sich des Schirms, raffte sich auf und sah schon zwei, drei Männer heranlaufen. Sie hinkten alle, und rechterhand schrie einer nach dem Sanitäter. Offenbar hatte er sich in diesem wildzerklüfteten Gelände den Fuß gebrochen.

Tatsächlich war ein Drittel der Kompanie durch zum Teil schwere Sprungverletzungen ausgefallen. Feindliches Werferfeuer richtete sich auf die sammelnden Fallschirmjäger. MG eröffneten ein rasendes Schnellfeuer und hielten sie am Boden. Granaten rissen den Felsboden auf und schleuderten Steine und glühende Stahlsplitter durch die Luft.

Ein Zug der Küstenjägerkompanie kämpfte sich nach und nach zu den am Boden festgenagelten Fallschirmjägern vor. Während der Kampf der Infanterie der 22. Infanterie-Division und der Küstenjäger in vollem Gange war, versuchten die Fallschirmjäger um Oberleutnant Oschatz, sich vorzuarbeiten. Die Fallschirmjäger unter Hauptmann Kühne hatten inzwischen den gesamten Monte Racchi gesäubert und stellten sich zum weiteren Angriff bereit. Mit dem ersten Büchsenlicht des 13. November griffen sie wieder an.

Die nach Osten in Richtung Leros abschirmende Kompanie Raabe erlebte im Verlauf des Vormittags eine freudige Überraschung, als plötzlich auf einem benachbarten Höhenzug deutsche Soldaten auftauchten. Es waren Soldaten des II. Bataillons des Infanterie-Regiments 16 unter Hauptmann Aschhoff, die im Morgengrauen an der Küste nachgelandet worden waren, den Höhenzug der Höhe 192 überwunden hatten und nun den Fallschirmjägern die Hand reichten. Als Hauptmann Kühne über Funk von der Vereinigung dieser beiden Einheiten erfuhr, atmete er erleichtert auf. Er befahl ihren sofortigen Weiterstoß in Richtung Monte Meraviglia. Wenn sie diese Höhe erreichten, war der Kampf um Leros entschieden.

Die kurz darauf wieder angreifenden Fallschirmjäger wurden vom Stakkato des Feindfeuers gestoppt. Die 2. und 4. Kompanie gruben sich ein. Sie waren nur bis zum Westhang des Monte Meraviglia gekommen.

Der Kampf gegen englische Stoßtrupps begann. Dazwischen eröffneten englische Zerstörer, vor allem die »Echo« und die »Belvoir«, die Beschießung der deutschen Stellungen von See her.

Im Morgengrauen des 14. November griffen die Briten am Westhang des Monte Meraviglio an. Sie stießen auf die Fallschirmjäger der 4. Kompanie. Von Nordosten angreifende englische Truppen stießen auf die 1. Kompanie; die 5. Kompanie unter Oberleutnant Raabe wäre um ein Haar überrannt worden, wenn nicht Teile des Bataillons von Saldern (22. Infanterie-Division) noch eben rechtzeitig in die Flanke der Angreifer hineingestoßen wären. Zweimal wiederholten die Engländer den Angriff.

An diesem 14. November wurden aber auch die schweren Waffen des Infanterie-Regiments 16 auf Marine-Fährprähmen nach Leros herübergeschafft. Sie sollten den weiteren Angriff unterstützen.

Als vor dem Bataillon Kühne der Angriffsschwung der Engländer nachließ, faßte Hauptmann Kühne den Entschluß, sofort im Gegenstoß gegen den Monte Meraviglia anzutreten. Die 2. und 4. Kompanie sollten den Angriff durchführen, mit Oberleutnant Fellner an der Spitze der 2. Kompanie.

Sie kletterten mit Beginn der Abenddämmerung hügelaufwärts. In breiter Front gewannen sie Meter um Meter an Höhe. Fast sah es so aus, als habe der Gegner sich zurückgezogen. Dann aber erhielten die Fallschirmjäger aus drei Dutzend Gewehr- und MG-Läufen schlagartig Feuer. Der Angriff auf den Monte Meraviglia scheiterte, noch ehe er recht begonnen hatte.

»Alles absetzen und zur Ausgangsstellung zurückgehen!« befahl Hauptmann Kühne.

Währenddessen kämpfte die Infanterie mit den »Brandenburgern« auf der Insel. In der Nacht zum 15. November gelang es dem Zerstörer »Echo«, 250 Soldaten mit Waffen in

Portolago zu landen und die Insel-Verteidiger zu verstärken. Am Abend landete eine weitere Gruppe, die mit MTB und Launches aus Samos kam.

Mit dem ersten Büchsenlicht des 15. November standen die Fallschirmjäger auf dem weiten Rücken des Monte Racchi, etwa hundert Meter unterhalb des Monte-Meraviglia-Gipfels. An diesem Tag gelang die Kontaktaufnahme mit den anderen Kampfgruppen. In einer Besprechung der Kommandeure erklärte Major von Saldern, daß sie noch am selben Tag angreifen müßten. Hauptmann Kühne und Hauptmann Dörr teilte er mit, daß General Müller von Kalymnos her das Bataillon Froböse eingesetzt habe, das nach Sonnenuntergang, von Torpedobooten befördert, hier eintreffen würde.

Am Mittag dieses entscheidenden Tages griffen Stukas viermal den Monte Meraviglia an. Als sich dadurch das Gelände in eine feuerspeiende Hölle verwandelte, versuchte eine starke britische Gruppe den Ausfall, wurde aber zurückgeschlagen.

Währenddessen machten sich die Fallschirmjäger bereit und gruppierten um.

Als das Bataillon Froböse schließlich eintraf, in den Kampf eingriff und den Monte Meraviglia anging, griffen auch die am jenseitigen Ende des Berges liegenden Fallschirmjäger an. Von drei Seiten versuchten nun deutsche Truppen, den Berg in Besitz zu nehmen. Bis an die Hauptbunker kam das Bataillon Froböse heran, als der Hauptmann verwundet wurde. Oberleutnant Max Wandrey übernahm die Truppe und versuchte es an der Ostseite des Berges noch einmal. Er nahm nur 20 Freiwillige mit.

Während die Fallschirmjäger auf der anderen Seite den Gegner fesselten, stürmten Wandrey und seine Männer den Berg hinauf. Sie überwanden die hier in Feldstellungen liegenden Gegner, schlugen sich mit Sprengmitteln den Weg frei, drangen in die Bunker ein und erreichten dann die Kasematten mit dem britischen Hauptquartier.

Als schließlich von der Höhe des Monte Meraviglia die grüne Leuchtkugel in den Nachmittagshimmel aufstieg, ließ Hauptmann Kühne seine Fallschirmjäger erneut antreten.

Alle drei Kompanien stürmten und mit ihnen auch das Drittel der Kompanie Oschatz, das den Absprung heil überstanden hatte.

Immer noch spien an dieser Seite des Berges die Bunker und Kampfstände ihre Feuerlanzen aus. Aber die Männer griffen weiter an, weil sie wußten, daß dieser Stoß und die dadurch bewirkte Zersplitterung der Feindkräfte der Gruppe Wandrey helfen würde, den Gegner zu überwinden.

Sie stürmten die Höhe hinauf und mit auch die Soldaten unter Major von Saldern und Hauptmann Aschoff.

Der Monte Meraviglia sah eine Schlacht, wie sie vorher in der Ägäis erbitterter noch nicht ausgetragen worden war. Hier erstürmten »Brandenburger«, das Heer und Fallschirmjäger Schulter an Schulter die Höhe. Schritt für Schritt erzielten sie über Gestein und gegen dichtes Feindfeuer ihre Geländegewinne.

Oberleutnant Wandrey aber, mitten unter den Engländern auf der Höhe, in den Kasematten und Verbindungsgräben, schaffte es. Seine Kampfgruppe schleuderte Handgranaten, sprengte Stahltüren auf. Auf einmal verstummte das Feuer um sie herum. Sie krochen weiter vor, sprengten einen Quergang auf, stießen durch einen schmalen Gang in den Berg hinein, setzten eine Betonkuppelbesatzung außer Gefecht und standen schließlich auf einer Art weitem Innenhof. Als sie die große dunkle Eisentür aufstoßen wollten, kam von dort ein Mann ins Freie, der eine weiße Fahne schwenkte. Ihm folgte eine Gruppe Offiziere. Es waren General Tilney, der englische Inselkommandant, und der italienische Gouverneur von Leros, Admiral Mascherpa, die hier genau um 17.00 Uhr kapitulierten.

Wenige Minuten darauf schwiegen am Monte Meraviglia die Waffen. Die deutschen Fallschirmjäger – Brandenburger und Luftwaffe gemeinsam – hatten diesen Kampf mit einem Sprungeinsatz in schwierigem Gelände entscheidend beeinflußt.

Wieder in Rußland

Die 2. Fallschirmjäger-Division auf dem Weg nach Rußland

Bereits vor dem Einsatz des Bataillons Kühne war zwischen Generalmajor Barenthin, der für den erkrankten General Ramcke die 2. FJ-Division führte, und dem Chef des Stabes des XI. Fliegerkorps, Oberst Trettner, besprochen worden, daß das Bataillon Kühne nach Ende des Kampfes auf Leros der 2. FJ-Division nachgeführt werden sollte, die im November in den Raum Shitomir an die Ostfront verlegt wurde.

Die nicht im Sprungeinsatz befindlichen Soldaten und der gesamte Bataillonstroß waren bereits nach Rußland unterwegs. Der Verlegungsbefehl für die Division war am 8. November 1943 vom OKW gekommen. Der Abtransport begann zwei Tage später vom Bahnhof Chiusi, 120 Kilometer nördlich von Rom.

Ein OKW-Befehl wiederum besagte, daß nicht die gesamte Division nach Rußland marschieren solle, sondern daß vier Bataillone der Division und die 3. Kompanie des Fallschirmpionier-Bataillons 2 in Italien zurückzubleiben hätten. Aus diesen Bataillonen sollten die 3. und 4. Fallschirmjäger-Division aufgestellt werden. Die 2. FJ-Division würde für die zurückgelassenen Bataillone Ersatz erhalten.

Ein Bataillon aber, das III./FJ-Regiment 6 unter Major Pelz, mußte in diesen ersten turbulenten Novembertagen einen Sondereinsatz ausführen. Feldmarschall Kesselring befahl am 1. November seine sofortige Verlegung in den Raum der Höhenstraße Venafro–St. Pietro Infine, zehn Kilometer südlich von Monte Cassino, wo sie die Via Casilina erreicht. Dort hatten die Alliierten am 18. Oktober eine Offensive begonnen, die gegen die deutsche Reinhard-Linie gerichtet war, jene vielbeachtete Vorfeldstellung der späteren Cassinofront. Diese Vorfeldstellung versperrte dem Gegner den Weg nach Rom. Sie sollte so lange gehalten werden, bis die endgültige Sicherungslinie vor der Hauptstadt Italiens, die »Gustav-Linie«, ausgebaut war.

In einem raschen Transport per Lkw erreichte das Bataillon nach wenigen Stunden Fahrt die Stadt Cassino. Von hier aus mußte der Marsch zu Fuß fortgesetzt werden, da die Straße bereits unter feindlichem Artilleriefeuer lag.

Feindliche Jagdbomber stießen im Tiefflug über sie hin und warfen ihre Bomben auf alles, was sich bewegte.

Am 3. November wurden hier die Panzergrenadiere des Panzer-Grenadier-Regiments 8 der 3. Panzer-Grenadier-Division abgelöst. Die ersten erbitterten Nahkämpfe hatte das Bataillon Pelz bereits am nächsten Tag zu bestehen, als sie jene beiden US-Bataillone angriffen, die den Monte Cesima umklammert hielten. Auf ihm verteidigte noch die 9. Kompanie des Panzer-Grenadier-Regiments 8.

In den Kämpfen der nächsten Tage standen den Fallschirmjägern Regimenter von drei US-Divisionen gegenüber, und zwar der 3., 34. und 45. Infanterie-Division. Im heftigen Artilleriefeuer der US-Artillerie gelang es, dem Gegner den Durchbruch zu verwehren. Einbrüche wurden abgeriegelt und in Gegenstößen bereinigt. Bis zum 17. November kämpfte das Bataillon Pelz in vorderster Linie. Als die Amerikaner den Angriff einstellten, wurde das Bataillon herausgelöst. Es nahm nach einigen Ruhetagen bis zum 15. Dezember Sicherungsaufgaben wahr.

Als es den US-Streitkräften nach dem Übergang über den Sangro gelang, Bodengewinne zu erzielen, und sich die britischen Divisionen am 7. Dezember dem Angriff anschlossen, wurde das Bataillon Pelz nach Canosa geführt und trat dort am 16. Dezember, von 16 Panzern der II. Abteilung Panzer-Regiment 26 unterstützt, von Arielli aus zum Gegenangriff an. Nach gutem Geländegewinn wurde die Kampfgruppe, der noch Einheiten des Panzer-Grenadier-Regiments 9 angehörten, gestoppt. Der Angriff blieb in Höhe des Friedhofs Orsogna liegen und wurde im Morgengrauen des nächsten Tages durch einen Gegenangriff neuseeländischer Truppen beantwortet. Das Angriffsziel konnte nicht erreicht werden. Sechs eigene Panzer gingen verloren. Bei diesem Unternehmen fand der vorn führende Major Pelz den Tod. Schließlich mußten die Fallschirmjäger wieder auf die alte Riegelstellung zurückweichen.

Der nächste Durchbruchsversuch der Anglo-Amerikaner an dieser Stelle erfolgte am 24. Dezember 1943. Nach starkem Trommelfeuer wurden die Stellungen des Fallschirmjäger-Bataillons bei Arielli heftig angegriffen. Einen Einbruch konnten die Fallschirmjäger wieder ausbügeln, die Hauptkampflinie wurde behauptet. Mit diesen Kämpfen gingen die Einsätze am Sangro zu Ende.

Ende Dezember wurde das Bataillon aus der Front gezogen und über Florenz nach Frankreich verlegt, wo soeben die 3. Fallschirmjäger-Division unter Generalmajor Schimpf aufgestellt wurde.

Das Fallschirmjäger-Regiment 6, von dem noch die Rede sein wird, wurde im Januar 1944 unter Major von der Heydte neu aufgestellt und im Mai 1944 in Köln-Wahn wieder in die 2. Fallschirmjäger-Division eingegliedert, die aus dem Rußlandfeldzug zurückkehrte.

Einsatz am Ingul – Rückzug bis Kischinew

Man schrieb den 17. November 1943, als Major Mors, der Nachfolger von Major von der Heydte als Ia der 2. FJ-Division, in Berditschew das Eintreffen der ersten Teile der Division bei der 4. Panzerarmee, Generaloberst Hoth, meldete.

Ende November war die gesamte Division im Südabschnitt der Ostfront eingetroffen. Sie war zunächst OKH-Reserve. Oberstleutnant Kroh führte sie, da General Ramcke noch immer erkrankt war.

Divisionsgefechtsstand der 2. FJ-Division wurde Shitomir. Hier traf als letzte Einheit der Division am 28. November das I./FJ-Regiment 6 unter Hauptmann Finzel ein.

Der erste Angriff zwei Tage später führte die Division durch ein verseuchtes Waldgebiet. Ein Feindangriff am 3. Dezember im Abschnitt des II./FJ-Regiment 5, wurde durch den vorbildlichen Einsatz der Männer um Major Rolschewski abgeschlagen. Bei der Bereinigung des Einbruchs war es Oberleutnant Richter von der 7. Kompanie, der mit einer Handvoll Männer den Gegner zurückwarf.

Im Rahmen der Operation »Advent« – ein Vorstoß der 4. Panzerarmee aus dem Raum Shitomir auf Radomyschl – griff die 2. FJ-Division am Morgen des zweiten Angriffstages mit einer Panzergruppe unter Hauptsturmführer Burfeind mit vier Tigern, drei Panthern und vier Panzern IV aus dem Raum Garboroff an. Im Zentrum dieses Angriffs stand das I. Bataillon des FJ-Regiments 6 unter Hauptmann Finzel. Es mußte sich durch dichtes Waldgelände hindurchboxen, aus dem ihm heftiges Gewehrfeuer entgegenschlug. In diesem dramatischen Kampf wurde der Führer der gepanzerten Gruppe, Burfeind, schwer verwundet. Hauptmann Finzel erhielt einen Unterarmsteckschuß. Er blieb beim Bataillon. Im Schutz der einfallenden Finsternis zog sich das Bataillon aus der erreichten Igelstellung wieder auf die Ausgangslinien zurück.

An der Fortsetzung des Angriffs waren abermals einige Fallschirmjäger-Einheiten beteiligt, aber am 9. Dezember wurde die Division aus der Front herausgelöst und in den Raum Kirowograd verlegt. Dort war den Russen ein tiefer Einbruch gelungen.

Diesmal geführt von Generalmajor Wilke, wurde die Division im Luftmarsch mit Ju 52 von Shitomir nach Kirowograd übergeführt. Lediglich das I. Bataillon des FJ-Regiments 6 folgte im Landmarsch nach. Bis etwa Weihnachten gelang es der Roten Armee nicht, eine Entscheidung zu erzwingen. Aber am 24. Dezember trat die 1. Ukrainische Front der Roten Armee an der Straße Kiew-Shitomir zur Offensive an.

Der sowjetische Großangriff, der am 5. Januar 1944 begann, führte aus dem Raum Snamenka nördlich an Kirowograd vorbei. Gleichzeitig stürmte ein südlicher Zangenarm der Roten Armee aus Werschina-Kamenka südlich an Kirowograd vorbei. Alles dies deutete darauf hin, daß Kirowograd durch Umfassung zu Fall gebracht werden sollte.

Die südlich Kirowograd versammelte 2. FJ-Division wurde von dem russischen Panzerangriff mit nachfolgenden fünf Schützen-Divisionen voll getroffen. Alle Bataillone verteidigten sich allein und selbständig gegen die anrollende Flut der Feindpanzer und Schützenwagen. Als Feindpanzer mit aufgesessener Infanterie den Gefechtsstand des III./FJ-Regiment

2 erreichten, wehrte Hauptmann Tannert diesen Angriff ab. Im Nahkampf wurden zwei Panzer vernichtet. Der Versuch des Gegners, Nowo Andrejewka zu erobern, scheiterte.

Der Kampf auf der Höhe 191,1 unter Leutnant Flemming mit den Resten der 7./FJ-Regiment 5 wurde zu einem wahren Opfergang. Einer nach dem anderen fiel oder wurde verwundet, Leutnant Flemming sogar schwer. Sein letzter Funkspruch lautete: »Wir halten uns mit nur noch wenigen Männern.«

Major Rolschewski versuchte, Entsatzkräfte vorzubringen, mußte aber erkennen, daß es unmöglich war, den sowjetischen Panzerring zu durchbrechen.

Allein im Abschnitt der 2. FJ-Division tauchten 500 Sowjetpanzer auf, von denen am 5. Januar 179 abgeschossen wurden. Die Panzerjäger-Abteilung 2 schoß mit nur zehn Rohren 34 Feindpanzer ab. Sieben Treffer stammten aus dem Geschütz des Gefreiten Hirsch, fünf aus dem von Oberjäger Herz. Neun Panzer werden von Fallschirmjägern mit Nahkampfmitteln gesprengt.

In Nowo Andrejewka war Oberst Kroh, Kommandeur des FJ-Regiments 2, der Turm in der Schlacht. Hauptmann Tannert konnte sich mit seinen 60 übriggebliebenen Fallschirmjägern zu ihm durchschlagen. Hierher kam auch der Rest des Fallschirmpionier-Bataillons 2 unter Hauptmann Gerstner durch.

Als die Ortschaft in Gefahr geriet, völlig eingeschlossen zu werden, ließ Oberst Kroh nach Südosten ausweichen. Dadurch konnte er auch die offene linke Flanke des FJ-Regiments 7 schützen.

Bei der Höhe 159,9 hielt das II./FJ-Regiment 2. Hier standen die bewährten Soldaten der 5. Kompanie um Leutnant Lepkowski und hielten mehreren russischen Panzerangriffen stand. Mit nurmehr 45 Männern seiner 5. Kompanie wuchs der Leutnant, der sich bereits am Kanal von Korinth, auf Kreta, am Mius und am Wolchow ausgezeichnet hatte, über sich hinaus. An der Widerstandskraft dieser kleinen Gruppe scheiterten alle sowjetischen Angriffe.

Bis zum 8. Januar 1944 konnte die 2. FJ-Division die Stellung halten. Als dann der Gegner wieder die Höhe 159,9

Oben: Das urwaldartige Heckengelände in der Normandie
Unten: Abwehrstellung bei Bohars nahe Brest

Hans Kroh führte als Oberst die 2. Fallschirmjäger-Division in Brest

Erich Lepkowski befreite die in Braspart gefangen-gehaltenen Kameraden im Handstreich

Oben: Der Kampf um Rom am 10. 9. 1943. Die Fallschirmjäger dringen in die Ewige Stadt ein. Unten: Auf dem Weg ins Stadtzentrum

Oben: Der Duce ist
befreit; links
Oberleutnant von
Berlepsch, hinter
dem Duce Otto
Skorzeny

Links: General der
Flieger Student auf
dem Dach des
Campo Imperatore;
neben ihm Stabsarzt
Dr. Krutoff

berannte, verlor er hier vier Panzer. Es war gelungen, einige Panzerabwehrkanonen und Teile der 4. Kompanie des Fallschirmpionier-Bataillons 2 heranzuziehen und die Verteidiger der Höhe zu unterstützen. Als der Gegner schließlich am Abend dieses Tages seine Angriffe und Durchbruchsversuche einstellte, hatte die 2. FJ-Division 20 Offiziere und 745 Soldaten an Gefallenen, Vermißten und Verwundeten verloren. Aber sie hatte die Front gehalten. Generalleutnant Wilke erhielt von der Luftflotte 4 ein Dankschreiben, in dem der Abschuß von 150 Panzern durch die Division besonders erwähnt wurde. Auch Hermann Göring entsann sich wieder einmal sporadisch seiner Fallschirmjäger, die er nicht hatte vor dem Verheizen retten können (oder wollen), und schickte am 5. Februar ein Fernscheiben an die Divisionsführung, in dem er den »todesmutigen Sturmsoldaten« seine volle Anerkennung aussprach.

In den folgenden Wochen herrschte an dieser Stelle der Front trügerische Ruhe. Am 6. Februar 1944 traf vom LII. Armeekorps der Verlegungsbefehl für die Fallschirmjäger ein. Die Division sollte nunmehr bei den beiden eingekesselten Armeekorps westlich Tscherkassy eingesetzt werden.

Doch die Verlegung dauerte so lange, daß schließlich der Einsatz der 2. FJ-Division im Raum Tscherkassy nicht mehr rechtzeitig erfolgte. Die Division wurde in den Raum Ukrainka umgeleitet. Hier übernahm Generalleutnant Ramcke, von seiner langwierigen Erkrankung genesen, die Divisionsführung.

Bereits im Januar 1944 war das II./FJ-Regiment 5 unter Major Schirmer aus dem Divisionsverband ausgeschieden. Major Schirmer sollte daraus in der Heimat das FJ-Regiment 16 aufstellen.

Die Division wurde am 23. Februar 1944 dem XXXXVII. Panzerkorps unterstellt. Sie erhielt den Befehl, östlich und westlich der Straße Jekaterinopol–Swenigorodka und dabei beiderseits des Gniloy-Tikitsch-Flusses die 11. Panzer-Division abzulösen.

In der Nacht zum 3. März ließen die Aussagen von Gefangenen aus starken Feindstoßtrupps darauf schließen, daß ein neuer Angriff bevorstand. Tatsächlich griff die Rote

Armee am nächsten Morgen beim II./FJ-Regiment 7 in Bataillonsstärke an. Starke Stoßtrupps versuchten, in die deutsche Hauptkampflinie einzudringen. Bei Olchowez gelang ihm im Abschnitt des I./FJ-Regiment 6 ein Einbruch, der von den Männern der 4. Kompanie im Gegenstoß bereinigt wurde.

In der folgenden Nacht schoben sich die Rotarmisten näher an die Hauptkampflinie der Fallschirmjäger heran, und wenig später brach nach 45 Minuten Trommelfeuer der sowjetische Großangriff los, der die Stellungen der 2. FJ-Division voll traf. Dieser Angriff, der in den nächsten Tagen mit starken neuen Kräften genährt und fortgeführt wurde, zwang die Division zur Aufgabe von Gussakowo. Es gelang jedoch im allgemeinen, die Stellungen bis zum 8. März zu halten. Dann setzten die Absetzbewegungen ein, denen starke russische Truppenverbände mit Panzern dichtauf folgten. Nordostwärts von Nowo Archangelsk wurde auf Befehl des AOK 8 gesammelt. Bis zum 13. März wurde im Fußmarsch durch tiefen Schlamm und Dreck der neue Einsatzraum westlich von Ssinjucha erreicht. Divisionsgefechtsstand wurde Trojanka.

Als hier die Rote Armee am 16. März den Abschnitt der Division durchbrach, mußte Generalleutnant Ramcke den Rückzug auf Kuzaja Balka bekanntgeben. Am nächsten Tag erhielt Ramcke den Befehl, nach Deutschland zu fliegen und auf dem Truppenübungsplatz Köln-Wahn alles zur Wiederauffrischung der aus der Front herausgezogenen 2. FJ-Division vorzubereiten. Oberst Kroh übernahm die Divisionsführung.

In hinhaltenden Kämpfen vollzog sich nun der Rückzug der 2. FJ-Division im Rahmen der allgemeinen Rückzugsbewegungen im Südabschnitt der Ostfront. Im Raum Kochanowka gelang es noch einmal, alle Überflügelungsversuche der Roten Armee abzuweisen, ehe sie auf Befehl des LII. Armeekorps nach Schibka verlegte, wo sie am 3. April eintraf. Die Division war auf ganze 17 Offiziere und 514 Soldaten zusammengeschmolzen. Allerdings war sie zu Beginn der sowjetischen Offensive am 5. März ebenfalls »nur« 2468 Mann stark gewesen.

Der 320. Infanterie-Division unterstellt, übernahm die Kampfgruppe 2. FJ-Division den Abschnitt Minizkoje. Hier wurde noch einmal ein entschlossener Gegenstoß geführt und der Gegner aus Karmanowo geworfen.

Als am 9. April das Absetzen aller Verbände der 6. Armee auf die Dnestr-Stellung befohlen wurde, erfolgte auch der Rückführungsmarsch der Kampfgruppe 2. FJ-Division in die Dnjestr-Schleife bei Delacheu. Am 20. April traf Ersatz für die Division ein. Es waren 640 frischausgebildete Rekruten, die sich, aus Quedlinburg kommend und von Oberleutnant Backhaus geführt, auf dem Gefechtsstand von Oberst Kroh meldeten.

Die letzten Einsätze der Fallschirmjäger in Rußland erfolgten während der Operation »Bollwerk«, der Beseitigung eines Feindbrückenkopfes in der Dnjestr-Schleife. Hierzu wurde die Kampfgruppe Kroh der 3. Panzer-Division unterstellt.

Am 10. Mai durchbrach um 2.00 Uhr die Kampfgruppe Kroh unter Führung von Oberst Kroh die sowjetischen Stellungen. Sie erreichte Pugoceni und erbeutete hier 35 Pak, 8 Geschütze und 12 sMG. Unterstützt von Panzern der 3. Panzer-Division gelang es, diese Stellung zu halten und in der folgenden Nacht zur Bereinigung des Brückenkopfes anzutreten. In einem dramatischen Ringen gelang es, den Gegner über die Dnjestr-Übergänge zurückzuwerfen. Zu diesem Einsatz meldete der Wehrmachtsbericht vom 12. Mai 1944:

»Bei der gestern gemeldeten Zerschlagung des feindlichen Brückenkopfes am unteren Dnjestr haben die unter Führung des Generals der Infanterie Buschenhagen stehenden Truppen sieben feindliche Schützen-Divisionen, sowie Teile seiner Artillerie- und Flak-Division, zerschlagen.«

An diesem 12. Mai erhielt die Divisionsführung über Fernschreiben den Befehl, sich aus der Frontlinie zu lösen. Die Reste der 2. FJ-Division sammelten sich im Raum Cimiseni. Die Kompanien hatten Gefechtsstärken von sechs bis zwölf Mann. Auf den Bahnhof Kischinew wurde verladen. Am 20. Mai verließen die Fallschirmjäger Rußland für immer.

Das Ende in Italien

Im Januar 1944 wurde in Perugia die 4. Fallschirmjäger-Division aufgestellt, die unter dem Befehl von Oberst Trettner stand. Trettner, der aus dem Stab Student kam und seit den ersten Einsätzen an den Schaltstellen dabei war, erhielt am 18. Januar 1944 Weisung, aus seinen bereits aufgestellten Regimentern 10, 11 und 12 je ein voll einsatzbereites Alarm-Bataillon aufzustellen. Es ging darum, im Falle einer feindlichen Truppenlandung hinter der Cassinofront eine einsatzbereite und schlagkräftige Truppe zur Verfügung zu haben. Oberst Trettner beauftragte Major Gericke, Kommandeur des Regiments 11, mit der Führung der Einsatzgruppe innerhalb der 4. FJ-Division.

Mit der Landung alliierter Truppen in den Morgenstunden des 22. Januar 1944 bei Anzio-Nettuno trat der Plan »Richard« in Kraft.

Die Kampfgruppe Gericke, aus den vorher erwähnten drei Bataillonen zusammengestellt, wurde im Eilmarsch an die Front des alliierten Landekopfes geworfen. Sie marschierte nach Aprilia. Aber der Gegner sammelte erst, anstatt sofort mit allen an Land geworfenen Kräften vorzudringen und die nachgelandeten Verbände hinterherzuschicken. Dazu meinte Winston Churchill:

»Ich hatte damals gehofft, eine Wildkatze an Land zu setzen. Aber alles, was wir bei Anzio-Nettuno hatten, war ein gestrandeter Wal.«

Der Weg von Anzio-Nettuno nach Rom lag offen vor General Lucas, dem Kommandierenden General des VI. US-Korps, der hier führte. Er brachte in 14 Tagen 18000 Fahrzeuge, 380 Panzer, 70000 Mann an Land. Dies veranlaßte Churchill zu einem weiteren Ausfall bissigster Art:

»Wir müssen dort eine verdammt hohe Überzahl an Chauffeuren gehabt haben. Offenbar aber hatte der Feind mehr Soldaten als wir.«

Im Verlauf des 22. Januar wurden alle deutschen Truppen im Großraum Rom alarmiert und – damit die einheitliche Führung gewährleistet blieb – der Kampfgruppe Gericke unterstellt.

Walter Gericke hatte bis zum Mittag dieses Tages alle gefährdeten Straßen ins Landesinnere sperren lassen. Schwache US-Kräfte, die als Stoßtrupps und Spähtrupps vorfühlten, wurden zurückgeschlagen. Bis zum 26. Januar war die gesamte 4. FJ-Division in den Küsten-Frontabschnitt eingeschoben. Der Gegner hatte bis dahin nicht die leiseste Anstalt getroffen, aus dem Landekopf vorzugehen. Nachdem auch die 3. Panzer-Grenadier-Division eingetroffen war, ließ Generaloberst von Mackensen, Oberbefehlshaber der Heeresgruppe C, zum Gegenangriff antreten.

Die Kampfgruppe Gericke stürmte gemeinsam mit zwei Regimentern der ebenfalls herangekommenen 65. Infanteriedivision gegen Carroceto an. Sie drang bis zur Höhe 80 und an den Rand des Bahnhofs vor.

General Schlemm, Kommandierender General des neugebildeten I. Fallschirmkorps, befahl den Angriff auf diese Höhe. Er begann am 12. Februar, und Major Gericke hatte dazu das Bataillon Kleye nach Norden zu einem Flankenstoß ausholen lassen. Der Angriff gelang. Erbitterte Kämpfe forderten auch den Tod von Major Kleye. Oberleutnant Weiß, Chef der 2. Kompanie dieses Bataillons, stürmte mit 60 Fallschirmjägern gegen die Häusergruppen nordwestlich des Bahnhofs, säuberte sie im Nahkampf und drang auch in den Bahnhof ein. Hier ergaben sich 180 Schotten nach erbittertem Kampf.

Die schottische Garde kämpfte verbissen. Mann gegen Mann, MPi gegen MPi lautete hier die Parole. Der Gegner griff mit Panzern den Bahnhof an. Die Kampfgruppe Weiß wurde auseinandergesprengt, und schließlich hatte Oberleutnant Weiß nur noch zwölf Fallschirmjäger zur Verfügung. Mit diesen verteidigte er den Bahnhof.

Als Sherman-Panzer in den Bahnhof rollten, wurden sie mit Nahkampfmitteln angesprungen und vernichtet. Der Bahnhof und die Höhe 80 waren in der Hand des Bataillons Kleye. Als diese Einheit aus dem Kampf gezogen wurde, hatte sie noch eine Stärke von sechs Offizieren und 259 Soldaten. Vier Offiziere und 278 Soldaten waren gefallen oder verwundet. Der Kampf ebbte ab.

Ein weiterer Angriff am 16. Februar mit dem Ziel, den Brückenkopf zum Einsturz zu bringen, drang auf einer Breite von vier und in einer Tiefe von zwei Kilometern durch. Aber ein alliierter Luftangriff hielt den deutschen Stoßkeil auf. Erst die Wiederholung zwei Tage später schlug so weit durch, daß die Landungsstreitkräfte auf die Brückenkopfstellung des ersten Tages zurückgedrängt wurden.

»Wir waren auf eine Linie zurückgedrängt, hinter der nichts mehr lag als das Meer. Jeder Schlag, den Mackensen am nächsten Tag gegen uns führte, mußte uns am Kinn treffen«, bemerkte General Clark, US-Armeeoberbefehlshaber, in seinen Erinnerungen zu diesem Tag.

Aber Generalfeldmarschall Kesselring war gezwungen, den Angriff zwölf Kilometer vor Anzio einzustellen. Er hatte zu schwere Verluste gekostet, und man ahnte auf deutscher Seite nichts davon, daß der Gegner so schwer angeschlagen war.

Ein nochmaliger Angriff, der von Hitler am 29. Februar befohlen wurde, blieb am Nachmittag des 1. März liegen. Die feindbesetzte Höhe 17 hielt dem Angriff der Panzer der 26. Panzer-Division stand. Jagdbomber und Kampfflugzeuge der Alliierten bildeten auch hier das Zünglein an der Waage, und der feindliche Gegenangriff in der Nacht zum 2. März warf die Angreifer endgültig zurück. General der Kavallerie Westphal, der Chef des Generalstabs von Kesselring, sagte dazu:

»Die eigene Kraft reichte nicht mehr aus. Wir waren nicht mehr angriffsfähig.«

General Truscott, der die Landungsstreitkräfte nun führte, ließ am 23. Mai 1944 antreten. Das FJ-Regiment 12 unter Major Timm konnte den ersten Angriff beiderseits Velletri abwehren. Erst in der Nacht zum 31. Mai wurde der Durchbruch erzwungen, und zwar über den Monte Artemisio beim LXXVI. Panzerkorps. Damit stand der Gegner im Rücken der Fallschirmjäger vom Regiment 12. Die Front der 14. Armee brach zusammen. Mit voller Kraft stürmten die Alliierten über die Albaner Berge. Ihr Ziel war Rom, das sie am 4. Juni mit der 88. US-Infanterie-Division erreichten.

Die 4. Fallschirmjäger-Division Trettners hatte als Nachhut der Armee den Vorstoß so stark gebremst, daß alle deutschen Soldaten sich geordnet zurückziehen und ihre Waffen mitnehmen konnten. Als letzte verließen die Fallschirmjäger die Ewige Stadt. Ihnen bescheinigte Eric Linclater:

>Nun zeigten die Deutschen noch überzeugender als bei Monte Cassino im Brückenkopf Anzio-Nettuno ihr gründliches und vollendetes militärisches Können.«

Die Schlachten um Monte Cassino

Nach dem Einsatz des III. Bataillons des FJ-Regiments 6 unter Major Pelz im Vorfeld von Monte Cassino begann am 17. Januar 1944 die erste Cassino-Schlacht. Hier sollte das Verdun des Zweiten Weltkriegs Auferstehung begehen. General Clark schrieb über diesen Kampf: »Die Schlacht um Cassino war die verlustreichste, die qualvollste und vielleicht tragischste des ganzen italienischen Feldzuges.«

Es war die 34. US-Infanterie-Division, die sich fast schon in den Besitz des Monte Cassino gesetzt hatte, als Generalleutnant Richard Heidrich mit den ersten Verbänden seiner 1. FJ-Divison hier eintraf und den Gegner vernichtend schlug. Richard Heidrich richtete sich auf dem Felsen ein. Nacheinander trotzten seine Regimenter den Angriffen des Gegners. Er selbst aber sah seine Hauptaufgabe in der Leitung des artilleristischen Feuerkampfes, mit dem er mehr als einmal den Gegner in jenen entscheidenden Momenten schlug, als dieser sich anschickte, den »Monte« zu erobern.

Aus dem Feuerofen von Anzio-Nettuno kommend, war es die Kampfgruppe Schulz – das FJ-Regiment 1 mit dem unterstellten Fallschirmpionier-Bataillon 1 unter Major Schmidt und der 3./FJ-Regiment 3 –, die in der ersten Cassino-Schlacht eingesetzt wurde. Über und vor der Via Casilina verteidigte Schulz den »Monte«, ohne den Klosterberg zu betreten, der für ihn und alle anderen Fallschirmjäger völlig tabu war.

Als der Feind – aus gewissen Gründen – Flugblätter abwarf, in denen behauptet wurde, deutsche Soldaten hätten die Klosterabtei besetzt, ließ Karl-Lothar Schulz einen FT-Spruch im Klartext als Antwort hinübertasten und nannte das eine freche Lüge. Er verständigte sofort seinen Divisionskommandeur, und Generalleutnant Heidrich bekräftigte noch einmal die Meldung von Oberst Schulz.

Als es den Soldaten der 34. US-Infanterie-Division gelang, am 30. Januar Cairo-Dorf in Besitz zu nehmen, und als sie nach 48 Stunden nördlich der Via Casilina standen, kam der Höhepunkt des Einsatzes für Oberst Schulz und seine Kampfgruppe. Hauptmann Kratzert, Kommandeur des III./FJ-Regiment 1, gewann in einem erbitterten Ringen den verlorengegangenen Calvarienberg zurück.

In der Stadt Cassino verteidigte das Grenadier-Regiment 211 der 71. Infanterie-Division.

Als der Gegner mit den Divisionen 34 und 36 am 11. Februar ein letztesmal angriff, wurde er abgewiesen. Das II. US-Korps hatte am Monte Cassino das Gros seiner Soldaten verloren. Aber noch war die erste Schlacht um den Monte Cassino nicht zu Ende. Abschließend sollte jener Donnerschlag folgen, der in der ganzen Welt als Barbarei bezeichnet wurde: der Bombenangriff auf die Anlagen des Klosters von Monte Cassino.

Am Morgen des 15. Februar 1944 starteten 142 Fliegende Festungen B-17 von den verschiedenen Flugfeldern von Foggia. Sie erreichten den Monte Cassino gegen 10.00 Uhr und warfen 353 Tonnen Bomben. Ihnen folgten 47 B-25 und 40 B-26, die weitere 100 Tonnen Bomben auf das Kloster abluden und es völlig zerstörten.

Karl-Lothar Schulz erlebte mit seinen Soldaten diesen ebenso grausigen wie völlig sinnlosen Bombenangriff in den Felslöchern und auf den Hängen und Felskämmen über und vor der Via Casilina. Die Fallschirmjäger erlitten keinerlei Verluste, weil sie überhaupt nicht im Bereich der fallenden Bomben lagen. Lediglich die Zivilbevölkerung und die Mönche des Klosters waren die Leidtragenden.

Am 17. Februar brachte Oberst Schulz mit seinen Soldaten die Mönche und Zivilisten in Sicherheit. Dann erst befahl er seiner Kampfgruppe, sich in den Klosterruinen festzusetzen, die durch diese Bombardierungen zu einer idealen Verteidigungsanlage geworden waren.

Am 18. Februar ging diese erste Schlacht um Cassino zu Ende. Die Kampfgruppe Schulz hatte den feindlichen Durchbruch durch die Gustavstellung vereitelt.

In der folgenden Zeit der verhältnismäßigen Ruhe gelang es Richard Heidrich, seine gesamte Division geschlossen zurückzubekommen und mit ihr den Auftrag von Feldmarschall Kesselring – Verteidigung des Cassino-Abschnittes – zu erfüllen.

Nun sollte das neuseeländische Korps in der zweiten Schlacht um den Monte die Kastanien aus dem Feuer holen. Anstelle der Kampfgruppe Schulz war das FJ-Regiment 3 unter Oberst Heilmann in die Verteidigungsstellungen eingerückt.

Am 15. März begann die zweite Cassino-Schlacht mit einem Luftbombardement auf Cassino-Stadt. 600 Bomber flogen insgesamt die Einsätze. Die Stadt Cassino wurde in Schutt und Asche gelegt. Daß diese Art von Kampfführung gegen einen eigenen Verbündeten und deren Landsleute durchaus den Vorstellungen entsprach und daß sie sogar von der Haager Landkriegsordnung gebilligt wurde – weil sich ja Feindkräfte hier verteidigten, die bekämpft werden mußten –, wird von keiner Seite bestritten.

Das II. Bataillon des Regiments Heilmann verteidigte die Stadt, während das I. Bataillon sich auf dem Klosterberg eingegraben hatte. In Richtung zum Gebirge hatte Generalleutnant Heidrich die Regimenter 1 und 4 seiner Division eingesetzt.

Nach dem Abdrehen der letzten Bomber wurde mit einem Feuerschlag aus 750 Rohren der Angriff eröffnet. Major Foltin, der in Cassino-Stadt bei den Luftangriffen mit dem II. Bataillon über 220 Fallschirmjäger verloren hatte, mußte sich in Cassino der anrollenden 400 Panzer erwehren, die bis in die Stadtmitte vordrangen. Doch hier blieben die Panzer vor jenen Hindernissen liegen, die ihre eigenen Flugzeuge unmittelbar vorher durch ihr Bombardement aufgetürmt hatten. Die vordringende Infanterie wurde durch die Überlebenden des Bataillons Foltin in einem erbitterten Nahkampf geworfen.

In der Nacht erfolgte ein Angriff der 4. indischen Infanterie-Division. Es gelang ihr, den Rocca Janule zu nehmen und dann in Richtung Klosterberg weiterzustürmen. Am frühen Morgen des 16. März erreichten die Gurkhas die Höhe 435 und standen hier bereits 400 Meter tief im Rücken der Verteidiger von Monte Cassino. Hier war es das I. Bataillon des FJ-Regiments 4, das den indischen Angriff nicht nur stoppte, sondern die Gurkhas zurückwarf.

Die neuseeländischen Divisionen, die den Klosterberg erstürmen sollten, konnten zwei Drittel des Ruinengeländes in Besitz nehmen. Doch in den übrigen Widerstandsnestern blieben die Fallschirmjäger. Hier waren es die Männer des I./FJ-Regiment 4 unter Major Rudolf Böhmler, die sich eisern hielten. In den ersten Morgenstunden des 17. März setzte Major Böhmler einen Stoßtrupp gegen die von den Indern besetzte Höhe 435 an. Der Stoßtrupp überraschte die Inder völlig. In einem entschlossenen Schlag warfen sie den Gegner von der Höhe hinunter. Im sofortigen Gegenstoß gelang es den Indern, mit zehnfacher Überlegenheit die Höhe den Fallschirmjägern abermals zu entreißen. Immerhin kämpften hier etwa 30 Fallschirmjäger gegen ein ganzes Gurkha-Bataillon. Völlig auf sich allein gestellt – die Verbindungen zum Regiment und zur Division waren abgebrochen –, hielt das Bataillon Böhmler den »Monte«. Als schließlich am anderen Tag das III. Bataillon des Panzer-Grenadier-Regiments 115 (der 90. Leichten Division) als Entsatz auf den Klosterberg kam, unternahm Major Böhmler mit seinen Männern einen Gegenstoß auf die Rocca Janule, die von Indern und Neuseeländern erobert worden war.

Dieser Angriff, mit zu geringen Kräften geführt, drang nicht durch. Zwar gelang es Oberleutnant Böhlein, Führer der 3. Kompanie des Bataillons, mit einigen seiner Männer in die Feindstellungen einzubrechen, doch er wurde wieder zurückgeworfen, und der gesamte Angriff blieb liegen.

Der alliierte Angriff war jedoch ein zweites Mal gestoppt. Aus London fragte wieder einmal mehr Winston Churchill an, was denn eigentlich dort los sei. Er könne jedenfalls nicht verstehen, daß General Alexander auf den Monte Cassino einhämmere, anstatt die Deutschen in der Flanke zu packen und endlich nach Rom zu marschieren. Ein Kriegsberichter der Stars and Stripes schrieb voller Empörung: »Wegen einer Handvoll Fallschirmjäger darf doch der Vormarsch nicht derart in die Länge gezogen werden.«

All dies änderte jedoch nichts an der Tatsache, daß es so war: Richard Heidrich setzte seine Division eben gekonnt ein, und jede Kampfgruppe der Division besaß erfahrene Kommandeure, die wußten, wie man einen Gegner hielt.

Ende März wurde die abgekämpfte 1. FJ-Division aus der Hauptkampflinie herausgelöst. Sie sollte eine Woche in Ruhestellung gehen. Doch daraus wurde nichts, weil nicht genügend Truppen zur Verfügung standen. Es gab nur drei Ruhetage, dann marschierten die Regimenter dieser Division – der ersten der Fallschirmtruppe überhaupt – wieder nach vorn. Das Regiment 4 unter Oberst Walther zog nach Cassino-Stadt und zum Klosterberg, den Major Böhmler verlassen hatte. Das Fallschirm-MG-Bataillon 1 wurde dem Regiment unterstellt.

Oberst Heilmann zog mit dem FJ-Regiment 3 ins Gebirge und besetzte den Calvarienberg, den Colle S. Angelo und den Monte Caira. Auf dem Monte Caira war Heilmann noch die Kampfgruppe Ruffin unterstellt, die sich aus Gebirgsjägern des Regiments 100 (der 5. Gebirgs-Division) und dem Hochgebirgs-Bataillon 4 zusammensetzte.

Oberst Karl-Lothar Schulz marschierte mit seinem Regiment als Divisionsreserve in die rückwärtigen Stellungen.

Inzwischen war jedoch die Aufstellung der 5. FJ-Division in Angriff genommen worden, und die drei Regimenter der Division Heidrich hatten jeweils ihr III. Bataillon für diese Neuaufstellung abgeben müssen und gingen stark geschwächt in die bevorstehende dritte Cassino-Schlacht.

Einer der entscheidenden Helfer in den beiden vorangegangenen Schlachten war Oberstleutnant Andrae gewesen, der mit seinem Werfer-Regiment 71 immer wieder mit mächtigen Feuerschlägen der Nebelwerfer-Batterien die Angriffe vor allem der Divisionen der Neuseeländer und Inder zum

Stehen gebracht hatte. Generalleutnant Heidrich setzte das Regiment an den entscheidenden Stellen der Front an.

Nach Ende der zweiten Cassino-Schlacht begann das Bergen der Verwundeten unter der Flagge des Roten Kreuzes in Cassino. Die Neuseeländer bargen ebenfalls ihre Verwundeten, und beide Seiten achteten die weiße Flagge in diesen Fällen. Als aber einmal die Neuseeländer die Rote-Kreuz-Flagge mißachteten und einen Trägertrupp gefangennahmen, um Gefangene für ihren Feindnachrichtendienst ausfragen zu können, bildeten in Cassino-Stadt die Pioniere einen Stoßtrupp und griffen mit Panzerfäusten jenes Haus am Fischmarkt an, in dem ein neuseeländischer Posten bemerkt worden war. Es stellte sich heraus, daß es Maoris waren, die nun in wilder Flucht durch die Trümmer rannten.

In den folgenden Nächten wurden von den Pionieren mehrere Stoßtruppunternehmungen durchgeführt. Auch der Gegner schickte Stoßtrupps in das Trümmergelände von Cassino-Stadt, und so entbrannten kurze, aber erbitterte Gefechte in den Ruinen und zerschossenen Stellungen. Im Hotel Continental hatten sich die Fallschirmjäger verbarrikadiert. Ein Maori-Bataillon, das sich im ehemaligen Botanischen Garten bereitstellte, griff von hier aus das Hotel an. Aber sie wurden immer wieder abgewiesen. Die wenigen Fallschirmjäger hielten durch. Einer der unermüdlichen Stoßtruppführer war Feldwebel Walter Werner, der immer wieder den Gegner aus den Ruinen warf. Er wurde am 9. Juni 1944 mit dem Ritterkreuz ausgezeichnet.

Generalleutnant Heidrich erließ am 26. März, wenige Tage nach Ende der zweiten Cassino-Schlacht, einen Tagesbefehl, in dem er insbesondere das Halten des Bataillonsstabs des II./ FJ-Regiment 3 gegen vielfache Übermacht würdigte. Aber auch die 1. Kompanie des Fallschirmpionier-Bataillons 1 unter Leutnant Cords wurde nicht vergessen, die in mehreren Gegenstößen und vielen Stoßtruppunternehmen dabei waren. Der Kernsatz dieser Würdigung lautete:

> »Es gab in Cassino fast kein Stoßtruppunternehmen, an dem nicht Flammenwerfertrupps, Sprengtrupps oder Faustpatronentrupps der 1./FschJägPi-Bataillon 1 teilgenommen haben...

Ich spreche der Kompanie für ihren heldenmütigen Einsatz und für ihr beispielhaftes Verhalten meine besondere Anerkennung aus. gez. Heidrich, Generalleutnant und Divisions-Kommandeur.«

Die dritte Cassino-Schlacht

Am 11. Mai 1944 begannen die dritte Schlacht um Cassino und der Durchbruch mit einem gewaltigen Artillerie-Feuerschlag aus 2000 Geschützen. Dessen Beginn um 23.00 Uhr wurde nach dem Zeitzeichen von BBC-London koordiniert. Vom oberen Rapidotal hinunter bis zur Küste sprangen gleichzeitig die Flammenwände der Abschüsse empor.

Wieder stand des FJ-Regiment 3 im Brennpunkt der Ereignisse. Mit seinem I. Bataillon verteidigte Major Böhmler die Höhe 593, den Calvarienberg. Böhmler wurde am Knie schwer verwundet und mußte zurückgeschafft werden. Generalleutnant Heidrich ließ die Verwundeten in Schützenpanzerwagen zurückfahren. Das gehörte zu jenen drei Maximen, die er selbst gesetzt hatte:

»Kameradschaft! – Können! – Korpsgeist!«

Alle Angriffe des II. polnischen Korps wurden abgewiesen. Die polnischen Karpathenjäger, eine tapfere Truppe, frisch und ausgeruht, schafften es nicht, die in den Trümmern haltenden Fallschirmjäger zu überwältigen, die ihnen an Zahl um ein Vielfaches unterlegen waren. Die 3. Kompanie des Bataillons Böhmler verteidigte gegen die 2. polnische Panzerbrigade. Die 1. Kompanie auf dem Calvarienberg wurde mehrfach von den Karpathenjägern überrannt. Aber stets rafften sich die Männer wieder auf und eroberten die Höhe zurück. Doch dann schien sich der Gegner für immer dort oben festgesetzt zu haben. Viermal stürmten die Reserven des II. und I./FJ-Regiment 3 gegen die Höhe an, ebensooft wurden sie abgewiesen.

Am Abend des 12. Mai aber wagte es Oberfeldwebel Karl Schmidt mit seinem Stoßtrupp der 14. Kompanie des Regiments. Mit seinen wenigen Kameraden stürmte Schmidt die Höhe empor, warf sich auf den Gegner und trieb ihn aus den

Löchern und Gräben hinaus. Karl Schmidt wurde hier zum Turm in der Schlacht. Er riß die entscheidende Höhe wieder an sich und verdiente sich das Deutsche Kreuz in Gold. Als der Kampf beendet war, hatte der Gegner noch die Stärke von einem Offizier und sieben Mann. General Anders, der Kommandierende General des II. polnischen Korps, mußte seine Truppen auf die Ausgangsstellungen zurücknehmen.

Bis zum 17. Mai dauerten die Kämpfe. Calvarienberg und Klosterberg blieben in deutscher Hand. Dennoch mußten beide am frühen Morgen des 18. Mai 1944 kampflos geräumt werden. Es war dem französischen Expeditionskorps mit einer marokkanischen und einer algerischen Division gelungen, durch das acrunische Gebirge durchzustoßen und die Straße Itri–Pico zu erreichen. Damit standen starke Kräfte 40 Kilometer nördlich der Cassino-Front, und die Fallschirmjäger waren so bereits zu zwei Dritteln umklammert. Dieser Vorstoß des französischen Generals Juin mit seinem Korps erzwang den Rückzug der deutschen Fallschirmjäger vom Monte Cassino.

Geschlossen, die Nachhuten kämpfend am Gegner, zogen sich die Kampfgruppen zurück. Im Morgengrauen des 18. Mai erreichten sie Piedemonte.

Nun übernahm Generalleutnant Heidrich die Führung des I. Fallschirmkorps. Oberst Karl-Lothar Schulz, der wenig später seine Beförderung zum Generalmajor erhielt, wurde Kommandeur der 1. Fallschirmjäger-Division. Er sollte sie in Italien in vielen weiteren Gefechten bis Kriegsschluß führen.

Diese Division ging schrittweise zurück und erreichte Ende August die Adria im Raum südlich Bologna.

Die letzten Kämpfe der Fallschirmjäger auf italienischem Boden begannen.

Bis zum bitteren Ende

Am 10. September 1944 begann in Italien die Großoffensive der 5. US-Armee, die auf Bologna zielte. Schon sah es so aus, als sei Bologna verloren, als auf den Hängen vor der Stadt die deutschen Fallschirmjäger auftauchten. Der Gegner wurde in erbitterten Einzelgefechten zerschlagen, und am 27. September wurde die Offensive der Amerikaner eingestellt.

Während die beiden Divisionen des I. Fallschirm-Korps, die 1. und 4. FJ-Division, in Italien weiterkämpften, standen seit Beginn der alliierten Invasion in der Normandie die 3. und 5. FJ-Division und das FJ-Regiment 6 unter Oberstleutnant von der Heydte ebenfalls in der Normandie im Einsatz. Folgen wir zunächst dem Weg der beiden auf italienischem Boden fechtenden Divisionen bis zum bitteren Ende.

Das I. Fallschirmkorps hatte während der Herbstschlacht in der Romagna unter Generalleutnant, dann General der Fallschirm-Truppe Heidrich immer wieder schwierigste Aufgaben zu lösen. Die Rückzugskämpfe über den Reno und den Panaro ließen Heidrichs geschickte Kampfführung spüren. Der General leitete von Bondeno aus diese Kämpfe. Nach wie vor hielt die 1. FJ-Division im Großraum Bologna.

Unter Generalmajor Trettner kämpfte die 4. FJ-Division bei Florenz und im Raum Rimini. Als auch sie den Raum Bologna erreichte, hatte General Heidrich sein Korps beisammen. Als von hier aus schließlich im April 1945 der Rückzug nach Norden angetreten werden mußte, stellten die Verbände des Korps am Po fest, daß es keine Übergänge gab und nichts für ihre Rückführung getan worden war.

General der Fallschirmtruppe Heidrich ließ am Vormittag des 23. April 1945 die Kommandeure seiner drei Divisionen, neben den Fallschirmjägergeneralen noch Generalleutnant Harry Hoppe, Kommandeur der 278. Infanterie-Division, zu sich rufen und gab ihnen einen erschütternden Lagebericht.

»Meine Herren, für den Übergang unserer Divisionen über den Po ist nichts getan worden. Ich muß Ihnen deshalb folgenden Befehl geben:

1. Das I. Fallschirmkorps setzt in der Nacht zum 24. April bei Felonica über den Po und verhindert am Nordufer das Übersetzen der nachdrängenden Feindtruppen.

2. Die 278. Infanterie-Division bildet zum Schutz des Übergangs an der Bahnlinie südlich Felonica einen Brückenkopf und übernimmt mit den zuerst übergesetzten Teilen den Schutz der rechten Korpsflanke an der Nahtstelle zur 14. Armee.

3. Alle noch verbliebenen Fahrzeuge sind zu verbrennen und in erster Linie noch kampfkräftige Teile über den Fluß zu bringen. Krankenkraftwagen mit Verwundeten haben Vorrang vor allen anderen Fahrzeugen. Autoreifen sind für die Nichtschwimmer abzumontieren.«

Niemand wußte, welch innerer Kampf diesem Befehl General Heidrichs vorausgegangen war. Das Übersetzen begann. Viele Soldaten, die versuchten, schwimmend den Fluß zu überqueren, fanden den Tod.

Der folgende Rückzug ist im Gedächtnis der Teilnehmer wie ein Alptraum zurückgeblieben. Immer wieder von Partisanenverbänden aus dem Hinterhalt beschossen, fanden viele Fallschirmjäger auf diesem letzten Weg den Tod. Am 2. Mai 1945 kam in Italien infolge der Sonderkapitulation auf diesem Kriegsschauplatz das Ende. General der Fallschirmtruppe Richard Heidrich erließ einen letzten Tagesbefehl an seine Fallschirmjäger:

»Wir haben bis zuletzt unsere Pflicht getan und fühlen uns nicht geschlagen. – Erhaltet Euch Euren Fallschirmjägergeist. Selbst wenn wir uns vorübergehend trennen müssen, so bleiben wir dennoch eine Gemeinschaft. Jeder von Euch muß wissen, daß die dunkelste Stunde unseres Volkes männliche Würde verlangt.

Gedenkt der gefallenen Kameraden, die für uns starben.« Drei Wochen lang lagen die in Kriegsgefangenschaft geratenen Verbände des I. Fallschirm-Korps im Trentino. Dann ging es über Rovereto und Verona ins Lager Ghedi. Von dort aus wurden die Fallschirmjäger in alle Winde verstreut.*

---

* General der Fallschirmtruppe Heidrich wurde als schwerkranker Mann im Jahre 1947 aus der Kriegsgefangenschaft entlassen. Am 22.12.1947 starb er im Versorgungslazarett Hamburg-Bergedorf. Seine Fallschirmjäger – einige über 100 km im Fußmarsch kommend – gaben ihm am 27.12.1947 das letzte Geleit.

Das Ende im Westen

Das Fallschirmjäger-Regiment 6 in der Normandie

Anfang Juni 1944 verlegte das FJ-Regiment 6 unter Führung von Major von der Heydte in die Normandie. Regimentsgefechtsstand wurde Carentan. Hier traf überraschend am Abend des 5. Juni General Student ein. Major von der Heydte war gerade in einen Nachbarabschnitt gefahren, um diesen zu inspizieren. Kurt Student führte nunmehr die Fallschirmarmee. Sein Dienstsitz war Nancy. Er hatte sein II. Fallschirmkorps unter Generalleutnant Meindl zur Abwehr einer bevorstehenden feindlichen Invasion bereitgestellt. Es waren dies die 3. und 5. FJ-Division.

Das II. Fallschirmkorps war von Generalmajor Meindl mit der 3. und 5. FJ-Division und den zugehörenden Korpseinheiten ab Dezember 1944 in der Aufstellung begriffen. Aufstellungsort war der Raum ostwärts Melun bei Paris gewesen. Hier trafen in der Sammelstelle des Korps täglich größere Transporte mit kriegsfreiwilligen Fallschirmjägern ein, die in der Heimat die Grundausbildung im Schnellverfahren durchlaufen hatten. Eugen Meindl, nun zum Generalleutnant befördert, begrüßte sie alle, die aus den Sprungschulen in Wittstock, Salzwedel, Kraljewo, Serbien und Dreux bei Paris kamen.

Kern der Divisionen bildeten die abgegebenen Abteilungen der 1. FJ-Division sowie die Restgruppen der Luftlande-Lehrabteilung und die Luftlande-Aufklärungs-Abteilung, die von Hauptmann Göttsche aufgestellt worden war.

Generalmajor Schimpf wurde Kommandeur der 3. FJ-Division.

General Student traf also im Gefechtsstand des Regiments von der Heydte nur den Ordonnanzoffizier an. Es gab ein schnell bereitetes Festmenü, und anschließend erklärte General Student seinen Jägern die Situation. Als er schied, sagte er noch im Fortgehen zwei Worte:

»Seid wachsam!«

In der kommenden Nacht war es soweit. In einer bis dahin noch nie zuvor erlebten Massierung von Schiffen, Flugzeugen und Soldaten begann die Invasion an der französischen Atlantikküste. Sie leitete einen wochenlang andauernden Kampf der Fallschirmjäger ein.

Beim FJ-Regiment 6 sprangen im Stützpunktbereich feindliche Fallschirmjäger ab. Oberfeldwebel Pelz nahm einen Major, zwei Hauptleute, einen Leutnant und 73 Soldaten gefangen, als er mit einem kleinen Stoßtrupp das Gelände nach dem Alarm abkämmte. In den frühen Morgenstunden des 6. Juni fuhr Major von der Heydte nach Carentan, um die Gefangenen zu befragen. Es waren Angehörige der 101. Luftlande-Division der USA, und zwar vom Regiment 501. Er meldete dem Ia des LXXXVI. Armeekorps, daß dies sicher die Invasion sei.

Um 9.00 Uhr stand Major von der Heydte bei St. Côme du Monts, 15 Kilometer landeinwärts, und sah durch sein Fernglas vor der Küste eine riesige Invasionsflotte, die hier, im Landeabschnitt Utah, stand und die Küste beschoß.

In einem Angriff über St. Marie du Mont und Turqueville versuchte Major von der Heydte mit seinem Regiment die Küste zu erreichen. Dem I. Bataillon gelang der Durchstoß bis St. Marie du Mont. Das II. Bataillon, das bei Turqueville eindrehen und über den Damm durch das Überschwemmungsgebiet durchstoßen sollte, wurde von starkem Feindfeuer bei St. Mère Eglise gestoppt. Hauptmann Mager, der Bataillonskommandeur, ließ sofort melden, und der Regimentskommandeur befahl ihm, nicht einzudrehen, sondern St. Mère Eglise anzugreifen und die Stadt, die sonst zu einer ständigen Flankenbedrohung werden würde, zu erobern. Dieser Angriff blieb liegen. Es gab schwere Verluste, und am Morgen richtete sich dieses Bataillon in den erreichten Stellungen zur Verteidigung ein. In diesen neuen Stellungen, wo sich das I. Bataillon ebenfalls eingrub, bildete das FJ-Regiment 6 einen Sicherungsriegel an der »Haustür zur Halbinsel Cotentin«. Es verteidigte einen Geländestreifen von 20 Kilometern Breite und 15 Kilometern Tiefe.

Der Feind vor der Front des Regiments verstärkte sich täglich. Teile des Regiments wurden eingeschlossen und wieder in schnellen Gegenstößen freigeschlagen. Als US-Panzer den Regimentsgefechtsstand angriffen, standen von der Heydte nur noch der Radfahrzug und einige Schreiber zur Verfügung. Hauptfeldwebel Bräu übernahm mit Funkern, Meldern und Schreibern die Nahsicherung.

Die Sherman-Panzer, die sich inzwischen dicht an den Gefechtsstand herangearbeitet hatten, wurden im Nahkampf mit Sprengmitteln vernichtet.

Die Fallschirmjäger wurden eingeschlossen. Sie durchwateten Sümpfe, schwammen durch Flüsse und kämpften mit ihren Handwaffen einen hundertfach stärker armierten Gegner nieder. Major von der Heydte, den Arm infolge der Nervenquetschungen immer noch in der Schlinge, führte seine Soldaten trotz der starken Schmerzen weiter an. Seine Zuversicht übertrug sich auf den letzten Jäger.

Am Abend des 8. Juni mußte das Regiment auf den Ost- und Nordrand von Carentan zurückweichen. Es bildete an der Nationalstraße 13, zwischen den beiden sich bildenden US-Brückenköpfen, einen Sperr-Riegel. Carentan, Brückenkopf der Fallschirmjäger und der im Norden stehenden Truppen, wurde hart umkämpft. Immer wieder versuchte der Gegner, sich der Halbinsel zu bemächtigen. Die Fallschirmjäger schlugen jeden Angriff zurück, bis die Munition zur Neige ging. Die 101. US-Luftlande-Division wurde zerschlagen. Aber als die letzten Männer des I. Bataillons zum Gefechtsstand des Regiments durchbrachen, brachten sie die Meldung von der Vernichtung des 700 Mann starken Bataillons mit.

Am Mittag des 10. Juni wurde von der Heydte zur Übergabe aufgefordert. Als der Parlamentär gerade wieder aufgebrochen war, tauchten die über Funk angeforderten Ju 52 mit Verpflegungs- und Munitionsbomben auf und warfen die notwendige Munition ab, die geborgen werden konnte.

Am Ortsrand von Carentan und am neuen Gefechtsstand bei Pommenauque kämpften ein letztes Mal Fallschirmjäger gegen Fallschirmjäger. Hier war es Leutnant Brunnklaus, der mit seiner kleinen Kampfgruppe besonders große Abwehrleistungen erbrachte und den Gegner mehrfach abwies. Beim letzten Ansturm fiel der Leutnant im Abwehrkampf.

Am 11. Juni 1944 meldete der Wehrmachtsbericht:

»Bei den schweren Kämpfen im feindlichen Landekopf und bei der Vernichtung der im Hintergelände abgesetzten feindlichen Fallschirm- und Luftlandetruppen hat sich das Fallschirmjäger-Regiment 6 unter Major von der Heydte besonders ausgezeichnet.«

Am 11. Juni um 17.00 Uhr mußte Major von der Heydte Carentan räumen und mit seinem Regiment auf vorbereitete Stellungen zurückgehen. Noch einmal kämpften sich die Fallschirmjäger bis zum Hotel du Commerce und zum Bahnhof von Carentan vor. Aber am nächsten Tag mußte auch dieser letzte Brückenkopf endgültig aufgegeben werden.

Bis zum 27. Juli kämpfte Friedrich August von der Heydte, nun zum Oberstleutnant befördert, beiderseits der Straße von Carentan nach Perier. Hier gelang dem Regiment noch ein Husarenstreich, als es der Radfahrkompanie mit 20 Mann auf Rädern und einem geliehenen Panzer, möglich war, ein US-Infanterie-Bataillon überfallartig anzugreifen. Dreizehn Offiziere und 600 US-Soldaten wurden gefangengenommen.

Nach dem Durchbruch der US-Truppen bei St. Lô ging das Regiment von der Heydte im Rahmen des Verbandes einer Waffen-SS-Division aus dem Kessel von Coutances nach Süden und erreichte bis zum 30. Juli bei Garray die Stellungen der 353. Infanterie-Division. Damit hatte es Freiherr von der Heydte geschafft und seine Fallschirmjäger vor der drohenden Gefangenschaft bewahrt.

Am 12. August wurde das FJ-Regiment 6 nach einem letzten Einsatz nordwestlich von Vire aus der Front gezogen. 3000 Soldaten und Offiziere aber fehlten. Sie waren gefallen, verwundet oder in Gefangenschaft geraten. Das Regiment wurde nach Güstrow verlegt, neu aufgefüllt und danach in den nordbelgischen Raum und nach Südholland geschickt, um dort für Feuerwehreinsätze der Heeresgruppe zur Verfügung zu stehen.

Das FJ-Regiment 9 der 3. FJ-Division wurde bereits Anfang Mai 1944 auf die Höhen des Mont d'Arree verlegt. Hier gaben die Handsirenen am 6. Juni 1944 um 1.00 Uhr Alarm. Gegen 8.00 Uhr erging von der Divisionsführung der Befehl, daß das I./FJ-Regiment 9 unter Major Alpers mit zwei Kompanien des Regiments 8 und einer Sanitätseinheit sofort in das Landegebiet in der Normandie zu verlegen habe. In der Morgendämmerung des nächsten Tages erreichte diese Kampfgruppe die Ortschaft Romangne.

Am nächsten Tag war Campeaux erreicht. Hier hörten die Fallschirmjäger in der Morgenmeldung folgenden Wehrmachtsbericht:

»Während an der Ostfront starke Abwehrkämpfe toben, erfolgte in den Morgenstunden des 6. Juni 1944 die alliierte See- und Luftlandung in der Normandie in Frankreich. Hier kämpft mit anderen Infanterie-Divisionen und der Waffen-SS das II. Fallschirmjäger-Korps unter Führung des Generals Meindl mit der 3. und 5. Fallschirmjäger-Division.«

Erst am 12. Juni wurde die Kampfgruppe Alpers eingesetzt. Der erste Artillerie-Feuerüberfall paukte auf die Fallschirmjäger herunter. Als die Amerikaner bei der 3. Kompanie in Zugstärke einbrachen, wurde die 1. Kompanie unter Oberleutnant Moser eingesetzt. Die anrückende Kompanie wurde von einem Hagel von Explosivgeschossen empfangen. Zwei Verwundete kamen ihnen entgegen. Der eine, Leutnant Schröder, war nur am Arm verwundet. Er führte den schwerverwundeten Kompaniechef der Dritten, Oberleutnant Schlöhmann. Die Werfer der Kampfgruppe schossen sich auf die gegnerischen MG-Nester ein und brachten eines nach dem anderen zum Schweigen. Dann wurde im entschlossenen Antritt der Einbruch bereinigt.

Beim Stellungswechsel in die Front neben der 4. Kompanie wurden mehrere Fallschirmjäger von Scharfschützen verwundet. Als der erste Einsatztag zu Ende ging, hatte die Kampfgruppe Alpers 58 Soldaten verloren, davon elf durch den Tod. Bis zum 15. Juni folgten keine größeren Feindangriffe mehr. Aber am 16. Juni um 5.00 Uhr setzte ein starker Feuerschlag ein, der über zwei Stunden andauerte. Dann verlegte die Feuerwalze weiter rückwärts, und die US-Sturmgruppen traten an. Bis auf zehn Meter kamen sie im Bereich der Ersten an die eigenen Stellungen heran. Es sah so aus, als sollte ihnen der Einbruch hier glücken. In letzter Sekunde tauchten zwei Pioniergruppen mit Flammenwerfern auf. Ihre Flammstrahlen schlugen mitten in die Gruppen der Amerikaner, die schreiend auseinanderliefen und sich am Boden wälzten. Es war ein fürchterliches Bild, und die gellenden Schreie der Brennenden hallten noch durch das Getöse der über die Front hinwegjagenden Jagdbomber, die ihre Raketenbomben warfen und aus Kanonen und MG auf die deutschen Stellungen schossen.

Der Angriff wurde abgewiesen. Die 1. Kompanie hatte 32 Mann verloren. Die 2. Kompanie war mit 29 Toten und Verwundeten etwas glimpflicher davongekommen, während die 3. Kompanie 24 Mann durch Verwundung und Tod verlor. Hier war es Leutnant Horst Ansorge, der mit Ofenrohr und Panzerfaust zwei Feindpanzer abschoß. Als er wieder sein Ofenrohr laden wollte, schoß ein Panzer auf ihn. Die Granate schlug dicht vor dem Leutnant in einen Steinhaufen hinein und detonierte. Der Zündkopf schlug dem Leutnant durch den Oberarm in die Schulter. Dennoch führte er, auf einer Tragbahre liegend, den Abwehrkampf weiter, bis der Angriff abgeschlagen war. Dann wurde er zurückgebracht.

Die 4. Kompanie war mit »nur« 13 Verwundeten und Toten davongekommen. Als der Angriff um 11.00 Uhr abgewiesen war, zählte der Schreiber der Kampfgruppe die Verluste zusammen: Es standen 28 Tote, 71 Verwundete, ein Gefangener und zwei Vermißte, insgesamt 102 Mann auf der Liste.

Dieser Angriff wurde am 20. Juni wiederholt. Diesmal waren die Fallschirmjäger in einer ebenso schwierigen Situation, aber der Gegner griff nicht mehr so elanvoll an. Am Ende waren 38 Tote und Verwundete zu beklagen. Nach dem Angriff erschien Generalmajor Schimpf auf dem Gefechtsstand von Major Alpers und beglückwünschte ihn zu dieser großartigen Abwehrleistung. Er bat darum, am Abend den Wehrmachtsbericht einzuschalten.

Dieser lautete:

»Nordostwärts von St. Lô wurde nach Gegenstoß der Einbruch vom Vortage bereinigt. Hier hat sich die 3. Fallschirmjäger-Division von Generalleutnant Schimpf besonders hervorgetan.«

Wie aber sah die große Lage beim II. Fallschirmkorps aus? Und was war mit der 2. Fallschirmjäger-Division?

Das II. Fallschirmkorps in der Normandie

Nach der alliierten Invasion wurde das Korps, da es noch nicht voll aufgestellt war, dem LXXXIV. Armeekorps unterstellt und aus beiden Korps eine Armeegruppe geschaffen. Die 3. FJ-Division unter Generalleutnant Schimpf stand am Eckpfeiler St. Lô, wo US-Truppen – auf der Gegenseite wurden die 29., die 35. und 2. US-Infanterie-Division und die 2. US-Panzer-Division »Tigerkopf« festgestellt – versuchten, die Fallschirmjäger von Osten her zu umfassen und einzukesseln.

Das soeben aus der Heimat kommende FJ-Regiment 15 unter Oberst Gröschke wurde sofort in den Abwehrkampf geworfen. Es kämpfte gegen die 90. texanische Division.

Doch zurück zur 3. FJ-Division unter Generalleutnant Schimpf. Hier war es das Regiment 9 unter Major Stephani, das im Brennpunkt stand. Täglich fuhr Major Stephani in Begleitung seines Ordonnanzoffiziers, Leutnant Klaus Meindl, und einigen Meldern in die einzelnen Stellungen.

Nach schweren Kampftagen wurde der letzte Juni-Tag für das I. Bataillon zu einem Krisentag. Bereits tags zuvor war ein US-Einbruch bei einem Nachbarregiment Anlaß zu einem Gegenstoß der Ersten gewesen, den Oberleutnant Moser, mit einem Bein bereits im Urlauberzug, mit seiner 1. Kompanie besorgen sollte. Als sie in den Feuerbereich der US-Waffen gelangten, schlug der Kompanie ein mörderisches Abwehrfeuer entgegen. Von drei Seiten wurde sie mit Werfergranaten und Explosivgeschossen eingedeckt.

Auf der Flanke, mit Stoßrichtung St. Georges-de-Elle, griff das II. Bataillon schwungvoll an. Die 2. Kompanie des I. Bataillons hat sich neben die Erste geschoben, um sie im Sturm zu unterstützen. Als letzte schickte Major Stephani die Männer des Kradschützenzuges vor. Ein Ofenrohrtrupp der 14. Kompanie wurde zur Bekämpfung der auftauchenden Feindpanzer vorgeworfen. Es kamen zwei Gruppen, die nacheinander sieben Panzer abschossen. Oberjäger Bragiato, einer der Truppführer der Ofenrohrgruppen, wurde beim Abschuß eines Feindpanzers von einem zweiten getroffen und starb mit einem Splitter in der linken Brustseite. Bereits dieser Kampftag hatte 57 weitere Verluste bedeutet.

Doch der 30. Juni war wohl der schlimmste Tag im Leben der Kampfgruppe Alpers. Als dieser Kampf mit Sonnenuntergang zu Ende ging, hatte die Gruppe die bisher schwersten Verluste erlitten. 125 Fallschirmjäger hatten diesen Tag mit schwerer Verwundung oder Tod bezahlt. Vom Regimentsgefechtsstand brachte ein Melder am Abend den Wehrmachtsbericht mit:

»In den schweren Abwehrkämpfen im Raume St. Lô und Lessay haben sich in den letzten Wochen in Abwehr und Gegenangriffen das FJR 5 unter Major Becker,
das FJR 9 unter Major Stephani und
das FJR 15 unter Oberstleutnant Gröschke
besonders hervorgetan und ausgezeichnet.«

Das FJ-Regiment 15 war Korpsreserve und stand in einem erbitterten Ringen auf dem Mont Castre, nördlich von Lessay im Abwehrkampf.

Am 14. Juli fiel an der Spitze seines Regiments 13 Major von der Schulenburg.

Als die Amerikaner mit der 1. US-Armee ostwärts der Vire auf St. Lô antraten, warf General Meindl ihnen das gesamte Korps entgegen und hielt den Gegner auf.

Die 5. FJ-Division wurde innerhalb weniger Tage durch gewaltige Luftangriffe dezimiert. Aber sie gliederte sich gut in die Abwehrfront des Korps ein, nachdem sie vorher nur verzettelt zum Einsatz gekommen war und schwere Verluste erlitten hatte.

Die Kampfgruppe Heintz, Soldaten der FJ-Regimenter 13

und 14, wurden bei dem überschweren US-Luftangriff am 26. Juli stark angeschlagen. Drei Tage und Nächte setzte General Meindl das Korps bis zum letzten Melder ein, und auch das Reserve-Regiment 15 trat in den Kampf. Doch schließlich gelang dem Gegner der Ausbruch aus der Enge des Landekopfes.

Major Noster hatte das Regiment 14 im Raum Marigny fest in der Hand, auch wenn es hier keine durchgehende Front mehr gab. Die Fallschirmaufklärer-Abteilung 12 unter Hauptmann Göttsche verhinderte am Wegekreuz Le Mesnil–Herman die Gefangennahme des Stabes der 325. Infanterie-Division und schoß bei diesem Kampf zwölf Sherman-Panzer ab.

Es war ein Lichtblick in diesen düsteren Kämpfen, als es der 3. FJ-Division am 1. August gelang, den Gegner auf Torigny sur Vire zurückzudrängen.

Bis zum 19. August dauerten die Absetzbewegungen des Korps Meindl. Eugen Meindl, am 1. August zum General der Fallschirmtruppe befördert, erlebte alle schweren Kämpfe seines Korps mit an der Front. Bis zum 20. August wurden von diesem Korps 606 Feindpanzer abgeschossen, überwiegend im Nahkampf. Mit Karabinern gelang der Abschuß von 75 Flugzeugen.

Am 29. August wurde das II. Fallschirmkorps aus der Front herausgezogen. Aber noch einmal mußte die 3. FJ-Division als Nachhut für die 5. und 7. Armee eingesetzt werden. Bei diesem Einsatz wurde am 4. September 1944 bei Mons der Großteil der Division gefangengenommen.

Die 2. Fallschirmjäger-Division im Kampf in der Normandie

Nach ihrer Rückkehr aus Rußland nach Köln-Wahn versuchten General Ramcke und sein Ia, Major Herbert Schmidt, die zerschlagene und durch Abgaben zur Neuaufstellung neuer Regimenter geschwächte Division rasch auf den Beststand zurückzubringen.

Nach Beginn der Invasion wartete General Ramcke jeden Tag auf die Verlegung der Division nach Frankreich. Aber erst am 11. Juni erhielt er einen Telefonanruf aus Nancy vom Ia der Fallschirmjäger-Armee:

»Herr General, der Oberbefehlshaber der Fallschirmarmee läßt Sie hierdurch bitten, sich morgen vormittag in Nancy beim Oberkommando zu melden.«

»Danke, ich werde rechtzeitig hier wegfliegen«, erwiderte Ramcke. Der Stabsoffizier räusperte sich.

»Herr General, die Benutzung von Flugzeugen ist mit Rücksicht auf die Gefahr, von feindlichen Jagdbombern abgeschossen zu werden, verboten.«

Ramcke bestätigte, daß er mit dem Wagen fahren werde. Er dachte nach. Seit dem 6. Juni rollte die angloamerikanische Invasion. Wieder einmal mehr war der Plan von Generaloberst Student, mit den Fallschirmjägern einzugreifen, verworfen worden, obgleich er gute Aussicht auf Erfolg versprach. Student hatte lange vor der Invasion vorgeschlagen, die Divisionen 1 und 4 aus Italien und die Division 2 rechtzeitig aus Rußland herauszuziehen, sie für einen sofortigen Gegenschlag an der Westfront bereitzustellen und bei einer Invasion mit ihnen in den landenden Gegner hineinzustoßen. Das Oberkommando der Wehrmacht war einmal mehr dagegengewesen.

In den frühen Morgenstunden des 12. Juni fuhr General Ramcke mit einem Ordonnanzoffizier und einigen Männern des Stabes nach Nancy.

»Ich freue mich, daß Sie heil durchgekommen sind, Ramcke!« empfing ihn Generaloberst Student.

»Ich bitte um Bekanntgabe meiner neuen Verwendung, Herr Generaloberst!« lautete Ramckes Erwiderung.

»Die 2. Fallschirmjäger-Division verlegt sofort zur weiteren Aufstellung und Ausbildung in die Bretagne. Sie haben gleichzeitig die Aufgabe, die Festung Brest gegen feindliche Luftlandungen zu schützen. Alles Nähere erfahren Sie beim bodenständigen Generalkommando XXV in Pontivy. Ich habe bereits heute früh das Vorkommando Ihrer Division unter Führung Ihres Ia, Major Schmidt, nach Vannes in Marsch gesetzt. Schmidt hat Weisung, zu Ihnen nach Vannes zu kommen. Die ersten Transporte der Division laufen am nächsten Morgen aus Köln-Wahn ab. Fahren Sie morgen selbst in die Bretagne und klären Sie die Unterbringungsfrage mit dem Oberquartiermeister.«

Generaloberst Student hatte, wie das seine Art war, alles Notwendige bereits veranlaßt.

Am 16. Juni traf Ramcke den Kommandierenden General des XXV. Armeekorps, Generalleutnant von Choltitz. Mit ihm besprach er den taktischen Einsatz der Division bei Brest.

Noch am selben Tag bezog er ein Quartier in Landevisiau, einer kleinen Stadt an der Elorne, die in die Reede von Brest mündet. Drei Tage darauf siedelte er nach Lampaul über. Damit lag der Divisionsstab 25 Kilometer von Brest entfernt.

Nach der persönlichen Geländeerkundung setzte Bernhard Hermann Ramcke das FJ-Regiment 2 im Raum Chateaulin, das Regiment 7 im Abschnitt Zizun und die Pioniere des Divisions-Pionier-Bataillons in der Bucht von Douarnenez ein.

In den nächsten Tagen, als die Division eingetroffen war und ihre Ausbildung fortsetzte, häuften sich die Sabotageakte. Im Bereich des FJ-Regiments 7 wurden drei Sanitätssoldaten von Partisanen überfallen, ermordet und ausgeplündert, obgleich sie die Rotekreuz-Armbinde trugen. Ihre nackten verstümmelten Leichen fand man im Straßengraben. Die Täter wurden entdeckt und standrechtlich erschossen, wie das Kriegsgesetz dieses vorschreibt. Es waren Sohn und Neffe des Bauern Cavaloc. Der Bauer selbst wurde – da man ihm nichts nachweisen konnte – aufgrund besonderer Fürsprache von Hauptmann Kamitschek freigesprochen und entlassen.

Anfang Juli ließ General Ramcke alle Bürgermeister, Pfarrer und Lehrer des Gebietes zu sich nach Landevisiau kommen. Es waren über 200 Männer. Ihnen erklärte er, daß er jeden Sabotageakt nach den Kriegsgesetzen bestrafen müsse und daß solche Akte die Kampfkraft der deutschen Wehrmacht in keiner Weise einschränkten, wie man zu glauben scheine. Er appellierte an die Vernunft der Versammelten und bat sie, mäßigend auf die Maquisards einzuwirken, dann hätten sie nicht das geringste von der 2. Fallschirmjäger-Division zu befürchten.

Es trat tatsächlich eine gewisse Beruhigung ein. Dennoch

wurden zwischen dem 29. Juli und dem 12. August 50 Fallschirmjäger von Freischärlern und Heckenschützen hinterrücks erschossen. Über 200 wurden verwundet, von mehr als hundert fehlt seit dieser Zeit jede Spur.

Ende Juli wurden das FJ-Regiment 2 unter Oberst Kroh und das FJ-Regiment 7 unter Oberst Pietzonka von starken US-Panzerstreitkräften angegriffen, die sich auf dem Durchstoß nach Brest befanden, nachdem ihnen bei Avranches der Durchbruch geglückt war.

Von den Höhen der Comana aus leitete General Ramcke den Abwehrkampf seiner Division. Es gelang ihm stets rechtzeitig, seine Pak in die gefährdeten Abschnitte zu schaffen.

Die Fallschirmjäger aber kämpften mit Panzerfaust und Panzerschreck (dem Ofenrohr) gegen die anrollenden Feindpanzer. Ein Gefreiter schoß binnen zwei Minuten zwei Sherman-Panzer ab. Er erhielt auf dem Gefechtsfeld von General Ramcke das E.K. I.

Drei Tage versuchten die Amerikaner, die Monts d'Arree zu erstürmen. Dann war ihre Angriffskraft erschöpft. 32 ihrer Panzer lagen auf dem Gefechtsfeld zerstreut. Da Oberst Pietzonka an diesem Erfolg vor allen anderen Anteil hatte, erhielt er das Ritterkreuz.

Von der Fallschirmarmee erhielt Ramcke Befehl, nach Brest einzurücken. Dieser Befehl traf in letzter Sekunde ein, denn am 7. August waren die US-Truppen des Korps Middleton bereits bis Lesneven vorgestoßen, und von dort bis Brest waren es nur noch 22 Kilometer. Sie drangen, ehe die 2. FJ-Division zur Stelle war, kampflos bis nach Guipavas vor, und am 8. August forderten US-Parlamentäre den Kommandanten von Brest, Oberst von Mosel, zur Übergabe auf. Dieser lehnte ab.

Einen Tag später erreichten die Fallschirmjäger das Vorfeld der Festung und richteten sich dort ein. Am 12. August wurde Bernhard Hermann Ramcke durch OKW-Befehl zum Kommandanten des gesamten Festungsbereichs ernannt.

An diesem Tag erlebte Brest einen gewaltigen Luftangriff. General Ramcke, der sich um die Zivilbevölkerung der Stadt sorgte, erwirkte auf dem Funkweg bei General Middleton, dem Kommandierenden General des VIII. US-Armeekorps, einen Waffenstillstand, der an vier aufeinanderfolgenden Tagen von 8.00 bis 11.00 Uhr gelten sollte. Während dieser Zeit wurden auf vier freien Abzugsstraßen die Zivilisten auf Lastwagen aus der Stadt gefahren. Die nicht transportfähigen Kranken wurden in den Hospitalstollen getragen.

Brest war nun eingeschlossene Festung. General Ramcke errichtete seinen Gefechtsstand auf der Halbinsel Crozon. Danach schickte Ramcke einen Parlamentär zu General Middleton. Dieser überreicht dem US-General eine Karte, in die sämtliche Lazarette eingetragen waren, und bat um deren Schonung. Er bat ferner darum, das Lazarettdorf Le Fret nahe dem Kap Espagnol als neutrale Zone anzuerkennen. Dort würden dann auch die US-Gefangenen untergebracht, damit ihnen nichts mehr geschehe. Damit hatte General Ramcke das in seiner Lage nur Menschenmögliche getan – mehr als jeder andere Festungskommandant, auf welcher Seite er auch immer gestanden haben mochte, je getan hatte.

Am 26. August eröffneten die Amerikaner den Angriff auf die Festung mit starkem Trommelfeuer, das im Abschnitt des I./FJ-Regiment 7 niederging. Das brachte den Divisionsstab unter Oberstleutnant Moeller als Ia und Hauptmann Dr. Hoven als Ic zu dem Schluß, daß der Gegner bei Gouesnou angreifen würde.

Mit seinem Fahrer Dietinger und Hauptmann Kamitschek fuhr General Ramcke in die bedrohte Stellung, wo ihn Major Hamer, der Kommandeur dieses Bataillons, bereits erwartete.

Als sie den vorgeschobenen Beobachtungsstand erreichten, konnten sie durch das Scherenfernrohr bereits die heranrollenden Feindpanzer erkennen. Major Hamer erklärte Ramcke, daß in der vordersten Stellung alte Fallschirmjäger in Panzerdeckungslöchern hockten, sich überrollen lassen und dann die Panzer mit Sprengmitteln und Panzerfäusten vernichten würden.

Major Hamer hatte auch bereits die Gegenstoßreserve bereitgestellt und hielt schwere Waffen und eine Eingreifkompanie in Reserve.

Der Divisionskommandeur war es zufrieden. Das waren

seine Fallschirmjäger, die den Erfordernissen entsprechend selbständig handelten.

Als die vorderste Infanteriewelle des Gegners nach dem Vorverlegen der Feuerwalze antrat, lag alles bereit. Die Panzer rollten heran, durchstießen die ersten Stellungen. Major Hamer hob die Leuchtpistole und schoß das vereinbarte Signal.

Mit einem Schlag eröffneten die bis dahin schweigenden Abwehrwaffen das Feuer. Aus 8,8-cm-Flak und 7,5-cm-Pak, aus Feldgeschützen und Fallschirmwaffen peitschten die Mündungsflammen. Die ersten Feindpanzer wurden von dieser Salve voll getroffen und blieben liegen. Einer barst in mächtigen Munitionsdetonationen auseinander, ein anderer qualmte, aus einem dritten retteten sich verwundete Panzermänner. Die nachfolgenden Mannschaftstransportwagen wurden mit Panzerfäusten auseinandergeschossen. Die überrollten Fallschirmjäger tauchten aus den Panzer- und Einmannlöchern auf, brachten die Panzerfäuste in Anschlag und feuerten sie ab.

In diesem wilden Getöse befahl Major Hamer das Antreten der Gegenstoßreserve. Die Männer dieser Gruppe fielen in die Flanke des Angriffskeils hinein und schossen sich einen Weg hindurch. Es war ein Kampf, wie ihn die Bretagne noch nie gesehen hatte und hoffentlich auch nie wieder sehen würde. Der Gegner wurde weich, blieb liegen, floh in panischem Entsetzen zurück. Über 500 Gefangene aber blieben allein in den Händen der Soldaten des Bataillons Hamer.

Unmittelbar vor diesem Abwehrerfolg hatte ein Ereignis stattgefunden, das hier eingeblendet werden soll, weil es in typischer Fallschirmjäger-Manier im Rücken des Gegners, mitten in die Zentrale der feindlichen Maquisards hinein, erfolgte.

Einem Oberjäger des bei Huelgoat gefangengenommenen Teils des II./FJ-Regiment 2 war es gelungen, aus den Händen der Maquisards zu entkommen und sich nach Brest durchzuschlagen. Sie hatten ihn freigelassen, um durch ihn ein Ultimatum überbringen zu lassen. Er meldete Oberst Kroh, daß sich noch weit über hundert Kameraden in einer Schule des Dorfes Braspart in der Hand der Organisation Franctireurs et Partisans befänden. Sie würden jeden Tag neu gequält, und ihr Tod sei nur noch eine Frage der Zeit.

Oberst Kroh ließ sofort Major Ewald rufen, der das II. Bataillon des FJ-Regiments 2 führte. Er befragte ihn, wer in Frage komme, die Kameraden zu befreien. Und Ewald nannte nur einen Namen:

»Lepkowski, Herr Oberst!«

Leutnant Lepkowski wurde in den Gefechtsstand des Divisionskommandeurs befohlen. Als er dort eintraf, war auch General Ramcke zur Stelle. Oberst Kroh bat alle an die Übersichtskarte und begann:

»Also, Lepkowski, die Sache ist folgende: Bei Huelgoat sind ungefähr 130 unserer Fallschirmjäger des Bataillons Becker in die Hand der Maquisards gefallen. Heute ist einer von ihnen zurückgekommen. Er bringt die Nachricht mit, daß unsere Kameraden erschossen werden, wenn wir nicht binnen 48 Stunden Brest übergeben.«

»Wir holen die Kameraden dort raus, Herr Oberst!« erwiderte Lepkowski sofort.

»Gut, wir haben es gehofft, daß Sie sich melden würden. Die Gefangenen befinden sich in Braspart, einem Dorf 60 Kilometer hinter unserer Hauptkampflinie. Das heißt, daß Sie, um dorthin zu gelangen, auch durch die feindlichen Umklammerungslinien fahren müssen. Danach haben Sie diese Dörfer hier zu durchfahren, ehe Sie in Braspart sind. Also keine einfache Sache. Vor allem müssen Sie dann durch die sicherlich nach dem Handstreich alarmierten Dörfer zurück.«

»Ich übernehme den Auftrag, Herr Oberst.«

»Dann bereiten Sie alles vor. Beginn des Unternehmens 24.00 Uhr. 40 Jäger sind von Ihnen auszusuchen – Freiwillige! Die Fahrzeuge und Waffen werden gestellt und zugeführt. Die Division startet an anderer Stelle einen Scheinangriff, um die Amerikaner abzulenken.«

Als der Feuerschlag der Festungsartillerie begann, heulten die Motoren der Wagen, des Panzerspähwagens und der 2-cm-FlaMW-Selbstfahr-Lafette auf. An der Spitze der Kolonne hockte Leutnant Lepkowski im Spähwagen. Als der Zeiger seiner Uhr auf die volle Stunde sprang, gab er den Befehl zum Abrollen.

Der tollste Husarenstreich in der Geschichte der Fallschirmtruppe nahm seinen Anfang. Es ging zunächst mitten durch das von Granattrichtern übersäte Buschgelände, dann durch ein Erlenwäldchen. Die Motorengeräusche dieser Kolonne gingen unter im Gehämmer der schweren Waffen.

Erst als die Kolonne eine US-Straßensperre erreichte, wurde sie von zwei MPi aufgehalten.

»Vollgas. – Feuer frei!« befahl Lepkowski.

Das Spähfahrzeug rollte schneller. Aus seinem MG hackte ein Feuerstoß und ließ die beiden Amerikaner in Deckung springen. Die leichte Straßensperre wurde durchbrochen, und in schneller Fahrt rollte der Wagenpulk weiter.

Das erste Dorf tauchte auf. Am Ortsrand standen Partisanen der Les Diables Bleus. Eine Pak begann zu feuern, als das Balkenkreuz am Spähwagen erkannt wurde. Der dahinter fahrende Zwei-Zentimeter-Zwilling schoß die Pak im Fahren zusammen. Als sie die Bürgermeisterei erreichten, ließ Lepkowski halten. Er sprang hinaus und stürmte mit dem Kompanietrupp ins Haus. Die Telefonkästen wurden zertrümmert, die Drähte durchschnitten. Drei Maquisards, die auf sie schossen, wurden gefangengenommen, und schon ging es weiter.

Um die nächsten beiden Dörfer wurde ein Bogen geschlagen, für den Fall, daß man dort bereits Nachricht erhalten hatte. Bei der vierten Ortschaft tauchte eine Panzersperre im Blickfeld auf. Aber bald war ein Durchschlupf freigemacht, und die Kolonne rollte hindurch. Die vierzig Fallschirmjäger aus der Kompanie Lepkowski saßen mit den Waffen in den Fäusten auf den Lastwagen, bereit, beim ersten Pfiff des Leutnants hinunterzuspringen und sich den Weg freizukämpfen zu den 130 todgeweihten Kameraden.

Rechts: Generalleutnant Heidrich (links) mit Oberst Heilmann bei Cassino

Unten: Gegenstoß der Fallschirm-pioniere in Cassino-Stadt

Oben: Die zerstörte Abtei Monte Cassino, in der sich das Bataillon Böhmler verteidigte

Links: Karl Lothar Schulz, der Verteidiger des »Monte«, in der ersten Cassino-Schlacht

Generalfeldmarschall Rommel (links) in der Normandie mit dem Kommandierenden General des II. Fallschirmkorps, Generalleutnant Meindl

Oben: Englische Fallschirmjäger wurden am 17. September 1944 bei Arnheim von deutschen Fallschirmjägern gefangengenommen
Unten: Generaloberst Student begrüßt die wenigen aus den Ardennen zurückgekehrten Fallschirmjäger der Kampfgruppe von der Heydte

»Das ist Braspart, Herr Leutnant!« rief Obergefreiter Müschenborn, der alte Kampfgefährte aus Rußland.

»Wir rollen bis zur Schule durch. Die beiden Schützenpanzer halten vor dem Eingang vorn und hinten, der Panzerspähwagen rechts davon herausgestaffelt. Die Zwillingsflak sichert die Eingangstür«, befahl Lepkowski.

Wenige Sekunden später erreichten sie den großen Platz, an deren Rand die Schule liegen mußte. Da tauchte sie auch schon im Mondlicht auf. Sie fuhren in der befohlenen Staffelung vor.

Ein paar Gestalten rannten auf sie zu, riefen sie auf französisch an. Dann gellte der Ruf »Deutsche!« durch die nächtlichen Gassen. Sekunden später eröffnete ein MG das Feuer, dann bellte eine Schnellfeuerkanone auf. Die eigene »Zwozentimeter« setzte mit einem langen Feuerschlag das französische Schnellfeuergeschütz außer Gefecht. Dann verstummte auch das Feind-MG.

»Alles mir nach!«

Die dreißig ausgesuchten Fallschirmjäger stürmten hinter Erich Lepkowski her ins Schulhaus. Sie rannten über die dunklen Flure, stießen Türen auf. Maquisards taumelten von den Schlaflagern in die Höhe, ergaben sich und wurden hinausgejagt. Mehr als 40 Mann wurden gefangengenommen, aber von den Kameraden war nicht die Spur zu finden.

Schließlich erfuhren sie von einem jungen Burschen, daß man die Fallschirmjäger in die kleine Schule am jenseitigen Ortsrand geschafft hätte.

Sofort rannten die Fallschirmjäger weiter. Aus den Fensterhöhlen und Kellerlöchern schlug ihnen Gewehrfeuer entgegen. Sie schossen im Laufen aus MPi auf diese Mündungsflammen und brachten die schießenden Partisanen zum Schweigen.

»Nicht aufhalten lassen!« trieb Lepkowski die Männer an.

Da tauchte auch schon das zweite Schulhaus vor ihnen auf. Sie rannten hinein, und nach kurzem Feuergefecht ergaben sich auch hier die Partisanen.

Die eigenen Wagen, von Müschenborn nachgezogen, tauchten auf. Die Männer stürmten in den großen Keller des Hauses, zerschossen das Türschloß, und dann quollen die deutschen Gefangenen ins Freie. In einem Freudentaumel ohnegleichen fielen sie einander in die Arme, als sie ihren alten Waffengefährten Lepkowski, den Mann mit der Adlernase, erkannten.

Insgesamt waren es 113 Mann, die hier befreit werden konnten. Sie sahen erbärmlich aus, nur in Hose und Hemd, die Spuren der Mißhandlungen im Gesicht und am Körper unübersehbar, aller eigener Wertsachen sowie der Stiefel beraubt. Das hatten keine regulären französischen Truppen verübt, sondern war das Werk von aufgeputschten Partisanen gewesen.

»Keine Zeit verlieren! – Wir müssen abrauschen!« befahl der Leutnant, als bestätigt wurde, daß der letzte Mann herausgeholt sei.

Sie enterten auf die Lastwagen und fuhren, die Gefangenen zwischen sich, in schneller Fahrt los. Die ersten beiden Ortschaften wurden kampflos passiert. Franzosen, die zur Nacht draußen waren, begrüßten jubelnd die vermeintlichen Amerikaner. Wenn sie ihren Irrtum erkannten, war es zu spät, waren die Wagen bereits durchgefahren.

In der dritten Ortschaft aber war eine neue Sperre errichtet worden. Lepkowskis Männer sprangen von den Wagen, trieben den Gegner mit MPi-Feuerstößen zurück, rissen die Sperre mit dem Spähwagen auseinander, kämpften den Weg frei.

Einer der Fahrer, auf dessen Lastwagen die befreiten Kameraden saßen, fuhr mit einer Hand weiter. Ein Gewehrschuß hatte die Linke zerschmettert. Er ließ sich ein Handtuch darumbinden und hielt bis Brest durch.

Als Leutnant Lepkowski vor General Ramcke stand und dem alten Kommandeur Meldung machte, war dieser sichtlich bewegt. Er ging auf Lepkowski zu, nahm die Leutnantsschulterstücke von dessen Feldbluse und brachte Oberleutnants-Schulterstücke an.

Der Einschließungsring um die Festung aber wurde immer enger. Als ein Angriff auf den Westteil von Brest bekannt wurde, gelang es den Amerikanern zwar, die Höhe 103 zu erreichen, doch bei Guipavas wehrte Hauptmann Becker den Gegner am 4. und 6. September ab. Als es dem Sturmblock eines neuen US-Angriffs zwei Tage später gelang, den Abschnitt des Bataillons Becker zu durchbrechen und das angrenzende Pionier-Bataillon aufzurollen, gerieten Hauptmann Becker und Hauptmann Kamitschek mit einem Teil ihrer Soldaten in Gefangenschaft. Dennoch behauptete sich die 2. FJ-Division bis zum 10. September gegen einen vierfach überlegenen Gegner. Bei einem der Gegenstöße gegen US-Flammenwerfergruppen gelang es Oberleutnant Lepkowski, den eingebrochenen Gegner aufzuhalten und die Flammenwerfertrupps auszuschalten. Beim nächtlichen Gegenstoß in den feindbesetzten Ruinenkomplex zwischen den Hauptkampflinien stürmte die 5. Kompanie mit Oberleutnant Lepkowski die Ruinen und erreichte St. Pierre. Hier wurden sie von einem äußerst dichten Feindfeuer empfangen. Beim Rückzug aus dieser Feuerwand wurde Erich Lepkowski schwer verwundet. Eine Entsatzgruppe, die mit Pak vorzog, fand den »Toten«. Er wurde zum Hauptverbandsplatz geschafft und dort zu den übrigen Toten gelegt.

Oberstabsarzt Dr. Marquard, der mit der Fünften die Höhe 159,9 bei Kirowograd gehalten hatte, beugte sich erschüttert über den Freund und stellte fest, daß Lepkowski noch lebte. Fünf Tage war der Oberleutnant bewußtlos. In der US-Gefangenschaft wurde später festgestellt, daß ein winziger Granatsplitter in die linke Herzvorkammer eingedrungen war. Er wurde in den USA operiert und kehrte bereits im September 1945 nach Deutschland zurück.

Doch nun zurück zu den letzten Einsätzen von Brest.

Die Fallschirmjäger waren in die Hauptkampflinie der Festung zurückgedrängt worden. Hier erschien am 13. September ein US-Parlamentär und überreichte General Ramcke ein Schreiben von General Middleton, in dem dieser zur ehrenvollen Übergabe aufforderte. Ramcke lehnte diesen Vorschlag ab.

Am 14. und 15. September setzten die US-Truppen den Angriff fort. Am Abend des nächsten Tages stand St. Pierre vor dem Verlust. General Ramcke stellte hier den Kampf ein und zog sich auf die Halbinsel Crozon zurück. Am 18. September wurden auf St. Pierre die letzten Granaten verschossen, danach die Geschütze gesprengt. Generalmajor von Mosel übergab die Stadt Brest am selben Tag. Auf Crozon wurde jedoch weitergekämpft.

Zum letzten Gefecht kam es am Quellenriegel auf der Halbinsel Espagnol. Hier kämpfte unter Führung von Major Mehler, dem Kommandeur der Fallschirm-Nachrichten-Abteilung, die letzten 170 Fallschirmjäger. Drei Tage konzentrierte sich das Artilleriefeuer der Amerikaner auf diese Stelle. Dann griffen die Infanteristen an und wurden zweimal von Oberleutnant Jacobs zurückgeworfen. Beim dritten Angriff gelang den US-Truppen mit Panzerunterstützung der Durchbruch.

Oberstleutnant Moeller, der Ia der 2. FJ-Division, vernichtete alle Unterlagen. Hauptmann Dr. Hoven verbrannte die Geheimsachen, und als das Feindfeuer vor dem Divisions-Gefechtsstand verstummte, ging General Ramcke hinaus. Er trat auf den sich nähernden US-Brigadegeneral zu, erwiderte dessen Gruß und sagte:

»Ich bin General Ramcke!«

»Ich freue mich, Sie wohlbehalten zu sehen, General. Ihr Gefechtsstand ist der letzte gewesen, der im gesamten Festungsbereich gekämpft hat. Betrachten Sie sich als meinen Gefangenen. Sie waren ein großer Gegner, General!«

Der Kampf um die Seefestung Brest, der geführt worden war, um die noch im Hafen liegenden U-Boote auslaufbereit zu machen, war beendet. Am Abend des 20. September schwiegen gegen 19.00 Uhr die Waffen. Der Großteil der 2. Fallschirmjäger-Division ging in die Gefangenschaft.

Schluß

Die 1. Fallschirmarmee bei Arnheim

Am 11. August 1944 war Kurt Student zum Generaloberst befördert worden. Seine 1. Fallschirmjägerarmee lag zersplittert im Westen, Süden und Osten der Fronten. Zwar konnte er durchsetzen, daß seiner Armee 20 schwere, mittlere und leichte Flakbatterien der Luftflotte Reich zugeführt wurden, doch das war als Ersatz für die fehlende schwere Armee-Artillerie nur ein Tropfen auf dem heißen Stein. Offenbar huldigte man im OKW noch immer der Meinung, daß Fallschirmjäger im Kampf nur Messer benötigten (wie dies einmal ein britischer General geäußert hatte).

Aus drei neu aufgestellten Fallschirmjäger-Regimentern ließ Student in diesen hektischen Wochen unter Generalleutnant Erdmann die 7. FJ-Division aufstellen.

Als Antwerpen am 4. September von einem britischen Panzerverband im Handstreich besetzt wurde, entsann man sich wieder der Fallschirmtruppe. Generaloberst Student sollte am Albertkanal eine sichere Abwehr-Hauptkampflinie aufbauen. Student wurde ins Führerhauptquartier gerufen und erhielt dort seine Instruktionen. Am 5. September flog er zu Generalfeldmarschall Model, dem seine 1. FJ-Armee unterstellt worden war. Model, Oberbefehlshaber der Heeresgruppe B, war enttäuscht, als er erfuhr, daß die ganze Armee ihm nur 20000 Soldaten stellen konnte. Immerhin kämpften die 1. und 4. FJ-Division noch in Italien, die 3. und 5. Division waren in den Kesselschlachten bei St. Lô und Falaise zerschlagen worden. Die 7. Division war eben aufgestellt und noch ohne schwere Waffen. Die 2. Division ging in Brest ihrem Untergang entgegen. Feldmarschall Model wies Student einen Frontabschnitt zu, der über 120 Kilometer von der Nordsee bis Maastricht reichte. Als Hilfe wurde ihm das LXXXVIII. Armeekorps, General der Infanterie Reinhard, zur Verfügung gestellt, mit der 719. und 176. Infanterie-Division. Die letztere war eine »Krankendivision«.

Generaloberst Student flog und fuhr von Abschnitt zu Abschnitt. Als er sich gerade auf dem Gefechtsstand von Generalleutnant Chill bei Beeringen befand, traf die Nachricht ein, daß Beeringen von britischen Panzern erreicht, die Brücke im Handstreich genommen und der Albertkanal von diesen Panzerkräften überschritten sei.

»Chill, bereinigen Sie die Lage durch einen Gegenangriff!« befahl Student. »Ich gebe Ihnen das soeben eingetroffene FJ-Regiment 6 unter von der Heydte dazu. Was haben Sie an Kampfwagen zur Verfügung?«

»Ich habe eine Heeres-Panzerjäger-Abteilung mit 25 Jagdpanthern und Sturmgeschützen, Herr Generaloberst!«

»Dann sollten Sie es schaffen, Chill!«

Mehrere Tage tobte der Kampf bei Beverloo gegen die britische Garde-Panzer-Division und die hinzugestoßene 11. britische Panzer-Division. Die 7. FJ-Division wurde in Eilmärschen in den bedrohten Raum geworfen und gewann die Ortschaften Hechtel, Helchteren und Zonhofen zurück. Alle weiteren Gegenstöße scheiterten am Fehlen der schweren Waffen, vor allen Dingen Panzern.

In dieser Situation löste Generaloberst Student die Truppe vom Gegner und nahm sie hinter den Maas-Schelde-Kanal zurück. Hier gelang der Aufbau einer neuen Abwehrfront. Die 15. Armee unter General der Infanterie von Zangen, die beiderseits Calais gestanden hatte, konnte sich nach Osten durchkämpfen und gliederte sich in diese Abwehrfront ein.

Am 15. September verlegte Generaloberst Student seinen Gefechtsstand nach Vught bei s'Hertogenbosch. Der folgende Sonntag, es war der 17. September 1944, brachte gegen Mittag eine gewaltige Überraschung. Generaloberst Student, der bei weit geöffnetem Fenster in seinem Zimmer arbeitete, hörte ein immer stärker anschwellendes Geräusch. Geben wir ihm an dieser Stelle das Wort:

»Ich trat auf den Balkon hinaus. Überall, wohin ich blickte, sah ich Flugzeuge, Truppentransporter und Schleppzüge mit Lastenseglern, die in lockeren Verbänden und einzeln ganz niedrig am Haus vorbeiflogen. Immer neue Verbände kamen heran und verschwanden in der Ferne. Ich war von diesem gewaltigen Schauspiel tief beeindruckt. In diesem Augenblick dachte ich nicht an die Gefährlichkeit der Lage, sondern an meine eigenen früheren Luftlandeunternehmungen. Wenn ich jemals so mächtige Mittel zur Verfügung gehabt hätte...!

Zusammen mit meinem Chef, Oberst i.G. Reinhard, ging ich hinauf auf das flache Dach des Hauses, um zu sehen, wo die Feindverbände hinflogen. Immer noch zog ein unübersehbarer Strom an Flugzeugen und Seglern vorbei. Einige Flugzeuge zogen so dicht über uns hinweg, daß wir unwillkürlich die Köpfe einzogen.

Nun flackerte überall auf dem Boden Gewehrfeuer auf. Unsere Schreiber, Kraftfahrer, Ordonnanzen und Nachrichtenmänner hatten ihre Karabiner geholt und eröffneten ein regelloses Schnellfeuer auf die ganz nahe vorbeifliegenden Maschinen. Deutsche Jagdflieger waren – leider – nicht zur Stelle...

Über uns hinweg flogen zwei der drei eingesetzten Airborne-Divisionen.«

Nach den zuerst spärlich einlaufenden Meldungen erlebte die Führung der 1. Fallschirmjäger-Armee einen besonderen Glücksfall. In einem Waco-Lastensegler der ersten Welle, der bei Vught abgeschossen wurde, fand man den kompletten gegnerischen Operationsplan. Wenige Stunden später lag er übersetzt und ausgewertet auf dem Schreibtisch Students.

»Nun waren wir über die Absichten des Gegners völlig im klaren. Sein Endziel war die Gewinnung der wichtigen Brücken über den Niederrhein. In den Korridor der Luftlandetruppen sollte die 2. britische Armee mit großer Geschwindigkeit vorstoßen und die Luftlandekräfte entsetzen. Der Gegner hatte seine Kräfte wie folgt angesetzt:

101. US-Airborne-Division, Generalmajor Taylor, im Raum Eindhoven–Veghel;

82. US-Airborne-Division, Generalmajor Gavin, im Raum Grave–Nimwegen;

1. britische Airborne-Division, Generalmajor Urquhart, bei Arnheim.

Diese Luftlandeoperation wurde von Generalleutnant Browning, dem Kommandierenden General des britischen Luftlandekorps, geführt.

Im Einfallraum leitete Generaloberst Student die Abwehr-maßnahmen und die Abwehr persönlich. Er ließ sofort das südlich Valkensvaard kämpfende FJ-Regiment 6 herauszie-hen und im Nachtmarsch in den Raum Schijndel verlegen. Hier stieß das Regiment am Morgen des 17. September auf Truppen der 82. Airborne-Division. Der Angriff, von Oberst-leutnant von der Heydte geführt, drang zwar nicht durch, aber die Amerikaner empfanden ihn als sehr schwer und bezeichneten ihn als »Battle of the Dunes«. Der Kampf dauerte an, und am 24. September gelang es dem FJ-Regi-ment 6, die Nachschubstraße der Amerikaner südlich Veghel für 24 Stunden zu unterbrechen.

Inzwischen hatte Generaloberst Student mit seinen Fall-schirmjägern den Gegner auch im Raum Arnheim niederge-rungen. Zwar war es den Luftlandeverbänden gelungen, die 1. FJ-Armee in zwei Teile zu spalten, aber der wichtigste Teil dieser Operation, von dem der Gesamterfolg abhing, der Durchbruch der 1. britischen Armee durch diesen Korridor, gelang nicht. Daß es so glimpflich ablief, war einem weiteren günstigen Umstand zu verdanken: Die Reste des II. FJ-Korps unter General Meindl befanden sich mit der 3. und 5. FJ-Division im Raum östlich von Köln in der Neuauffrischung. Ein Befehl von Feldmarschall Model ließ diese Truppe am 18. September in den Raum Kleve marschieren. Es gelang der Kampfgruppe Becker, bei Berg en Dal ein Höhengelände zu erobern, auf dem in der folgenden Nacht 450 Lastensegler des Gegners mit Nachschub niedergehen sollten. Damit fiel dieses Nachschubunternehmen aus.

Am 20. September griffen drei Fallschirmjäger-Kampf-gruppen die 82. US-Airborne-Division an. Die Kampfgrup-pen Major Becker, Major Greschick und Oberstleutnant Herrmann erreichten planmäßig die Zwischenziele, konnten aber den Maas-Waal-Kanal, ihr endgültiges Ziel, nicht er-reichen.

Die 1. britische Airborne-Division erreichte bei Arnheim ihr Ziel ebenfalls nicht. Lediglich bei Nimwegen wurde von den Panzern der Garde-PD des britischen XXX. Armeekorps die Straßenbrücke nach Norden überschritten. Sie war auf ausdrücklichen Befehl von Feldmarschall Model nicht gesprengt worden. Sie sollte durch einen Angriff des II. Fallschirmkorps zurückgewonnen werden.

Das Korps Meindl, mit unterstellten Heerestruppen aufgefüllt, erhielt am 24. September den ausdrücklichen Führerbefehl, den Feind im Raum Arnheim, Nimwegen, Mook und Groesbeek so rasch wie möglich zu vernichten.

Am 28. September begann dieser Angriff, der bis zum 2. Oktober dauerte. Dann mußte Generaloberst Student ihn einstellen lassen. Am 3. Oktober ging das Korps Meindl zur Verteidigung über. Es war noch nicht einmal zur Hälfte aufgefüllt gewesen.

Das FJ-Regiment 6 kämpfte gegen die Kanadier, die die Schelde überwinden wollten. Vier ihrer Angriffe wurden abgewiesen. Am 16. Oktober aber mußte auch dieser Verband Woendsdrecht räumen, nachdem er in diesem Gefechtsabschnitt über 250 Panzer abgeschossen hatte.

Der letzte Sprungeinsatz im Westen

Der Kampf im Westen war praktisch entschieden. Doch die Einsätze der Fallschirmtruppe waren noch nicht zu Ende. Oberstleutnant von der Heydte, der die Kampfschule der Fallschirmarmee in Aalten aufbauen sollte, erhielt am 9. Dezember 1944 von Generaloberst Student den Befehl, eine starke Fallschirm-Kampfgruppe aufzustellen, mit der er bei der kurz bevorstehenden deutschen Offensive in den Ardennen an einem neuralgischen Punkt springen sollte.

Die Kampfgruppe wurde binnen 48 Stunden zusammengestellt und fuhr am 11. Dezember nach Sennelager. Am 15. Dezember meldete sich Oberstleutnant von der Heydte in Euskirchen bei Generalfeldmarschall Model und erfuhr, daß er folgenden Sonderauftrag durchzuführen habe: »Öffnen und Offenhalten von Engen für die 6. SS-Panzerarmee. Dazu wird die Fallschirm-Kampfgruppe dieser Armee unterstellt.« Am frühen Morgen des 16. Dezember 1944 begann die Ardennen-Offensive. Im Rahmen der Truppenverbände waren auch die 3. und 5. FJ-Division daran beteiligt. Unter Führung von Oberst Heilmann erkämpfte sich die 5. FJ-

Division den Weg über den Clerf-Fluß und stieß in Richtung Wiltz vor. Bis zum 22. Dezember erreichte die Division nach harten Kämpfen den Raum Vaux les Rosières 15 Kilometer südwestlich Bastogne, wo sie in den Hexenkessel um diese Stadt hineingeworfen wurde. Es gelang Generalmajor Heilmann, seine Division aus der drohenden Umklammerung herauszuführen. Die 3. FJ-Division kämpfte im Verband der 6. SS-Panzer-Armee und erlitt ebenfalls schwere Verluste.

Nun aber erfolgte der letzte größere Sprungeinsatz der Fallschirmjäger. Der Gegner hatte in den Ardennen von Norden her Verstärkungen in den Raum Elsenborn geschickt. Der Weg dieser Verstärkungen und ihr Übergang über die Schnee-Eifel nach Süden sollte durch den Fallschirmjäger-Einsatz gesperrt werden.

In Paderborn und Lippspringe starteten kurz vor Mitternacht zum 17. Dezember 1200 Fallschirmjäger zum Einsatzraum, der 75 Kilometer hinter den vordersten eigenen Linien lag. Hier der Bericht von Brigadegeneral a. D. von der Heydte zu diesem Einsatz.

»Ich war der Überzeugung, daß bei einem solchen Einsatz der Führer der Kampfgruppe als erster springen müsse. Weniger um des Beispiels willen als vielmehr, weil er am Boden sich sofort einen Eindruck vom Gelände und von der Feindlage verschaffen und die nachkommenden Truppen sammeln und ordnen muß.«

Als sich die vorderste Maschine mit dem Kampfgruppenführer über dem Zielgebiet befand und Sekunden später das Hornsignal erklang, sprang Oberstleutnant von der Heydte als erster, den noch nicht ausgeheilten Arm in der Schlinge fest an den Körper gepreßt.

»Das Bild am Absetzplatz war geisterhaft schön. Über mir, wie Leuchtkäfer, die Positionslichter der Flugzeuge. Wie ein Vorhang von Perlen die Leuchtspur der leichten amerikanischen Flak. Hinter den schwarzen Bäumen, wie Finger einer Hand, die suchenden Strahlen der Scheinwerfer. Dann der Aufprall, die Rolle, gelandet. Ich schnallte mich ab. Zunächst war ich allein und eilte zu der als Sammelplatz befohlenen Straßengabel. Dabei orientierte ich mich an einem langsam erlöschenden Brandbombenfeld. Unterwegs traf ich die ersten Männer. Es waren wenige – viel zu wenige! Auch am Sammelplatz waren nur einige Soldaten. Wo mochten die anderen geblieben sein?

Ein paar Menschen hatte ich, voller Entsetzen, als brennende Fackeln unmittelbar nach dem Absprung gesehen. Doch das erklärte nicht das Fehlen so vieler.« (Die ersten Maschinen hatten die Fallschirmjäger bereits über Bonn abgesetzt. Nur ein Teil dieser Kampfgruppe erreichte den Absprungplatz in der Eifel.)

»Als der Morgen graute, hatte ich 125 Mann gesammelt. Das war etwas mehr als ein Zehntel der 1200 Mann starken Kampfgruppe. Wir zogen uns von der Straßengabel in den Wald zurück und bildeten einen Igel. Das Funkgerät war ausgefallen, so daß die Verbindung mit der eigenen Truppe nicht aufgenommen werden konnte. So konnte ich nicht einmal die wichtigen Aufklärungsergebnisse weiterleiten. Auch als wir am nächsten und übernächsten Tag weitere Informationen erhielten und sogar den Korpsbefehl des XVIII. US-Korps erbeuteten, konnten wir nichts damit anfangen. Freiwillige Melder, die ich zu den 50 Kilometer entfernten eigenen Linien schickte, kamen nicht durch.«

Als sich die kleine Kampfgruppe am Nachmittag des zweiten Tages nach Nordosten in den Wald zurückzog, stieß sie auf eine Gruppe von 150 Fallschirmjägern unter Führung des Kriegsberichters Oberleutnant Kaiser. Damit hatte von der Heydte nun etwa 300 Mann von ursprünglich 1200 zur Verfügung.

In einigen kleinen Gefechten gab es Verwundete und Tote. Am vierten Tag entschloß sich der Kampfgruppenführer, nach Osten durchzubrechen. Als sie am frühen Morgen des 21. Dezember auf dichte amerikanische Sicherungen stießen, die den Durchbruch vereitelten, entschloß sich Oberstleutnant von der Heydte, die Kampfgruppe aufzulösen, und befahl das Durchschlagen in kleinen Gruppen nach Osten.

Am 24. Dezember geriet er mit seiner kleinen Gruppe in amerikanische Gefangenschaft.

Das Sonderunternehmen in den Ardennen war gescheitert.

Anfang November 1944 wurde die in Brest in Gefangenschaft geratene 2. FJ-Division neu aufgestellt. Und zwar mit den Regimentern 2, 7 und 23. Das Regiment 23 trat an die Stelle des FJ-Regiments 6, das ja aus der Division herausgelöst worden war. Unter Führung von Generalleutnant Lackner und mit dem neuen Ia Major Schröder verlegte der Divisionsstab am 6. Dezember 1944 nach Soesterberg bei Amersfoort.

Nach mehreren kleineren Einsätzen einzelner bereits aufgestellter und aufgefüllter Einheiten nahm die Division an der Abwehrschlacht am Niederrhein teil. Hier kämpfte sie Schulter an Schulter mit den ebenfalls wieder eingesetzten FJ-Divisionen 7 und 8 (letztere unter Generalleutnant Erdmann). Bei Üdem-Goch, bei Xanten und im Brückenkopf Wesel standen die Fallschirmjäger in der letzten Phase des Kampfes im Westen ununterbrochen im Einsatz. Nach dem Rheinübergang stand die 2. FJ-Division im Raum Duisburg-Kaiserswerth. Bei Holten-Sterkrade, nördlich des Rhein-Herne-Kanals und bei Gelsenkirchen wurde Widerstand geleistet. Am 9. April verließ das FJ-Regiment 2 Gelsenkirchen, um die Stadt vor dem Artilleriefeuer und Luftbombardement der Amerikaner zu bewahren. Am 11. April zog es sich aus Essen und Mülheim und auch aus Witten zurück. Bei Volmarstein und im Raum Ratingen fanden die letzten Kämpfe statt, ehe am 16. April 1945 der Divisionsgefechtsstand in dem Gasthof »Kleine Kuh« in Niedersprockhövel südlich von Hattingen aufgelöst wurde. Wenig später wurde der aufgelöste Stab, der sich über Funk bei der Armee und bei der Heeresgruppe abgemeldet hatte, von US-Panzerkräften überrollt und geriet in Gefangenschaft.

Die letzten Fallschirmjäger-Einsätze an der Ostfront

Ende Januar 1944 erhielt Oberstleutnant Schirmer den Befehl, das FJ-Regiment 16 aufzustellen. Stammgruppe für dieses Regiment war sein im Raum Kiew aufgeriebenes Bataillon.

Im Mai stand das Bataillon und wurde im folgenden Monat auch im Nachtsprung ausgebildet. Am 7. Juli 1944 erfolgte die Verladung zum Transport in die eingeschlossene Festung Wilna.

Im Großraum Wilna kämpfte das Regiment Schirmer gegen die Rote Armee, die hier mit starken Panzerkräften angriff. Ende Juli, als Wilna aufgegeben werden mußte, gelang dem Regiment gemeinsam mit den letzten Panzern der 6. Panzer-Division der Durchbruch nach Westen. Die Wilnabrücken flogen unmittelbar hinter dem letzten Fahrzeug des Regiments in die Luft.

Im August zog sich das Regiment unter Führung von Oberstleutnant Schirmer in die Ostpreußen-Schutzstellung zurück, in der zwischen Schloßberg und Wilkowischken bis Oktober verteidigt wurde. Ende Oktober wurde der Verband herausgezogen und bildete bei Tilsit einen Brückenkopf, der gehalten wurde. Bis Kriegsschluß stand dieses Regiment im Abwehrkampf gegen die Rote Armee.

Als die Rote Armee im März 1945 am Unterlauf der Oder stand, wurde die kurzfristig aufgestellte 9. FJ-Division unter General der Fallschirmtruppe Bräuer dort eingesetzt. Mit dieser Division kämpfte sich Bruno Bräuer, der erste Bataillonskommandeur der deutschen Fallschirmtruppe überhaupt, nach Beginn der sowjetischen Großoffensive am 16. April 1945 bis nach Berlin zurück. Dort setzte er den Sowjets bis zum 2. Mai Widerstand entgegen.

Ebenfalls im März 1945 wurde die noch in Italien aufgestellte 10. FJ-Division unter Oberst von Hoffmann eingesetzt. Sie kämpfte in Österreich im Raum St. Pölten und zog sich bis zum 8. Mai in die Tschechoslowakei zurück, wo sie aufgerieben wurde.

Den letzten Sprungeinsatz aber unternahm das Fallschirmjäger-Bataillon Skau, das zum Regiment z.b.V. Schacht, gehörte. Es sprang am 28. Februar 1945 von Jüterbog aus in die eingeschlossene Festung Breslau und half mit, die Stadt zu verteidigen. Es ging auch mit den Verteidigern dieser Stadt in die Gefangenschaft.

Der Zweite Weltkrieg und der Einsatz der deutschen Fallschirmtruppe war zu Ende. Nicht zu Ende war der

Opfergang der letzten Fallschirmjäger. General der Fall-schirmtruppe Bruno Bräuer wurde an Griechenland ausge-liefert und zum Tode verurteilt. Das Urteil wurde 1947 vollstreckt.

Generalleutnant Erdmann starb in sowjetischer Gefangen-schaft. Generalmajor Walther starb in Rußland. General-oberst Kurt Student aber, der Oberbefehlshaber der deut-schen Fallschirmtruppe, der noch die Heeresgruppe Weich-sel in den letzten Kriegstagen übernehmen sollte, gelangte nicht mehr dorthin. Am 9. Mai meldete er sich nach einer wahren Odyssee in Flensburg bei Großadmiral Dönitz. Auch für ihn begann nach dem Krieg das Spießrutenlaufen und eine lange Zeit der Gefangenschaft.

Die Luftlande-Idee aber, die er aus der Taufe gehoben und mit kühnen Ideen mehrfach verwirklicht hatte, setzte sich in der Folgezeit in aller Welt durch. Und solange es in der Welt Angreifer und Verteidiger gibt, wird es diese Art der Kampf-führung geben. Die Einsätze und Konflikte nach dem Zwei-ten Weltkrieg in aller Welt haben dies unter Beweis gestellt. Generalmajor Gavin formulierte es so:

»Die einzige Möglichkeit, um mit an Zahl weit überlegenen Truppen fertig zu werden, besteht in der eigenen überlege-nen Beweglichkeit.«

Dies Buch hat die Haupteinsätze der deutschen Fallschirm-truppe aufgezeichnet: so, wie sie waren, und nicht, wie sie mancher gern gehabt hätte. Nur die Fakten zählen, und jedes Wenn und Aber ist müßig.

Eines aber sollte dieses Werk deutlich machen: daß jeder Krieg und jeder Einsatz weder Sieger noch Besiegte, sondern nur Geschlagene zurückläßt. Dies wird aus dem Report über den Einsatz der deutschen Fallschirmtruppe deutlich und sollte Warnung sein für alle, die jemals einen Krieg vom Zaune brechen wollen.

Anlagen

Stellenbesetzung der 7. Flieger-Division vom 10.5.1940

Divisionskommandeur:	Generalleutnant Student
Ordonnanzoffizier:	Oberleutnant Herrmann
Ia:	Major i.G. Trettner
Ia op 1:	Hauptmann Kroh
Ia op 2:	Hauptmann Hübner
Ib:	Hauptmann Osterroth
Ic:	Oberleutnant Lampertsdörfer
Ic AO (Abwehr):	Major Bock
IIa:	Oberstleutnant von Fichte
IIb:	Major Ehrlich
Nachrichtenführer:	Major Schostag
IVa:	Amtmann Vitztum
IVb:	Oberfeldarzt Dr. Knebel
Waffen und Gerät:	Hauptmann Käthler
Fliegeringenieur:	Fliegerstabsingenieur Stock

Divisionstruppen

Aufklärungsstaffel:	Oberleutnant Langguth
Transportstaffel:	Oberleutnant Schäfer
Luftnachrichten-Kompanie:	Oberleutnant Schleicher
Kradschützenzug:	Leutnant Geyer
Geschütz-Batterie:	Oberleutnant Schram
Leichte Flak-Batterie 106:	Oberleutnant Timm
Pak-Kompanie:	Hauptmann Götzel
Sanitäts-Kompanie 7:	Oberstabsarzt Dr. Neumann
Transport-Kompanie 7:	Hauptmann Rosloff

Fallschirmjäger-Regiment 1

Regimentskommandeur:	Oberst Bräuer
Adjutant:	Hauptmann Raum
Ordonnanzoffizier:	Oberleutnant Schemeitat
Regimentsarzt:	Stabsarzt Dr. Müller

I. Bataillon

Bataillonskommandeur:	Major Walther
Adjutant:	Oberleutnant Zuber
1. Kompanie:	Oberleutnant Götte

2. Kompanie:	Hauptmann Gröschke
3. Kompanie:	Oberleutnant Frhr. von Brandis
4. Kompanie:	Hauptmann Gericke

II. Bataillon

Bataillonskommandeur:	Hauptmann Prager
Adjutant:	Leutnant Haedrich
5. Kompanie:	Oberleutnant Straehler-Pohl
6. Kompanie:	Oberleutnant Stangenberg
7. Kompanie:	Oberleutnant Pagels
8. Kompanie:	Oberleutnant Böhmler

III. Bataillon

Bataillonskommandeur:	Hauptmann Schulz (Karl-Lothar)
Adjutant:	Oberleutnant Schmücker
9. Kompanie:	Oberleutnant Gessner
10. Kompanie:	Oberleutnant Specht
11. Kompanie:	Oberleutnant Becker (Heinz)
12. Kompanie:	Hauptmann Schmidt (Werner)
13. Kompanie:	(nicht aufgestellt)
14. Kompanie (PzJäger):	Oberleutnant Reitzenstein

Fallschirmjäger-Regiment 2
(Regimentsstab noch nicht aufgestellt)

I. Bataillon

Bataillonskommandeur:	Hauptmann Noster
Adjutant:	Oberleutnant Heckel
1. Kompanie:	Oberleutnant Schlichting
2. Kompanie:	Hauptmann Merten
3. Kompanie:	Oberleutnant von Roon
4. Kompanie:	Hauptmann Morawetz

II. Bataillon

Bataillonskommandeur:	Hauptmann Pietzonka
Adjutant:	Oberleutnant Knobloch
5. Kompanie:	Oberleutnant Thiel
6. Kompanie:	Hauptmann Schirmer
7. Kompanie:	Oberleutnant Zimmermann
8. Kompanie:	Oberleutnant Paul

III. Bataillon
(noch nicht aufgestellt)

Die Transportverbände

Kampfgeschwader z.b.V.:	Oberst Morzik
I. Gruppe:	Major Witt
II. Gruppe:	Oberstleutnant Drewes
III. Gruppe:	Hauptmann Zeidler
IV. Gruppe:	Major Beckmann

Kampfgeschwader z.b.V. 2:	Oberst Conrad
(Für den Transport der 22. Luftlande-Division bestimmt)	
Kampfgruppe z.b.V. 9:	Major Jansen
Kampfgruppe z.b.V. 11:	Oberstleutnant Erdmann
Kampfgruppe z.b.V. 12:	Hauptmann Freiherr von Hornstein
Kampfgruppe z.b.V. 172:	Oberstleutnant Freiherr von Gablenz
(Gesamtzahl der eingesetzten Flugzeuge: 430 Ju 52)	

Die Fliegenden Verbände des Generals z.b.V.
(auf Zusammenarbeit mit dem Luftlandekorps Student angewiesen)

Kommandierender General:	Generalmajor Putziger
Chef des Generalstabes:	Oberst i.G. Bassenge
Unterstellt:	1. Aufklärungsstaffel mit Do 17
Kampfgeschwader 4 (3 Gruppen mit He 111)	
Kommodore:	Oberst Fiebig
zwischenzeitlich unterstellte Einheiten:	
	1 Kampfgruppe mit Ju 87
	1 Kampfgruppe mit Ju 88
Kampfgeschwader 54 (3 Gruppen He 111)	
Kommodore:	Oberst Lackner
Jagdfliegerführer 2:	Oberst von Döring
diesem unterstellt:	Jagdgeschwader 26 und
	Jagdgeschwader 51
	Zerstörergeschwader 26
Insgesamt:	6 Gruppen Me 109, 2 Gruppen Me 110

Stellenbesetzung des XI. Fliegerkorps in der Schlacht um Kreta

Das Generalkommando

Kommandierender General:	General der Flieger Student
Chef des Generalstabes:	Generalmajor Schlemm
Ia:	Oberstleutnant i.G. Trettner
Quartiermeister:	Oberstleutnant Seibt
Ic:	Hauptmann Mors
I W: (Meteorologe)	Regierungsrat Dr. Brand

IIa:	Oberst von Fichte
IIb:	Oberstleutnant Ehrlich
Nachrichtenführer:	Oberstleutnant Dr. Weyland
Stabsoffizier der Pioniere:	Oberstleutnant von Barenthin
Waffen und Geräte:	Major Kaethler
IVa:	Oberregierungsrat Hopf
IVb:	Oberfeldarzt Dr. Höfer
Feldgericht:	Kriegsgerichtsrat Rüdel

Korpstruppen

Korpsaufklärungsstaffel:	Hauptmann Lampertsdörfer
Transportstaffel XI:	Oberleutnant Schäfer
LN-Abteilung 41 (mot.):	Hauptmann Hoppe
FschFlaMG-Bataillon:	Hauptmann Baier
Fallschirm-SanAbt.:	Dr. von Berg

Fallschirmjäger-Sturmregiment

Kommandeur:	Generalmajor Meindl
Adjutant:	Oberleutnant von Seelen
Major beim Stabe:	Major Braun †
Ordonnanzoffizier:	Oberleutnant Schächter
Nachrichtenoffizier:	Oberleutnant Göttsche
Regimentsarzt:	Oberstabsarzt Dr. Neumann
Hauptmann beim Stabe:	Hauptmann Pettelkau
Kampfzugführer:	Oberfeldwebel Gutheil
Nachrichtenzugführer:	Feldwebel Erich
Off.z.Bes. Verwendung:	Oberleutnant Zierach
HFW der Stabskompanie:	Hauptfeldwebel Koskialowski

I. Bataillon

Bataillonskommandeur:	Major Koch
Adjutant:	Oberleutnant Gerbershagen †
Hauptmann beim Stabe:	Oberleutnant Ofmann †
Bataillonsarzt:	Stabsarzt Dr. Jäger
Nachrichtenzugführer:	Feldwebel Urban
1. Kompanie, Chef:	Oberleutnant Genz
Arzt:	Oberarzt Dr. Stehfen †
2. Kompanie, Chef:	Hauptmann Altmann
Arzt:	Oberarzt Dr. Hecker †
3. Kompanie, Chef:	Oberleutnant von Plessen †
Arzt:	Oberarzt Dr. Weizel
4. Kompanie, Chef:	Hauptmann Sarrazin †
Arzt:	Assistenzarzt Dr. Rommeswinkel †
Fernmeldekompanie:	Oberleutnant Osius

II. Bataillon

Bataillonskommandeur:	Major Stentzler
Adjutant:	Oberleutnant Wolf
Hauptmann beim Stabe:	Oberleutnant Stoltz
Ordonnanzoffizier:	Oberleutnant Schelske
KfZ-Offizier:	Oberleutnant Gossmann
Nachrichtenzugführer:	Leutnant Braun
Bataillonsarzt:	Stabsarzt Dr. Rodpewig
Kampfzugführer:	Hauptfeldwebel Barabas
5. Kompanie, Chef:	Oberleutnant Herterich
Arzt:	Assistenzarzt Dr. Grupp
6. Kompanie, Chef:	Oberleutnant Pissin
Arzt:	Oberarzt Dr. Bronkhaus †)
7. Kompanie, Chef:	Oberleutnant Bermetler
Arzt:	
8. Kompanie, Chef:	Oberleutnant Reinhardt
Arzt:	Oberarzt Dr. Gribel

III. Bataillon

Bataillonskommandeur:	Major Scherber †
Adjutant:	Oberleutnant Heinz †
Hauptmann beim Stabe:	Oberleutnant Trebes
Ordonnanzoffizier:	Oberleutnant Leiss †
Bataillonsarzt:	Stabsarzt Dr. Ellenbeck †
Nachrichtenzugführer:	Oberfeldwebel Ziehm
9. Kompanie, Chef:	Hauptmann Witzig
Arzt:	Oberarzt Dr. Hesse †
10. Kompanie, Chef:	Oberleutnant Schulte-Sasse †
Arzt:	Oberarzt Dr. Merk
11. Kompanie, Chef:	Oberleutnant Jung †
Arzt:	Oberarzt Dr. Zwick †
12. Kompanie, Chef:	Oberleutnant Dobke †
Arzt:	Assistenzarzt Dr. Scheiffele

IV. Bataillon

Bataillonskommandeur:	Hauptmann Gericke
Adjutant:	Oberleutnant Engelhardt
Bataillonsarzt:	Stabsarzt Dr. Diehm
Nachrichtenzugführer:	Oberfeldwebel Daniels
13. Kompanie, Chef:	Oberleutnant Sauer
Arzt:	Assistenzarzt Dr. Weber
14. Kompanie, Chef:	Hauptmann Kiesel †
Arzt:	
15. Kompanie, Chef:	Oberleutnant Dobke †
Arzt:	Oberarzt Dr. Zänker
16. Kompanie, Chef:	Oberleutnant Hoefeld
Arzt:	Oberarzt Dr. Wolf

Divisionskommandeur:	Generalleutnant Süßmann †
Ia:	Major i.G. Graf von Üxküll
Divisionstruppen:	
Transportstaffel:	Oberleutnant Dörrwald
FschPi-Bataillon 7:	Major Liebach
FschArt-Abteilung 7:	Major Bode
FschMG-Bataillon 7:	Hauptmann Schulz
FschPzJäg-Abteilung 7:	Hauptmann Schmitz

Fallschirmjäger-Regiment 1

Regimentskommandeur:	Oberst Bräuer
Adjutant:	Hauptmann Rau
Nachrichtenoffizier:	Oberleutnant Gerhold

I. Bataillon

Bataillonskommandeur:	Major Walther
Adjutant:	Leutnant Schulz (Konrad)

II. Bataillon:

Bataillonskommandeur:	Hauptmann Burckhardt
Adjutant:	Leutnant Schächter

III. Bataillon:

	Hauptmann Schulz (Karl-Lothar)
Adjutant:	Leutnant Proff

Fallschirmjäger-Regiment 2

Regimentskommandeur:	Oberst Sturm
Adjutant:	Hauptmann Paul
Nachrichtenoffizier:	Leutnant Rosenberg

I. Bataillon

Bataillonskommandeur:	Major Kroh
Adjutant:	Oberleutnant Fellner

II. Bataillon:

Bataillonskommandeur:	Hauptmann Pietzonka
Adjutant:	Oberleutnant Knobloch

III. Bataillon:

Bataillonskommandeur:	Hauptmann Wiedemann
Adjutant:	

Fallschirmjäger-Regiment 3

Regimentskommandeur:	Oberst Heidrich
Adjutant:	Oberleutnant Heckel
Nachrichtenoffizier:	Oberleutnant Faßl

I. Bataillon:

Bataillonskommandeur:	Hauptmann Frhr. von der Heydte
Adjutant:	Leutnant Lauk

II. Bataillon

Bataillonskommandeur:	Major Derpa
Adjutant:	Oberleutnant Schulze

III. Bataillon

Bataillonskommandeur:	Major Heilmann
Adjutant:	Leutnant Lehmann

Stellenbesetzung der 1. Fallschirmjäger-Division
(Stand vom 15. 3. 1944)

Divisionskommandeur:	Generalleutnant Heidrich
Ia:	Major i.G. Heckel
Ib:	Hauptmann Stangenberg
Ic:	Oberleutnant Treiber
Divisionsarzt:	Oberstabsarzt Dr. Eiben
Divisionsintendant:	Oberstabsintendant Dr. Ehlers

Fallschirmjäger-Regiment 1

Regimentskommandeur:	Oberst Schulz (Karl-Lothar)
I. Bataillon:	Major von der Schulenburg
II. Bataillon:	Major Gröschke
III. Bataillon:	Major Becker

Fallschirmjäger-Regiment 3

Regimentskommandeur:	Oberst Heilmann
I. Bataillon:	Major Böhmler
II. Bataillon:	Major Kratzert
III. Bataillon:	Major Foltin

Fallschirmjäger-Regiment 4

Regimentskommandeur:	Major Grassmel
I. Bataillon:	Hauptmann Beyer
II. Bataillon:	Hauptmann Hübner
III. Bataillon:	Hauptmann Meyer

Fallschirm-Artillerie-Regiment 1

Kommandeur:	Major Schram
I. Abteilung:	Hauptmann Scheller
II. Abteilung:	Hauptmann Tappe
Fallschirm-Pionier-Bataillon 1:	Hauptmann Frömming
Fallschirm-Panzerjäger-Abt. 1:	Major Brückner
Fallschirm-MG-Bataillon 1:	Major Schmidt
Fallschirm-San-Abteilung 1:	Oberstabsarzt Dr. Eiben.

Quellenangaben und Literaturverzeichnis (Auswahl)

Alman, Karl: Sprung in die Hölle, Rastatt 1964
Arent, Peter: Briefe nach den Schlachten (1940–43)
Arent, Ernst: Aus dem Leben meines Bruders, i. Ms. 1963
Barnikol, Dr. H. A.: Kriegserlebnisse in Tunesien o. J.
Barré, Georges: Tunisie 1942–43, Paris 1950
Bernig, Heinrich, H.: Hölle Alamein, Balve 1960
ders.: Angriffsziel Festung Europa, Balve 1960
Benz, Heinrich: Unser Peter Arent, ZS 1965
ders.: Das Fallschirmjäger-Regiment 5 in Tunesien, i. Ms. 1965
Bischhaus, Erwin: Korinth und Kreta, ZS 1962
Böhmler, Rudolf: Monte Cassino, Darmstadt 1955
ders.: Fallschirmjäger, Bad Nauheim 1960
ders.: General Ludwig Heilmann, i. Ms. 1964
ders.: General Richard Heidrich, i. Ms. 1964
Bourgeon, Charles: Les Carillons sans Joie, Paris 1959
Buchner, Alex: Der deutsche Griechenlandfeldzug, Heidelberg 1958
ders.: Schwere Tage bei Rethymnon, ZS 1960
ders.: Gebirgsjäger an allen Fronten, Hannover 1954
Bräuer, Bruno: Unser Oberst Schulz, ZS 1944
Bradley, Omar: A Soldiers Story, New York 1964
Carell, Paul: Sie kommen, Oldenburg 1960
Cunningham, Admiral: A Saylors Odyssee, London 1951
Department of Military: Military History of World War II, New York 1953
Divine, A. Durham: Road to Tunis, 1944
Dobiasch, Sepp und Farrar-Hockley, A. H.: Kurt Student, General der
    Fallschirmjäger, München 1983
Fleckner, Major: Gebirgsjäger auf Kreta, Berlin 1942
Eisenhower, Dwight D.: Kreuzzug in Europa, Amsterdam 1948
Gavin, James M.: Airborne warfare, Washington 1947
Gasteyer, Peter: Mein Zugführer Peter Arent, i. Ms. o. J.
Genz, Alfred: Kampfberichte i. Ms. o. J.
Gericke, Walter: Da gibt es kein Zurück, Münster 1955
ders.: Fallschirmjäger hier und da, Berlin 1941
ders.: Sprungeinsatz Monte Rotondo, i. Ms. o. J.
ders.: Gefechtsbericht des FJR 11, i. Ms. o. J.
ders.: Im Landekopf Anzio-Nettuno, i. Ms. o. J.
Grabler, Josef: Eine Armee flog durch die Luft, ZS 1955
Hambuch, Rudolf: Einsätze des FJR 5 in Tunesien, i. Ms. o. J.
Heilmann, Ludwig: Chania, ZS 1941
ders.: Monte Cassino, ZS 1944
ders.: Fallschirmjäger auf Sizilien, Ms. 1959
Heilmann Grete: Mein Mann, Ludwig Heilmann, i. Ms. o. J.

v. d. Heydte, Prof. Dr. Friedrich-August: Daedalus Returned, London 1958

ders.: Kampfberichte und Tagesbefehle, i. Ms. o. J.

ders.: Der Fehler in der Rechnung Cotentin, i. Ms. o. J.

Jensen, Hans: Einsatzbericht des 3. Zuges der 1./FJR 5, i. Ms. o. J.

Kerutt, Hellmuth: Kampfberichte, Skizzen, Befehle, i. Ms. o. J.

Kesselring, Albert: Soldat bis zum letzten Tag, Bonn 1953

Knoche, Wilhelm: Beitrag zur Kriegsgeschichte des FJR 5, i. Ms. o. J.

ders.: Brückenkopf Wiborgskaja, i. Ms. o. J.

Kurowski, Franz: Der Kampf um Kreta, Herford 1965

ders.: Das Tor zur Festung Europa, Neckargemünd 1966

ders.: Brückenkopf Tunesien, Herford 1967

ders.: Fallschirmjäger in Rußland I–IV (in: Der Deutschen Fallschirmjäger 1966–67)

ders.: Ihr Stadion ist der Himmel, Bochum 1971

ders.: Das Buch der Fallschirmspringer, Göttingen 1973

Langemeyer, Dr. Carl: Die Männer mit den blauen Spiegeln, i. Ms. o. J.

Lepkowski, Erich: Kampfberichte Kanal von Korinth, Kreta, Miusfront, Kirowograd und Brest, alle i. Ms. o. J.

Majdalany, Fred: Monte Cassino, München 1958

Milch, Werner: Unser Einmarsch in Rom, ZS o. J.

Montgomery, Sir Bernard: Memoiren, London 1966

Nehm, Heinz: Zwei Einsätze in Tunesien, i. Ms. o. J.

Nehring, Walther K.: Die erste Phase der Kämpfe in Tunesien, i. Ms. o. J.

Neumann, Dr. Heinrich: Der Kretaeinsatz des Luftlande-Sturmregiments, i. Ms. o. J.

Ramcke, Bernhard Hermann: Vom Schiffsjungen zum Fallschirmjägergeneral, Berlin 1943

ders.: Fallschirmjäger damals und danach, Frankfurt/Main 1951

ders.: Persönliche Berichte für den Autor, i. Ms. o. J.

Rechenberg, Hans: Stunde der Bewährung: Kreta, Berlin 1941

Richter, R. Peter: Im Großkampfraum Normandie und Brest, ZS o. J.

Ringel, Julius: Hurra die Gams, Graz o. J.

ders.: Persönlicher Bericht für den Autor, i. Ms. o. J.

Robinett, Paul McDonald: Armor Command, Washington 1958

Sauer, Paul: Gefechtsberichte der Kompanie Sauer in Tunesien; Kampfgruppe Sauer im Einsatz, i. Ms. o. J.

Schirmer, Gerhard: Kampfbericht des FJR 16 und andere, i. Ms. o. J

Schmalz, Wilhelm: Kampf der Brigade Schmalz auf Sizilien, i. Ms. o. J.

ders.: Kampf bei Salerno, i. Ms. o. J.

Schubert, Erich: Erinnerungen an Oberst Bräuer, ZS o. J.

Schacht, Gerhard: Eben Emael – 10. Mai 1940, ZS o. J.

ders.: Die Kämpfe der Gruppe Walther in Südholland, i. Ms. o. J.

Schäfer, Heinrich: Auf der »Kaktusfarm«, i. Ms. o. J.

Schulz, Karl-Lothar: So nahmen wir Waalhaven, ZS o. J.

ders.: Kampfbericht Heraklion, i. Ms. o. J.

ders.: Persönliche Berichte an den Autor, i. Ms. o. J.

Seemen, Gerhard von: Die Ritterkreuzträger 1939–1945, Friedberg 1976

Schuster, Erich: Von der Versuchsabteilung zum Sturmregiment, Stoßtrupps in Tunesien, i. Ms. o. J.

Spencer, John Hall: Battle for Crete, London 1962

Strassl, Ernst E.: Die Nacht von Galatas, Berlin 1941

Stephanides, Theodore: Climax in Crete, London 1950

Student, Kurt: Memoiren, i. Ms. (für den Autor) o. J.

ders.: So sahen wir die Kreter, ZS o. J.

ders.: Der Kampf um Rom, ZS o. J.

ders.: Arnheim – letzter deutscher Erfolg, ZS o. J.

ders.: Die Kapitulation, ZS o. J.

ders.: Die Wahrheit über die Fallschirmtruppe, ZS o. J.

Teusen, Hans: Kampfberichte und persönliche Daten, i. Ms. o. J.

Trettner, Heinz: Werdegang und soldatischer Einsatz als Fallschirmjäger, i. Ms. (für den Autor) o. J.

Volz, Heinz: Fallschirmjäger-Regiment von Hoffmann, i. Ms. o. J.

Winterstein, Martin und Jacobs, Hans: General Meindl und seine
Fallschirmjäger, Braunschweig o. J.

Witzig, Rudolf: Die Einnahme von Eben Emael, ZS 1940

Zimmermann, Horst: Mein Einsatz mit dem II./FJR 5 in Tunesien o. J.

DANKSAGUNG

Der besondere Dank des Autors gilt allen ehemaligen Soldaten der deutschen Fallschirmtruppe jedweden Dienstgrades, die dem Autor in selbstloser Weise halfen, dieses Buch zu gestalten.

Darüber hinaus gilt er jenen Stellen, die seit Jahren Unterlagenmaterial zur Verfügung stellen: der Zentralbibliothek der Bundeswehr, Düsseldorf; dem Bundesarchiv/Militärgeschichtlichen Forschungsamt, Freiburg; der Stadt- und Landesbibliothek Dortmund; dem Verband der ehemaligen Angehörigen der Fallschirmtruppe; dem Bund deutscher Fallschirmjäger e. V.; vor allem aber auch Herrn Oberstleutnant Brongers, Leiderdorp, und Herrn Franz S. A. Beekman in Vlaardingen, die die niederländischen Unterlagen besorgten, ohne die der Kampf um die Festung Holland und die Residenz Den Haag nicht hätte gestaltet werden können.

Dortmund, im Dezember 1985

Franz Kurowski

Zum Thema Zeitgeschichte: Kriegsromane und Tatsachenberichte im Heyne-Taschenbuch

DAVID IRVING
HITLERS KRIEG
DIE SIEGE
1939–1942

01/6501 - DM 16,80

Paul Lund/Harry Ludlam
Die Nacht der U-BOOTE
Die Vernichtung des britischen Geleitzugs SC 7

01/6137 - DM 6,80

Hans Georg Prager
Panzerschiff DEUTSCHLAND
Schwerer Kreuzer LÜTZOW
Ein Schiffs-Schicksal vor den Hintergründen seiner Zeit

01/6269 - DM 9,80

EGBERT KIESER
DANZIGER BUCHT 1945
Dokumentation einer Katastrophe

01/6340 - DM 7,80

LEN DEIGHTON
LUFT SCHLACHT ÜBER ENGLAND
TATSACHENBERICHT

01/5985 - DM 10,80

Hans Blickensdörfer
DIE SÖHNE DES KRIEGES
Roman
Vom Autor des Weltbestsellers »Die Baskenmützen«

01/5894 - DM 6,80

Die Aufzeichnungen Heinrich Heims, Herausgegeben von WERNER JOCHMANN
Adolf Hitler
MONOLOGE IM FÜHRER-HAUPTQUARTIER 1941–1944

01/6097 - DM 12,80

Hans Hellmut
KIRST
Ausverkauf der Helden
Roman

01/6251 - DM 8,80

HEYNE TASCHENBÜCHER

Zeitgeschichte · Biographien · Tatsachenberichte · Kriegsromane

Preisänderungen
vorbehalten.

HEYNE TASCHENBÜCHER

Zeitgeschichte · Biographien · Tatsachenberichte · Kriegsromane

Biographien

Ottmar Katz
Morell,
Prof. Dr. med. Theo
Hitlers Leibarzt
(01/6486 – DM 12,80)

Richard Collier
Mussolini
Aufstieg und Fall
des Duce
(12/105 – DM 9,80)

Robert Payne
Stalin
Macht und Tyrannei
(12/48 – DM 14,80)

David Shub
Lenin
Geburt des
Bolschewismus
(12/23 – DM 9,80)

Tatsachenberichte

Karl Alman
Graue Wölfe in
blauer See
(01/5747 – DM 7,80)

Cajus Bekker
Angriffshöhe 4000
(01/975 – DM 9,80)

Will Berthold
Getreu bis in den Tod
(01/165 – DM 4,80)

Will Berthold
Hölle am Himmel
(01/5452 – DM 5,80)

Will Berthold
Malmedy – Das Recht
des Siegers
(01/5544 – DM 7,80)

Will Berthold
Parole Heimat
(01/5982 – DM 6,80)

Heinrich Bredemeier
Schlachtschiff
Scharnhorst
(01/6076 – DM 7,80)

Jochen Brennecke
Schlachtschiff Tirpitz
(01/25 – DM 5,80)

Jochen Brennecke
Eismeer, Atlantik,
Ostsee
(01/627 – DM 7,80)

Jochen Brennecke
Haie im Paradies
(01/664 – DM 6,80)

Jochen Brennecke
Gespensterkreuzer
HK 33
(01/5130 – DM 5,80)

Len Deighton
Einer kam durch
(01/353 – DM 6,80)

Len Deighton
Blitzkrieg
(01/6185 – DM 9,80)

Dobson/Miller/Payne
Die Versenkung der
»Wilhelm Gustloff«
(01/6358 – DM 7,80)

Robert Eyssen
Hilfskreuzer Komet
(01/5448 – DM 6,80)

Frank/Rogge
Schiff 16
(01/469 – DM 5,80)

Adolf Galland
Die Ersten und die
Letzten
(01/129 – DM 7,80)

Hans Habe
Ob tausend fallen
(01/6409 – DM 7,80)

Walter Henkels
Eismeerpatrouille
(01/6039 – DM 5,80)

Hans Herlin
Verdammter Atlantik
(01/833 – DM 7,80)

Wolfgang Kähler
Schlachtschiff
Gneisenau
(01/5866 – DM 5,80)

Ludovic Kennedy
Versenkt die
Bismarck
(01/6165 – DM 6,80)

Egbert Kieser
Danziger Bucht 1945
(01/6340 – DM 7,80)

R.K. Lochner
Als das Eis brach
Der Krieg zur See
um Norwegen 1940
(01/6175 – DM 12,80)

R.K. Lochner
Die Kaperfahrten
des kleinen
Kreuzers Emden
(01/5540 – DM 9,80)

Paul Lund, Harry Ludlam
Die Nacht der U-Boote
(01/6137 – DM 6,80)

Valentin Mikula
Stuka
(01/5661 – DM 8,80)

Preisänderungen
vorbehalten.

Wilhelm Heyne Verlag
München

HEYNE TASCHENBÜCHER

Zeitgeschichte · Biographien · Tatsachenberichte · Kriegsromane

Tatsachenberichte

Hans Georg Prager
Panzerschiff Deutschland Schwerer Kreuzer Lützow
(01/6269 - DM 9,80)

Heinz Schaeffer
U 977
(01/5214 - DM 5,80)

Paul Schmalenbach
Schwerer Kreuzer Prinz Eugen
(01/5953 - DM 7,80)

Brian B. Schofield
Geleitzug-Schlachten in der Hölle des Nordmeeres
(01/6226 - DM 7,80)

Herbert A. Werner
Die eisernen Särge
(01/5177 - DM 8,80)

Romane

Vicki Baum
Hotel Berlin
(01/5194 - DM 6,80)

Will Berthold
Lebensborn e.V.
(01/5171 - DM 5,80)

Will Berthold
Kriegsgericht
(01/5283 - DM 4,80)

Will Berthold
Division Brandenburg
(01/5346 - DM 6,80)

Will Berthold
Spion für Deutschland
(01/5595 - DM 5,80)

Will Berthold
Vom Himmel zur Hölle
(01/6492 - DM 7,80)

Will Berthold
Überleben ist alles
Die letzten 60 Tage des Dritten Reiches
(01/6589 - DM 6,80)

Hans Blickensdörfer
Die Söhne des Krieges
(01/5894 - DM 6,80)

Pierre Boulle
Die Brücke am Kwai
(01/5835 - DM 6,80)

Manfred Gregor
Die Brücke
(01/5237 - DM 5,80)

Hans Habe
Die Mission
(01/5885 - DM 6,80)

Hans Habe
Off Limits
(01/6473 - DM 9,80)

Reinhard Hauschild
Flammendes Haff
(01/6159 - DM 6,80)

Hans Hellmut Kirst
Die Nächte der langen Messer
(01/5479 - DM 7,80)

Hans Hellmut Kirst
Ausverkauf der Helden
(01/6251 - DM 8,80)

Hans Hellmut Kirst
Ende.'45
(01/6491 - DM 9,80)

Heinz G. Konsalik
Die Rollbahn
(01/497 - DM 6,80

Heinz G. Konsalik
Das Herz der 6. Armee
(01/564 - DM 7,80)

Heinz G. Konsalik
Sie fielen vom Himmel
(01/582 - DM 5,80)

Heinz G. Konsalik
Strafbataillon 999
(01/633 - DM 6,80)

Heinz G. Konsalik
Der Arzt von Stalingrad
(01/847 - DM 6,80)

Heinz G. Konsalik
Fronttheater
(01/5030 - DM 5,80)

Heinz G. Konsalik
Frauenbataillon
(01/6503 - DM 7,80)

Heinz G. Konsalik
Heimaturlaub
(01/6539 - DM 7,80)

Joachim Lehnhoff
Die Heimfahrt der U 720
(01/905 - DM 5,80)

Wolfgang Ott
Haie und kleine Fische
(01/5079 - DM 9,80)

Wolfgang W. Parth
Vorwärts Kameraden, wir müssen zurück
(01/5085 - DM 7,80)

Leon Uris
Exodus
(01/566 - DM 9,80)

Leon Uris
Entscheidung in Berlin
(01/943 - DM 12,80)

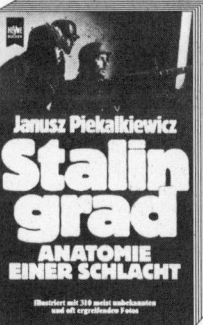